Klaus Zimmermanns

Florenz

Wege durch die Medici-Stadt: vom Domplatz zu den Uffizien, über den Ponte Vecchio zum Palazzo Pitti

Kunst-Reiseführer

Die wichtigsten Sehenswürdigkeiten auf einen Blick

★
Umweg lohnt

★★
keinesfalls versäumen

Inhalt

Kultur und Geschichte

Spaziergänge durch Florenz

Kultur und Geschichte

Florenz – Stadt des Trecento und der Renaissance

Von woher man sich Florenz auch nähert, das erste, was man von der Stadt wahrnimmt, ist die im Dunstschleier emportauchende Domkuppel. Jahrhundertelang haben Reisende von ihrer Formgebung kaum Notiz genommen; heute wird man sich ihrer Faszination nur schwer entziehen können. Obwohl die Kuppel die gewaltige Baumasse des Doms zusammenfasst, gehört sie doch nicht ihm alleine an, sondern ist Teil der gesamten Stadt. Gibt es ein schöneres Wahrzeichen, eine eindrucksvollere Mitte einer Stadt? Sie ist gerade so steil, dass sie nach oben strebt und sich den Türmen der Stadt zugesellt, zugleich antwortet sie in ihrer Rundung auf den Monte Morello und die Hügel der Umgebung. »I monti intorno a Fiorenza paiono simili a lei«, so formulierte es Vasari (Die Berge rund um Florenz scheinen ihr zu gleichen).

Auf exemplarische Weise führt die Kuppel vor, wie in dieser Stadt Kunstwerke nicht als isolierte Sehenswürdigkeiten dastehen, sondern vielmehr in enge Beziehung gesetzt sind zum Stadtganzen und selbst zur Landschaft. Vielleicht sollte daher am Anfang einer Besichtigung von Florenz nicht ein Einzelmonument stehen. Die Aussichtspunkte der Piazzale Michelangelo, des Forte Belvedere und natürlich die Domkuppel selbst bieten sich vielmehr zunächst für den Blick auf die Stadt als Ganzes an.

Ein Blick von Brunelleschis Kuppel

Wer heute auf die Laterne steigt, geht denselben beschwerlichen Weg wie einst täglich die Maurer und die beiden Bauleiter, Brunelleschi und Ghiberti. Hat man endlich die obere Plattform erreicht, bietet sich ein herrlicher Anblick: »Die Aussicht von Brunelleschis Domkuppel hat allem die Krone aufgesetzt. Das ist das Schönste, was ich in meinem Leben gesehen habe«, notierte der Verfasser des »Cicerone«, Jacob Burckhardt. Ausgebreitet liegt die Stadt mit dem Arno und seinen Brücken, mit ihren Kirchen, Plätzen und Türmen. Eingebettet ist sie zwischen wunderbar geformten Hügeln. »Der Gott, der die Hügel von Florenz geschaffen hat«, so Anatole France, »war ein Künstler.«

Von hier oben lässt sich am ehesten nachvollziehen, wie sich die Stadt allmählich ausdehnte. Blickt man auf die Hügel Richtung Fiesole oder in südliche Richtung, bemerkt man, wie sie sich allmählich in eine Villen- und Parklandschaft erweitert. In westlicher Richtung hingegen dominieren ungestaltete Vorstädte und Industrieansiedlungen der heutigen Zeit. Die Römerstadt erkennt man an den sich rechtwinklig kreuzenden Straßen; das riesige mittelalterliche Stadtgebiet am Verlauf der Umgehungsstraßen und der noch aufrechtstehenden Abschnitte der Stadtmauer jenseits des Arno (s. S. 18). Die meisten der großen Kirchenbauten und öffentlichen Paläste, die als markante

◁ *Neptunbrunnen auf der Piazza Signoria*

Schon die Zeitgenossen waren von Brunelleschis Domkuppel fasziniert, die sich hoch über dem Häusermeer erhebt. Alberti erschien sie weit genug, um mit ihrem Schatten alle toscanischen Völker zu bedecken: »Ampla da coprire con sua ombra tutti e' popoli toscani.« Ihre nach oben strebende Form bewirkt, dass sich die Laterne auch dann nicht dem Blick der Besucher entzieht, wenn man aus der Nähe zu ihr hochschaut. Mit dem Rot ihrer Ziegel gehört sie den Dächern der Stadt, mit dem Weiß ihrer Außenrippen dem Licht des Himmels an

Punkte ins Auge fallen, stammen aus dem Trecento: Damit meint man das 14. Jh., die Zeit der Gotik also – obschon man den Begriff ›Gotik‹ für eine ganze Epoche in Florenz ungern verwendet. ›Gotik‹ erweckt Assoziationen an die großen Kathedralen nördlich der Alpen und ist nur schwer etwa mit der blockhaft-strengen Form des Palazzo Vecchio zu verbinden.

So belehrt uns bereits der Blick von Brunelleschis Kuppel, dass die geläufige Vorstellung von Florenz als ›Stadt der Renaissance‹ doch zu einseitig ist: Florenz war in seiner Bebauungsstruktur schon festgelegt, das Stadtbild hatte seine markanten Akzente gefunden, bevor es zur *rinascita*, zur ›Wiedergeburt der Künste‹ kam. Die wichtigsten Neubauten der Frührenaissance hingegen, Brunelleschis Findelhaus

und Santo Spirito, entstanden nicht im eigentlichen Zentrum, sondern an der Peripherie des damaligen Stadtgebiets. Bevor Brunelleschi diese neue Baukunst einleitete, standen schon das Baptisterium und der Dom, die beiden Kommunalpaläste (Palazzo Vecchio und Bargello), die Loggia dei Lanzi, der Or San Michele und der Ponte Vecchio, auch die großen Ordenskirchen Santa Maria Novella und Santa Croce. Es sind jene Bauten, die man schon zur Entstehungszeit in den Guides beschrieb und Fremden vorführte, die bei heutigen Besuchern meist mehr Begeisterung erwecken als die kühlen, schmucklosen Renaissancekirchen in ihrer strengen Gliederung.

Es macht den Reiz von Florenz aus, dass es beides ist: die Stadt des Trecento wie auch der Renaissance, die Stadt Arnolfo di Cambios wie Brunelleschis. Zu ihrer Anziehungskraft gehören Santa Croce und die

Blick von der Piazzale Michelangelo auf die Stadt. Der Arno war bis ins Mittelalter für kleinere Boote und Flöße schiffbar. Jenseits des Arno, Oltrarno, ließen sich an der nach Rom führenden Cassia orientalische Händler nieder, die hier die erste christliche Kirche gründeten: Santa Felicita. Bei Ausgrabungen fand man unter der frühchristlichen Vorgängerkirche auffallend viele Grabsteine mit griechischen Namen. So ist anzunehmen, dass griechisch sprechende Händler aus Syrien und anderen Ländern des Orients das Christentum nach Florenz brachten

Pazzi-Kapelle, die Bronzetüren von Andrea Pisano und Lorenzo Ghiberti, die Malerei von Giotto und Botticelli.

Die Stadt, die diese Kunstwerke hervorgebracht hat, war ein Gemeinwesen, das Jahrhunderte kommunaler Freiheit erlebte, das als autonomer Stadtstaat alle anderen toscanischen Städte überflügelte, um dann zur Haupt- und Residenzstadt eines Fürsten zu werden, der keinen Aufwand scheute, seiner Macht und Legitimität sichtbaren Ausdruck zu verleihen. Dieser Fürst war Cosimo I., zunächst Herzog, später Großherzog der Toscana. Dass die Großherzöge denselben Namen trugen wie ein Jahrhundert zuvor die berühmten Bankiers, nämlich **Medici,** verhalf ihnen zu einem besonderen Prestige. Dass Florenz zweimal und auf verschiedene Weise von den Medici beherrscht und geprägt wurde, dass die bedeutendsten unter ihnen jeweils

Cosimo hießen, dürfte schon manches Missverständnis unter Florenzbesuchern geweckt haben. Da sieht man auf der Piazza Signoria zwei Bronzestatuen, die beide das Haupt eines von ihnen Erschlagenen halten: Donatellos »Judith« mit dem Haupt des Holofernes und Cellinis »Perseus« mit dem Gorgonenhaupt. Judith – so belehrt die Inschrift – will als republikanisches Vorbild verstanden werden. In Auftrag gegeben aber wurde sie von dem keineswegs demokratisch gesinnten Cosimo de' Medici dem Älteren (1389–1464), dem ›geheimen Stadtherrn‹, dem man den Beinamen *pater patriae* (Vater des Vaterlandes) gab. Perseus dagegen symbolisiert Cosimo I. de' Medici (1519–74), den Großherzog also, der sich als Befreier seines Landes mit dem antiken Helden identifizieren ließ.

So überschaubar Florenz anfangs erscheint, die Fülle dessen, was gesehen und verstanden werden will, ist immer wieder überwältigend. Und wohl kein Florenzbesucher wird nicht irgendwann an die Grenze seiner Aufnahmefähigkeit stoßen. Reisende früherer Jahrhunderte taten sich da leichter, sie fuhren nicht nach Florenz mit dem Wunsch und dem Anspruch, die Stadt in ihrer Komplexität und langen Kunsttradition kennenzulernen und sich in wenigen Tagen Giotto, Masaccio und Ghiberti, Donatello und Michelangelo, die Sammlungen der Uffizien und des Palazzo Pitti ›zuzumuten‹. Die Reisenden der Grand Tour im 17. und 18. Jh. waren fast ausschließlich auf Paläste und Villen ihrer Zeit fixiert. Goethe fuhr bekanntlich in Florenz »so schnell hinaus wie hinein«. Was hätte auch dem Dichter eine Residenzstadt bieten können, in die man reiste, um an ihren Gesellschaften teilzunehmen, um Theater- und Konzertaufführungen beizuwohnen?

Wie sehr sich Interesse und Kunstgeschmack im Lauf der Zeit verlagerte, zeigt die antike Statue der »Venus Medici« in den Uffizien. Sie wird heute nicht sonderlich beachtet, obschon ihr der prominenteste Platz in dieser Sammlung eingeräumt wurde, das Zentrum des ›Allerheiligsten‹, der Tribuna. Im 18. Jh. zählte diese ›Venus‹ zu den Höhepunkten einer Italienfahrt! Napoleon entführte sie sogar nach Paris, und noch für Jacob Burckhardt war sie »einer der größten Genüsse, die Italien bieten kann«. Als Stendhal 1817 Florenz besuchte, ließ er sich in Santa Croce von den Grabmälern »der großen Männer« in Extase versetzen. Kein Wort verliert er dagegen über die Malerei des Trecento oder über Donatello. Die Cappella Niccolini in Santa Croce mit Volterranos barocken Fresken der ›Sibyllen‹ entfachten in ihm die »heftigste Freude«, die ihm Malerei je bereitet hatte. Heute nimmt kaum ein Reisender diese Fresken mehr wahr. Die Kapelle ist als eine der wenigen stets verschlossen. Giottos Fresken der Peruzzi- und Bardi-Kapellen hingegen, die einst Masaccio und Michelangelo zu Studien und Nachzeichnungen anregten, hätte Stendhal erst gar nicht sehen können. Sie waren übertüncht und mit Grabmälern verdeckt. Doch selbst Stendhal, der nur ein Bruchteil dessen sah, was heutige Besucher oftmals betrachten, wurde nach dem Besuch von Santa Croce von der ›Florentiner Krankheit‹, dem *mal de Florence* heimgesucht: Er war bis zum Äußersten erschöpft und erlitt eine Nervenkrise.

Florenz bietet bei aller (Über-)Fülle eine einzigartige Chance: über Jahrhunderte hinweg eine künstlerische Entwicklung zu verfolgen und sich mit unzählig erhaltenen historischen Dokumenten konfrontieren zu können. Vertieft man sich in die anschaulich geschriebenen Florentiner Chroniken, kann es sogar geschehen, dass die Lust am Schauen, dass die Freude am Schönen und manchmal allzu Schönen sich auf das Schauspiel der Geschichte verlagert.

Anders als anfangs Venedig oder das antike Rom hat sich Florenz nicht mit fremdem Kunstgut bereichert und es prunkvoll zur Schau gestellt. Zwar hat auch die Arnostadt Einflüsse aufgenommen, sie aber stets assimiliert und verarbeitet, das Fremde den selbst gestellten Formgesetzen – dem Maß und der Ratio – unterworfen. So verlief die Kunstgeschichte dieser Stadt bis ins 15. Jh. weitgehend autochthon und ist auch dann noch verständlich, wenn man sie aus dem europäischen Zusammenhang isoliert.

Künstlerische Blütezeiten

Deutlich lassen sich drei große, eigenständige Perioden unterscheiden: Da ist zunächst die **Protorenaissance** mit dem Baptisterium und der Kirche San Miniato al Monte, die bereits im 11. und 12. Jh. entstanden, zu einer Zeit, die man gewöhnlich als Romanik bezeichnet. Nach einer schöpferischen Pause von mehr als 100 Jahren kam es zu einer zweiten Blütezeit, die mit dem Bau des Bargello (dem Palazzo del Podestà) begann, in der Santa Croce und Santa Maria Novella, Dom, Campanile, Loggia dei Lanzi und Or San Michele entstanden. Diese Periode reichte bis ins 14. Jh., und wird als **Trecento** bezeichnet. Die Stadt jener Zeit war bis zur großen Pest von 1348 wirtschaftlich mächtiger und zählte mehr Einwohner (etwa 100 000) als zurzeit der Renaissance. Neben Paris, Köln und Wien gehörte Florenz im Trecento zu den größten Städten der abendländischen Welt.

Es grenzt an ein Wunder, dass nach dem großen schöpferischen Aufschwung des Trecento die Kräfte nicht erlahmten. Die dritte Blütezeit, das **Quattrocento,** also die Zeit der **Frührenaissance,** brachte eine Vielzahl von Künstlerpersönlichkeiten hervor: von Brunelleschi und Donatello bis hin zu Leonardo da Vinci und Michelangelo. Dass sich die Künste im 15. Jh. erneut in Florenz entfalten konnten, hat gewiss wirtschaftliche und soziale Ursachen. Es liegt aber auch im Erbe der beiden vorangegangenen Blütezeiten begründet, von denen sich Brunelleschi und seine Zeitgenossen inspirieren ließen. So deutlich sich die Perioden auch voneinander unterscheiden und zeitlich begrenzt sind: die Frührenaissance setzte die beiden vorangehenden Epochen voraus. Brunelleschi übernahm für sein Findelhaus vom Baptisterium die Formen der Fenster und Bögen, aber auch die Grazie und die Proportionen. Bei genauerem Hinsehen erkennt man, dass er zugleich auch auf Gestaltungsprinzipien von Trecentobauten (des Doms und Santa Croce) zurückgriff, wenn er etwa in der alten Sakristei von San Lorenzo die Wandflächen rahmt (s. S. 188ff.). Der Künstler, Architekt und Bauherr **Brunelleschi** war gewissermaßen der Brennpunkt, in dem das, was in Florenz bisher gestaltet war, zusammentraf und auf einen rationalen Nenner gebracht wurde. Er hat aus der Florentiner Bautradition ein neues Architektursystem aufbereitet, das sich als Renaissancestil über ganz Europa verbreitete und von jeder Landschaft, von jeder Epoche variiert werden konnte.

»Più bello che se può« (so schön wie eben möglich), dies war eine geläufige Formel in Verträgen mit Florentiner Künstlern. Das Schöne war für Florenz dabei weniger Schmuck und Dekor als die Gestaltung der Form. In keiner anderen Landschaft als der Toscana und ganz besonders in Florenz verwirklichte sich eindrucksvoller, was Theodor Hetzer die »Schönheit einfacher Formen« nannte. Das Abgrenzende und das Wohlproportioniert-Maßvolle kennzeichnen diesen Schönheitsbegriff. Er gehört wie das Analytisch-Rationale zum Ureigensten der Stadt.

Renaissance bedeutet Besinnung auf die eigene, die italienische Tradition, zu der auch die römische Antike und die vermeintlich antike Protorenaissance zählten. Sie entwickelte sich als Opposition gegen die Übermacht der fremden Gotik, die der Künstlerbiograf Giorgio Vasari als »deutsch und barbarisch« bezeichnete. Erst in der Besinnung auf das Eigene und dessen Wertmaßstab konnte Florenz zur ›Schule Europas‹ werden, indem der florentinische Stil ein italienischer und dann – wie einst die Gotik – ein internationaler wurde.

Zu einseitig wäre es freilich, Florentiner Kunst nur unter den Gesichtspunkten des Rationalen, der Formenstrenge und des zuweilen Akademischen zu sehen. Auch in Florenz sind Künstler wie Ghiberti dem Zauber des höfischen Stils der Gotik erlegen. Leonardo da Vinci und Michelangelo haben jeder auf seine Weise die Grenzen des Florentinischen Schönheitsbegriffs gesprengt, sie wuchsen über Florenz hinaus. Sie mussten die Stadt des Maßes und der Ratio verlassen, weil sie ihrem Genie nicht genügend Entfaltungsmöglichkeiten bot. Leonardos naturwissenschaftliche Neugier führte ihn an den Hof von Mailand, wo – anders als im Florenz der Neoplatoniker – sich aristotelisch orientierte Forscher und Ingenieure zusammengefunden hatten. Michelangelo fand in Florenz seine Form, brauchte dann aber den großen Atem Roms, um das Geformte seiner Schwermut abzuringen. Indem Michelangelo nicht mehr nach Florenz zurückkehrte, blieb ihm zudem erspart, in seiner einst republikanischen Heimatstadt Untertan eines Fürsten zu werden.

Räumlich orientierte Rundgänge, wie sie auch dieser Kunst-Reiseführer vorschlägt, verführen dazu, auch die Werke eines Michelangelo oder Brunelleschi *en passant* mitzunehmen. Da in Florenz die meisten Sehenswürdigkeiten nahe beieinanderliegen und vom Zentrum aus leicht zu Fuß erreichbar sind, ist der Besucher jedoch kaum an Rundgänge gebunden. So kann man leicht persönlichen Vorlieben nachgehen, Hauptwerke im Zusammenhang ihrer Entstehungszeit betrachten und beispielsweise einen ganzen Tag Donatello oder Michelangelo widmen. Ob man bei einem einzigen Aufenthalt Giotto und Brunelleschi, Masaccio, Ghiberti, Fra Angelico, Botticelli und Michelangelo ›verkraften‹ kann, mag man mit einem Verweis auf den *mal de Florence* in Frage stellen. Fest steht allemal, dass es mehrerer Aufenthalte bedarf, um auch nur einen Teil jener Kunstschätze kennenzulernen, die in sechs Jahrhunderten in Florenz von den Medici und privaten Sammlern zusammengetragen wurden und heute in den schier unerschöpflichen Museen – den Uffizien, dem Palazzo Pitti, dem Bargello – zur Betrachtung bereitstehen.

Florentinische Geschichte

Von der römischen Gründung zur Residenzstadt

»Figlola e fattura di Roma, la quale era nel suo montare a grandi cose disposta«, (Tochter und Geschöpf Roms, das in seinem Aufstieg zu großen Dingen bestimmt war), nannte im 14. Jh. der Chronist Villani seine Heimatstadt Florenz. Wie andere toscanische Städte der Ebene, wie Lucca, Pisa und Pistoia, wurde Florenz tatsächlich von den Römern gegründet, und zwar als Kolonialstadt. 59 v. Chr. erließ Julius Cäsar ein Gesetz, die Lex Julia, die jedem römischen Veteranen ein Stück unkultivierten Bodens zuwies. Eine dieser Veteranenkolonien war Florentia im fruchtbaren Arnotal. Sie bestand aus dem Stadtgebiet in Form eines Militärlagers und dem Ackerland der Veteranen.

Der Straßenverlauf des heutigen Florenz folgt dem des römischen ›castrum‹ (Militärlager). Via del Corso und Via Strozzi entsprechen dem römischen ›decumanus‹ maximus, Via Calimala und Via Roma dem Römischen ›cardo maximus‹. Dort wo sich die beiden Hauptachsen treffen, lag in römischer Zeit das Forum, heute die Piazza della Repùbblica. Außerhalb der Stadtmauern lagen das Theater und das Amphitheater. Im Gegensatz zur Stadt war das Ackerland der Veteranen nicht nach den Himmelsrichtungen orientiert, sondern folgte den natürlichen Gegebenheiten. Daher traf der ›decumanus‹ des Ager Florentinus (die heutige Via Spada) in einem spitzen Winkel auf den ›decumanus‹ der Stadt

Das sich bis Prato erstreckende Ackerland der Veteranen war in Parzellen aufgeteilt, die unter den Veteranen verlost wurden. Man nannte diese Parzellen daher ›sortes‹ (Lose). Das kleine Rechteck innerhalb des heutigen Stadtgebiets von Florenz entspricht der Römerstadt, deren Hauptachsen sich nach den Himmelsrichtungen orientierten, in strenger nord-südlicher und ost-westlicher Richtung verliefen

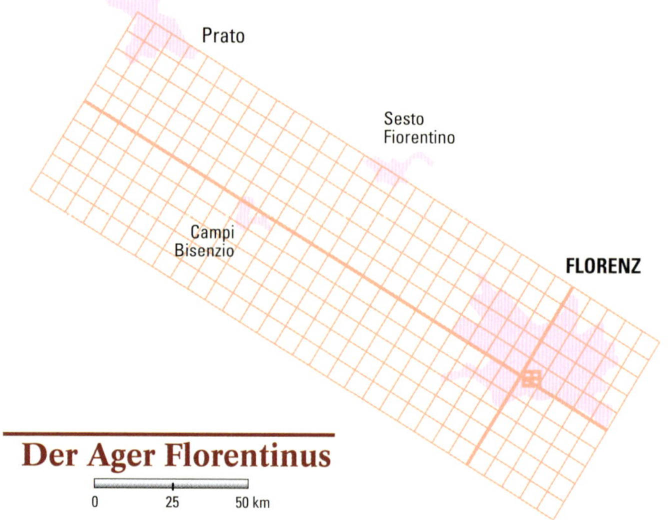

Das römische Florenz unterschied sich kaum von den Tausenden anderer römischer Kolonialstädte – es besaß ein Forum, einen kapitolinischen Tempel, ein Theater und ein Amphitheater sowie zwei Thermenanlagen. Spärlich und zudem wenig bedeutsam sind die römischen Fundstücke, die man im 19. Jh. unter der Piazza Repùbblica fand.

So könnte man das römische Florenz in der Geschichte der Stadt fast übergehen, zeichnete es sich nicht in seiner Struktur noch deutlich im heutigen Stadtbild ab. Betrachtet man eine Luftaufnahme oder den Stadtplan, erkennt man, dass im Zentrum die Straßen rechtwinklig aufeinanderstoßen, dass die Häuserblocks – wie für eine Römerstadt typisch – schachbrettartig angelegt sind.

Die Lage der Kolonialstadt erwies sich als sehr verkehrsgünstig. Bei Florenz teilte sich der Arno in vier Zweige und war daher die meiste Zeit des Jahres passierbar, schon bevor es zum Bau einer ersten Brücke kam. Drei Römerstraßen kreuzten sich an dieser Stelle: die von Rom ausgehende Cassia, eine alte, von Volterra kommende Etruskerstraße (die Volterrana) und die etruskische Pisana, die Pisa mit dem adriatischen Küstenort Spina verband. Florentia überflügelte bald die alten Etruskerstädte Fiesole, Volterra und Chiusi an Größe und Bedeutung, ebenso die Römerstädte Lucca und Pistoia, und so war es durchaus konsequent, dass Kaiser Diokletian Florenz zur Hauptstadt der Siebenten Region Toscana und Umbrien auswählte.

Die für den Handel günstige Lage in fruchtbarer Ebene war zugleich gefährlich. In der Völkerwanderungszeit war Florenz Überschwemmungen und feindlichen Angriffen mehr ausgesetzt als die Etruskerstädte auf den Hügeln. Nahezu ganz zerstört wurde die Stadt wäh-

Während der Völkerwanderung zählte Florenz nur noch rund 1000 Einwohner. Der byzantinische Verteidigungsring aus der Mitte des 6. Jh. umfasste wahrscheinlich nur noch 16 der 48 ›insulae‹ des römischen ›castrum‹. Ein Turm der Mauer wurde in den 1980er-Jahren bei Renovierungsarbeiten eines Palasts an der Piazza Elisabetta wiederentdeckt und freigelegt

rend der byzantinischen Rückeroberungskriege. Nicht mehr als 1000 Bewohner blieben in ihren Mauern.

Erst mit dem Einmarsch der Langobarden gab es erste Anzeichen eines wieder beginnenden städtischen Lebens. Wir wissen, dass die Langobarden zehn neue Kirchen gründeten, von denen sie vier (darunter den Or San Michele) ihrem Schutzpatron, dem Erzengel Michael weihten. Da jedoch der Langobardenherzog in Lucca und sein Stellvertreter in Pisa residierten, verlor Florenz seine führende Position und konnte sich bis ins 12. Jh. nicht mit diesen beiden Städten messen. Auch die von den Karolingern eingesetzten Markgrafen von Tuszien hatten anfangs ihren Sitz in Lucca. Erst Markgraf Hugo verlegte um 1000 n. Chr. seine Residenz nach Florenz.

Nach der Jahrtausendwende begann für Florenz eine erste Blütezeit. Damals entstanden die Bauten der Protorenaissance: das Baptisterium, die Klosterkirche San Miniato al Monte und die Pfarrkirche Santi Apostoli. Doch diese Kirchen wurden noch nicht aus eigener Wirtschaftskraft finanziert. San Miniato al Monte war eine kaiserliche Stiftung für den Reformorden der Cluniaszenser. Wir gewinnen den Eindruck, dass Florenz zu dieser Zeit von Kaiser, Papst und Markgrafen gleichermaßen umworben wurde. Die Stadt war für einige Jahrzehnte ein Zentrum kirchlicher Erneuerungsbestrebungen. 1045 wurde Gerhard, ein Anhänger der cluniaszensischen Reform, Bischof von Florenz. 1055 berief er ein Konzil gegen die Verweltlichung der Kirche nach Florenz ein. Der Cluniaszensermönch Hildebrandt (Ildebrando da Savona) setzte sich dafür ein, dass dieser Gerhard als Nikolaus II. zum Papst gewählt wurde, bevor er selbst als Gregor VII. den Stuhl Petri bestieg.

Hugo von Andenburg

Der legendenumwobene Markgraf der Toscana, Hugo von Andenburg, war deutscher Abstammung. Er soll sieben Abteien gestiftet haben. Der Chronist Malaspini berichtet: »Ihm gefiel die Toscana und besonders die Stadt Fiorenzia, und er ließ auch seine Frau kommen und nahm hier als Vikar Kaiser Ottos III. seinen Wohnsitz.« Gestorben ist er 1001 in Pistoia, doch beigesetzt wurde er in der Badia von Florenz, wo man den alten Brauch beibehält (schon von Dante für erwähnenswert gehalten), an seinem Sterbetag, dem 21. Dezember, seiner zu gedenken.

Unterstützung erfuhr Gregor VII. durch die mächtigste Gegnerin der kaiserlichen Macht, Mathilde von Canossa. Auf ihrer Burg in der Emilia Romagna, unterwarf sich Kaiser Heinrich IV. dem Papst. Mathilde förderte ihre Städte auf dem Weg zur Autonomie. Die Florentiner waren sich stets bewusst, dass sie ihre Städtefreiheit und spätere Vormachtstellung letztlich der Gran Contessa verdankten. Noch nach Jahrhunderten war ihr Titel ›Contessa‹ in der Toscana einer der beliebtesten Mädchenamen.

Städtische Kommune, Zunftwesen und Kampf der Adelshäuser

In dem Jahrhundert, das der Blütezeit des 11. Jh. folgte, entstand in Florenz kein Bauwerk gleichen Ranges. Für die Zeit, als sich Pisa und Lucca zu Zentren der Bildhauerei und Malerei entfalteten, ist für Florenz kein einziges Gemälde, keine nennenswerte Skulptur bezeugt. Die Florentiner bauten Brücken, errichteten neue Stadtmauern und entwickelten sich wirtschaftlich weiter. Damit schufen sie zunächst die materiellen Voraussetzungen für ihre spätere künstlerische Vorrangstellung. So war das 12. Jh. dadurch gekennzeichnet, dass Florenz sich neue Absatzmärkte erschloss (zunächst in Italien, später auch in Mitteleuropa) und die durch Wegzölle behinderten Handelswege zu sichern versuchte, indem es das eigene Landgebiet, den *contado*, zu vergrößern suchte. Doch auf dem Land saßen die Feudalherren, die sich den Expansionsbestrebungen der Städte widersetzten.

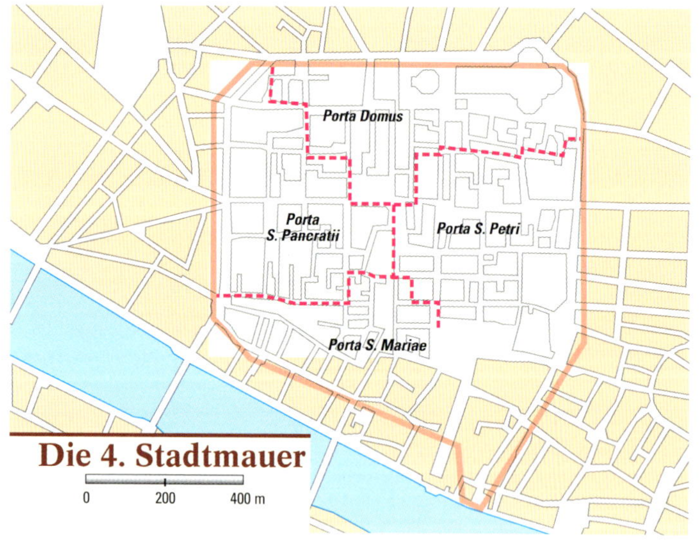

Die vierte, ›mathildische‹ Mauer, erbaut von Mathilde von Canossa, als Heinrich IV. 1078 einen Angriff plante (Dantes »cerchia antica«), entsprach im Süden der karolingischen, im Westen, Norden und Osten der römischen Anlage und umfasste auch den Bischofspalast, das Baptisterium und den Dom. In der Abschrägung im Nordwesten folgte sie dem damaligen Mugnone-Lauf. Die Ausbuchtung im Südosten schloss das Kastell Alta Fonte ein, das die Uberti errichtet hatten, um den Arno beherrschen zu können. Nach den ›quattro quartieri‹, die nach den Stadttoren benannt waren, wurde die wehrhafte Bevölkerung für den Kriegsdienst eingeteilt. Nachdem Florenz die Stadtfreiheit erlangt hatte, wählte jedes Viertel zwei Konsulen in das Regierungskollegium

Über viele Seiten erstreckt sich der Bericht des Chronisten Giovanni Villani, der von den Raubzügen und der Eroberung fremder Kastelle berichtet: »Wie die Florentiner das Kastell von Monte Buono zerstörten«, »Wie die Florentiner das Kastell von Progna einnahmen«, »Wie die Florentiner Monte Grossoli kauften«, »Wie die Florentiner das Kastell von Prato besiegten und zerstörten«. Meist versuchte die Kommune, den Landadel einzubürgern; gelang das nicht, wurde dieser gezwungen, für einige Monate in der Stadt zu wohnen; dabei gingen ihm freilich die Gerichtsbarkeit und Steuerhoheit verloren. Die wenigsten Familien, die sich widerwillig einbürgern ließen, dürften geahnt haben, welche Vorteile ihnen die Stadt, welchen Gewinn ihnen der aufblühende Handel und die Textilindustrie bringen würde. Als *cittadini* erlangten die Landedelleute dieselben Rechte wie das Städtische Patriziat. Selbst die höchsten politischen Ämter standen ihnen offen.

Doch auch innerhalb der schutzbietenden Mauern wollten sie auf ihre Symbole der Autonomie, die Wehrtürme, nicht verzichten. Im frühen 13. Jh. standen in Florenz an die 167 Geschlechtertürme, viele davon erreichten nicht selten Höhen um 70 m. Wer heute durch die Gassen des alten Florenz geht, stößt im Dante-Viertel, im Borgo Santi Apostoli, in der Via delle Terme und auch im Oltrarno immer wieder auf Adelstürme, die jedoch alle 1250 auf die Hälfte ihrer Höhe gestutzt wurden (s. S. 21) Befreundete Familien legten von Turm zu Turm Brücken – daher die vielen hoch gelegenen, heute ins Leere führenden Türöffnungen. Kam es zu Streitigkeiten zwischen den Geschlechtern, konnten die Statussymbole sehr bald zu regelrechten Wehrtürmen werden, in denen notfalls die ganze Familie Schutz fand. Die Gefechte

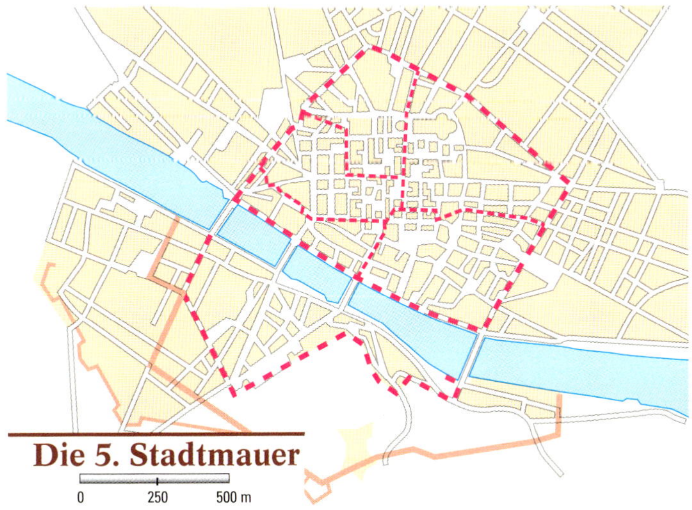

Die fünfte Stadtmauer (die zweite kommunale), seit 1173, umschloss erstmals auch ein Gebiet jenseits des Arno. Die Stadt wurde nun in sechs Sechstel: ›sestieri‹ oder ›sesti‹ unterteilt. Neue Mauern erhielt der Oltrarno um 1258 während des primo popolo. Man verwendete das Steinmaterial der gekappten Geschlechtertürme

Familienfehden

Über die ›pestilenza‹ der Familienfehden berichten die Florentiner Chronisten: »Aber während das Sich-Bekriegen zwischen den Bürgern üblich wurde, bekämpften sie sich den einen Tag, den anderen aber aßen und tranken sie zusammen, wobei sie sich in ihrer Kraft rühmten und der eine vor dem anderen damit prahlte, was er bei diesen Schlachten vollbrachte.«

trug man von Turm zu Turm über den Häuptern der Bürger aus. Bevor 1289 durch Gesetz die Leibeigenschaft aufgehoben wurde, mussten auch die Diener und Knechte daran teilnehmen.

Die mächtigen Uberti schreckten nicht davor zurück, Gewalt gegen die Regierungsorgane anzuwenden. »Wegen ihres großen Reichtums und ihres Wohlergehens, gemischt mit hochmütigem Undank, begannen die Uberti, die Mächtigsten und Größten der Stadt, mit ihren Gefolgsleuten – Adligen wie Popolanen – einen Krieg gegen die Konsuln«. (Giovanni Villani)

Florenz verfolgte seine wirtschaftlichen Ziele mit einer unvorstellbaren Skrupellosigkeit. 1125 überschritten Florentiner Truppen erstmals die Grenze ihres Landgebiets und zerstörten kurzerhand und aus nichtigem Anlass Fiesole – und zwar »in fino alle fondamenta« (bis auf die Fundamente, Giovanni Villani). Nur Dom und Bischofsplatz blieben verschont. Bei einem Konflikt mit der Kirche hätte der Papst wahrscheinlich – wie später mehrmals geschehen – das Interdikt über Florenz ausgesprochen, das darin bestand, dass die Kirchen geschlossen blieben und keine Sakramente mehr gespendet wurden (mit Ausnahme der Letzten Ölung). Ein Interdikt hatte aber zumeist auch wirtschaftliche Folgen, indem es die Zahlungsmoral verschlechterte. Wer Schuldenrückzahlungen an die Bürger einer Stadt unter dem Interdikt verweigerte, brauchte nämlich nicht damit zu rechnen, exkommuniziert zu werden.

Florentinische Expansionspolitik

»Und so begann die Kommune Florenz sich auszudehnen, mehr aus Stärke als aus Berechtigung. Und so vergrößerte sie den *contado* und unterstellte alle Landedelleute ihrer Rechtsprechung und zerstörte ihre Festungen.« Giovanni Villani, der dies niederschrieb, konnte kaum ahnen, dass sich Florenz in den kommenden Jahrhunderten außer Lucca aller Städte der Toscana bemächtigen würde: Pistoias (1329), Pratos (1351), San Gimignanos (1354), Volterras (1361), Arezzos (1380), Pisas (1406), Cortonas (1411) und schließlich Sienas (1555–59). Diese Eroberungen wurden weniger durch militärische Siege als mit Hilfe des Goldes errungen. Florenz war die erste Stadt, die, ein kaiserlich-königliches Privileg usurpierend, eine eigene Goldmünze, den berühmten *fiorino d'oro* (Goldflorin), prägte.

Goldflorin

Wegen seiner Reinheit und des genauen Gewichts wurde der Goldflorin zur begehrtesten Münze in ganz Europa. Noch heute erinnert die Abkürzung für holländische Gulden, fl., an den ›fiorino‹, der anstelle des Kaiserporträts das Konterfei des Florentiner Stadtpatrons, Johannes' des Täufers, trug.

Im 13. Jh. gelangte Florenz zu einer wirtschaftlichen Blüte sondergleichen. Florentiner Händler waren auf den großen Märkten ganz Europas vertreten. Konkurrenzlos war die Qualität der Wollerzeugnisse, die günstigen Beziehungen zum Papst erleichterten die Geld- und Warengeschäfte mit dem Ausland. In keiner anderen toscanischen Kommune erreichten die Handwerker und Kaufleute vergleichbaren politischen Einfluss. Sie schlossen sich früh, bereits im 12. Jh., zu Zünften, zu *arti,* zusammen und bildeten seit 1282 die Regierung, das sogenannte Priorat. Dieses bestand aus den Vorstehern der sieben Hauptzünfte *(priores septem artium)* und dem *gonfaloniere della gi-*

ustizia, dem Bannträger des Rechts. Das Priorat blieb bis zurzeit der Medici die formale Grundlage der Regierung.

Belastet wurde Florenz im 13. Jh. durch die Parteikämpfe der Guelfen und Ghibellinen. In ihnen setzte sich der Konflikt zwischen den Ansprüchen des Reichs und den städtischen Autonomiebestrebungen fort. Als Parteigänger des Papstes waren die Guelfen zugleich auch Befürworter der städtischen Autonomie. Die Ghibellinen dagegen erkannten den Kaiser als Ordnungs-und Schutzmacht an, ohne dass sie freilich daran dachten, ihm die mühsam erzwungene Stadtfreiheit leichtfertig zu opfern. Was das Reich von Florenz forderte, war nicht viel mehr als eine Anerkennung pro forma. Diese wäre jedoch nicht mit der Florentiner Expansionspolitik vereinbar gewesen. Erst die Ausdehnung des Machtbereichs aber brachte sichere Absatzmärkte, und so waren es vor allem die Großkaufleute, die die Politik der Guelfen und des Papstes unterstützten.

Den Florentiner Chronisten zufolge nahm die Aufspaltung in Guelfen und Ghibellinen ihren Anfang mit der Ermordung des jungen Buondelmonti Ostern 1215. Die Mörder versuchten, sich der Verurteilung durch den städtischen Podestà zu entziehen, indem sie sich auf die kaiserliche Autorität beriefen. Mit ihnen ergriffen die Amidei, die Lamberti und die Uberti offen Partei für Friedrich II., den Waiblinger, den *ghibellino.* Die Buondelmonti und andere Familien unterstützten dagegen den Papst und seinen Schützling, den Welfen Otto IV., den man den *guelfo* nannte.

Von Florenz aus griff die Parteibildung auf andere Städte Mittel- und Oberitaliens über. In jeder Stadt gab es bald Anhänger beider Parteien, auch wenn sich Arezzo, Pisa und Pistoia gewöhnlich als kaisertreu erwiesen, während in Florenz und Lucca seit der Mitte des 13. Jh. die Guelfen die Oberhand hatten. Zunächst herrschte in Florenz »ein gesundes ghibellinisch-guelfisches Gleichgewicht, das sich nicht nur auf die innere Entwicklung der Stadt günstig auswirkte, sondern auch deren Machterweiterung erheblich förderte« (Berthold Stahl). Eine Wende brachte der Sieg Kaiser Friedrichs II. über den oberitalienischen Städtebund im Jahre 1237. Die Florentiner Ghibellinen erhielten Auftrieb und eine Zeitlang schien es, in Mittelitalien sei die alte Reichsmacht wiederhergestellt: Ein kaiserlicher Vikar regierte die Toscana, die Guelfen wurden aus der Stadt vertrieben (1247).

Doch dann erlitten die Ghibellinen im Jahre 1250 eine Niederlage bei Figline im mittleren Arnotal. Der Parteikämpfe müde, bemächtigte sich zum ersten Mal der *popolo* der Herrschaft. Jedoch verstand man unter *popolo* noch nicht das Volk der Lohnarbeiter und kleinen Handwerker, sondern das Bürgertum, das es zu einem gewissen Wohlstand gebracht hatte. Diese erste Volksregierung, der *primo popolo,* ließ 1250 die Geschlechtertürme als Symbole der Vorherrschaft des Adels auf eine Höhe von 50 Ellen (ca. 29 m) abtragen und erbaute den ersten Florentiner Stadtpalast, den man später Bargello nannte.

Die letzte große Stadtmauer (von 1299–1330) umfasste ein Gebiet, das mit 512 ha fast fünfmal größer war als das frühere Stadtgebiet. Sie umschloss erstmals auch die Konvente der neuen Orden am Stadtrand: Santa Maria Novella, Santa Croce, Santissima Annunziata, Santo Spirito und Santa Maria del Carmine. Die Länge der Mauer betrug 8,5 km, sie zählte 73 Türme und 15 große Tore. Erneut wurde die Stadt in vier ›quartieri‹ eingeteilt. Erhalten blieben weite Strecken jenseits des Arno und einige der Tore

Dieser Stadtpalast und die Kirche Santa Maria Novella stehen am Beginn einer einzigartigen Bauentfaltung, die ihre Höhepunkte in Santa Croce, im Dom und im Palazzo Vecchio erreichte. Diese großen Bauunternehmungen sind mit Arnolfo di Cambio verbunden, der als Dom- und Stadtbaumeister auch die letzte große Stadtmauer plante.

Um 1300 hatte Florenz den Höhepunkt »seiner Grandezza, seiner Macht und Einwohnerzahl« erreicht. Doch schon bald kam es »auf Grund von Neid unter den Bürgern« (Giovanni Villani) erneut zur Parteibildung und den gefürchteten Geschlechterfehden. Am Anfang stand wiederum ein Familienstreit – diesmal zwischen den Cerchi und Donati, deren Paläste und Türme in unmittelbarer Nachbarschaft der Via del Corso lagen. Um die Cerchi gruppierten sich konservative Familien, die Verbindungen zu den exilierten Ghibellinen unterhielten, und die man jetzt ›Bianchi‹ (Weiße) nannte; um die Donati Vertreter des Großbürgertums und der Guelfen, die ›Neri‹ (Schwarze). Nachdem 1300 die Prioren bei ihrer Prozession zum Baptisterium handgreiflich angegriffen worden waren, setzte sich der Ghibelline Dante Alighieri für die Verbannung der Parteispitzen (sowohl der Schwarzen als auch der Weißen) ein. Daraufhin wurde der Dichter mit 600 Bianchi, darunter auch der Vater Petrarcas, aus seiner Heimatstadt verbannt. Im Exil galt Dantes letzte Hoffnung Kaiser Heinrich VII., dessen Italienzug er enthusiastisch begrüßte. Heinrich möge Italien aus dem Machteinfluss des Papstes und des französischen Königs retten und das antik-römische Imperium wiederherstellen. Doch Heinrich starb am 24. 8. 1313 unerwartet bei Buonconvento.

Das 14. Jh., das so mit erneutem Parteienstreit begann, brachte wirtschaftliche Einbußen, politische Niederlagen und Katastrophen. Die Bankhäuser der Peruzzi und Bardi, die König Edward III. von England die unvorstellbar hohe Summe von 1,3 Mio. Florin geliehen hatten, meldeten Bankrott an; die Stadt verlor zwei Schlachten gegen Pisaner und Luccheser Ghibellinen (1315 und 1325), wurde von einer Arno-Überschwemmung (1333), von Hungersnöten (1315–17) und Epidemien heimgesucht. Die Pest von 1348 reduzierte die Einwohnerschaft von rund 100 000 auf etwa 40 000.

In ihren Schwierigkeiten vertraute sich Florenz dreimal – ohne Glück – auswärtigen *signori* an: Robert von Anjou, dem späteren König von Neapel (1313), dem Herzog von Kalabrien (1325) und Gualtier de Brienne, dem Herzog von Athen (1342). Es lässt sich unschwer vorstellen, welchen zwiespältigen Eindruck etwa der Herzog von Kalabrien in der Bürgerstadt hinterließ, in die er mit 219 Dienern und 1547 Rittern prunkvollen Einzug hielt. Die sozialen Spannungen zwischen Adel und Bürgertum verlagerten sich jetzt auf Wohlhabende (den *popolo grasso*) und Mittellose (den *popolo minuto*). Einen Höhepunkt fanden die Klassenkämpfe 1378 im Aufstand der Wollarbeiter, der *ciompi*, der vom aufstrebenden Bürgertum angezettelt worden war. Für sechs Wochen hatten die politisch Rechtlosen, auf deren Tätigkeit und Fleiß der Wohlstand der glanzvollen Kunststadt beruhte, sich die Regierungsgewalt erkämpft. Sie forderten bessere Löhne, ein progressives Steuersystem und das Recht zur Selbstorganisation in Zünften. Doch sie scheiterten am Verrat ihrer Führer Michele di Lando und Salvestro de' Medici sowie am Widerstand der Unternehmer, die ihre Arbeiter aussperrten und somit dem Hunger preisgaben. Hinzu kam die politische und kaufmännische Unerfahrenheit der Wollarbeiter.

Welch diplomatischen Geschicks Regierungsgeschäfte bedurften, zeigte sich, als Florenz um 1400 von Gian Galeazzo Visconti aus Mailand bedroht wurde. Maso degli Albizi musste zum französischen König nach Paris, Niccolò da Uzzano zum Dogen nach Venedig reisen, um darzulegen, dass die neu entwickelten Kanonen des Visconti nicht nur für Florenz eine Gefahr bedeuteten.

Medici

In Reaktion auf die Revolte der Ciompi wurde Florenz am Ende des 14. Jh. von einem kleinen Kreis führender Familien beherrscht. Der Historiograf Giovanni Cavalcanti beklagte, die Republik werde nunmehr »fuori del Palagio« (außerhalb des Stadtpalastes) regiert. Den

Cosimo der Ältere, Porträt von Pontormo, Uffizien. »Der Vater des Vaterlandes sah sich selbst nicht als Intellektueller; dazu wäre er auch nicht berechtigt gewesen. Er hatte aber ein kluges und beständiges Interesse an Kunst und Literatur und dieser Wesenszug verstärkte wahrscheinlich seinen ebenso echten Patriotismus. Außerdem waren seine kulturellen Neigungen ein gutes Argument gegen die Behauptungen seiner Feinde, er sei ein bloßer Kaufmann, ein Geldscheffler, dem die Feinheiten der Staatskunst ein ewig undurchdringliches Mysterium bleiben würden.« (James Cleugh)

größten Einfluss hatten die Triumvirn Maso degli Albizi, Niccolò da Uzzano und Gino Capponi. Das entrechtete Volk und die Machtlosen setzten dagegen ihre Hoffnung auf eine Familie, aus der schon beim Ciompi-Aufstand – wenn auch nur geringfügig – ein Mitglied sich für die Sache des *popolo minuto* eingesetzt hatte: auf die Medici …

Giovanni di Bicci

Die Medici waren ein verhältnismäßig junges Geschlecht. Begründer des Vermögens war Giovanni de' Medici, den man Giovanni di Bicci nannte. Er trat zunächst in das römische Bankhaus seines Onkels Vieri di Cambio ein und leitete ab 1393 eine eigene Bank in Rom. 1397 verlegte er den Hauptsitz nach Florenz an die Via Porta Rossa, 1406 gründete er eine weitere Niederlassung in Venedig. Als besonders vorteilhaft erwies sich, dass er Beziehungen zum Heiligen Stuhl in Rom knüpfte (1413). Die Medici avancierten zu den Bankiers des Papstes und darüber hinaus zu den Verwaltern der Kirchengelder – mit prozentualem Anteil. Den sagenhaften Reichtum verdankte die Familie vor allem dieser konkurrenzlosen Stellung. In der Politik hielt sich Giovanni di Bicci weitgehend zurück. Dennoch wurde er, wie jeder angesehene und nicht mittellose Bürger, mehrmals in die Signoria gewählt, 1421 in das Amt des *gonfaloniere di giustizia* (das angesehenste der Ämter).

Cosimo der Ältere

Sein Sohn Cosimo d. Ä. erbte 1429 das Vermögen ungeteilt. Er war eine der faszinierendsten Gestalten der Florentiner Geschichte. Hoch begabt und ehrgeizig, genoss er »schon im Alter von 25 Jahren ein solches Ansehen, dass Neid und Missgunst sich zu regen begannen«, so Vespasiano da Bisticci, Buchhändler und Kartograf, der Cosimo persönlich kannte. Die vierzigseitige Studie über Cosimo in den »Lebensbeschreibungen berühmter Männer« gibt uns einen farbigen Eindruck von dieser außergewöhnlichen Persönlichkeit.

Cosimos Reichtum, verbunden mit seinem Ansehen beim *popolo*, ließ die Albizi um ihre politische Vorrangstellung fürchten. Eine offene Konfrontation zwischen Cosimo und Rinaldo degli Albizi zeichnete sich ab. Der Medici ließ vorsorglich sein Vermögen in Sicherheit bringen. 1433 erreichte Rinaldo, dass Cosimo und dessen Bruder Lorenzo verbannt wurden. Doch bereits im Sommer 1434 führte der turnusmäßige Wechsel der öffentlichen Ämter zu einer Signoria, in der vier Parteigänger der Medici saßen. Dies ermöglichte die Rückkehr der beiden Verbannten am 6. Oktober 1434. Im weiteren Verlauf tat Cosimo alles, »um seine Macht zu festigen«. Dazu zählte auch die Verbannung seiner politischen Gegner: der Albizi und ihrer Anhänger.

Von nun an führte dieser Medici ein Doppelleben. Offiziell war er Privatmann, der sein Bankgeschäft leitete und seine Verpflichtungen als Staatsbürger erfüllte. Inoffiziell bestimmte er weitgehend die Florentiner Politik. »Obschon er praktisch *signore* ist«, schrieb Papst Pius II., »verhält er sich so, als sei er ein einfacher Bürger«. So weit wie eben möglich, erhöhte er seinen Einfluss in der Stadt und »wandte alle Klugheit auf, nicht entdeckt zu werden« *(e fece ogni cosa per non si scuoprire,* Da Bisticci). Cosimo sorgte dafür, dass die entscheidenden Ämter mit Männern seines Vertrauens besetzt wurden. Gegner, die er nicht verbannte, wurden durch ein neues, progressives Steuersystem, das von 4–50 % des Einkommens reichte, zu Schuldnern des Staats und waren dadurch nicht mehr wählbar. Gleichzeitig schaffte sich Cosimo Parteifreunde, indem er steuersäumigen Bürgern Darlehen gewährte, die in seltensten Fällen zurückerstattet werden mussten.

Zu seinem Ansehen trugen ebenso seine humanistische Bildung wie die großzügigen Stiftungen für Klöster und Kirchen bei. Ein spektakulärer Schachzug gelang ihm 1439: seinem diplomatischen Geschick war es zu verdanken, dass das ökumenische Konzil nach Ausbruch der Pest von Ferrara nach Florenz überwechselte. Weder in Fragen des Glaubens noch politisch war dem Konzil jedoch Erfolg vergönnt. Das feierlich verkündete Unionsdekret, das die Vereinigung von Ost- und Westkirche vorsah, wurde schon bald widerrufen. Unerwartet befruchtend wirkte jedoch das Konzil auf das alpenländische Denken. Während die Theologen disputierten, hielt der Philosoph Gemisthos Plethon Vorträge über Platon, die auch Cosimo de' Medici hörte und die ihn später zur Gründung der Accademia Platonica anregen sollten. Platons Ideenlehre und Staatstheorie fielen in einer Stadt, die für abstraktes und spekulatives Denken aufgeschlossen war, naturgemäß auf fruchtbaren Boden. Sie regten Marsilio Ficino zu seiner »Theologia Platonica« an, die Christentum und Platonismus miteinander zu verbinden suchte. Damit ging Ficinos Denken in eine andere Richtung als das der älteren Humanisten, der Florentiner Staatskanzler Coluccio Salutati und Leonardo Bruni, die Religion und Philosophie als etwas Grundverschiedenes ansahen. Deren positivistisch-empirische Weltsicht verherrlichte den aktiven, sich selbst verwirklichenden Menschen und entsprach dem Florentiner Kaufmannsgeist ebenso wie den Bemühungen der Künstler um Sachlichkeit und Gesetzmäßigkeit, um rationale Lösungen für künstlerische Aufgaben. Vor diesem Hintergrund mag erstaunen, dass der Kaufmann Cosimo de' Medici gerade am platonischen Denken Ficinos Anteil nahm und diesem sogar ein kleines Landgut bei Careggi zur Verfügung stellte.

Cosimo förderte auch den philologisch-kritischen Zweig des Humanismus. Er erwarb Handschriften und stiftete sie der Badia Fiesolana, dem Kloster San Giorgio in Venedig, das ihn während seines Exils beherbergt hatte, und dem Philosophen Niccoli (aus dessen Sammlung die Biblioteca Laurenziana hervorging). Die Unterstützung des Humanismus war indes nur ein Teil von Cosimos Mäzenatentum. Immense Summen – insgesamt 70 000 Goldflorine – stiftete er für Kirchen- und Klosterbauten: für San Lorenzo und San Marco, für die Badia Fiesolana und das Novizendormitorium in Santa Croce, für den

Lorenzo il Magnifico, Porträt von Giorgio Vasari, Uffizien. Lorenzo il Magnifico war der glanzvollste der Medici, doch sollte ›il Magnifico‹ nicht mit ›der Prächtige‹ übersetzt werden. Es ist vielmehr ein Titel (›Magnificenz‹), der dem Namen vorangestellt wurde. Die Devise Lorenzos, »Le temps revient« (Die Zeit kehrt wieder), könnte auch für seine Epoche gelten. Nur durch Zufall entkam der junge Lorenzo 1478 der Verschwörung der Pazzi im Dom von Florenz. Er konnte in die Sakristei fliehen, während sein Bruder Giuliano erstochen wurde. Die Pazzi wurden mitsamt dem an der Verschwörung beteiligten Pisaner Bischof Salviati vom aufgebrachten Volk an den Fensterkreuzen des Palazzo Vecchio erhängt

Franziskanerkonvent Bosco ai Frati im Mugello und für San Girolamo in Volterra. Laut Vespasiano da Bisticci kam es zu diesen Stiftungen, weil Cosimo sein Gewissen über »nicht ganz rechtmäßig erwobene Gelder *(denari non molto buoni acquisti)*« habe beruhigen wollen. Ein Mäzenatentum dieses Ausmaßes war Cosimos Erben und Nachfolgern, **Piero il Gottoso** (dem Gichtigen) und dessen Sohn Lorenzo – dem man später den Beinamen ›il Magnifico‹ gab –, nicht mehr möglich. Piero stiftete zwar noch zu Lebzeiten seines Vaters die Tabernakel von Santissima Annunziata und San Miniato. Doch seine Begeisterung für die Kunst war die eines Sammlers. Der unter der Familienkrankheit, der Gicht, besonders Leidende hatte eine Vorliebe für alles Kostbare: für Gefäße aus Halbedelsteinen, für antike Gemmen und Kameen, für Goldschmiedearbeiten. Benozzo Gozzolis prunkvolle Fresken in der Kapelle des Familienpalasts entsprachen ganz seinem verfeinerten Geschmack.

Lorenzo ›il Magnifico‹

Pieros Sohn, **Lorenzo ›il Magnifico‹,** erweiterte die Sammlung. Sein Interesse galt jedoch vor allem der Architektur. Mehrfach holte man sein Urteil ein, u. a. beim Wettbewerb um den Entwurf für die Domfassade, für die er selbst einen einreichte. Sein Verhältnis zu Kunst und Architektur, sieht man einmal von der Ausstattung der Villa Spedaletto bei Arezzo und seiner Privatsammlung ab, beschränkte sich notgedrungen nur noch auf Kennerschaft und Urteilsfähigkeit: Er verfügte einfach nicht mehr über die Geldmittel für Stiftungen. Die Medici-Bank stand am Rand des Bankrotts. In Brügge hatte der Filialdirektor Portinari die Kredite zu großzügig gehandhabt und Lorenzo musste deswegen das Stammgut Caffagiolo an seine Verwandten aus der Nebenlinie verkaufen. Er schreckte aber auch nicht davor zurück, sich öffentlicher Gelder – aus der Aussteuerkasse – zu bedienen, um die Finanzierungslücken seines Unternehmens zu schließen. Damit konnte er den Ruin zwar nicht vermeiden, wohl aber verzögern. Die großen künstlerischen Aufträge vergaben inzwischen andere Familien. Für Santa Maria Novella waren es die Tornabuoni, die Rucellai, Strozzi und Gondi, für Santa Trinità die Sassetti.

Man sollte nicht den Fehler begehen, den Glanz und Wohlstand, der von den Medici ausging, mit der Epoche der Renaissance gleichzusetzen. Die epochemachenden Werke von Ghiberti, Brunelleschi, Masaccio und Donatello entstanden noch zurzeit der Optimaten, vor Cosimos Rückkehr 1434. Was die Medici mit der Renaissancekultur verknüpft, war vor allem ihr Lebensstil. Dies gilt besonders für il Magnifico Lorenzo (so der offizielle Titel), der an philosophischen Gesprächen teilnahm, dessen Dichtung Aufnahme in Anthologien fand – »quant' è bella giovinezza«.

Den Medici war vor allem auch der äußere Rahmen für die Florentiner Kultur zu verdanken. Ihre behutsame Politik und ihr Gleichgewicht in Italien zu bewahren, suchten sie u. a. die Verbindung zu Mailand. Nur einmal war der Friede ernsthaft bedroht: 1479, als sich der Kirchenstaat und Neapel gegen Florenz verbündeten. Lorenzo bewies bewundernswerten Mut, indem er sich in das gegenerische Neapel begab, um mit König Ferdinand zu verhandeln.

Piero de' Medici (il Gottoso), Vater des Lorenzo il Magnifico, Büste von Mino da Fiesole, Bargello

Piero, Giovanni und Alessandro

Wie wenig ihre Macht jedoch in einer republikanischen Stadt wirklich gefestigt war, zeigte sich nach dem Tod Lorenzo il Magnificos. Dessen Sohn **Piero ›lo Sfortunato‹** (der Glücklose) erwies sich den schwierigeren politischen Verhältnissen nicht mehr gewachsen: Als 1494 Karl VIII. von Frankreich mit seinem Heer in Italien einmarschierte, um Neapel zurückzuerobern, machte Piero den Fehler, dass er dem König entgegenfuhr und ihm die Küstenfestungen zwischen Sarzana und Livorno überließ, ohne diesen Schritt zuvor im Rat besprochen zu haben. Daraufhin musste er aus Florenz fliehen. Um den demokratischen Gedanken neu zu beleben, bildete man nach dem Vorbild von Venedig einen Großen Rat, der an die 3000 Mitglieder zählte. An der neuen Verfassung hatte der Dominikanerpater **Girolamo Savonarola** wesentlichen Anteil. Dieser fanatische Glaubenskämpfer begnügte sich nicht damit, dass die Medici aus der Stadt vertrieben waren; er bekämpfte auch ihren Lebensstil. Auf dem berühmten ›Scheiterhaufen der Eitelkeiten‹ wurden zwar keine bedeutenden Kunstwerke, aber Gegenstände des Prunks verbrannt.

Savonarola wurde am 23. Mai 1498 mit zwei Gefährten auf der Piazza Signoria hingerichtet (gehängt und anschließend verbrannt). Es geschah dies auf Betreiben des berüchtigten Papstes Alexander VI., der in dem Dominikaner – so Ernst Pieper – »das Haupthindernis für einen Anschluss der Stadt Florenz an die Heilige Liga« sah und in dessen Ungehorsam eine Gefahr für die päpstliche Autorität witterte. Die Florentiner gaben dem Papst schließlich nach, denn sie fürchteten die wirtschaftlichen Folgen eines Konfliktes mit dem Heiligen Stuhl. Dass die Medici 18 Jahre nach ihrer Vertreibung nach Florenz zurückkehren und erneut die Politik der Stadt lenken konnten, verdankten sie **Giovanni de' Medici,** dem späteren Papst Leo X.

Giovanni setzte sich bei der Heiligen Liga dafür ein, dass die republikanische Regierung Soderinis (*gonfaloniere* auf Lebenszeit) gestürzt werde. Um den Florentinern ein abschreckendes Exempel vorzuführen, ließ er 1512 Prato auf das grauenhafteste plündern, wobei 1500 Menschen den Tod fanden. Florenz wurde verschont, weil es auf drei Bedingungen einging: die Stadt trat der Liga bei, Soderini wurde abgesetzt und die Medici durften als Privatpersonen zurückkehren. Doch die Medici gewannen schon bald ihren politischen Einfluss zurück. 16 Tage nach ihrer Rückkehr kam es zu einer für sie günstigen Verfassungsänderung, durch die der Große Rat aufgelöst wurde, weil er zu umfangreich war, um ihn ausschließlich mit Leuten des Vertrauens zu besetzen. 1527 vertrieb man die Medici erneut aus der Stadt, als Rom durch kaiserliche Truppen geplündert worden war

Papst Leo X., Porträt von Raffael, Uffizien. Papst Leo X. (Giovanni de' Medici) war der Sohn von Lorenzo il Magnifico. Bereits im Alter von 13 Jahren war er zum Kardinal ernannt worden. Sein Vater Lorenzo hatte die Lage richtig erkannt, als er dem Knaben schrieb: »Du bist das Glied, das die Stadt näher an die Kirche und unsere Familie an die Stadt bindet.«

»Die Belagerung von Florenz« (Ausschnitt), Giorgio Vasari, Sala di Clemente im Palazzo Vecchio

(›Sacco di Roma‹) und Papst Clemens VII., wiederum ein Medici, fliehen musste. In Florenz wurden Erinnerungen an die Tage Savonarolas wach. Mit 1100 gegen 18 Stimmen wurde Jesus Christus zum König der Stadt gewählt. Es war ein letztes republikanisches Zwischenspiel, das 1530 – auf Betreiben von Clemens VII. – mit Waffengewalt beendet wurde. Das kaiserliche Heer belagerte die Stadt, Michelangelos Anweisungen gemäß wurden die Mauern verstärkt. Nach acht Monaten jedoch mussten die ausgehungerten Florentiner kapitulieren. Es war das erste Mal seit der Völkerwanderungszeit, dass ein feindliches Heer die Stadt betrat.

Kaiser Karl V. setzte 1532 den Medici **Alessandro** als Stadtregenten ein und verheiratete ihn mit seiner illegitimen Tochter Margerete. Bedingung für die Eheschließung war die Errichtung der Fortezza da Basso. Die Zeit der kommunalen Freiheit war damit endgültig vorüber. Alessandro (›der Mulatte‹) war der verhassteste aller Medici-Herrscher. 1537 wurde er von **Lorenzino,** einem Verwandten aus der Nebenlinie, ermordet.

Cosimo I. und seine Erben

Zu seinem Nachfolger erkor man wiederum einen Medici, ebenfalls aus der Nebenlinie: **Cosimo I.** (seit 1537 Herzog, seit 1569 Großherzog der Toscana), Sohn des populären Heerführers Giovanni delle Bande Nere. Cosimo war der Schöpfer des toscanischen Staats. Ihm gelang, worum sich die Republik jahrhundertelang vergeblich bemüht hatte: Siena zu erobern (offiziell für Karl V.) und diese Stadt mit ihrem ausgedehnten Territorium seinem Staat einzuverleiben. Cosimo wurde daraufhin 1569 vom Papst zum Großherzog der Toscana gekrönt. In einer Stadt mit jahrhundertelanger republikanischer Tradition war es nicht leicht, die Herrschaft zu festigen. Cosimo tat das Naheliegende: Er verstärkte das Militär, baute in den Städten der Toscana Festungen und schuf neue Verwaltungsstrukturen. Wie einst Kaiser Augustus, dem er bewusst nachstrebte, tat er alles, um seiner

Macht auch sichtbaren Ausdruck zu verleihen. Wie nie zuvor in neuerer Zeit bediente er sich nun der Künste als einem Instrumentarium der politischen Propaganda.

Es begann die Zeit der Triumphzüge und Festdekorationen, der großen Empfänge und kostspieligen Eheschließungen. Nach der Vermählung mit Eleonora von Toledo, 1540, verließ der junge Herzog den Familienpalast an der Via Larga und bezog demonstrativ den Palazzo della Signoria (Palazzo Vecchio). Das einstige Wahrzeichen der Städtefreiheit wurde umbenannt in Palazzo Ducale (Herzoglicher Palast). Um die Herrschaft eines bürgerlich Geborenen vor den Florentinern und europäischen Fürstenhäusern zu legitimieren, gab er ein umfangreiches Bildprogramm in Auftrag, das die politischen Erfolge und das Mäzenatentum der großen Medici der Frührenaissance herausstellte. Wie diese begann er Kunstwerke zu sammeln, auch wenn sie seinem eigenen Geschmack nicht immer entsprochen haben dürften (so die Werke Ghibertis und Fra Angelicos). In Giorgio Vasari stand ihm ein Künstler zur Verfügung, der willens und fähig war, das gesamte Ausstattungsprogramm des herzoglichen Palasts zu leiten und das neue Verwaltungsgebäude der Uffizien zu planen. Mit diesem dreiflügeligen Palast wurde seit der Errichtung der Domkuppel zum ersten Mal wieder im Zentrum der Stadt ein städtebaulicher Akzent gesetzt.

Die Medici-Großherzöge Cosimo und seine Söhne waren nicht nur um den Glanz ihrer Haupt- und Residenzstadt Florenz bemüht, sie waren vor allem auch Landesfürsten, die Sümpfe trockenlegten und Straßen bauten, die den Mineralienabbau und die Woll- und Seidenmanufaktur förderten. Doch während ihrer Regierung erwuchs der Wollindustrie in Flandern und England eine immer bedrohlichere Konkurrenz. Unter Ferdinandos Nachfolger **Cosimo II.** gerieten Florenz und die Toscana zudem in Schwierigkeiten, wie man sie seit Jahrhunderten nicht mehr erlebt hatte. Das Land wurde von Hungersnöten und Pestepidemien (1630) heimgesucht, es litt an anhaltenden Rezessionen, an Missständen der Verwaltung und der Rechtsprechung. Der klerikale Einfluss nahm zu, mehr als die Hälfte des nutzbaren Lands war bald in die tote Hand der Kirche gefallen.

Nach dem Tod des letzten Medici-Großherzogs, des dekadenten, psychisch erkrankten **Gian Gastone** 1737, fiel das Großherzogtum an Franz Stephan von Lothringen (seit 1745 Kaiser Franz I.), den Gemahl Maria Theresias. Die letzte Medici, **Anna Ludovica,** Witwe des Jan Wellem von der Pfalz, vermachte den mediceischen Kunstbesitz den neuen Großherzögen. Testamentarisch verfügte sie, dass »von den Dingen, die zum Schmuck des Staates, zum Nutzen der Öffentlichkeit und als Anreiz für die Neugier der Fremden bestimmt sind, nichts veräußert oder aus der Hauptstadt oder dem Gebiet des Großherzogstums fortgebracht werden« dürfe. So ist es dieser Frau zu verdanken, dass der Kunstbesitz der Medici der Stadt erhalten blieb und Florenz mit den Uffizien, dem Palazzo Pitti, der Biblioteca Laurenziana und dem Bargello mit den großen europäischen Bibliotheken und Kunstsammlungen konkurrieren kann.

Cosimo I. de' Medici, Bronzino, Uffizien. Ein venezianischer Gesandter berichtet: »Die Geschichte seiner Zeit lässt Cosimo I. in lateinischer und toscanischer Sprache verfassen und bezahlt hervorragende Männer, dass sie ihm in beiden Sprachen über sein Leben schreiben. So wird er mit Hilfe von Malerei, Skulptur, Druck und unzerstörbarem Papier nach seinem Tode unvergänglich und berühmt sein, wie er im Leben zufrieden und glücklich ist.«

Galileo Galilei

Wie sehr sich im 17. Jh. in der Toscana die Zeiten geändert hatten, zeigt das Schicksal Galileo Galileis (1564–1642). Die von ihm entdeckten Jupitertrabanten hatte er einst nach seinen Förderern Medici-Sterne genannt. Jetzt wurde derselbe Forscher der Inquisition übergeben.

Aufklärung und Risorgimento

Unter dem zweiten Großherzog aus dem Hause Habsburg-Lothringen, **Peter Leopold** (1765–1790), entwickelte sich die Toscana zum Musterland eines modernen Staats. Der aufgeklärte Fürst ließ Hospitäler vergrößern, hob das Unterrichtsniveau, schaffte Folter- und Todesstrafe ab, ließ Konvente schließen. Die traditionellen Zünfte wurden durch Handwerks- und Handelskammern ersetzt. Nach dem Zwischenspiel der napoleonischen Regierung (1799–1815) konnten die österreichischen Erzherzöge in die Toscana zurückkehren. 1859 wurde das Großherzogtum Teil des vereinten Italiens. Für sechs Jahre, 1865–71, war Florenz italienische Hauptstadt. König Vittorio Emmanuele II. residierte im Palazzo Pitti.

Die historisierenden Bauten dieser Zeit empfindet man heute vielfach als störend im Stadtbild. Wohl weil man in Florenz höhere Maßstäbe anlegt, aber auch, weil sich die Neubauten gegenüber den großen Vorbildern nur schwierig behaupten können. Am unbefriedigsten ist es, wo fremdes, nicht florentinisches Formengut übernommen wurde, wie bei der allzu römisch geratenen Piazza della Repùbblica. Die Jahrhunderte, in denen die Stadt sich gegen fremde Einflüsse zur Wehr gesetzt hatte, waren vorüber. Die großen Architekten der Renaissance, von Brunelleschi bis Buontalenti, sahen sich der Tradition verpflichtet, einer Tradition, auf die sie auch bei kühnsten Neuschöpfungen Bezug nahmen.

Die wichtigste städtebauliche Erneuerung des 19. Jh. war die Anlage der Ringstraße (Viali di Circonvallazione) durch Giuseppe Poggi. Sie folgt dem Verlauf der abgetragenen letzten Stadtmauer und wird jenseits des Arno im Viale dei Colli fortgeführt.

Die heutige Piazza Repùbblica entstand im 19. Jh. an der Stelle, wo sich früher der Mercato Vecchio und die umliegenden kleinen Gässchen mit den Palazzi der Medici, der Sacchetti und der Brunelleschi sowie das Judenviertel malerisch ins Stadtbild eingefügt hatten. An diesem beliebtesten Ort in der Stadt priesen Marktschreier ihre Waren an, boten Tuchhändler schöne Stoffe feil, Lebensmittelhändler Obst und Gemüse, und Ärzte, Apotheker oder Notare gingen ihren Geschäften nach

20. Jahrhundert und heute

Zu Beginn des 20. Jh. hatte Florenz seinen Rang als Kulturmetropole wieder gefestigt und als Hauptstadt des geeinten Italiens schnellte seine Einwohnerzahl von 120 000 auf fast 200 000 in die Höhe. Der Faschismus fand in der traditionell eher ›roten‹ Toscana nur wenig Anhänger und gerade deswegen gingen seine Schlägerbanden mit besonders brutalen Mitteln gegen die Bevölkerung vor und wüteten in der Stadt. Trotzdem kam es 1943 zur Organisation des Widerstands.

Obwohl Florenz zu den glücklichen Städten gehörte, die bis zum Zweiten Weltkrieg niemals zerstört worden waren, geschah dann im August 1944 das keinesfalls Unvermeidbare: An der sogenannten Gotenlinie, die unmittelbar bei Florenz verlief, glaubten die deutschen Soldaten, den Vormarsch der Alliierten nur noch dadurch aufhalten zu können, indem sie die Arnobrücken abrissen. Sie verschonten dabei zwar den Ponte Vecchio, scheuten aber nicht davor zurück, die beiden ältesten Stadtviertel im Umkreis der Brücke dem Erdboden gleich zu machen.

In den 50er- und 60er-Jahren des 20. Jh. – auch als unmittelbare Folge der Landflucht toscanischer und süditalienischer Bauern – wuchs die Bevölkerung auf mehr als 430 000 an. Eine ungeheure Nachkriegskatastrophe bedeutete die Arno-Überschwemmung am 4. November 1966. Im Gebiet von Santa Croce stieg das Wasser des Arno auf 7 m an. Nur Dank internationaler Hilfe konnten die meisten Kunstschätze vor dem Ruin gerettet werden.

Heutzutage ist Florenz mit etwas mehr als 400 000 Einwohnern die zehntgrößte Stadt Italiens. Als Hauptstadt der Toscana ist es darüber hinaus ein Zentrum der Verwaltung; Ausbildung und Forschung werden groß geschrieben. Die Universität, ihre Archive, die Nationalbibliothek, die zahlreichen Sprachenschulen und ausländischen Forschungsstätten – darunter etwa das Deutsche Kunsthistorische Institut – locken Studenten und Wissenschaftler aus allen Teilen der Welt in die Stadt am Arno, die auch an dem regen kulturellen Leben mit zahlreichen Theateraufführungen und Konzerten teilhaben wollen.

Der Ruhm dieser hoch eleganten Stadt, die eingebettet in den sanften toscanischen Hügeln eine unglaublich reiche Geschichte aufzuweisen hat, liegt in ihrer Attraktivität als Kunststadt begründet. Fast 6 Mio. Menschen wollen jedes Jahr einen Teil dieser Kunst miterleben. So gilt auch die Hauptsorge der Florentiner der Zerstörung ihrer Stadt durch Schadstoffe der Luft und modernen Vandalismus. Beides macht vor den frei aufgestellten Kunstwerken nicht halt. Da ist es nur eine Frage der Zeit, bis auch die Baptisteriumstüren Andrea Pisanos und die restlichen Nischenstatuen des Or San Michele in den Schutz der Museen geholt werden. Dann wird Florenz einen seiner besonderen Reize verloren haben, dass Kunstwerke dem öffentlichen Leben angehören!

Daten zur Geschichte

59 v. Chr. Gründung der Kolonie Florentia (Florenz).

um 220–50 n. Chr. Beginn der Christianisierung. Der hl. Minias erleidet das Martyrium unter Kaiser Decius.

um 300 Kaiser Diokletian erhebt Florenz zur Hauptstadt der Siebenten Region, die das Gebiet der Toscana und Umbriens umfasst.

393 Der hl. Ambrosius von Mailand weiht die Kirche San Lorenzo.

5./6. Jh. Während der Völkerwanderungszeit wird Florenz nahezu vollständig zerstört.

568 Die Langobarden erobern Oberitalien und anschließend die Toscana. Ein langobardischer Herzog erwählt Lucca zu seiner Residenzstadt. In Florenz gründen die Langobarden zehn neue Kirchen

774 Karl der Große erobert das Langobardenreich. Florenz wird Sitz eines Grafen. Das Gebiet der Toscana wird zur Markgrafschaft.

825 Kaiser Lothar I. gründet in Florenz eine theologische Schule.

854 Lothar I. vereinigt die Grafschaften Florenz und Fiesole.

um 1000 Markgraf Hugo verlegt seine Residenz von Lucca nach Florenz.

um 1060 Mit dem Bau des Baptisteriums und von San Miniato al Monte erlebt Florenz seine erste Blütezeit. Florenz ist Zentrum kirchlicher Erneuerungsbestrebungen und antikaiserlicher Haltung.

1107 Um sein Einflussgebiet zu erweitern, beginnt Florenz gegen den Landadel zu Feld zu ziehen und Kastelle zu erobern.

1115 Tod der Markgräfin Mathilde, die die Autonomie von Florenz und der anderen Städte ihrer Markgrafschaft unterstützt hatte.

1125 Aus nichtigem Anlass zerstört Florenz die Nachbarstadt Fiesole.

1138 Zum ersten Mal werden die aus Kreisen des Patriziats gewählten Konsuln als ausübendes Regierungsorgan urkundlich erwähnt. Den Konsuln steht der ›Rat der Hundert‹ zur Seite.

1173 Anlage neuer Stadtmauern, die ein nahezu verdreifachtes Stadtgebiet umschließen.

um 1215–40 Die Adelsfamilien spalten sich in kaiserliche Ghibellinen und papsttreue Guelfen.

1221 Im Westen der Stadt bauen die Dominikaner mit Santa Maria Novella ihren ersten Konvent. 1226 folgen im Osten die Franziskaner mit dem Bau von Santa Croce.

1248 Die aggressive Expansionspolitik der Florentiner veranlasst den Papst für fünf Jahre das Interdikt über die Stadt zu verhängen.

Nach der Niederlage der Ghibellinen bei Figline und der Vertreibung 1250
ihrer Anhänger aus Florenz bildet das Bürgertum die Regierung des
primo popolo. Die Geschlechtertürme des Adels werden auf ca. 29 m
abgetragen. Mit der Grundsteinlegung der Kirche von Santa Maria
Novella (1249) und dem Bau des Palazzo del Capitano del Popolo
(später ›Bargello‹ genannt, 1254) beginnt die große Zeit öffentlicher
Bautätigkeit.

Die Florentiner prägen eine eigene Goldmünze, den *fiorino d'oro.* 1252

Nach dem Sieg der Ghibellinen bei Montaperti kehren die exilierten 1260
Ghibellinen zurück. Jetzt müssen die Guelfen die Stadt verlassen.

Wieder werden die Ghibellinen vertrieben, kehren aber 1280 zurück. 1267

Die seit dem 12. Jh. zu Zünften zusammengeschlossenen Handwer- 1282
ker und Kaufleute bilden die Regierung des Priorats.

Abschaffung der Leibeigenschaft. Damit gewinnt die aufblühende Tex- 1289
tilindustrie Arbeitskräfte vom Land.

Eine neue Verfassung (›Ordinamenti di giustizia‹) beteiligt nunmehr 1293
auch die kleineren Zünfte *(arti minori)* an der Regierung des Priorats
während der Adel ganz von der Regierung ausgeschlossen wird. In
ihren Grundzügen behält die Verfassung bis 1494 Gültigkeit.

Baubeginn der bereits 1284 beschlossenen letzten großen Stadtmauer. 1299
Weitere Großbauten des späten 13. Jh.: Santa Maria Novella (ab 1279),
Santa Croce (ab 1294), Dom (ab 1296), Palazzo Vecchio (ab 1299).

Florenz bemächtigt sich Pistoias. 1329

Die große Pest reduziert die Einwohnerschaft von Florenz (ca. 1348
100 000) um die Hälfte, was die wirtschaftliche Krise noch verstärkt.

Florenz kauft Prato. 1351

San Gimignano stellt sich unter den Schutz von Florenz. 1354

Florenz überwacht Volterra. 1361

Aufstand der *ciompi,* der Wollarbeiter, und Bildung einer Volksre- 1378
gierung. In Reaktion darauf werden die politischen Entscheidungen
von einer Oligarchie unter Führung der Albizi gesteuert.

Florenz erwirbt Arezzo. 1384

Florenz unterwirft Pisa und verschafft sich damit den lang begehrten 1405/06
Zugang zum Meer.

Der zu immensem Reichtum gelangte Cosimo de' Medici (d. Ä.) wird 1432
auf Veranlassung von Rinaldo degli Albizi zusammen mit seinem Bruder Lorenzo verbannt.

Triumphale Rückkehr Cosimos nach Florenz. Er verbannt die Albizi 1434
sowie ihre Anhänger und bestimmt von nun an weitgehend die
Geschicke des Stadtstaats.

1439 Das Unionskonzil zur Vereinigung der Ost- und Westkirche tagt in Florenz. Der Philosoph Gemisthos Plethon gibt Anstöße für den Neoplatonismus von Marsilio Ficino.

1464 Nach dem Tod Cosimos d. Ä. übernehmen sein Sohn Piero und sein Enkel Lorenzo il Magnifico (ab 1469) die politische Vorherrschaft.

1478 Die Pazzi verschwören sich gegen die Medici. Bei einem Attentat im Dom von Florenz wird Lorenzos Bruder Giuliano getötet. Lorenzo selbst kann sich retten.

1494 Piero de' Medici ›lo Sfortunato‹, der Sohn Lorenzos, wird aus Florenz vertrieben. Um den demokratischen Gedanken neu zu beleben, wird auf Veranlassung des Dominikanerpredigers Savonarola ein ›Großer Rat‹ gebildet, der 3000 Mitglieder zählt.

23. Mai 1498 Savonarola wird mit zwei Gefährten auf der Piazza Signoria erhängt und dann verbrannt

1502 Pietro Soderini wird auf Lebenszeit zum *gonfaloniere* gewählt.

1512 Die Medici kehren auf Betreiben von Giovanni de' Medici, dem späteren Papst Leo X., nach Florenz zurück. Der ›Große Rat‹ wird aufgelöst.

1527 Nach der Plünderung Roms durch kaiserliche Truppen werden die Medici erneut verjagt. Es kommt zu einem letzten republikanischen Zwischenspiel.

1530 Clemens VII. de' Medici lässt Florenz durch kaiserliche Truppen belagern. Die Stadt kapituliert.
Kaiser Karl V. setzt Alessandro de' Medici als Stadtregenten ein, verleiht ihm die Herzogswürde und verlobt ihn mit seiner Tochter Margarete.

1537 Nach der Ermordung Alessandros wird Cosimo, ein Medici aus der Nebenlinie, zum Herzog ernannt.

1540 Herzog Cosimo I. bezieht den Palazzo della Signoria, der nunmehr Palazzo Ducale genannt wird

1555 Cosimo I. erobert für Kaiser Karl V. Siena und verleibt es 1559 seinem Herzogtum ein. Die Regierungsgeschäfte überträgt der erst Anfang 40-Jährige seinem Sohn Francesco.

1559–80 Für die Ministerien und Ämter des Großherzogtums entstehen als wichtigste städtebauliche Maßnahme des 16. Jh. die Uffizien.

1569 Papst Pius V. krönt Cosimo I. zum Großherzog.

1574 Nach dem Tod Cosimos I. bleibt das Großherzogtum bis 1737 in der Hand der Medici. Auf Cosimo folgen die Söhne Francesco I. (1574–87) und Ferdinando I. (1587–1609), sodann Cosimo II. (1609–1620), Ferdinando II. (1621–1670), Cosimo III. (1670–1723) und Gian Gastone (1723–37).

Auf einer unter dem Denkmal Cosimos I. auf der Piazza della Signoria angebrachten Reliefplatte, ist der triumphierende Einzug des großen Medici im besiegten Siena dargestellt

Nach dem Tod des letzten männlichen Medici, Gian Gastone, gelangt das Großherzogtum an Franz Stephan von Lothringen, Gemahl der habsburgischen Thronerbin Maria Theresia, der seit 1745 als römisch-deutscher Kaiser inthronisiert ist. **1737**

Die letzte Medici, Anna Maria Ludovica, vermacht den mediceischen Kunstbesitz dem Haus Habsburg-Lothringen unter der Bedingung, dass »von den Dingen, die zum Schmuck des Staates, zum Nutzen der Öffentlichkeit und als Anreiz für die Neugier der Fremden bestimmt sind«, Florenz nichts verlassen dürfe. **1743**

Der ›aufgeklärte‹ Großherzog Peter Leopold entwickelt die Toscana zum Musterland eines modernen Staats: Abbau des staatlichen Zentralismus, Abschaffung der Folter und der Todesstrafe, Bau von Hospitälern, Förderung der Bildung und der Wirtschaft. **1765–92**

Napoleons Truppen erobern Italien. Großherzog Ferdinand III. muss 1801 das Land verlassen, die Toscana wird zum Königreich Etrurien. **1799**

Napoleons Schwester Elisa Baciocchi wird Großherzogin der Toscana. **1809**

Erneut fällt das Großherzogtum an das Haus Habsburg-Lothringen. Ferdinand III. kann nach Florenz zurückkehren. **1814**

Eine Eisenbahnstrecke verbindet Florenz mit Pisa und Livorno. **1841–48**

Anlage eines neuen Wohnviertels um die Piazza dell'Independenza. **1844–55**

Unter revolutionärem Druck verlässt Großherzog Leopold eine Verfassung, die auch die Interessen von Adel und Bürgertum berücksichtigt. Nach Ausrufung der Republik, muss der Großherzog 1849 fliehen, kann jedoch nach einem Jahr wieder zurückkehren. **1848**

1850–55 Beim Park der Cascine entsteht ein weiteres Wohnviertel. Die Brüder Alinari gründen ihr Fotostudio.

seit 1855 Im ›Cafè Michelangelo‹ treffen sich die Maler Fattori, Lega, Signorini, Borrani und andere, die man später als ›Macchiaioli‹ bezeichnet.

1859/60 Das Königreich Sardinien-Piemont unter Vittorio Emmanuele II. führt an der Seite Frankreichs einen Unabhängigkeitskrieg gegen das Großherzogtum und das österreichische Italien. Großherzog Ferdinand IV. muss das Land verlassen. Nach einer Volksabstimmung schließt sich die Toscana mit der Emilia Romagna dem Königreich Sardinien-Piemont an.

1865–71 Florenz wird vorübergehend Hauptstadt des geeinten Italien. Die Einwohnerzahl steigt von 146 441 auf ca. 200 000, sinkt jedoch nach der Verlegung der Hauptstadt nach Rom (1871) wieder auf 167 999. Abriss der Stadtmauern nördlich des Arno. Ihrem Verlauf folgt die von Giuseppe Poggi geplante Ringstraße (Viali di Circonvallazione), die südlich des Arno in der Viale dei Colli fortgeführt wird.

1875 Anlage der Piazzale Michelangelo.

1881 Plan zur Altstadtsanierung, der zur Zerstörung von 341 Gebäuden um den Mercato Vecchio und das Ghetto führt.

1920–30 Der Faschismus ergreift auf besonders brutale Weise durch wütende Schlägerbanden Besitz von der Stadt. Die politische Opposition wird immer mehr unterdrückt. Dennoch findet der Faschismus im traditionell eher ›roten‹ Florenz wenig Anhänger.

1922 Mussolinis Marsch auf Rom.

1943 Im Zweiten Weltkrieg verläuft die Front (Gotenlinie) zwischen Alliierten und deutscher Besatzungsmacht durch Florenz. Es kommt zu Straßenkämpfen zwischen Partisanen und deutschen Soldaten.

1944 Sprengung der Arnobrücken außer dem Ponte Vecchio durch die Besatzer.

1946 Proklamation der italienischen Republik.

1950–70 Landflucht toscanischer Bauern und der Bewohner des industriell unterentwickelten Südens. Florenz verzeichnet einen Bevölkerungszuwachs von 15,5 %, was die Zahl der Arbeitslosen weiter in die Höhe treibt. Der Christdemokrat Giorgio La Pira bestimmt als Bürgermeister lange das florentinische Leben der Nachkriegszeit.

4. 11. 1966 Die größte Flutkatastrophe in der florentinischen Geschichte, deren Schäden nur mit internationaler Unterstützung beseitigt werden können.

1970 Florenz wird Hauptstadt der neu gegründeten Region Toscana.

1986 Der Europarat wählt Florenz als erste Stadt zur europäischen Kulturmetropole.

Florenz erhält ein neues Museum: In einem Palazzo an der Piazza Santa Maria Novella öffnet das Museo Nazionale Alinari della Fotografia seine Pforten.	2007
Nach Renovierungsarbeiten wird das Museo Stefano Bardini wiedereröffnet. Die Piazza del Duomo wird nach langjährigen Debatten für den Autoverkehr gesperrt.	2009
Die nach Scandicci führende Linie 1 des geplanten Straßenbahnnetzes wird eröffnet. Weitere Linien zum Flughafen Amerigo Vespucci und nach Careggi sind in der Planung.	2010
Etwas außerhalb des Stadtzentrums entsteht der Parco della Musica e della Cultura, ein großer Gebäudekomplex mit Opernhaus, Konzertsaal und Theater, wo ab 2012 das renommierte Kulturfestival Maggio Musicale Fiorentino stattfinden wird. Das Opernhaus wurde bereits im Dezember 2011 eröffnet.	2011/2012

Piazza Santa Croce. Zu allen Zeiten war der Platz Veranstaltungsort für Feste. Giuseppe Zocchis Stich stellt ihn mit dem Calcio-Fest 1738 dar: vorne Darbietungen der commedia dell'arte. Rechts die noch ›nackte‹ Fassade von Santa Croce

Galerie der Florentiner Künstler

Alessandro Botticelli (1444/45–1510)

Selbstbildnis von Botticelli, Anbetung der Könige, Uffizien

Eigentlich Alessandro di Mariano Filipepi, sein Spottname Botticella (Fässchen) wurde zu seinem Künstlernamen. Wie kein zweiter verkörpert Botticelli die durch die Medici geprägte verfeinerte Kultur des späten Quattrocento. Seine berühmtesten Werke »Geburt der Venus«, »Der Frühling«, »Pallas Athene mit dem Kentauren« entstanden für Lorenzo di Pierfrancesco de' Medici (aus der Nebenlinie des berühmten Geschlechts). Für Lorenzo il Magnifico malte Botticelli die zerstörten Fresken in der Villa Spadoletto bei Volterra. Seinen einzigen Auftrag außerhalb der Toscana erhielt er von Sixtus IV. Gemeinsam mit Perugino, Ghirlandaio u. a. malte er die Wandfresken in der Sixtinischen Kapelle.

In der bewegten, zum Teil exzentrischen Linienführung ist Botticelli Nachfolger des Filippo Lippi, als dessen Schüler er gilt. Diese Liniensprache war besonders dazu geeignet, die Vorstellungen der Florentiner Neoplatoniker von idealer Schönheit zum Ausdruck zu bringen. Der leidenschaftliche und zuweilen ins Asketische gehende Spätstil Botticellis (s. Abb. links) ist im Zusammenhang mit dem Tod des Lorenzo il Magnifico und den sozialen und religiösen Unruhen zu verstehen, die von den Bußpredigten des Dominikaners Savonarola ausgingen. Als Botticelli starb, war sein Stil, der letztlich immer noch der Gotik verhaftet war, auch in Florenz endgültig überholt.

Filippo Brunelleschi (1377–1446)

Der Erfinder des neuen Baustils der Frührenaissance und als Sohn eines Notars geborene Filippo di Ser Brunellescho war von Haus aus gelernter Goldschmied (davon zeugen noch zwei halbfigurige Propheten am Silberaltar im Dom von Pistoia, 1399–1400). 1401 nahm er am Wettbewerb für die zweite Baptisteriumstür teil, den jedoch Lorenzo Ghiberti gewann. In den folgenden Jahren beschäftigte sich der begüterte Junggeselle mit mathematischen Problemen, reiste zum Studium der römischen Antike zusammen mit Donatello nach Rom und entwickelte die Theorie der perspektivischen Darstellung, die er am Baptisterium und an der Piazza Signoria den erstaunten Florentinern demonstrierte. 1418 gewann Brunelleschi (wiederum in Konkurrenz mit Ghiberti) den Wettbewerb für die Konstruktion der Domkuppel, die dann gegen den Widerstand von Fachleuten nach seinen Plänen und technischen Anweisungen ausgeführt wurde. In der Folge entstanden mit der Alten Sakristei und der Kirche von San Lorenzo, dem Ospedale degli Innocenti, der Pazzi-Kapelle, dem Palzzo di Parte Guelfa und der Kirche Santo Spirito jene Erstlingswerke eines neuen Stils, der sich zunächst über die Toscana, in gewandelter Form sodann über ganz Europa verbreiten sollte und für Jahrhunderte Grundlage allen Bauens war.

Brunelleschi, Medaillon im Florentiner Dom. Aus dem Wettbewerb um die zweite Baptisteriumstür ging nicht er, sondern Lorenzo Ghiberti als Sieger hervor. Brunelleschi blieb die Entscheidung der Jury sein Leben lang unverständlich. Zur Demonstration des vermeintlichen Fehlurteils ließ er sein eingesandtes Proberelief in der Alten Sakristei von San Lorenzo aufhängen

Arnolfo di Cambio (1240/45–1302/10)

Der in Colle Val d'Elsa geborene Arnolfo gehört zu den Künstlerpersönlichkeiten, die Florenz nachhaltig geprägt haben. Als Dom- und Stadtbaumeister begann er nicht nur den Dombau, er plante auch den Neubau der Badia, die große letzte Stadtmauer, höchstwahrscheinlich auch den Palazzo Vecchio und die Kirche Santa Croce. Zunächst war er als Bildhauer tätig und erst in späteren Jahren vorwiegend als Baumeister. Seine bildhauerische Ausbildung erhielt er bei Nicola Pisano, dessen antikisierenden Stil und Tendenzen zur Monumentalisierung er aufgriff und zu steigern versuchte. Seit 1276 sind erste selbstständige Arbeiten in Rom und Viterbo bezeugt, später arbeitete er in Perugia und Orvieto. Ein zweites Mal in Rom schuf er zwischen 1284 und 1296 u. a. die Ziborien von San Paolo fuori le Mura und Santa Cecilia in Trastevere. Seit etwa 1296 lebte er in Florenz, wo er die oben erwähnten großen Bauprojekte plante und darüber hinaus mit seiner Werkstatt die Fassadenskulpturen des Doms schuf.

Cimabue

Von diesem wohl bedeutendsten italienischen Maler der zweiten Hälfte des 13. Jh. kennen wir weder sein Geburts- noch sein Sterbejahr. Aus den Dokumenten geht lediglich hervor, dass er Florentiner war, dass sein offizieller Name Cenni di Pepo lautete, dass er sich 1272 in Rom aufhielt und 1301/02 im Pisaner Dom das Apsismosaik vollendete. Die Figur des hl. Johannes in diesem Mosaik ist dann auch das einzige für Cimabue belegte Werk. Sein gesamtes übriges Œuvre wurde ihm auf stilkritischem Weg zugewiesen, ohne dass man dabei auf Widerspruch zu den überlieferten, meist auf Vasari zurückgehenden Zuschreibungen stieß. Unbestritten als Cimabues Werke sind anerkannt: die Tafelkreuze in Arezzo (San Domenico) und Florenz (Santa Croce), die »Maestà« der Uffizien, Fresken im Chor und im Querschiff der Oberkirche von Assisi sowie die »Thronende Madonna« in der Unterkirche. Heute nimmt man an, dass Cimabue auch an den Mosaiken des Florentiner Baptisteriums mitwirkte und die aus Pisa stammende Madonnentafel des Louvre schuf.

Donatello, Porträt aus der Collezione Gioviana, Uffizien. Geboren wurde Donatello wahrscheinlich in Florenz. Als Sohn eines Wollkämmers, des Niccolò di Betto Bardi, wuchs er in äußerst bescheidenen Verhältnissen auf. Seine Ausbildung erhielt er u. a. bei Ghiberti zwischen 1404 und 1407, als dieser mit der Ausarbeitung der zweiten Baptisteriumstür beschäftigt war. Zum Studium der Antike unternahm er zusammen mit Brunelleschi eine Romreise

Donatello (1386–1466)

Vielseitig waren die Gestaltungsmöglichkeiten dieses unbetritten bedeutendsten Bildhauers der Frührenaissance. Kein anderer war zugleich zu dramatisch-expressivem wie auch lyrisch-beseeltem Ausdruck fähig. Der makelosen Schönheit des Bronze-David im Bargello, der Anmut der »Verkündigung« in Santa Croce stehen der Realismus des Habakuk (Dommuseum Florenz) und die erschütternde Dramatik in den Bronzreliefs der Kanzeln von San Lorenzo gegenüber. In seinem Werk verbinden sich antike Köpervorstellungen und mittelalterliche Innerlichkeit. Donatello war der erste, der die von Brunelleschi erforschte Gesetzmäßigkeit der Zentralperspektive auf ein Werk der Bildkunst anwendete (im Relief »Georgs Drachenkampf« am Or San Michele). Dazu entwickelte er eine neue Reliefart: den *relievo schiacciato* (gequetschtes Relief), der mit minimalen Erhebungen und Vertiefungen eine tiefenräumliche Illusion erzeugt.

Vielseitig wie seine Ausdrucksskala waren auch seine technischen Möglichkeiten: Er arbeitete in Stein, Ton, Stuck, Bronze und Holz. Die meisten seiner Werke schuf er für den Florentiner Dom, für den Or San Michele, das Baptisterium und San Lorenzo. Weiterhin wirkte er auch in Siena (Taufbrunnen) und Prato (Außenkanzel des Doms). 1432–33 arbeitete er in Rom, 1444–45 in Padua, wo er das Reitermonument des Gattamelata und den Hochaltar von Sant'Antonio schuf. Kaum zu überschätzen ist der Einfluss des nunmehr über 60-Jährigen auf viele oberitalienische Maler. Von Padua zurückgekehrt wirkte sein Altersstil in der heiteren Welt der Frührenaissance wie ein Fremdkörper. Die wichtigsten Aufträge erteilte ihm ein mit ihm gealterter Freund, Cosimo de' Medici: die Bronzegruppe der »Judith« für den Palazzo Medici und die Bronzekanzeln von San Lorenzo, über deren Ausarbeitung Donatello 1466 verstarb.

Fra Angelico, »Ankündigung des Antichristen« (Detail), von Luca Signorelli, Dom von Orvieto. Fra Angelico stammte aus dem Mugello (wahrscheinlich aus San Michele a Ripecanina unweit von Vicchio). Das von Vasari überlieferte Geburtsjahr 1387 und auch das angebliche Jahr seines Ordenseintritts 1407 wurden nach neuerer Forschung um etwa zehn Jahre zu früh angesetzt

Fra Angelico (um 1387–1455)

Die Vorstellung vom malenden Klosterbruder Fra Giovanni ist durch Vasari geprägt, der ihn als einen »schlichten Menschen von heiligem Lebenswandel« schilderte. »Liebenswürdig und maßvoll lebte er in keuscher Abgeschiedenheit«. Nie habe er »einen Pinsel in die Hand genommen, ohne dass ihm die Tränen über die Wangen strömten«. Diesem Bild des ›engelhaften‹ *(angelico)* widerspricht allein seine organisatorische Begabung, die Papst Eugen IV. veranlasst haben soll, ihn zum Erzbischof von Florenz auszuwählen. Sein ursprünglicher Name lautete Guido di Piero. Fra Angelico gehörte der Dominikanergemeinschaft von Fiesole an, der 1436 das Kloster San Marco in Florenz übertragen wurde. Um 1440/41 verlegte er seine Werkstatt nach San Marco, dessen Ausmalung er und seine Gehilfen übernahmen. Auf Einladung von Papst Eugen IV. wirkte er 1445–49 in den vatikanischen Palästen, wo er u. a. die Kapelle von Nikolaus V. ausmalte. Im Sommer des Jahres 1445 begann er im Dom von Orvieto mit der Freskierung der Cappella San Brizio (die dann sehr viel später von Signorelli vollendet wurde). In seine Heimat zurückgekehrt wurde er 1450 zum Prior des Dominikanerklosters von Fiesole gewählt. Die letzte Zeit seines Lebens verbrachte er erneut in Rom, wo er in der Kirche Santa Maria sopra Minerva beigesetzt wurde.

Lorenzo Ghiberti (1378–1455)

Der in Florenz geborene Ghiberti war zugleich Bildhauer, Goldschmied, Maler, Architekt und in hohem Alter zudem Autor eines kunsttheoretischen Werks, der »Commentarii«: eine (unvollendet gebliebene) Geschichte der Kunst seit der Antike, in der er auch sein eigenes Leben und seine Werke vorstellte. Sein künstlerisches Hauptwerk, die beiden Baptisteriumstüren in Florenz, entstand in einer langen, 50-jährigen Arbeitszeit und konnte dennoch nur mit einer großen Zahl von Mitarbeitern und Lehrlingen bewältigt werden. Seine Gießhütte in der Nähe des Ospedale Nuovo entwickelte sich zu einer Art Akademie, aus der einige der bekannten Künstler der Frührenaissance hervorgingen: Bernardo Ciuffagni, Michelozzo, Masolino, Paolo Uccello, Benozzo Gozzoli und Donatello. Als Architekt war er zusammen mit Brunelleschi für die Bauleitung der Domkuppel verantwortlich. Zu seinen selbstständig geplanten Bauten zählt die Sakristei von Santa Trinità in Florenz.

Domenico Ghirlandaio (1449–94)

Der in Florenz als ältester Sohn eines Goldschmieds geborene Domenico Bigordi, den man wie seinen Vater Ghirlandaio (Girlandenmacher) nannte, unterhielt zusammen mit seinem Bruder Davide (1452–1525) eine Werkstatt, in die auch sein Bruder Benedetto und sein Schwager Sebastiano Mainardi aus San Gimignano eintraten. Von den Zeitgenossen wie der Nachwelt gleichermaßen geschätzt wurden die Fresken in der Collegiata von San Gimignano und in den Florentiner Kirchen Santa Trinità und Santa Maria Novella. Die großbürgerlichen Auftraggeber erkannten im Hintergrund des heiligen Geschehens ihre toscanische Landschaft, ihre eigene Stadt, in den Nebenpersonen auch ihre eigenen Bildnisse. Der einzige Auftrag außerhalb von Florenz und San Gimignano waren Fresken in Rom (Sixtinische Kapelle, Bibliothek des Vatikans). Seine Ausbildung erhielt Domenico wahrscheinlich bei Baldovinetti. Als ein Künstler, der einen besonderen Sinn für die Wiedergabe von Landschaft, von materieller Dingwelt und individuellen Gesichtszügen entwickelt hatte, stand Ghirlandaio in späteren Jahren auch der zeitgenössischen niederländischen Malerei aufgeschlossen gegenüber.

Giotto (1267–1337)

Der in Vespignano im Mugello geborene Giotto di Bondone war für Vasari der »wahre Erneuerer« der Malerei. Sein Einfluss auf die Kunst seiner Zeitgenossen und seiner Nachfolger bis hin zu Masaccio ist nicht zu überschätzen. Wesentliche Anregungen empfing er nicht nur von Cimabue, sondern ebenso von Pietro Cavallini in Rom.

Giotto, Medaillon aus dem Florentiner Dom von Benedetto da Maiano. Schon den Zeitgenossen war Giottos überragende Bedeutung bewusst. So lässt Dante im Purgatorio seiner »Divina Commedia« den Miniaturisten Odersi da Gubbio spotten: »Cimabue glaubte das Feld zu behaupten, jetzt hat Giotto das Geschrei.«

Von Anfang an war sein Wirken nicht ausschließlich auf Florenz beschränkt. In Assisi war er nachweislich an der Ausmalung von San Francesco beteiligt. Nie zuvor wurde in nachantiker Malerei eine Handlung so konkret, differenziert und in ihrem menschlichen Konflikt so nachvollziehbar zur Darstellung gebracht: Dazu bedurfte es eines Bildraums, dem ein klares räumliches Konzept zugrunde lag, Figuren von physischer Präsenz und einer detailreichen Wiedergabe des Gegenständlichen. In Padua hinterließ Giotto mit den Fresken der Scrovegni-Kapelle (um 1304/05) sein Hauptwerk. Weitere Reisen führten ihn u. a. nach Avignon, nach Rom (anlässlich des Heiligen Jahrs 1300), an den Hof Roberts des Weisen in Neapel (1329–34), zu den Visconti nach Mailand, vermutlich auch nach Rimini, Verona und Lucca. In seiner Heimatstadt Florenz arbeitete er in Santa Croce und in der Magdalenen-Kapelle des Bargello. Am 12. April 1334 wurde Giotto zum Florentiner Dombaumeister ernannt, um bald darauf mit dem Bau des Campanile zu beginnen, der bei seinem Tod nur zu einem Drittel errichtet war.

Benozzo Gozzoli (1420–97)

Der in Florenz geborene und in Pisa verstorbene Maler zählt zu den Künstlern, die aus der Werkstätte Lorenzo Ghibertis hervorgingen. 1444 arbeitete er unter Fra' Angelico an den Fresken im Vatikan mit. Gozzoli spezialisierte sich auf ausführliche und farbenprächtige Freskenzyklen, die sich noch heute äußerster Beliebtheit erfreuen. Sein Hauptwerk, die Fresken im Camposanto zu Pisa, wurden im zweiten Weltkrieg durch einen Brand zerstört. Außer in der Kapelle des Palazzo Medici wirkte er vor allem in der Provinz, in San Gimignano, Castelfiorentino und Montefalco (Umbrien).

Filippo (1405/09–69) u. Filippino Lippi (1457–1504)

Der in Florenz geborene, früh verwaiste **Filippo Lippi** wurde im Alter von 15 Jahren in das Florentiner Karmeliterkloster Santa Maria del Carmine gegeben. Hier konnte er zusehen, wie Masaccio und Masolino die Brancacci-Kapelle ausmalten. Von Masaccio ausgehend, entwickelte Filippo einen extrem plastischen Figurenstil, den er jedoch bald wieder aufgab, um zur traditionellen Linie zurückzukehren. Diese aus der Spätgotik übernommene Linie entwickelte er zum charakteristischen Gestaltungsmittel der Frührenaissance; Pollaiuolo, Botticelli und noch Leonardo da Vinci haben sie aufgegriffen. Seinen bedeutendsten Freskenzyklus malte Filippo im Dom von Prato, wo er sich seit 1452 aufhielt. Die allbekannte Liebesaffäre mit der Prateser Nonne Lucrezia Buti hat uns Vasari überliefert: »Als er … bei den Klosterfrauen von Santa Margherita deren Hauptaltarbild malte, kam ihm eines Tages die Tochter des Bürgers Francesco Buti vor Augen, die dorthin ins Pensionat oder als Klosterfrau gegeben war… Den Schwestern lag er so lange im Ohr, bis sie ihm gestatteten, von ihr ein Porträt zu fertigen, um es für die Figur einer Muttergottes als Vorlage zu verwenden. Durch die Gelegenheit in Liebe entflammt, brachte er es durch Geschenke und Hofieren so weit, Lucrezia den Schwestern abspenstig zu machen.« Zu ihrer Eheschließung (1461) bedurfte es des päpstlichen Dispenses, wofür sich Cosimo de' Medici bei Pius II. einsetzte. Ihr gemeinsamer Sohn, **Filippino Lippi,** erhielt seine Ausbildung zum Maler zunächst bei seinem Vater. Nach dessen Tod trat er als Schüler in die Werkstatt Botticellis ein. Zu seinen schönsten Arbeiten zählen die Fresken in der Brancacci-Kapelle von Santa Maria del Carmine. Ein anderer Freskenzyklus Filippinos – in der Strozzi-Kapelle von Santa Maria Novella – zeigt, dass die vom Vater zurückgewonnene gotische Linie durch den Sohn ihre letzte, extreme Ausdruckssteigerung fand.

Filippino Lippi, Selbstporträt, Uffizien. Filippino durfte den 1424 von Masolino und Masaccio begonnen Petrus-Zyklus in der Brancacci-Kapelle von Santa Maria del Carmine, der seinem Vater entscheidende Impulse gegeben hatte, nach sechs Jahrzehnten vollenden

Masaccio (1401–28)

Der als Sohn eines Notars in San Giovanni Val d'Arno geborene Tommaso di Ser Giovanni Cassai (so sein offizieller Name) gehört mit Ghiberti, Brunelleschi und Donatello zu den ersten Meistern der Frührenaissance. Wir wissen wenig über seine Ausbildung. Seine Lehrzeit verbrachte er wahrscheinlich bei Masolino, mit dem gemeinsam er den Freskenzyklus in der Brancacci-Kapelle von Santa Maria del Carmine ausführte (seit 1424). Seine eigentlichen Lehrmeister waren jedoch Brunelleschi und Donatello. Nur Brunelleschi konnte für Masaccios Trinitätsfresko in Santa Maria Novella die perspektivische Kapellenarchitektur zeichnen. Donatello dürfte Masaccio mit plastischen Modellen für die Gewandfiguren geholfen haben. Auf nur sechs Jahre konzentrierte sich das künstlerische Schaffen dieses großen Malers, der bereits im Alter von nur 27 Jahren verstarb.

Michelangelo (1475–1564)

Geboren wurde er in der kleinen Ortschaft Caprese, im oberen Tibertal, wo sein Vater, Ludovico Buonarroti, für ein halbes Jahr das Amt des Podestà ausübte. Aufgewachsen ist er außer in Florenz, im nahen Settignano. Mit 13 Jahren ging er zu Ghirlandaio in die Lehre, die er jedoch vorzeitig abbrach, um Bildhauerei zu erlernen. Im Skulpturengarten der Medici bei San Marco lernte er antike Marmorwerke kennen; unter der Anleitung von Bertoldo, einem ehemaligen Donatello-Schüler, schuf er seine ersten Marmorreliefs (»Madonna«, »Kentaurenschlacht« beide in der Casa Buonarroti, Florenz). Kurz vor der Vertreibung der Medici, 1494, floh Michelangelo über Venedig nach Bologna und begab sich bald darauf nach Rom, wo er erneut antike Bildwerke sah. Hier schuf er zwei seiner virtuosesten Skulpturen, den

Michelangelo, Porträt von Jacopino del Conte, Casa Buonarroti. Der Bildhauer und Maler war auch Architekt und Lyriker. Leben und Werk sind verflochten mit politischen Umwälzungen, der Willkür und Selbstherrlichkeit seiner Auftraggeber. Als leidenschaftlicher Republikaner verteidigte er die Republik gegenüber dem Fürstentum der Medici und stand dennoch einen Großteil seines langen Lebens in Diensten des großen Fürstenhauses. Der junge Michelangelo wuchs im noch republikanischen Florenz auf. Lorenzo de' Medici nahm den 15-Jährigen in seinem Palast auf. Als Michelangelo gealtert war, hatte sich bereits die Gegenreformation durchgesetzt und der Divino musste befürchten, dass seine Vision des Jüngsten Gerichts wieder von der Wand der Sixtinischen Kapelle abgeschlagen wurde

»Bacchus« des Bargello (Florenz) und die »Pietà« der römischen Peterskirche. Um den Auftrag für die Kolossalstatue des »David« zu bekommen, kehrte er nach Florenz zurück. Gleichzeitig arbeitete er an drei Madonnentonden (z. B. die gemalte »Madonna Doni« der Uffizien), erhielt den Auftrag für zwölf Apostel für den Florentiner Dom (von denen er nur den Matthäus begann) und erstellte den Karton für die nicht ausgeführte Cascina-Schlacht im Palazzo Vecchio.

Obschon für mehrere Jahre mit Aufträgen eingedeckt, folgte er 1505 dem Ruf von Papst Julius II., um ihm für die alte römische Peterskirche ein gigantisches frei stehendes Grabmal zu schaffen. Nachdem Michelangelo acht Monate in Carrara mit dem Aussuchen der geeigneten Marmorblöcke beschäftigt war, musste er die Arbeiten abbrechen. Julius II. verfolgte inzwischen ein anderes Projekt: den Neubau von St. Peter. Erbittert entfloh Michelangelo dem päpstlichen Hof, unterwarf sich jedoch 1506 erneut dem mächtigen Papst. Dieser zwang ihn, die Decke der Sixtinischen Kapelle auszumalen (1508–12). Die folgenden Jahre bis 1534 verbrachte der mittlerweile zu höchstem Ruhm gelangte Künstler teils in Florenz, teils in Rom, wenn auch fast ausschließlich im Dienst der Päpste. Der Nachfolger Julius II., Leo X. aus dem Haus Medici, wünschte sich von seinem ehemaligen Hausgefährten eine Marmorfassade für San Lorenzo in Florenz. Obwohl Michelangelo daraufhin ein Atelier in der Via Mozza errichtete, annullierte der Papst den Vertrag, gab stattdessen der Grabkapelle, der Neuen Sakristei von San Lorenzo den Vorrang. Sein Nachfolger, Clemens VII., auch ein Medici, übertrug ihm zusätzlich den Bau der Biblioteca Laurenziana.

In den drei Jahren nach dem Sacco di Roma, als die Herrschaft der Medici in Florenz für kurze Zeit gebrochen war, stand Michelangelo als Befestigungsbaumeister im Dienst der wieder errichteten Republik. Erst die Erneuerung der Medici-Herrschaft (1530), ließ ihn die Projekte der Biblioteca Laurenziana und der Grabkapelle wieder aufgreifen. Mit dem Tod Clemens VII. (1534) legte Michelangelo die Florentiner Arbeiten nieder und übersiedelte endgültig nach Rom. Papst Paul III. Farnese beauftragte ihn mit dem Fresko des »Jüngsten Gerichts«, ließ ihn zwei Wandfresken in der Cappella Paolina des Vatikan ausführen, den Kapitolinischen Hügel neu gestalten, die Kuppel von St. Peter bauen und die Ostpartie der Kirche ummanteln. Für Kardinal Alessandro Farnese vollendete Michelangelo den von Antonio da Sangallo d. J. begonnenen Palazzo Farnese. Gleichzeitig arbeitete er für die Erben von Julius II. an dessen Grabmal, das man nach vier Jahrzehnten (1546) endlich, wenn auch nicht in der neuen Peterskirche, sondern in San Pietro in Vincoli aufstellte. Das Grab war inzwischen so reduziert, dass weder die Sklaven des Louvre noch die Sklaven der Florentiner Accademia Verwendung fanden.

Michelangelos letzte bildhauerische Arbeiten entstanden ohne Auftrag: die für sein eigenes Grab bestimmte Pietà (Florenz, Dommuseum) und die Pietà Rondanini (Mailand, Castello Sforzesco). Michelangelo starb 89-jährig in Rom. Auf seinen eigenen Wunsch hin wurde er in der Florentiner Kirche Santa Croce bestattet.

Andrea Pisano (1290/95–um 1349)

Der in Pontedera als Sohn eines Pisaner Notars geborene Bildhauer, Goldschmied und Architekt war mit Nicola und Giovanni Pisano nicht verwandt. In seinen Reliefs für das Baptisterium (1330–36) und den Campanile in Florenz verband er das Blockhafte Giottos mit dem Schönheitsideal der französischen Gotik zu einem knappen Erzählstil, der dann für andere Florentiner Bildhauer des 14. Jh. vorbildlich wurde. Nach dem Tod Giottos (1337–43) führte er den Bau des Florentiner Campanile weiter. Mit seinem Sohn Nino leitete er um 1345 seine Werkstatt in Pisa. Nino Pisano folgte ihm 1349 im Amt des Dombaumeisters von Orvieto. Ob Andrea zu diesem Zeitpunkt bereits verstorben war, ist ungewiss.

Pontormo (1494–1556/57)

Seinen Beinamen Pontormo erhielt Jacopo Carrucci nach dem Ort Pontormo bei Empoli. Mit Rosso Fiorentino zählte er zu den Begründern des Florentiner Manierismus. Er schuf farblich und kompositionell höchst eigenwillige Gemälde und Fresken – oft von faszinierendem Charme – die man in Florenz (SS. Annunziata, Santa Felìcita, Uffizien, Galleria Palatina, Certosa del Galluzzo), Lucca (Galleria Nazionale), in der Villa Poggio a Caiano, in Carmignano (»Heimsuchung« in San Michele) und Empoli betrachten kann.

Luca della Robbia (1399/1400–82)
Andrea della Robbia (1435–1525)

Luca wurde als Sohn eines Florentiner Wollhändlers geboren. Er scheint zunächst in das Geschäft seines Vaters eingetreten zu sein, denn 1427 schrieb er sich in der Zunft der Wollweber ein. Erst 1432 wird er in die Zunft der Steinmetze und Schreiner aufgenommen. Seine ersten Werke sind Marmorarbeiten: die Sängerkanzel für den Florentiner Dom (1431–38), fünf Reliefs für den Dom-Campanile. Anfang der 40er-Jahre begann er die alte Technik der glasierten Terracotta (Majolika, Fayence), die bisher nur für Keramik angewandt wurde, auf Bildwerke zu übertragen. Damit hatte er einen leicht modellierbaren, in sehr viel kürzerer Zeit herstellbaren Marmorersatz geschaffen, der sich zudem als witterungsbeständig erwies und in seinem Glanz und seiner Buntfarbigkeit sofort Gefallen fand. Die von Luca bevorzugten Farben Blau und Weiß harmonisieren mit dem Gräulich-Blau der *pietra serena* und dem weißen Verputz der Frührenaissance-Räume. Nach seinem Tod führte sein Neffe Andrea die Werkstatt weiter und steigerte die Produktion derart, dass man fast überall in der Toscana, bis hin zu entlegenen Landkirchen, auf seine Madonnenreliefs, Tabernakel und Altaraufsätze trifft. Nach dem Tod

Andreas ging das lukrative Betriebsgeheimnis an dessen Söhne Giovanni (1469–nach 1529) und Girolamo (1488–1566) über.

Rosso Fiorentino (1494–1540)

Er wurde unter dem Namen Giovanni Battista di Jacopo di Guasparre in Florenz geboren. Mit Pontormo (s. S. 45) begründete er den Florentiner Manierismus. Komplizierte Kompositionen in kühlen, oft dissonanten Farben und bizarre Szenerien zeichnen sein Werk aus. In exaltierten Bewegungen und drastischen Gebärden stehen seine Bildfiguren in spannungsvoller Beziehung zueinander. Rosso arbeitete außer in Florenz auch in Volterra (1521), Rom (1522–27), Umbrien und Venedig. 1530 rief ihn König François I. – vermutlich auf Empfehlung Michelangelos – an seinen Hof, wo er u. a. an den Ausstattungsarbeiten von Schloss Fontainebleau mitwirkte und wo er auch starb.

Paolo Uccello (um 1397–1475)

Vasari charakterisierte Paolo Uccello als einen Meister, der geradezu besessen von perspektivischen Studien war. »Aus Paolo Uccello wäre das anmutigste und kapriziöseste Talent geworden, das die Malkunst nach Giotto bis heute aufzuweisen hat, hätte er sich bei Figuren und Tieren so viel Mühe gegeben, wie er es unnötigerweise mit der Perspektive tat.« In Florenz geboren, trat Paolo di Dono (so sein eigentlicher Name) mit zehn Jahren als Lehrling in die Werkstatt Ghibertis ein, wo er mit der gotischen Stilströmung vertraut wurde. Bereits der 18-Jährige trat als Maler in die Zunft der *Medici e Speciali* (der Ärzte und Apotheker) ein. Nach einem nur dokumentarisch belegten Aufenthalt in Venedig (ab 1425) gelten die Genesisfresken im Chiostro Verde von Santa Maria Novella als sein erstes Florentiner Werk (um 1426–31). Es folgen die Fresken im Dom von Prato (um 1435), das gemalte Reiterstandbild des John Hawkwood im Florentiner Dom (1436), die Noah-Fresken im Chiostro Verde (um 1450) und zahlreiche Tafelgemälde, u. a. die drei Schlachtenszenen für den Palazzo Medici und als eines seiner letzten Werke das »Wunder der Hostie« für eine Kirche in Urbino.

Giorgio Vasari, Selbstporträt, Uffizien. Von Cosimo I. 1555 mit der Leitung des gesamten Bauwesens am großherzoglichen Hof beauftragt, plante Vasari das Verwaltungsgebäude der Uffizien (sein architektonisches Hauptwerk) und freskierte mit seinen Mitarbeitern die Appartements des Palazzo Vecchio aus. Zu den weiteren architektonischen Werken zählen in Arezzo die Badia und der Palazzo delle Logge, in Pisa der Palast der Stephansritter (Palazzo dei Cavalieri)

Giorgio Vasari (1511–74)

Berühmt wurde Giorgio Vasari, der in Arezzo geboren wurde und in Florenz verstarb, durch seine 1550 erstmals erschienenen Lebensbeschreibungen der Künstler (»Le Vite dei più exccellenti Pittori, Scultori e Architettori«). Dieses Werk ist eines der wichtigsten Quellenwerke der Kunstgeschichte, in der die Entwicklung der italienischen Kunst von Cimabue bis zu seiner Gegenwart zum ersten Mal systematisch erfasst und dargestellt wurde. Bevor er im Alter von 13 Jahren nach Florenz ging, ließ er sich in Arezzo bei Guillaume de Marcillat als Glasmaler ausbilden und widmete sich ausführlich humanistischen Studien. In Florenz setzte er seine künstlerische Ausbildung fort. Dort kam er mit Salviati, Andrea del Sarto und Baccio Bandinelli in Berührung. Kardinal Ippolito de' Medici holte ihn 1531 nach Rom. Reisen führten ihn u. a. nach Venedig, wo er von Pietro Aretino gefördert wurde. In Arezzo malte er seit 1542 sein eigenes Haus mit Fresken aus, in das er immer wieder zurückkehrte. Als Maler stand er unter dem Einfluss Rosso Fiorentinos, der Raffael-Nachfolger und auch Michelangelos, dem er in seinen Viten enthusiastisch huldigte.

Leonardo da Vinci (1452–1519)

Leonardo war zugleich Maler, Architekt und Plastiker, dazu Festungsbauingenieur und Naturforscher. ›Sehen‹ war für ihn gleichzusetzen mit ›Erkennen‹. In seiner Vorstellung war der Maler zugleich Wissenschaftler, der mit seinem Auge die Natur durchdringt und seine Erkenntnisse zu vermitteln weiß.

Geboren wurde Leonardo im kleinen Vinci auf dem Monte Albano als unehelicher Sohn des Florentiner Notars Ser Piero und einer Magd namens Catarina. Im Alter von 15 Jahren trat er in die renomierte Maler- und Bildhauerwerkstatt von Andrea Verrocchio ein. 20-jährig nahm ihn die Zunft der Florentiner Lukasgilde auf, obwohl er weiterhin im Atelier Verrocchios blieb. Seine unvergleichlichen malerischen und zeichnerischen Fähigkeiten (genaue Naturbeobachtung, differenzierte tonige Abstufung, bewegte und zugleich grazile Linienführung) erkennt man bereits in einigen Gemälden, die in der Werkstatt Verrocchios entstanden (»Verkündigung« und »Taufe Christi« in den Uffizien). Die »Anbetung der Könige« in den Uffizien hinterließ Leonardo unvollendet, als er 1482 nach Mailand abreiste, um in den Dienst des Herzogs Lodovico Sforza zu treten. Dort schuf er Theater- und Festdekorationen, Gemälde (»Felsgrottenmadonna«, »Abendmahl«), beteiligte sich an einem Wettbewerb für die Konstruktion der Kuppel des Mailänder Doms, betrieb wissenschaftliche Studien für geplante Traktate über Malerei, Baukunst und Mechanik.

1500 kehrte Leonardo nach Florenz zurück und in den folgenden Jahren entstanden hier einige seiner berühmtesten Gemälde (u. a. »Anna Selbdritt«, »Mona Lisa«, die verlorengegangene »Anghiari-Schlacht« im Palazzo Vecchio). Ein zweiter Mailänder Aufenthalt folgte 1506–13, diesmal auf Einladung von Charles d'Amboise, dem Statthalter des französischen Königs.

In Rom verweilte der Künstler 1513–16, wo er vergeblich auf einen Auftrag von Papst Leo X. hoffte. Tief enttäuscht nahm er eine Einladung des französischen Königs François I. an und verbrachte seine letzten Lebensjahre auf Schloss Cloux in der Nähe der königlichen Sommerresidenz Amboise.

Spaziergänge durch Florenz

Dombezirk

Rund um den Dom

Cityplan Dombezirk s. S. 52

Das Baptisterium und der Dom bilden das geistliche Zentrum der Stadt. Im Gegensatz zur Piazza Signoria oder zur Piazza San Firenze stehen hier die Hauptmonumente isoliert inmitten des Freiraums (wie auch auf der Piazza dei Miracoli in Pisa). Nach einem Besuch von Baptisterium und Dom, dem Aufstieg auf die Kuppel oder auf den Campanile empfiehlt sich ergänzend eine Besichtigung des Dommuseums.

Besonders sehenswert: Battistero di San Giovanni, Dom Santa Maria del Fiore, Museo dell'Opera del Duomo

Battistero di San Giovanni

Der oktogonale Zentralbau des **Baptisteriums (1)** gehört zu den ältesten und bedeutendsten Monumenten der Stadt. Er ist die Keimzelle der Florentiner Kunst, ein Schöpfungsbau von höchstem Rang. Die Taufkirche, die dem hl. Johannes geweiht ist, entstand wohl zwischen 1059 und 1150 (dem Jahr, als die Laterne aufgesetzt wurde). Erst 1202 ersetzte man die ursprünglich halbrunde Apsis durch eine rechteckige Chorkapelle, die im Volksmund *scarsella* (Pilgertasche) heißt. In langobardischer oder frühchristlicher Zeit muss es bereits einen Vorgängerbau gegeben haben, dessen Maße und Gestalt wir jedoch nicht kennen. Grabungen haben nur ein germanisches Gräberfeld und römische Gebäudereste mit einem Mosaikfußboden ans Licht gebracht.

Battistero di San Giovanni ★★

Battistero di San Giovanni

Piazza San Giovanni
Tel. 055 230 28 85
www.operaduomo.firenze.it
Mo–Sa 12–19, So/Fei 8.30–14 Uhr; 1. Jan., Ostern, 8. Sept. und 25. Dez. geschl.

Außenbau: Vorbild der Renaissancearchitektur

Die äußere Erscheinung des Baptisteriums mit der charakteristischen Marmorverkleidung in Weiß und dunklem Grün zeigt zum ersten Mal eine für Florenz typische Gestaltungsweise. Das untere Geschoss ist mit Pilastern besetzt, das zweite mit eckigen Stützen, die runde Blendbögen tragen (über den Portalen sind sie ein wenig breiter und höher). Über dem Gesims dann eine etwas zurückgesetzte dritte Zone, ein sogenanntes Attikageschoss. Scheinbar ähnliche Blendbogen findet man beim romanischen Dom von Pisa. Dort sind jedoch die Bögen nicht von präziser Halbkreisform. Anders als in Pisa trennt in Florenz ein Gesims die Portal- von der Fensterzone. Dies ist ein eminent wichtiger Unterschied, denn so konnten die Pilaster und Stützen den Maßverhältnissen antiker Säulen angenähert werden. Während in Pisa aus massiven Marmorblöcken gebaut wurde, begnügte man sich in Florenz mit 4–5 cm dünnen Marmorplatten, die dem Mauerwerk aus Bruchgestein vorgelegt sind. Diese Anregung fand der Architekt in Bauten aus der römischen Kaiserzeit. Von antiken Vorbildern leiten sich auch die kannelierten Pilaster sowie die Fensterrahmungen mit abwechselnden Dreiecks- und Segmentbogengiebeln ab. Diese sogenannten Ädikulafenster nach der Art einer Tempelfront wurden hier zum ersten Mal in nachantiker Zeit wieder aufgegriffen.

◁ Blick vom Campanile auf den Dom

◁◁ Ponte Vecchio

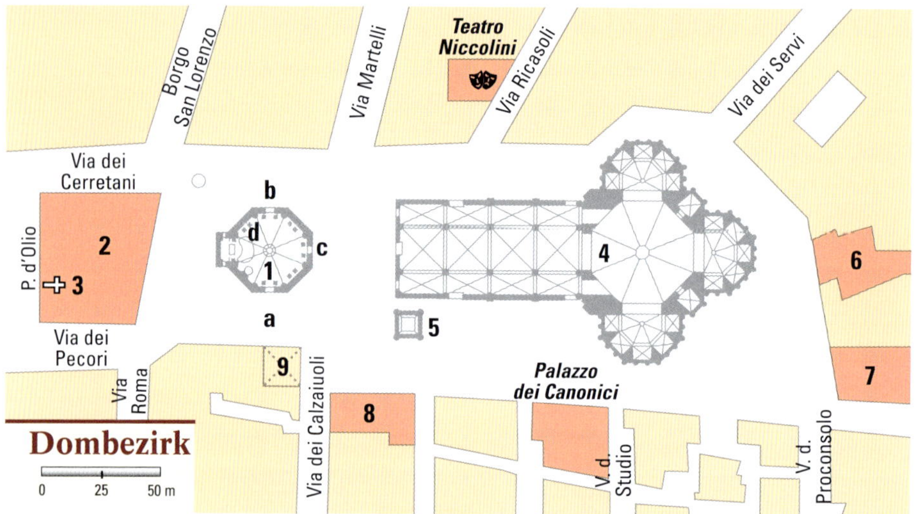

Dombezirk

1 Battistero di San Giovanni
2 Palazzo Arcivescovile
3 San Salvatore al Vescovo
4 Dom Santa Maria del Fiore
5 Campanile
6 Museo dell'Opera del Duomo
7 Palazzo Strozzi di Mantova
8 Erzbruderschaft der Misericordia
9 Loggia del Bigallo

Baptisterium

a Bronzetür von Andrea Pisano, 1330–36
b Bronzetür von Lorenzo Ghiberti, 1403–24
c Bronzetür (Paradiestür) von Lorenzo Ghiberti, 1426–52
d Grabmal Johannes XXIII.

Dante und seine Zeitgenossen hielten denn auch das Baptisterium für einen Marstempel aus der Zeit des Kaisers Augustus und sahen darin ihre Überzeugung bestätigt, legitime Nachfolger des antiken Rom zu sein. Selbst in der Renaissance zweifelte noch niemand am antiken Ursprung des Baus. Allen voran war es Filippo Brunelleschi, der sich von den Bauformen des Baptisteriums inspirieren ließ. Bei seinem Findelhaus (s. S. 221ff.) griff er unter anderem auf die Ädikulafenster zurück, die fortan ein wesentliches Element der europäischen Baukunst bilden sollten. So konnte das Baptisterium zum wichtigen Vorbild für die Renaissancearchitektur werden, wichtiger noch als sämtliche antike Bauten Roms. Jacob Burckhardt prägte aus diesem Grund den bis heute gültigen Stilbegriff der Protorenaissance (der auch für die Kirchen San Miniato und Santi Apostoli gilt).

Es wäre allerdings irreführend, einzig antike Reminiszenzen mit diesem Baustil zu verbinden. So lassen sich der achteckige Grundriss und viele architektonische Details aus der frühchristlichen, byzantinischen und frühmittelalterlichen Tradition ableiten (Pfalzkapelle von Aachen, San Vitale in Ravenna). Nicht antik sind auch die Muster der Marmorinkrustation. Unter den Fenstern verläuft eine Folge von Linien und Halbkreisen, die an eine romanische Zwerchgalerie erinnern. Die Bögen und Säulchen sind hier nicht nur auf die Fläche projeziert, sondern zusätzlich zu geometrischen Mustern abstrahiert. Dabei bleibt das Ornamentale der architektonischen Baustruktur untergeordnet: Die Marmorstreifen des Obergeschosses etwa verlaufen genau auf der Höhe der Fensterbänke (im Unterschied zur meist rein dekorativen, auf die architektonische Ordnung wenig Rücksicht nehmenden Streifung in Pisa oder Lucca).

Die Marmorinkrustration des Baptisteriums ist ein erstes Beispiel für die florentinische Fähigkeit, dreidimensionale Gebilde klar in die Fläche umzusetzen und aus diesen flächigen Formen eine Komposition zu gestalten. Unflorentinisch hingegen ist die weiß-grüne Zebrastreifung der Eckpilaster, die erst 1296 nach Pisaner Vorbild hinzugefügt wurde und in Florenz ebenso ohne Nachfolge bleiben sollte wie die Pisaner Vorliebe für Mehrfarbigkeit. In Florenz hielt man seine Bauten schlicht zweifarbig, indem man mit grünem Serpentin aus Prato auf weißem Carrara-Marmor zeichnete.

Battistero di San Giovanni. Brunelleschi hat das Baptisterium als Demonstrationsobjekt für die von ihm entdeckte Gesetzmäßigkeit der perspektivischen Verkürzung eingesetzt. Das war kein Zufall, denn die geometrischen Muster fordern bei der zeichnerischen Wiedergabe die Regel der Zentralperspektive geradezu heraus

»Taufe des Volkes«, Andrea Pisano, Südportal des Florentiner Baptisteriums

Die Portale und ihre Skulpturengruppen

Das älteste der Baptisteriumsportale ist das **Südportal (a)** von Andrea Pisano (1303–36). Die unteren acht Felder zeigen die christlichen und weltlichen Tugenden. Die erzählenden Reliefs schildern das Leben Johannes des Täufers, des Schutzpatrons von Florenz. Über die Herstellung der ältesten Baptisteriumstür sind wir genau unterrichtet. Die Zunft der Großkaufleute, die *Arte di Calimala,* gab sie in Auftrag und finanzierte ihre Herstellung. Eine besondere Kommission, die *Offiziali del mosaico,* hatte versucht, zunächst den sienesischen Bildhauer Tino di Camaino zu gewinnen. Ein Florentiner Goldschmied namens Piero di Jacopo wurde nach Pisa entsandt, um die dortigen Domtüren des Bonanus zu messen und zu zeichnen. In Venedig, wo sich die Tradition des Erzgusses erhalten hatte, sollte er die Gießer ausfindig machen.

Am 22. Januar 1330 erhielt schließlich Andrea Pisano den Auftrag. In diesem Vertrag wird sein Name zum ersten Mal genannt. Nach erstaunlich kurzer Zeit, am 2. April, waren die Wachsmodelle bereits fertiggestellt. Für den Bronzeguss benötigten zwei venezianische Glockengießer sechs Monate. Nach fünf Jahren des Ziselierens, Polierens, des Vergoldens und Montierens waren die Arbeiten beendet (1335). Da sich die Türflügel im Guss verzogen hatten, benötigte Andrea Pisano weitere zehn Monate, um sie passend auszurichten. Die Voraussetzung für seinen Stil liegt weniger in der zeitgenössischen Skulptur als in der Malerei Giottos. Wie Giotto (s. Beispiel S. 117/18) beschränkt sich Pisano auf eine flache Bildbühne. Sein Ideal ist die rechteckige Bildfläche. Er betont die Vertikale und Horizontale und negiert somit weitgehend den Vierpassrahmen, der aus der französischen Kathedralgotik (Auxerre) stammt. Es ist erstaunlich, mit wie wenigen Figuren und Requisiten er auskommt. Die Szene der »Tanzenden Salome beim Bankett des Herodes« zählt nur fünf Personen (dritte Reihe der rechten Tür). Von Giotto ist der knappe, sich auf das Wesentliche konzentrierende, verhaltene Erzählstil ebenso

a	b	k	l
c	d	m	n
e	f	o	p
g	h	q	r
i	j	s	t
u	v	w	x
y	z	aa	bb

Südtür des Baptisteriums, Andrea Pisano

Leben Johannes' d. T.

a Verkündigung der Geburt an Zacharias
b Zacharias verstummt und verlässt den Tempel
c Heimsuchung (Begegnung Elisabeth und Maria)
d Geburt des Johannes
e Zacharias schreibt den Namen des Johannes auf
f Johannes im Jordanland
g Predigt des Johannes
h Johannes verweist auf Jesus
i Johannes tauft das Volk
j Taufe Jesu im Jordan
k Johannes beschuldigt Herodes
l Einkerkerung
m Besuch der Jünger im Kerker
n Wunderheilung und Predigt Jesu
o Tanz der Salome
p Enthauptung des Johannes
q Das Haupt des Johannes wird Salome überbracht
r Salome übergibt das Haupt an Herodias
s Die Jünger tragen den Leichnam
t Begräbnis des Johannes
u Hoffnung
v Glaube
w Barmherzigkeit
x Demut
y Stärke
z Mäßigung
aa Gerechtigkeit
bb Weisheit

ableitbar wie die monumentale Figurenauffassung. Andrea Pisano muss speziell die Fresken der Peruzzi-Kapelle in Santa Croce gekannt haben. Im Unterschied jedoch zu Giotto liebte Pisano – wie es Heinrich Wölfflin ausdrückte – »schöne Kurven und Linien«. So konnte er das Schönheitsideal der französischen Gotik mit dem Blockhaften Giottos verbinden. Sein Reliefstil wird vorbildhaft für ein ganzes Jahrhundert bis hin zu Lorenzo Ghiberti, dem Meister der zweiten und dritten Baptisteriumstür. Den prächtigen Rahmen mit pflanzlichen und figürlichen Motiven fertigte erst 1453–61 Vittorio Ghiberti, der Sohn Lorenzo Ghibertis. Er ist ein Beispiel für den prunkvollen Stil der Jahrhundertmitte.

Dem Auftrag zur **Nordtür (b)** von Lorenzo Ghiberti ging 1401 ein Wettbewerb voraus, an dem u. a. auch Brunelleschi teilnahm. Ghiberti hielt sich eng an das Vorbild der älteren Tür von Andrea Pisano. Das gilt für den Vierpassrahmen, den die *Arte di Calimala* als Auftraggeberin vorschrieb, wie auch für die flache Bildbühne. Dies zeigen vor allem die frühesten Felder, wie z. B. die »Verkündigung«, wo der Reliefgrund noch nicht bildwirksam in Erscheinung tritt, sondern eine leere ideale Begrenzungsfläche ist. Gewandelt hat sich indes der Figurenstil. Ghibertis Gestalten erscheinen freier, gelöster, die gotische Linie erfasst nicht nur das Gewand, sie versetzt die gesamte Figur in Schwingung. Von dieser Schwingung werden nicht nur die Jungfrau der »Verkündigung« – eine der anmutigsten Figuren des Quattrocento –, sondern gleichermaßen die Trauernden, die Engel und selbst der tote Christus der »Kreuzigung« erfasst.

Ghiberti, der Meister der Frührenaissance, erscheint vom gotischen Stil stärker durchdrungen als Andrea Pisano, dessen Schaffen in die Blütezeit der Gotik fiel. Freude an der Schönheit der geschwungenen Linien schloss die Begeisterung für antike Vorbilder, für die Anatomie und die freie Entfaltung des menschlichen Körpers ebenso ein wie das Studium der menschlichen Physiognomie bei den Porträtköpfen oder die Ordnung des Bildraums nach den neu entdeckten Gesetzen der Zentralperspektive. Man kann beobachten, wie sich im

q	r	s	t
m	n	o	p
i	j	k	l
e	f	g	h
a	b	c	d
u	v	w	x
y	z	aa	bb

Nordtür des Baptisteriums, Lorenzo Ghiberti

Leben Jesu

- a Verkündigung an Maria
- b Geburt Jesu
- c Anbetung der Könige
- d Der zwölfjährige Jesus im Tempel
- e Taufe Jesu im Jordan
- f Versuchung durch den Teufel
- g Vertreibung aus dem Tempel
- h Jesus wandelt auf dem Wasser
- i Verklärung auf dem Berg Tabor
- j Auferweckung des Lazarus
- k Einzug in Jerusalem
- l Letztes Abendmahl
- m Gethsemane
- n Gefangennahme
- o Geißelung
- p Christus vor Pilatus
- q Kreuztragung
- r Kreuzigung
- s Auferstehung
- t Pfingsten

Evangelisten

- u Johannes
- v Matthäus
- w Lukas
- x Markus

Kirchenväter

- y hl. Ambrosius
- z hl. Hieronymus
- aa hl. Gregor
- bb hl. Augustin

Lorenzo Ghiberti, Ostportal des Battistero di San Giovanni. Michelangelo soll Ghibertis Bronzetür der Paradiespforten würdig befunden haben. Ihren Namen ›Porta del Paradiso‹ (Paradiestür) erhielt sie jedoch wahrscheinlich von einem ›paradiso‹ genannten Vorhof des Doms. Dennoch gab es wiederholt Stimmen, die den aufwendigen, »melodramatischen Stil« (Julius von Schlosser) dieses Portals weniger schätzten als den des Nordportals, wie Jacob Burckhardt im »Cicerone« beschreibt. An der Paradiestür wirken wohl jene Reliefs am überzeugendsten, in denen die dargestellte Architektur der Komposition Halt verleiht. Von den weiten Hallen der Tafel »Jakob und Esau« führt ein Weg zu Raffaels »Schule von Athen« (Stanzen des Vatikan). Betrachtet man diese figurenreichen Szenen und daneben die frühen, noch an Andrea Pisano und Giotto anklingenden Felder der Nordtür, wird man Jacob Burckhardts tiefsinnigen Gedanken verstehen, dass sich in Ghiberti »die beiden Idealismen, Giotto und Raffael … über den Realismus hinweg« die Hand reichen

Lauf der langen Arbeitszeit Perspektive und Relieftechnik wandeln: Immer mehr wird die anfänglich neutrale Hintergrundfolie mit Gebäuden und Landschaftsausschnitten besetzt und so zum Gegenstand der Darstellung. Der Bildraum gewinnt dabei an Tiefe, die vorderen Figuren treten plastischer hervor. Zu welcher Konsequenz diese neue Reliefauffassung führte, zeigt Ghibertis Paradiestür.

An der Nordtür wurde 22 Jahre lang gearbeitet, wesentlich länger als an Andrea Pisanos Werk. Dies lag vor allem daran, dass Ghiberti weniger Erfahrung in der Gusstechnik besaß als die venezianischen Glockengießer. Die groben Rohgüsse mussten in jahrelanger Kleinarbeit ziseliert werden. Dabei standen zeitweise bis zu 25 Gehilfen und Lehrlinge zur Verfügung. Ghibertis Werkstätte am Ospedale Santa Maria Nuova wurde zu einer Akademie für junge Künstler. Bildhauer wie Bernardo Ciuffagni und Michelozzo – für kurze Zeit auch Donatello – oder Maler wie Masolino, Paolo Uccello und Benozzo Gozzoli gingen aus ihr hervor. Dass keine verschiedenen Hände bei der Ausführung erkennbar sind, lässt darauf schließen, dass Ghiberti eigenhändig sämtliche Figuren in Wachs modellierte.

Bei Ghibertis **Ostportal** (der sog. **Paradiestür, c**), 1426–52, sind die Bronzereliefs durch Kopien ersetzt; die Originale werden – so weit bereits restauriert – im Dommuseum ausgestellt (s. S. 78, Abb. s. S. 1).

Ghiberti erhielt den Auftrag 1424. 28 Jahre lang waren er und seine Werkstatt mit den Arbeitsvorgängen beschäftigt (Herstellung der Wachsmodelle, Guss, Ziselieren, Feuervergolden, Montieren der Reliefs). Ursprünglich waren ebenfalls 28 Reliefs vorgesehen. Das Programm dazu hatte der Staatskanzler Leonardo Bruni aufgestellt. Vermutlich war es Ghiberti selbst, der durchsetzte, dass das alttestamentarische Geschehen in nur noch zehn rechteckigen Feldern erzählt wurde. So mussten auf jeder Platte mehrere Szenen zur Darstellung kommen.

Die Größe der Figuren und die Reliefhöhe nehmen im Bildraum kontinuierlich ab. Die vorderen Figuren erscheinen fast vollplastisch, die hinteren, in größerer Entfernung gesehen, extrem flach, quasi gezeichnet. Das Bildfeld wird weitgehend durch Landschaft und Architektur ausgefüllt, die Restfläche füllt der Himmel. So ist es folgerichtig, dass nunmehr das gesamte Relief vergoldet wurde, nicht mehr alleine die Figuren und einzelnen Bildelemente. Der reiche, malerische Reliefstil hatte Nachwirkungen auf Bronzereliefs bis ins 20. Jh. Als Florentiner Beispiel seien die Reliefs Giovanni Bolognas (Reiterdenkmal Cosimos I.) und Cellinis (Sockel der Perseusstatue) auf der Piazza Signoria erwähnt.

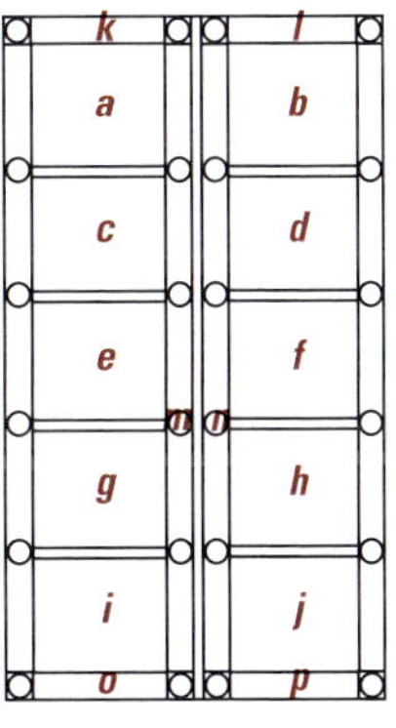

Osttür (Paradiestür) des Baptisteriums, Lorenzo Ghiberti

a Erschaffung von Adam und Eva, Sündenfall und Vertreibung aus dem Paradies
b Adam und Eva mit Kain und Abel (oben links), Kain beackert den Boden, Abel hütet das Vieh, Opfer von Kain und Abel, Brudermord
c Arche Noahs, Dankopfer und Trunkenheit Noahs
d Drei Engel erscheinen Abraham, Opferung Isaaks, die zurückgebliebenen Knechte
e Geburt von Jakob und Esau, Rebecca betet zu Gott (oben rechts), Jakob nähert sich Esau, um ihm das Erstgeburtsrecht abzukaufen, Isaak schickt Esau auf die Jagd (Hintergrund rechts), die Mutter überreicht Jacob das Böcklein, Isaak segnet Jakob
f Joseph wird von den Brüdern verkauft (oben rechts), Sammlung des Korns, Auffinden des Bechers (Vordergrund), Versöhnung mit den Brüdern
g Moses empfängt die Gesetzestafeln, Josuah bleibt zurück, das Volk entsetzt sich über Naturgewalten (s. S. 1)
h Josuah erobert Jericho
i David und Goliath
j Königin von Saba
k Adam
l Eva
m Noah
n Noahs Frau
o Lorenzo Ghiberti
p Vittorio Ghiberti

Über dem Südportal Andrea Pisanos sieht man die **Bronzegruppe »Enthauptung Johannes' des Täufers«** von Vicenzo Danti (1570/71, in der Nachfolge Michelangelos), über dem Nordportal, überlebensgroß, die Bronzegruppe **»Johannes als Lehrer der Pharisäer und Leviten«**, von Francesco Rustici (1506). Der bärtige Pharisäer und der kahlköpfige Levit entstanden unter dem Eindruck von Donatellos Campanilestatuen. Die Physiognomie des Leviten wurde durch Leonardo da Vinci, die Gestalt des Johannes des Täufers von Verrocchio beeinflusst.

Andrea Sansovino und Vicenzo Danti schufen 1502–05 die ausgewogene Marmorgruppe der **»Taufe Christi«** über der Paradiestür. Die Porphyrsäulen zu beiden Seiten des Portals waren ein Geschenk der Pisaner von 1117, als Dank für den Florentiner Beistand beim Balearen-Krieg. Sie standen ursprünglich als freie Monumente zwischen Baptisterium und Santa Reparata, zerbrachen jedoch bei der Arnoüberschwemmung 1424.

Innenraum

Die Tradition der Baptisterien (Taufkirchen)

... reicht bis in die frühchristliche Zeit zurück, als nur der Getaufte die Kirche zum Messopfer betreten durfte. Bereits neben der konstantinischen Lateranbasilika in Rom gab es ein Baptisterium. In Florenz blieb es bis ins 19. Jh. die einzige Taufstätte. Dante nannte es daher ›ovile‹, Lämmerhürde. Im Mittelalter fanden nur zweimal jährlich Taufen statt, wobei man die Zahl der Täuflinge ermittelte, indem man für Knaben eine schwarze, für Mädchen eine weiße Bohne abgeben ließ. Die Größe des Baus lässt sich dadurch erklären, dass er anfangs zugleich auch die Funktion einer Bischofskirche innehatte.

Beim Betreten des Inneren fällt auf, dass die Taufkirche tiefer liegt als das heutige Straßenniveau. Leonardo da Vinci hatte aus diesem Grund vorgeschlagen, den ganzen Bau auf einen Sockel zu stellen. Wie beim römischen Pantheon stehen Säulenpaare in den von Pilastern gerahmten Nischen und sind auch die Wände mit geometrisch gemusterten Marmorplatten belegt. Wie dort ist der Wandaufbau zweischalig. Doch zeichnet das Baptisterium nicht jenes weite und harmonische Raumbild aus, für das der römische Tempel berühmt ist. Ein Blick auf die Wandgliederung macht sogleich deutlich, dass sie nicht der Außengliederung entspricht.

Was immer man als das spezifisch Florentinische ansehen mag – die Klarheit und Reinheit des *disegno*, das Maßvolle und Wohlproportionierte, das Rationale, die Zurückhaltung im plastischen Dekor, die Interpretation der Fläche als Projektionsfeld –, beim Baptisterium findet man diese Merkmale bereits ausgeprägt. Wo man in neuerer Baukunst auch Säulen oder antikisierenden Giebeln begegnet, die Vorbilder lassen sich bis zum Baptisterium zurückverfolgen. Es ist die Synthese von Raum- und Formvorstellungen der Antike und des frühen Mittelalters sowie zugleich ein Bindeglied zur Neuzeit.

Der Marmorfußboden des Innenraums wurde im 12. Jh. mit einfachen Mustern begonnen, im 13. und 14. Jh. fortgeführt. Die **Mosaiken der Kuppel** bilden einen der bedeutendsten Bildzyklen Italiens. Das zentrale Thema auf der Chorkapellenseite ist das »Jüngste Gericht« (wie üblich der Westseite vorbehalten): Christus thront als Weltenrichter auf dem Regenbogen, dem Zeichen seiner göttlichen Herrlichkeit. Er wird von Engeln umgeben, die mit ihren Posaunen die Toten erwecken. Die von Engeln gehaltenen Leidenswerkzeuge spielen auf die Passion an, die Christus zum Richteramt legitimiert.

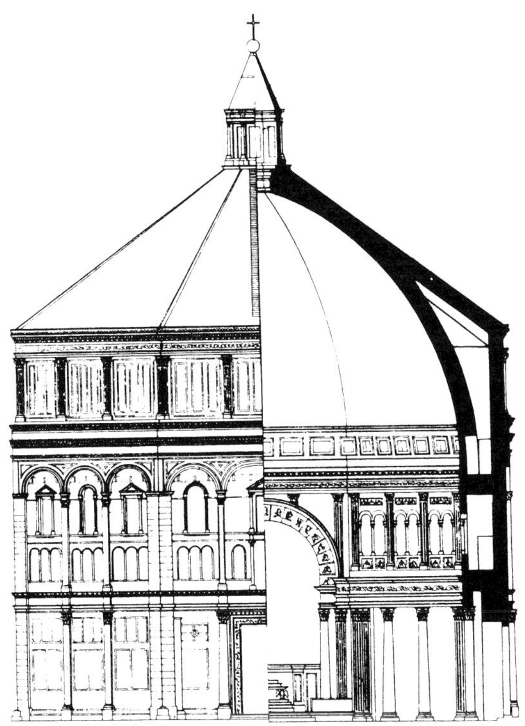

Außen- und Innengliederung stimmen beim Baptisterium nicht überein. Im Schnitt erkennt man, dass das Baptisterium wie das römische Pantheon zweischalig angelegt ist: eine Konstruktionsweise, die Brunelleschi bei der Domkuppel aufgriff. Römischen Ursprungs sind die Schäfte der mächtigen Granitsäulen, vier der Kapitelle und einige Säulchen des Obergeschosses. Wie beim römischen Vorbild gliedern kleine Pilaster das Obergeschoss. Selbst die quadratischen Felder unter dem Kuppelansatz sind im Pantheon – dort als gestufte Kuppelkassetten – vorgebildet. Im Unterschied zum Pantheon ist hier jedoch der Mauermantel eckig gebrochen

In der Zone darunter thronen als Fürsprecher Maria und Johannes der Täufer mit den zwölf Aposteln. Zu den Füßen Christi erheben sich die zum Leben Erweckten aus ihren Sarkophagen. Auf der Seite der Seligen (links) erscheinen die drei Erzväter Abraham, Isaak und Jakob mit Seelen im Schoß. Rechts die Verdammten im Höllenschlund.

Die verbleibende Kuppelfläche ist in sechs ringförmige Streifen aufgeteilt. Unter der Ornamentzone steht Christus, umgeben von der Hierarchie der Engel – den Herrschern, Mächten, Erzengeln, Engeln, Fürstentümern und Thronen. Im Streifen darunter wird die Schöpfungsgeschichte und die Geschichte der frühen Menschheit bis zur Sintflut dargestellt. Die beiden unteren Zonen zeigen das Leben Jesu (von der »Verkündigung« bis zu den »Drei Marien am Grabe«) und das Leben seines Vorläufers Johannes des Täufers, des Titelheiligen (von der »Verkündigung an Zacharias« bis zur »Grablegung«). Es mag überraschen, in diesem ikonografischen Programm auch die Geschichte Josephs zu finden. Dem liegt eine typologische Deutung zugrunde: Wie Christus wird Joseph gehasst, erniedrigt, in die Grube versenkt und erhöht, wie Christus wurde Joseph zum Retter der Menschheit.

s. Abb. S. 310/311

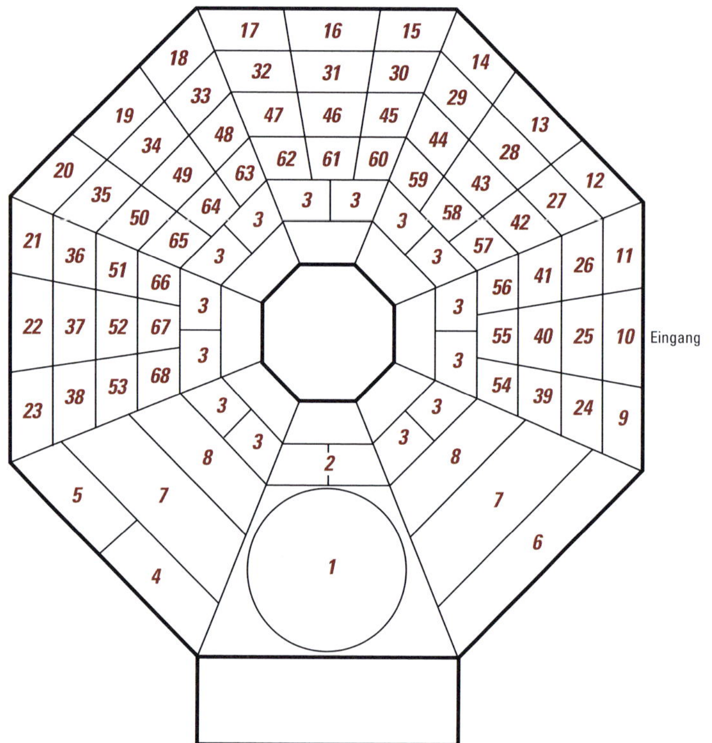

Ausgeführt wurden die Mosaiken seit etwa 1220, zunächst von venezianischen Meistern. Florenz hatte weder die handwerkliche Tradition noch eine Bildkunst entwickelt, um einen Zyklus von diesem Ausmaß zu gestalten. Die Arbeiten zogen sich bis ca. 1330 hin, ab dem späten 13. Jh. auch unter Beteiligung von Florentinern. Die Forschung hat versucht, einige der fortschrittlichsten Szenen der Josephs- und Täufergeschichte (Verkündigung an Zacharias, Joseph am Getreidespeicher u. a.). etwa mit Coppo di Marcovaldo, Cimabue und dem jungen Giotto, aber auch mit dem Sieneser Duccio in Verbindung zu bringen. Aufschluss dürften die Sinopien (Vorzeichnungen auf Putz) bringen, die bisher nur zu einem geringen Teil freigelegt wurden. Offenkundig ist der Unterschied zwischen den älteren Mosaiken, die noch in der byzantinischen Tradition stehen (»Weltgericht«, Schöpfungsgeschichte), und den jüngeren Arbeiten in einem zu Giotto führenden Stil (Josephsgeschichte). Unbestritten ist der Einfluss der Mosaiken auf die Entwicklung der toscanischen Malerei. Im Gewölbe der Chorkapelle erscheint das apokalyptische Lamm Gottes, umgeben von Patriarchen und Propheten. Zwischen den schmuckreichen Kapitellen und Atlanten thronen die Muttergottes und Johannes der Täufer.

Mosaiken des Baptisteriums

Weltgericht

1 Christus als Weltenrichter
2 Christus als Herrscher der himmlischen Mächte und Seraphim
3 Engel
4 Aufstieg der Seligen
5 Abrahams Schoß
6 Die Verdammten
7 Apostel und Heilige, angeführt von Maria und Johannes d. T.
8 Engelchöre mit Leidenswerkzeugen Christi

Leben Johannes d. T.

9 Verkündigung der Geburt an Zacharias
10 Zacharias schreibt den Namen Johannes auf
11 Johannes in der Wüste
12 Predigt
13 Taufe des Volkes
14 Johannes verweist auf Jesus
15 Taufe Jesu
16 Johannes vor Herodes
17 Gefangennahme
18 Besuch der Jünger im Gefängnis
19 Heilwunden Jesu
20 Gastmahl des Herodes
21 Enthauptung
22 Das Haupt des Johannes wird Herodias gereicht
23 Begräbnis

Leben Jesu

24 Verkündigung an Maria
25 Heimsuchung (Begegnung zwischen Elisabeth und Maria)
26 Geburt Jesu
27 Anbetung der Könige
28 Traum der Könige
29 Fahrt der Könige
30 Darstellung im Tempel
31 Traum Josephs
32 Flucht nach Ägypten
33 Bethlehemitischer Kindermord
34 Fußwaschung
35 Gefangennahme
36 Kreuzigung
37 Kreuzabnahme
38 Die drei Frauen am Grab

Leben Joseph von Ägypten

39 Traum Josephs
40 Joseph vor Jakob
41 Joseph und seine Brüder
42 Joseph wird in den Brunnen geworfen
43 Josephs bunter Rock wird mit dem Blut des Lamms gefärbt
44 Verkauf Josephs
45 Potiphars Weib klagt Joseph an
46 Potiphar lässt Joseph ins Gefängnis führen
47 Joseph im Gefängnis
48 Traum des Pharao
49 Traumdeutung
50 Joseph als Verwalter über Ägypten
51 Getreidesammlung
52 Joseph und seine Brüder
53 Joseph empfängt seinen Vater

Genesis und Geschichte Noahs

54 Schöpfung der Erde und Gestirne
55 Erschaffung Adams
56 Erschaffung Evas
57 Sündenfall
58 Tadel Gottes
59 Vertreibung aus dem Paradies
60 Arbeit des ersten Menschen
61 Opfer Kains und Abels
62 Brudermord
63 Lamech tötet Kain
64 Noah und seine Söhne
65 Bau der Arche
66/67 Einzug in die Arche
68 Sintflut

Das **Grabmal des Gegenpapstes Johannes XXIII.** (Baldassare Cossa) rechts von der Chorkapelle entstand von 1421–27 als eine Gemeinschaftsarbeit von Donatello und Michelozzo. Donatello hat wahrscheinlich das Grab entworfen, die Bronzefigur des Verstorbenen modelliert und die lächelnden Putten am Sarkophag ausgearbeitet. Michelozzo könnte die schwächere Halbfigur der »Madonna mit Kind« im Tympanon und unter den Nischenfiguren (»Glaube«, »Liebe« und »Hoffnung«) die des »Glaubens« ausgeführt haben. Der Papst stammte aus einer neapolitanischen Seefahrerfamilie und war kurze Zeit Condottiere zur See. Ein Pisaner Konzil wählte ihn 1410 in das Amt. Das von ihm selbst einberufene Konzil zu Konstanz (1415) bestätigte seine Papstwürde nicht mehr. Als er von Kaiser Sigismund gefangen gesetzt wurde, war es Giovanni di Bicci de' Medici, der das Lösegeld von 20 000 Florinen zahlte. In Florenz warf sich Baldassare Cossia dem rechtmäßigen Papst Martin V. zu Füßen. Vor seinem Tod hatte er Reliquien für das Baptisterium gestiftet. Die Inschrift, von

Martin V. missbilligt, lautet: »Johannes, einst als dreiundzwanzigster Papst, starb zu Florenz im Jahre 1418 am 23. Dezember.« Erst im 20. Jh. nahm ein rechtmäßig gewählter Papst, Johannes XXIII., wieder den Namen dieses Gegenpapstes an.

Piazza San Giovanni

Die **Piazza San Giovanni** erreichte ihre jetzige Ausdehnung erst 1895, als die Fassade des Erzbischöflichen Palasts aus verkehrstechnischen Gründen um etwa 22 m zurückversetzt wurde. Auch Santa Reparata, die Vorgängerkirche des Doms lag näher beim Baptisterium als der jetzige Dombau. Der **Palazzo Arcivescovile (2),** der Erzbischöfliche Palast, wurde nach einem Brand von Giovanni Antonio Dosio 1573–84 erneuert. Dem rückwärtigen Trakt ist die kleine romanische Kirche **San Salvatore al Vescovo (3),** 1221, einverleibt. Ihre Fassade zur Piazza dell'Olio ist ein weiteres Beispiel der Protorenaissance.

Dom Santa Maria del Fiore

Duomo Santa Maria del Fiore ★★

Duomo Santa Maria del Fiore

Mo–Mi, Fr 10–17, Do 10–15.30 (Mai, Okt.), 10–17 (Juli–Sept.) 10–16.30 (Nov.–Juni), Sa 10–16.45, So und an religiösen Festtagen 13.30–16.45, Aschermittwoch 10–16.30, Gründonnerstag 12.30–16.30, Karfreitag 10.30–16.30, Karsamstag 10.30–16.45 Uhr; 1. Jan., 6. Jan., Ostern und 25. Dez. geschl.

Mit einer Länge von 153 m und einer Breite von 38 m zählt der Florentiner **Dom (4)** zu den größten Kirchen der Christenheit. Außergewöhnlich lang war die Bauzeit: Zurzeit der Gotik nach Plänen von Arnolfo di Cambio begonnen, fand der Dom seine Vollendung erst als Brunelleschi und die ersten Meister der Frührenaissance bereits verstorben waren. 1296 wurde der Grundstein gelegt. Nach dem Tod Arnolfos (zwischen 1302 und 1310) griff man die Arbeiten nach verändertem Plan erst 1331 vorübergehend wieder auf, endgültig nach 1350. Seine heutige Gestalt fand der Bau nach einem Modell von 1368. Erst 1418–66, in der Zeit der Frührenaissance, gelang es Brunelleschi, die Kuppel hochzuführen und die Laterne aufzusetzen.

Wie die älteren Dome von Pisa und Siena verbindet Santa Maria del Fiore ein basilikales Langhaus mit einer überkuppelten Ostpartie. Man vergegenwärtige sich, dass das riesige Langhaus nur vier Joche zählt. Entsprechend groß dimensioniert sind die Arkaden. Wie in den Ordenskirchen Santa Maria Novella und Santa Croce sind die Langhausarkaden weit und hoch gespannt und binden so die relativ schmalen Seitenschiffe an das Mittelschiff. Ein ununterbrochenes Konsolgesims – als mächtiger Laufgang ausgebildet – durchschneidet den Raum in zwei Zonen, in die Zone der Arkaden und die der Wölbung, so als sei das Gewölbe wie ein Deckel abnehmbar. Dadurch kommt es hier nicht zu jenem Bewegungsfluss der Arkaden, wie er etwa das Innere von Santa Maria Novella auszeichnet. Die gewaltige Ostpartie besteht aus einem Oktogon, das sich in drei Konchen öffnet. (Man könnte diese auch als große Absiden bezeichnen, die man in Florenz *tribune,* Tribüne, nennt.) Das Oktogon gipfelt in der Kuppel. Diese erhebt sich nicht direkt auf dem Unterbau sondern über einem Tambour. Dieser Tambour (in dem sich das Motiv der Rundfenster des Langhausobergadens wiederholt) war die entscheidende Erneuerung gegenüber allen älteren Kirchen, etwa den Domen zu Pisa oder Siena; er hebt die Kuppel hoch über das Häusermeer der Stadt.

In Santa Maria del Fiore mischen sich die Ausmaße spätantiker Basiliken mit gotischem Formengut und toscanischer Raumvorstellung, wie man es auch in Santa Croce nachvollziehen kann (s. S. 235ff.). Doch kam hier noch der Anspruch hinzu, den riesigen Bau, der in seiner immensen Breite wohl ursprünglich für einen offenen Dachstuhl vorgesehen war, mit hochansetzenden Gewölben zu überspannen und mit einer Kuppel zu bekrönen. Einwölbung und Kuppel aber stellten die Baumeister vor Schwierigkeiten, die trotz jahrelanger Planungen, trotz wiederholt ausgeschriebener Konkurrenzen und leidenschaftlicher Anteilnahme der Bevölkerung nie wirklich befriedigend gelöst werden konnten. Das mächtige Gewölbe des Langhauses hätte eines anderen, plastisch belebten Unterbaus bedurft, der die tragende Funktion und die notwendige Masse anschaulich zum Ausdruck bringt. Doch ist hier die »abgrenzende Formkraft stärker als die belebend-vitale« (Werner Gross). So sind viele Besucher von der Leere des architektonischen Gehäuses (das zudem im 16. und im 19. Jh. von einem Großteil der Ausstattung gereinigt wurde) enttäuscht.

Ein Blick in die Baugeschichte zeigt, vor welchen bisher nie dagewesenen künstlerischen und konstruktiven Problemen die Baumeister bei einem Dom dieses Ausmaßes standen und welchen Anteil auch die Bevölkerung am Bau öffentlicher Gebäude nahm. An der Stelle des 1296 begonnenen Doms stand eine wesentlich kleinere, der hl. Reparata geweihte Kirche des 4. oder 5. Jh., die mehrmals (um 780 und im 11. Jh.) erweitert worden war. Ihre Überreste können unter dem Langhaus besichtigt werden. 1294/95 wurde der aus

Kuppel

Mo–Fr 8.30–19, Sa 8.30–17.40 Uhr; 1. Jan., 6. Jan., Gründonnerstag, Karfreitag, Karsamstag, Ostern, 24. Juni., 15. Aug., 8. Sept., 1. Nov., Mo–Di in der ersten Adventswoche und 25./26. Dez. geschl.

Campanile

tgl. 8.30–19.30 (6. Jan. bis 14) Uhr; 1. Jan., Ostern, 8. Sept., 25. Dez. geschl.

Beschreibung des Campanile s. S. 76, Marginalspalte

Die Marmorverkleidung des Äußeren lehnt sich an die des Campanile und des Baptisteriums an. Die heutige prunkvolle Fassade entstand 1875–87 nach einem Entwurf des Architekten Emilio De Fabris. Die ursprüngliche Fassade Arnolfo di Cambios war 1588 auf Anordnung Großherzogs Ferdinando I. und unter Protest der Bevölkerung abgerissen worden

Auch als die Gutachterkommission Brunelleschis Vorschlag zur Kuppelkonstruktion ablehnte, beharrte Brunelleschi auf seiner Idee. Mehrmals musste man ihn aus den Sitzungen hinaustragen »wie jemanden, der töricht argumentiert und dessen Äußerungen lachhaft sind (come se raggionassi stoltamente e parole da ridersene)« – so sein erster Biograf Antonio Manetti

Rom berufene Bildhauer und Architekt Arnolfo di Cambio mit dem Neubau beauftragt. Beim Tod Arnolfos kamen die Arbeiten zum Stillstand. Begonnen waren nur der untere Teil der Fassade (einschließlich der Skulpturen, die jetzt im Dommuseum gezeigt werden) und die ersten zwei oder drei Fensterachsen der Seitenschiffswände in etwa halber Höhe. Arnolfo hatte bereits die jetzige Breite (38 m), aber ein wesentlich kürzeres Langhaus vorgesehen. Erst 1331, bald nach dem Wiederauffinden der Reliquien des hl. Zenobius, wurden die Arbeiten erneut aufgenommen. Doch als Giotto 1334 das Amt des Dombaumeisters antrat, setzte er den Bau Arnolfos nicht fort, sondern widmete sich vielmehr einem neuen Objekt, dem Campanile. Erst 1357 nahm Francesco Talenti die Arbeit an der Dombaustelle wieder auf, indem er das mit vier Jochen geplante Langhaus auf drei Joche reduzierte, es erhöhte und ihm das mächtige Gewölbe gab.

Die Vergrößerung der einzelnen Joche führte zu einem Konflikt mit den bereits bestehenden Fensterachsen: Arnolfo hatte etwas kleinere Joche mit je zwei Fenstern vorgesehen. Die Planänderung ist am Außenbau leicht erkennbar: ab der vierten Achse sind die Fenster größer, setzen höher und in größerem Abstand ein. Die Fenster Arnolfos treten im Innenraum nicht in Erscheinung und sind blind. Daher ist im hinteren Teil des Langhauses die Beleuchtung sehr unbefriedigend. Vollendet wurde der Dom schließlich nach einem Modell, das »acht Meister und Maler« (darunter Andrea Orcagna) erstellt hatten und das 1368 für endgültig erklärt wurde. Es sah ein viertes Langhausjoch und einen Kuppeltambour vor. Alle zukünftigen Dombaumeister bis hin zu Brunelleschi wurden auf dieses Modell, die sogenannte *chiesa piccola,* vereidigt. Um den Tambour gab es heftige Kontroversen. Die Dombauhütte lehnte ihn aus statischen Gründen ab. Sie vertrat die Auffassung, dass – nicht anders als bei französischen Kathedralen – das Äußere im Dienste des Inneren stehe. An der entscheidenden Sitzung, die die Gestalt des Doms und damit auch einen wichtigen Akzent im Florentiner Stadtbild endgültig festlegte, nahmen 480 Bürger teil. Man entschied sich schließlich für die gewagtere und zugleich großartigere Lösung, für den Tambour, der dann von 1410 bis 1413 erbaut wurde und sogar 3 m höher ist als ursprünglich festgelegt.

Kuppel

Ungelöst war bis dahin das Problem der Kuppelkonstruktion. Nie zuvor, auch nicht in der Antike, standen Baumeister vor einer ähnlich schwierigen Aufgabe. Der Tambour hat einen Durchmesser von 41–45 m, der Kuppelansatz liegt 50 m über dem Fußboden. 1418 schrieb die Arte della Lana (die Wollweberzunft, die seit 1330 den Dombau verwaltete) einen Wettbewerb aus, zu dem u.a. Brunelleschi und Ghiberti Modelle einreichten. Es ging bei dieser Konkurrenz nicht mehr um die Gestalt der Kuppel – diese war ja im Modell von 1368 festgelegt –, sondern um die Konstruktion und die technische Durchführung. Besondere Schwierigkeiten bereitete das Gerüst, das im Zentrum an die 100 m erreichen sollte. Brunelleschis genialer Einfall war es, auf ein Bodengerüst ganz zu verzichten. Er schlug stattdessen ein Klettergerüst vor, das von der allmählich emporwachsenden Kuppel selbst getragen werde. Schließlich wurde der Konstruktionsplan genehmigt und Brunelleschi zum *governatore della cupola maggiore* ernannt. Dem zu Konfrontationen und Extremen neigenden Brunelleschi stellte man allerdings den ausgleichenden Ghiberti und einen weiteren Baumeister zur Seite. Doch nur Brunelleschi wird 1423 als Hauptmeister und *inventore* bezeichnet. Noch während der Bauzeit kam es zu einem Gegengutachten durch einen Baumeister aus Prato, der Brunelleschi mehrere Fehler nachzuweisen versuchte und ihn mit einem »Fantasten ohne jegliche Vernunft« verglich.

Die Widerstände, die man Brunelleschis Idee entgegensetzte, lassen deutlich werden, dass die Konstruktion nicht ohne Weiteres verständlich ist. Dabei scheint das Prinzip einfach zu sein: Es beruht darauf, dass zueinander geneigte Körper sich gegenseitig stützen können. Brunelleschi baute die Kuppel aus achteckigen Ringen auf. Erst wenn ein Ring geschlossen war, d.h. wenn jeder der acht Abschnitte

Brunelleschis Kuppelkonstruktion …

Filippo Brunelleschi entwickelte einen besonders festen, schnell trocknenden Mörtel und verwendete beim Emporwachsen der Kuppel statt Hausteinen bald leichtere Ziegelsteine, die er im Fischgratverbund mauern ließ. Diese Technik hatte Brunelleschi an römischen Ruinen studiert und erstmals in die neuere Baukunst eingeführt. Die Konstruktionsweise gilt auch für die äußere, weniger dicke Kuppelschale (etwa 80 cm gegenüber 4 m). Verbunden sind die beiden Schalen durch horizontale und vertikale Verstrebungsmauern. Von den 24 vertikalen Verstrebungen werden acht am Außenbau in Form von marmornen ›Rippen‹ fortgesetzt. Brunelleschi sah zwischen Tambour und der eigentlichen Kuppel eine Galerie vor, die allerdings 1508–12 nur an einer Seite ausgeführt wurde (erkennbar auf den Abb. S. 64 und 79). Es wird berichtet, Michelangelo habe die begonnene Galerie als ›Grillenkäfig‹ bespottet, was zum Baustopp geführt habe.

(Fortsetzung S. 66)

… und ihre Vollendung

Brunelleschi hat den Bau der Laterne nicht mehr erlebt. Michelozzo begann damit 1446, im Todesjahr Brunelleschis, Antonio Manetti und Bernardo Rossellino führten die Arbeit weiter. Vollendet wurde die Laterne erst 1472 mit der Bronzekugel Verrocchios und dem Kreuz. Nach Blitzeinschlägen mussten Kugel und Kreuz mehrmals erneuert werden. Um die Schubkräfte der Kuppel abzufangen, setzte Brunelleschi vor die freigebliebenen Seiten des unteren Tambour die sog. Exedren. Stilistisch wollen sie sich allerdings nicht recht in das Gesamtbild des Doms einfügen. Sie verdienen dennoch besondere Aufmerksamkeit, da es hier zum ersten Mal zu einer Dynamisierung der Wand kam, indem die geschlossene Wandfläche durch plastisch hervortretende Halbsäulenpaare und Nischen ersetzt wurde. Von einem solchen Vor- und Zurücktreten der Wand – bisher nur aus der römischen Antike bekannt – sollten später die Architekten der Hochrenaissance und des Barock noch ausgiebig Gebrauch machen.

die vorgeschriebene Höhe erreicht hatte, konnte mit einem neuen Ring begonnen werden. In der Praxis sah das so aus, dass für jede der acht Seiten des immer kleiner werdenden Oktogons ein Meister verantwortlich war, dem jeweils neun Maurer unterstellt waren.

Wer heute die 463 Stufen zur Laterne hinaufsteigt, geht denselben Weg zwischen den beiden Kuppelschalen wie einst die Bauarbeiter. Vom Laufgang blickt man in die Tiefe des Oktogons und kann die Furcht der Maurer nachempfinden, von der Brunelleschis ehemaliger Arbeiter Antonio Manetti berichtete. Eine Passage aus Manettis Brunelleschi-Biografie veranschaulicht, von welch vielfältigen organisatorischen Aufgaben diese große Ingenieurstat begleitet war:

»Und dann ging er zu den Eisenhändlern auf der Suche nach den verschiedensten Objekten aus Eisen, deren Funktion sogar die Handwerker nicht begriffen. Und dann ging er zu den Zimmerleuten mit Vorstellungen über neue Methoden und Vorrichtungen für die verschiedensten Objekte, an die niemand vorher gedacht hätte. Um zu vermeiden, dass man sich in der Dunkelheit stieß oder fiel, ging er auf die Suche nach Lichtern …, und er versuchte alle möglichen Überraschungen oder Gefahren auszuschließen, nicht nur die Gefahr, sondern auch die Vorsicht und das Entsetzen der Maurer … Und damit die Meister und Lehrlinge keine Zeit verlören, richtete er es so ein, dass sich Köche dort aufhielten … Und so sorgte er auch dafür, dass nicht gestreikt wurde … Keinen Stein oder Ziegel gab es dort, den er nicht kontrollierte, um zu sehen, ob er sich in einem guten Zustand befände, gut gebrannt und gesäubert. Darauf hat man später keine Aufmerksamkeit mehr verwendet. Heute gilt nur, was ökonomisch zu sein scheint … Er sorgte sich besonders um die Mischung des Mörtels und er ging persönlich zu den Ziegelbrennereien, um sich die Steine anzusehen und den Brennvorgang, die Mischung von Sand und Kalk und alles, was sonst noch dazugehörte. Er schien auf jedem Gebiet ein Fachmann zu sein.«

Brunelleschi bildete die Kuppel steiler aus als im Modell geplant, ohne jedoch die vorgesehene Höhe zu überschreiten. So gewann er eine breitere Plattform für die Laterne und erreichte dadurch, dass der obere Teil der Kuppel und die Laterne sich nicht dem Blick entziehen, wenn man in der Nähe des Doms steht.

Für die **Laterne** musste sich Brunelleschi erneut einem Wettbewerb unterziehen, zu dem auch sein ewiger Konkurrent Ghiberti ein Modell einreichte. Brunelleschi erhielt den Auftrag, weil dessen Modell von »besserer Form sei … fester und dennoch leichter« und »mehr Licht einlasse und doch gegen Feuchtigkeit sicher bleibe«. Die Laterne hat die Gestalt eines *tempietto*. Gestützt wird sie von acht Strebepfeilern, die die Fluchtlinie der Außenrippen verlängern.

Porta della Mandorla (c)

Am Außenbau verdient die **Porta della Mandorla** besondere Beachtung. Im Relief des Giebelfeldes von Nanni di Banco (1414–21) wird – wie häufig in Florenz und Prato – die Himmelfahrt Mariens verbunden mit der Gürtelspende an Thomas, der das leibliche Auffahren Mariens bezweifelte. Maria warf daher dem Apostel ihren Gürtel herab, der dann später in den Dom von Prato gelangte. Vorbild war Orcagnas Relief am Marmortabernakel von Or San Michele. Hier ist die Komposition jedoch bewegter. Die spiralförmige Drehung Mariens ist das erste Beispiel einer *figura serpentinata*, wie sie für den Manierismus charakteristisch wurde. Die seltene Verbindung von bewegter Gewandung mit dem Zarten eines Antlitzes fand zu dieser Zeit nur im Werk von Jacopo della Quercia eine Parallele.

Im gotischen Rankenwerk der Türpfosten an der Porta della Mandorla (ausgeführt 1391–95) entdeckt man antikisierende Figürchen, darunter im linken Gewände einen Herkules von stupender Antikennähe, wie sie selbst die nachfolgenden Meister der Frührenaissance nicht anstrebten. Die Hand des jungen Donatello (oder des Nanni di Banco?) glaubt man im rechten der beiden Propheten (1404–09) über den Strebepfeilern zu erkennen. Das Mosaik der »Verkündigung« im Tympanon entstand 1491 nach einem Entwurf Ghirlandaios.

Innenausstattung

Ein großer Teil der ursprünglichen Ausstattung fiel im 16. Jh. vergänglichen Festdekorationen, im 19. Jh. einer Restaurierung zum Opfer.

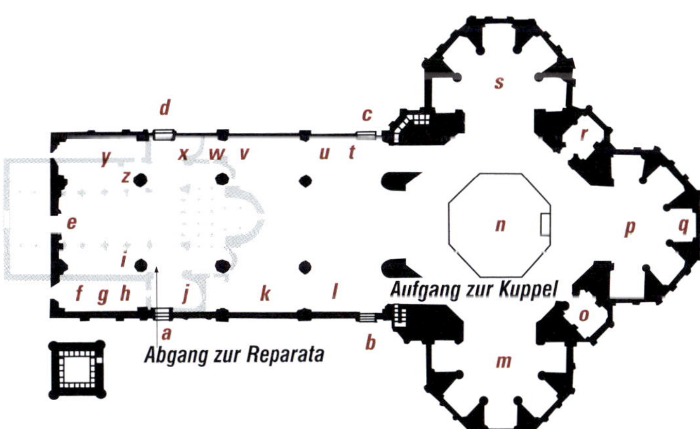

Dom Santa Maria del Fiore

- a Porta del Campanile
- b Porta dei Canonici
- c Porta della Mandorla
- d Porta dei Cornacchini
- e innere Fassadenwand
- f Tondo mit Büste Brunelleschis, Andrea Cavalcanti, 1447
- g Daniel, Donatello/Nanni di Banco, um 1408
- h Ehrenmal für Giotto, Benedetto da Maiano, 1490
- i Weihwasserbecken
- j Bartolomäus, Rossello di Jacopo Franchi, 1408
- k Statue des Jesaja, Bernardo Ciuffagni, 1427
- l Monument für Marsilio Ficino, Andrea Ferrucci, 1521
- m Südtribuna
- n Oktogon
- o Alte Sakristei/Sagrestia dei Canonici
- p Osttribuna
- q zentrale östliche Kapelle mit Bronzeschrein des hl. Zenobius, Lorenzo Ghiberti, 1432–42
- r Neue Sakristei
- s Nordtribuna
- t Dantegemälde, Domenico di Michellino, 1465
- u Hll. Cosmas und Damian, Bicci di Lorenzo, 1429
- v gemaltes Reiterstandbild, John Hawkwood, Paolo Uccello, 1436
- w gemaltes Reiterstandbild, Niccolò da Tolentino, Andrea del Castagno, 1456
- x Büste des Antonio Squarcialupi, Werkstatt Benedetto da Maiano, 1490
- y Prophet Josua, Ciuffagni/Nanni di Bartolo, 1421
- z hl. Zenobius, Giovanni del Biondo, 1375–80

Zum Glück erhalten blieben die Glasfenster, für die Ghiberti, Donatello, Uccello und Castagno Kartons gezeichnet hatten. Beim Rundgang fallen die zahlreichen Grab- und Ehrendenkmäler auf. Die Florentiner errichteten sie in dieser mit öffentlichen Mitteln finanzierten ›Staatskirche‹ für ihre honorigen Heerführer, Denker und Künstler.

An der inneren **Fassadenwand (e)** befindet sich eine Wanduhr, deren Ziffernblatt Paolo Uccello 1443 malte. Die 24 Ziffern sind linksläufig angeordnet. Die in Untersicht gezeigten Köpfe der kleinen Trabantenkreise stellen wahrscheinlich die vier Evangelisten dar. Zu der Komposition (großer Kreis mit vier Trabantenkreisen) ließ sich Uccello von dem Feld mit den Tierkreiszeichen im Marmorfußboden von San Miniato al Monte anregen. Das Wandgrab darunter wurde durch Tino di Camaino für den 1320 verstorbenen Florentiner Bischof Antonio d'Orso errichtet. Es zeigt den Bischof nicht wie üblich als Liegefigur, sondern als Toten in sitzender Haltung. Weitere Teile des nur fragmentarisch erhaltenen Grabmals gelangten ins Victoria and Albert Museum in London und in den Bargello. Die drei Rundfenster mit der Himmelfahrt Mariens und den Märtyrern Stephanus und Laurentius fertigte 1407–12 ein deutscher Glasmaler nach Entwürfen Ghibertis an. Ghiberti lieferte auch die Kartons für die meisten Fenster des Langhauses. Das bereits im frühen 14. Jh., bald nach Errichtung der Fassadenwand ausgeführte Mosaik im Tympanon des Mittelportals zeigt die Marienkrönung.

Innenraum des Doms. Die das menschliche Maß überschreitende Höhe der Arkaden und Gewölbe wirkt nicht – wie in den lichterfüllten französischen Kathedralen – erhebend, eher erdrückend und unnahbar. Rücksichtslos verdeckt der Laufgang den Ansatz der Gewölbe. Hinzu kommt der unvermittelte Kontrast zwischen den Laubkapitellen und den kantigen Pfeilern, zwischen den Zierformen am Laufgang und der Monumentalität des Gesamtraums. Ähnliche Schwierigkeiten bereitet auch das Äußere, wo das Kleinteilige kaum zu einem rechten Verhältnis zur riesigen Baumasse kommt. Ein Innenraum wie dieser, der sich durch eine konsequente, in die Renaissancezeit vorausweisende bauliche Logik auszeichnet, bedarf der Belebung durch Dekoration, Zeremonien und Musik. Erst bei festlichen Anlässen zeigt er seine Großartigkeit ▷

Den **Tondo** im rechten Seitenschiff mit der **Büste Brunelleschis (f)** stiftete die Kommune im Jahre 1447. Ausgeführt hat ihn Brunelleschis Schüler und Adoptivsohn Andrea Cavalcanti, genannt Buggiano. Brunelleschi selbst liegt unterhalb dieses Ehrenmals in der Krypta Santa Reparata begraben (Zugang zu den Ausgrabungen nach dem ersten Mittelschiffspfeiler). Die **Marmorskulptur** des Propheten **»Daniel« (g)** gilt als ein Werk des jungen Donatello, um 1408. Das **Ehrenmal** in Tondoform für **Giotto** (an einem Mosaik arbeitend, **h**) schuf Benedetto da Maiano 1490, wobei die Inschrift Poliziano verfasste.

Für die Rundfenster des Tambours im **Kuppelraum (n),** lieferten berühmte Florentiner Künstler die Entwürfe: Donatello für die »Krönung Mariens« (1434), Ghiberti für »Christi Himmelfahrt«, »Christus am Ölberg« und »Darstellung Christi im Tempel« (1443–45), Andrea del Castagno für die »Grablegung« (1443–45), Ucello für »Christi Geburt« und »Auferstehung«. Die Fenster und auch das Kuppelfresko mit dem »Jüngsten Gericht« betrachtet man am besten beim Aufstieg zur Kuppel. Das Fresko wurde 1572 von Vasari begonnen, 1578 von Frederico Zuccari fortgeführt. Bei vielen Figuren wird man allzu deutlich an Michelangelos »Jüngstes Gericht« in der Sixtinischen Kapelle erinnert.

Die achteckige Marmorbrüstung im Oktogon (1555) trägt Reliefs von Giovanni Bandini und Baccio Bandinelli. Am Hauptaltar von Bandinelli steht ein Holzkruzifix von der Hand Benedetto Maianos (um 1490). In den von Ammanati 1565 entworfenen Tabernakeln der Oktogonpfeiler stehen Apostelfiguren in der Nachfolge Michelange-

los. Der »hl. Jakobus« am zweiten Pfeiler rechts ist ein Frühwerk von Jacopo Sansovino (1511–18).

In der mittleren Kapelle der **östlichen Tribuna (p)** steht der Bronzeschrein für die **Reliquien des hl. Zenobius (q),** des ursprünglichen Florentiner Stadtheiligen. Lorenzo Ghiberti schuf den Schrein 1432–42. Den Altar schmücken zwei Kandelaberengel von Luca della Robbia, um 1450. Die Glasfenster entstanden größtenteils nach Entwürfen Ghibertis. Den durch alle Kapellen verlaufenden stark restaurierten Freskenzyklus mit Heiligengestalten malte Bicci di Lorenzo um 1440.

Das 1467 vollendete Bronzeportal der sogenannten **Neuen Sakristei (r)** schuf Luca della Robbia in einer langen Arbeitszeit von fast 20 Jahren. Vorbild war Ghibertis erste Baptisteriumstür. In der ruhigen Komposition erweist sich Luca della Robbia ähnlich wie bei den Sängerkanzeln im Dommuseum als Antipode zum temperamentvollen Donatello. Die klassizistisch-kühle Figurenbildung ist auf Donatellos Mitarbeiter Michelozzo zurückzuführen. Hinter dieser Tür konnte sich übrigens 1478 Lorenzo il Magnifico bei der Pazzi-Verschwörung retten. In der Lünette sieht man ein glasiertes Terracottarelief mit der »Auferstehung Christi« (um 1442–45). Es ist die erste urkundlich belegte Arbeit, bei der Lucca della Robbia die alte Technik der Fayence (ital. *maiolica:* mit Zinn glasierter, gebrannter Ton) auf die Skulptur übertrug. Bedeutend sind die Sakristeischränke mit Intarsien sowie der Fries mit Girlanden haltenden Putten, für die wahrscheinlich um 1435 Brunelleschi die ersten Entwürfe zeichnete. Die Schränke der Eingangs- und Fensterwand sind von Giuliano da Maiano und anderen (1463–65). Weitere Entwürfe lieferten u.a. Alesso Baldovinetti (»Geburt«, »Beschneidung«) und Maso di Finguera (»Verkündigung«); das Marmorwaschbecken fertigte Buggiano (1440). Das Terracottarelief der »Himmelfahrt Christi« über dem Portal der Alten Sakristei (gegenüber) schuf ebenfalls Luca della Robbia zwischen 1446 und 1451.

Der auf dem gemalten Reiterdenkmal Uccellos dargestellte John Hawkwood hatte mit seinen englischen Söldnern für verschiedene Herren gekämpft – für König Edward III., für Pisa, für Perugia, für Mailand. Als Hawkwood für den Papst Florenz belagern sollte, warben die Florentiner ihn kurzerhand ab – gegen die hohe Summe von 50 000 Florin. Sie schenkten ihm ein Kastell, gewährten ihm Steuerfreiheit, ernannten ihn zum Ehrenbürger und versprachen ihm 1394 ein frei stehendes Denkmal vor dem Dom. Dies aber wäre wohl doch eine zu große und ungewöhnliche Ehrung gewesen. So malte Agnolo Gaddi nur ein Fresko, das dann später Uccello ersetzte

Zu den bekanntesten Kunstwerken des Doms gehören die von Paolo Uccello und Andrea Castagno gemalten Reiterstandbilder im linken Seitenschiff. Uccellos **Reiterbild** ist dem englischen **Condottiere John Hawkwood (v)** gewidmet (1436). Es überrascht mit seinen perspektivischen Effekten, der Plastizität der Figuren und seiner klaren und harten Linienführung, wie sie Florenz zumindest in dieser Verbindung und Überbetonung bisher nicht kannte. Die Unteransicht ist auf einen bestimmten Standpunkt im Kirchenschiff berechnet. Sie beschränkt sich jedoch nur auf den Sockel und umfasst nicht auch die Reitergruppe. Uccellos Fresko sollte zum Vorbild für Donatellos und Verrocchios bronzene Reitermonumente in Padua und Venedig werden.

Zwei Jahrzehnte später, 1456, malte Andrea del Castagno das gleich links anschließende **Reiterdenkmal des Condottiere Niccolò da Tolentino (w),** dem Sieger der Schlacht von San Romano. Uccellos Fresko stand Pate und fordert zum Vergleich heraus. Bei ähnlich plastischen Effekten und ähnlich harter Linienführung setzte Andrea del

Castagno dem Geschlossenen und Statischen Ucellos dekorativen Reichtum und eine unruhige Linienführung entgegen. Wollte Uccello die Illusion von Bronze erwecken, so Castagno die von Marmor. Beide inzwischen auf Leinwand übertragenen Fresken hat Lorenzo di Credi 1524 restauriert und dabei auch die Rahmen mit den Grotesken hinzugefügt.

Das bekannteste **Gedenkbild** des Doms gilt **Dante Alighieri (t).** Es zeigt den Dichter wie einen Heiligen mit seinem Attribut, dem Buch der »Divina Commedia« (Göttliche Komödie) von der Strahlen auf die Stadt Florenz ausgehen. Mit seiner Rechten weist Dante auf Hölle, Fegefeuer und Paradies. Das Gemälde erinnert an romantische Künstlerverehrung des 19. Jh., stammt jedoch aus der Zeit der Frührenaissance. Ausgeführt hat es Domenico di Michellino 1465 nach einem Entwurf von Baldovinetti. Zu den Gedenkbildern im vorderen Teil des linken Seitenschiffs zählt die **Büste** des mit den Medici befreundeten Organisten **Antonio Squarcialupi (x),** die um 1490 in der Werkstatt von Benedetto da Maiano entstand. Zwei weitere Gedenkbüsten aus dem 19. Jh. gelten dem Architekten der Domfassade, Emilio de Fabris, und dem ersten Dombaumeister, Arnolfo di Cambio. Die Prophetenstatue des **»Josua« (y)** wurde von Bernardo Ciuffagni begonnen, weiterbearbeitet von Donatellos Schüler Nanni di Bartolo und schließlich 1421 wiederum von Ciuffagni vollendet. Nach der Überlieferung trägt der Prophet die Züge des Humanisten Poggio Bracciolini. Das **Tafelbild (z)** am ersten Mittelschiffspfeiler malte Giovanni del Biondo 1375–80. Es zeigt den hl. Zenobius mit den Heiligen Crescentius und Eugenius. Unter seinen Füßen »Hochmut« und »Stolz«, zu seinen Seiten »Caritas« und »Demut«.

Museo dell'Opera del Duomo

Museo dell'Opera del Duomo ★★

Das **Dommuseum (6),** gehört zu den bedeutendsten Skulpturensammlungen in Italien. Es beherbergt bildhauerische Arbeiten von Arnolfo di Cambio, Ghiberti, Donatello, Luca della Robbia und Michelangelo, die alle vom Dom, vom Campanile und vom Baptisterium stammen. Die Sammlung ist aus den Beständen der Dombauhütte hervorgegangen, der Opera del Duomo, die an dieser Stelle seit dem frühen 15. Jh. ihren Sitz hat. Die napoleonische Regierung hatte der Opera del Duomo auch die Verwaltung des Doms übertragen, eine Aufgabe, der sich zuvor die Zunft der Wollkaufleute angenommen hatte. Die Dombauhütte, nicht der Erzbischof, ist Hausherrin der Kathedrale. Und so liest der Besucher immer wieder die Buchstabenfolge OPA: die Abkürzung für OPERA.

Auf dem Weg zu den Hauptsälen sieht man **Fragmente einer Skulpturengruppe** von Tino da Camaino, die um 1320–21 über den Türen des Baptisteriums aufgestellt wurden (u.a. »Segnender Christus« und Haupt Johannes des Täufers) und Skulpturen vom sogenannten Campanileportal an der Südseite des Doms.

Museo dell'Opera del Duomo
Piazza del Duomo 9
Tel. 055 230 28 85
www.operaduomo.firenze.it
tgl. 9–19.30 (So, 6. Jan., 1. Nov., 8. und 26. Dez. bis 13.45) Uhr; 1. Jan., Ostern, 8. Sept., 25. Dez. geschl.

Der große **Saal der Domfassade** zeigt Skulpturen von der 1588 abgerissenen Fassade (die nie vollendet wurde). Eine Zeichnung aus der Zeit kurz vor dem Abriss und ein danach entstandenes Holzmodell zeigen ihren fragmentarischen Zustand und ermöglichen, einige der hier versammelten Bildwerke zu lokalisieren. An der Hauptwand stehen u.a. die Skulpturen aus der Werkstatt des Arnolfo di Cambio, der 1294/95 als Dombaumeister verpflichtet wurde und nach dem Vorbild französischer Kathedralen und des Sieneser Domes ein umfangreiches Skulpturenprogramm plante. Die wenigsten Figuren dürfte er eigenhändig ausgeführt haben, so die »Thronende Madonna mit dem segnenden Kind« an der Hauptwand, »hl. Reparata« (links davon) mit ihrem antikisierenden Stand- und Spielbein, die »Madonna der Geburt« vom linken Portaltympanon (Hauptwand, links) und auch den »Tod Mariens«, dem bedeutendsten Bildwerk der Fassade, von dem hier nur ein Gipsabguss zeugt. Das Werk wurde im Zweiten Weltkrieg in Berlin weit-gehend zerstört. Doch ist die Frage der Eigenhändigkeit bei Arnolfo sehr schwer zu entscheiden, da das ihm zugewiesene Œuvre extreme stilistische Unterschiede zeigt. Er ist ebenso weit entfernt von gotischen Stilströmungen wie die Malerei Giottos. Noch vor Giotto entwickelte er das Formideal einer blockhaften Geschlossenheit.

»Johannes«, Donatello, Dommuseum. Obschon sich unter dem Gewand des Johannes der Körper frei entfaltet, wird man diese Figur kaum als antikisierend bezeichnen. Vielmehr verleiht Donatello seinen Evangelisten einen Ausdruck religiösen Sendungsbewusstseins, wie es weder die Antike noch das Mittelalter kannte

Ebenfalls von der abgerissenen Domfassade, und zwar aus den Nischen zwischen den Portalen, stammen die vier überlebensgroßen **Sitzfiguren der Evangelisten** an der gegenüberliegenden Längswand. Sie zählen zu den frühesten Werken der Renaissanceskulptur (Auftragserteilung 1408, zum »Matthäus« von Ciuffagni erst 1411). Der **»Markus« des Niccolò Lamberti** (rechts außen) ist die konventionellste Figur, noch weitgehend der Gotik verpflichtet. **Nanni di Banco** dagegen gibt seinem **»Lukas«** (ganz links) eine leichte Drehung und löst ihn dadurch aus der Strenge der Symmetrie. Das auf den Knien aufliegende, schwere Gewand bildet einen harmonischen S-förmigen Fluss. Ist der Faltenwurf noch Erbteil der Gotik, so ist das kleine bärtige Haupt der klassischen Antike verpflichtet, auch wenn es regelmäßiger (fast ovalförmig) gebildet ist als griechische oder römische Köpfe. Dieser »Lukas« lässt mehr an einen Philosophen als an einen Evangelisten denken. Aufschlussreich ist der Vergleich mit **Donatellos »Johannes«** (zweiter von links, 1450), einem Frühwerk, dem eben-falls noch die Herkunft aus dem ›Internationalen Stil der Gotik‹ anzusehen. Doch während Nanni di Banco den Eindruck von Harmonie vermittelt, sucht Donatello Kontraste: Kontraste zwischen glatten und tief gefurchten Gewandpartien, zwischen dem gerundeten rechten und dem angewinkelten linken Arm, zwischen den nach rechts gewendeten Knien und dem nach links gedrehten Haupt. An das ausdrucksstarke Haupt wird sich Michelangelo bei seiner Arbeit am »Moses« erinnern. Demgegenüber ist Nannis »Lukas« in seiner Gelassenheit und dem harmonisch ausschwingenden Gewand zugleich die antikisierendere als auch die gotischere Gestalt. Betrachtet man die vier Sitzfiguren von der Seite, bemerkt man ihre geringe Blocktiefe, die durch die flachen Nischen der Domfassade vorgegeben war.

Im folgenden **Saal der Tafelgemälde** hängt an der Hauptwand ein frühes Zeugnis florentinischer Tafelmalerei, das **»Antependium des hl. Zenobius«** vom **Maestro del Bigallo** aus der zweiten Hälfte des 13. Jh. An diesen Saal schließt sich eine kleine **Kapelle** an, in der Reliquiare und ein Altargemälde von Bernardo Daddi (1335) ausgestellt sind.

Ein Durchgangssaal dient als **Lapidarium** für diverse Architekturfragmente und Skulptur. An der rechten Längswand öffnet sich ein kleinerer **Saal** mit **Fragmenten der Porta della Mandorla des Doms** (s. S. 66).

Auf dem Treppenabsatz zum Obergeschoss fand **Michelangelos »Pietà«** aus dem Dom Aufstellung. An dieser Gruppe, die für sein eigenes Grabmal bestimmt war, hat Michelangelo zwischen 1540 und 1553 in Rom gearbeitet. Als das linke Bein Christi abbrach, zertrümmerte er das Werk und schenkte es seinem Diener, der es weiterverkaufte. Michelangelos Schüler Tiberio Calcagni setzte es wieder zusammen und ergänzte es. Man erkennt dessen Hand vor allem an der Gestalt der Maria Magdalena (die den Gesamteindruck beeinträchtigt) sowie am linken Arm und am Haupt Christi. Im 17. Jh. kam die Gruppe nach Florenz, wo sie bis 1981 in einer Kapelle des Domes stand.

Die Bezeichnung ›Pietà‹ ist wenig glücklich. Die Gruppe vereinigt Züge der Kreuzabnahme, der Beweinung und des Schmerzensmanns. In diesem Alterswerk hat Michelangelo sein herkulisches Körperideal aufgegeben. Er sucht nicht mehr ausdrucksvolle Gesten und starke Richtungskontraste. Nicht der Dualismus zwischen freiem Willen und Materie, nicht das Ringen mit der Gebundenheit des Daseins, auch nicht mehr der christliche Erlösungsgedanke sind das Thema, sondern die Annahme des Schicksals. Schmerz und Tod schließen die Gestalten zu einer einzigen Umrisslinie zusammen, eingebunden in den gemeinsamen Block. Die Gruppe kulminiert im Haupte des Joseph von Arimathia, der die Züge Michelangelos trägt. Man wird auf Rembrandt warten müssen, um einem solch beseelten, einfühlsamen Greisenantlitz wieder zu begegnen. Es dürfte deutlich wer-den, wie hier Michelangelo, vergleichbar dem alternden Donatello, über die florentinische Vorstellung vom Schönen hinausgeht. Nicht mehr die Kontraste sind ausschlaggebend, vielmehr der Gleichklang zwischen Mutter und Christus, zwischen dem Haupt des Vaters und dem des Sohnes. Der tote Christus wendet sich seiner Mutter zu, nimmt die Büßerin Maria Magdalena zu sich. Die Grenzen zwischen Leben und Tod werden aufgehoben.

Der große Saal im Obergeschoss (Saal der Sängerkanzeln und der Campanile-Statuen) zeigt außer den beiden Sängerkanzeln noch sechzehn **Propheten und Sibyllen** aus den Nischen des Campanile, die dort durch Kopien ersetzt wurden. Die acht Figuren der beiden Längswände werden Andrea Pisano und seiner Schule zugeschrieben (um

Antependium des hl. Zenobius

Das Antependium zeigt bereits die typisch florentinische Klarheit der Formgebung, verzichtet auf Überschneidungen und zeichnet sich durch eine wenig differenzierte, statische Farbgebung aus. Der Kopf des hl. Zenobius wurde im 15. Jh. überarbeitet.

Michelangelos »Pietà« im Dommuseum. Die komplizierte Haltung hat Ascanio Condivi 1553 treffend geschildert: »Dies ist eine Gruppe von überlebensgroßen Figuren, nämlich ein vom Kreuz genommener Christus, der tot, von seiner Mutter aufrechterhalten wird. Man sieht, wie sie in wunderbarer Bewegung mit ihrer Brust, den Armen und Knien den Leichnam umschmiegt, unter der Beihilfe des Nikodemus, der, aufrecht und fest auf den Füßen stehend, mit starker Hand ihn unter den Armen hält, und der einen der Marien auf der linken Seite … Christus, kraftlos, alle Glieder gelöst, sinkt nieder.«

1338–48). Die Figuren der Schmalwände haben Donatello und Nanni di Bartolo (›Il Rosso‹), ab 1416 geschaffen. Die »Opferung Isaaks« (rechte Schmalwand) ist ihre Gemeinschaftsarbeit. **Donatellos »Prophet mit der Schriftrolle«** (an der rechten Schmalwand) ist im statuarischen Aufbau gelöster als der etwas frühere »Markus« von Or San Michele (Abb. s. S. 85). Neu ist die barock anmutende Gewandesfülle, neu auch das Realistische der Gesichtszüge, das sich von spätrepublikanischen römischen Porträts herleitet. Noch weiter geht **Donatello** in der Gestalt des **»Habakuk«** (linke Schmalwand), den die Florentiner wegen seines Glatzkopfs *zuccone* (Kürbis) tauften. Hier dient das Gewand nicht mehr dazu, die Körperhaltung zu verdeutlichen. Die mächtig vordringenden, die Figur zusammenfassenden Diagonalfalten sind vor allem Ausdrucksträger. Sie suggerieren Leidenschaft und prophetische Kraft, wie sie weder die Gotik noch die Antike kannten. Dessen ungeachtet tritt der Prophet in der Haltung eines antiken Redners auf. Hierzu überlieferte Vasari die Anekdote, nach der der Bildhauer während der Arbeit dem Propheten zugerufen habe: »Rede, rede oder die Pest soll dich holen!« **Donatellos »Jeremias«,** genannt ›Il Popolano‹ (rechts anschließend), wurde erst 1436 vollendet. Es ist die letzte der überlebensgroßen Nischenskulpturen aus der ersten Phase der Frührenaissance.

Die Prophetenstatuen Donatellos bilden eine Synthese von gotischer Gewandfigur und klassischem Figurenaufbau. Donatellos historische Leistung und Größe ist darin zu sehen, dass er den klassisch-autonomen Körper für das nachantike, von religiösem Geist und Sendungsbewusstsein bestimmte Menschen- und Heiligenbild einsetzte. Dies unterscheidet ihn von seinen Zeitgenossen, sowohl von Nanni di Banco als auch von Ghiberti. Vorbereitet im 13. und 14. Jh. durch Nicola Pisano, Arnolfo di Cambio und Giotto erschloss Donatello das antike Körpergefühl für die großen Aufgaben der christlichen Kunst. Hierin werden ihm sowohl Michelangelo als auch die Künstler des Barock folgen. Donatello löste sich dabei – gewiss auf Grund einer persönlichen Erlebens- und Leidensfähigkeit – vom florentinischen Ideal des Schönen und Maßvollen und kam zu einer Ausdruckssteigerung, wie sie die europäische Kunst nur selten kannte.

Die **Sängerkanzeln von Donatello,** 1433–39, und **Luca della Robbia,** 1431–38, waren über den beiden Sakristeitüren des Domes angebracht. 1688 mussten sie einer Festdekoration weichen. Erhalten blieben die Reliefplatten; das architektonische Rahmenwerk wurde aus Fragmenten rekonstruiert.

Bei der Kanzel Luca della Robbias (Eingangswand) teilen Doppelpilaster die Brüstung in rechteckige Felder ähnlich bei Donatellos Außenkanzel am Dom zu Prato und Brunelleschis Portikus zur Pazzi-Kapelle. Die Reliefs wurden durch Kopien ersetzt, um die Originalreliefs in Augenhöhe zeigen zu können. So kommt die subtile, detailreiche Ausarbeitung besser zur Wirkung. Die Bildfelder illustrieren den 150. Psalm, der in klaren Versalien die Friese der Kanzel ziert. Wort für Wort illustrieren die Kinder den Text, indem sie singen, Trommeln schlagen und auf Handorgeln oder Saiteninstrumenten spielen: »Lobet den Herren in seinem Heiligtum; lobet ihn in der Feste seiner Macht! Lobet ihn in seinen Taten; lobet ihn in seiner großen Herrlichkeit! Lobet ihn mit Posaunen; lobet ihn mit Psalter und Harfe! Lobet ihn mit Pauken und Reigen; lobet ihn mit Saiten und Pfeifen! Lobet ihn mit hellen Zimbeln; lobet ihn mit wohlklingenden Zimbeln! Alles was Odem hat, lobe den Herrn!«

Die singenden und musizierenden Knaben stehen auf Wolken; sie sind daher als Engel aufzufassen. Nur zwei von ihnen tragen indes Flügel (die Tamburinspieler auf der neunten Platte).

Luca della Robbia führt den Klassizismus des Nanni di Banco weiter. Wie Nanni, der vermutlich sein Lehrmeister war, sucht Luca den

Vasaris Kommentar zu den Sängerkanzeln

Zum unterschiedlichen Grad der Ausarbeitung der beiden Kanzeln hat Vasari eine interessante Bemerkung gemacht: Donatello habe weit mehr Urteil und Erfahrung gezeigt als Luca della Robbia, denn die in roh behauenem Zustand belassenen Werke (wie die Reliefs von Donatellos Kanzel) seien von größerer Kühnheit als die vollendeten (»hanno più fierezza e maggior forza se sono una bella bozza che sono finite«).

geschlossenen, abgerundeten Umriss. Die melodische Linienführung der Gewänder hingegen ist wohl dem Einfluss Ghibertis zu verdanken. Bei Ghibertis ›Paradiestüre‹ stößt man auch bereits auf das Motiv der Rückenfiguren, wie sie Luca della Robbia bei den Reigentänzern einsetzt.

Wie ausgewogen die Kunst des Luca ist, wird bei einem Vergleich mit der Kanzel Donatellos deutlich. Von gleichen Maßen, für denselben Kirchenraum bestimmt und etwa gleichzeitig (1433–39) ausgeführt, ist sie in ihrem üppigen Dekor von einem gänzlich anderen, keineswegs mehr klassizistischen Geist. Darüber soll die Herkunft der einzelnen Ornamentmotive aus der römischen Baukunst nicht hinwegtäuschen: etwa das Motiv der Muscheln , das hier zum ersten Mal in nachantiker Zeit wieder begegnet. Ein eigener Bildraum wie bei Luca della Robbia steht den Putten hier nicht zur Verfügung. Von der Musik mitgerissen, kann sie die Würde des Domes nicht von bacchantischem Spiel und Tanz abhalten. Wen wundert es, dass diese ausgelassenen Knaben, obschon farblich zurückhaltend im reichen Dekor, die Aufmerksamkeit der Betrachter auf sich lenken und zur Hauptsache werden.

Campanile

Als Giotto 1334 zum Dom- und Stadtbaumeister ernannt worden war, begann er mit der Planung des neuen Campanile. Als er 1337 starb, war nur das untere Geschoss vollendet. Die Marmordekoration gleicht sich – um die Farbe Rot zu einem Dreiklang erweitert – dem Vorbild des Baptisteriums an. Andrea Pisano, der Meister der ersten Baptisteriumstür, schuf die zweite Zone mit Nischen für Statuen. Nach dessen Entlassung errichtete Francesco Talenti etwa ab 1343–59 die oberen drei Geschosse, wobei er sich in den mit Krabben besetzten Wimpergen und den mit gedrehten Säulchen geschmückten Fenstern an Giottos Entwurf anlehnte. Der Campanile erhielt bedeutenden plastischen Schmuck. Die aus konservatorischen Gründen durch Kopien ersetzten Originale kamen ins Dommuseum. (Öffnungszeiten s. S. 62)

Der links anschließende **Saal** zeigt die **Reliefs des Campanile.** Die sechseckigen Platten der unteren Zone stammen (mit Ausnahme der fünf Reliefs von Luca della Robbia, gleich rechts vom Eingang) von Andrea Pisano, dem Meister der ersten Baptisteriumstür, der sie zwischen 1334 und 1337 ausführte. Häufig ist diskutiert worden, ob Andrea sich dabei auf Entwürfe Giottos (der den Campanile geplant hat) stützte. Stilistisch steht Andrea hier Giotto näher als bei der Baptisteriumstür, doch zeigen die Gewandfalten eine ausschwingende gotische Linienführung, die Giotto fremd war. Jakob Burckhardt nannte das Bildprogramm eine »Enzyklopädie alles profanen und heiligen Tuns des Menschen«. Die Sockelzone führt die Künste und das Handwerk ins Bild. Beide, Künste wie auch Handwerk, bezeichnete man im Mittelalter als *artes.* Dem Zyklus liegt der Gedanke zugrunde, dass der Sündenfall und die Vertreibung aus dem Paradies das Handwerk, d.h. die für das Leben unentbehrlichen Künste, erst bedingte. (Zu den Reliefs s. Bildlegende S. 77).

In diesem Zyklus wurden zum ersten Male neben den *artes liberales,* den freien Künsten, auch die *artes minores,* das Handwerk und außerdem die bildenden Künste wie Architektur, Bildhauerei, Malerei in einer einzigen Folge dargestellt. Es ist dies ein politisches Programm, das zu einer Zeit formuliert wurde, als die unteren Volksschichten und damit auch die unteren Handwerkszünfte, die *artes minores,* um die Beteiligung an der Regierung kämpften.

Ein Vergleich der Renaissancereliefs von Luca della Robbia (Wand rechts vom Eingang) mit den älteren von Andrea Pisano ist lohnend: Luca konstruierte den Bildraum nach den Regeln der Zentralperspektive, seine Formensprache ist – anders als man erwarten würde – äußerlicher, etwas starrer. Die Reliefs Andreas, etwa die »Schifffahrt«, zeichnen sich dagegen durch eine äußerst belebte plastische Dyna-

Das nebenstehende Relief des Campanile zeigt die Hausbaukunst. Die Relief-Reihe beginnt (an der Eingangswand) mit der Erschaffung Adams und Evas, mit ihrer Feldarbeit und den Werken der drei Kainssöhne Jabal (des ersten Viehzüchters und Zeltebauers), Jubal (des Erfinders der Pfeifen und Geigen) und Tulbalkain (des ersten Schmiedes), dem sich Noah, der erste Weinbauer, anschließt. Es folgen: Gionitus (erster Astronom), Hausbaukunst, Medizin, Jagd, Weberei, Fornerius (erster Gesetzgeber), Dädalus (erster Mechaniker), Schifffahrt, Herkules besiegt den Giganten Cacus (soziale Gerechtigkeit), Landwirtschaft, Theatrica (als Wagenrennen, aber auch als Theaterspiele zu deuten), Architektur, Bildhauerei, Malerei, Grammatik, Logik und Dialektik, Poesie, Geometrie und Arithmetik (Euklid und Pythagoras), Musik (Schmied)

mik aus. Die rhombenförmigen Platten der zweiten Zone stellen die sieben Planeten, die sieben freien Künste, die sieben Tugenden und die sieben Sakramente dar. Sie stammen von Nachfolgern Andrea Pisanos, die »Sieben Sakramente« vermutlich von Alberto Arnoldi. Der thematische Zusammenhang mit dem unteren Zyklus lässt sich folgendermaßen erklären (nach Eve Borsook): Das Bildprogramm zeigt den Weg des Menschen in den Stand der göttlichen Gnade. Er gelangt zu diesem Ziel durch Handarbeit und Ausübung der freien Künste, versehen mit Sakramenten, geleitet von Tugenden und beeinflusst von Gestirnen.

Zurück durch den Saal der Sängerkanzeln gelangt man in den **Saal des Silberaltares.** An der rechten Schmalwand hängt ein aus dem Baptisterium stammendes großes Holzkruzifix (um 1330), dessen Arme beweglich sind, um es bei Karfreitagszeremonien zu Grabe legen zu können. Im Raum frei stehend ein Alterswerk **Donatellos** die **Holzfigur der »Maria Magdalena«** (nach 1453). Denkt man angesichts dieses Bildes einer Büßerin, die ihr sinnenfrohes Leben gegen Askese eintauschte, zurück an Donatellos frühere Schöpfungen – an die makellose Schönheit des Bronze-David (Bargello), an den »Ritter Georg«, der so überzeugend die neue Freiheit verkörpert, an den

Der Silberaltar

Der aus dem Baptisterium stammende, namengebende Silberaltar gehört zu den Hauptarbeiten der Goldschmiedekunst. Begonnen wurde er 1366 mit den Szenen aus dem Leben Johannes des Täufers auf der Vorderseite. Die Statuette des Täufers in der Mittelnische stammt von Michelozzo (1452). Die Reliefs der Schmalseite wurden 1477–80 hinzugefügt. Hervorzuheben sind auf der linken Seite die »Geburt des Täufers« von Antonio Pollaiolo, rechts die »Enthauptung des Täufers« von Verrocchio. Das Silberkreuz ist von Betto Betti, der Sockel von Antonio Pollaiolo und Bernardo Cenni.

durch Geist und Würde gleichermaßen ausgezeichneten »Hl. Ludwig von Toulouse« (Museo Santa Croce), an das Bekennertum des »Habakuk«, so werden uns die vielfältigen Ausdrucksmöglichkeiten dieses Künstlers bewusst.

An der Eingangswand hängen zwei **byzantinische Mosaik-Ikonen** mit je sechs Festtagsbildern (um 1300). Unter den ausgestellten Reliquiaren ist das um 1500 in Florenz entstandene **Reliquiar ›del libretto‹** besonders wertvoll: Es schützt ein älteres, mit Perlen und Rubinen verziertes dreiteiliges Reliquiar in Buchform *(libretto)* aus Frankreich (14. Jh., auf der Rückseite Bildnisse von König Karl V. und seiner Gemahlin), das zeitweise im Besitz Pieros des Gichtigen war. Dieses enthält in den Seitenflügeln Reliquien von 72 Heiligen, in der Mitteltafel die Leidenswerkzeuge Christi, die der byzantinische Kaiser Balduin II. König Ludwig dem Heiligen geschenkt hatte. Unter den ausgestellten **Paramenten** findet man die 1480 vollendeten Paramentstickereien mit Szenen aus dem Leben Johannes des Täufers, zu denen Antonio Pollaiolo die Entwürfe gezeichnet hatte.

Man durchquert wieder die beiden Säle mit den Sängerkanzeln und den Campanile-Reliefs und gelangt in einen Raum, der **Brunelleschis Bauhütte** für die Domkuppel rekonstruierend veranschaulicht. Aus dem Depot der Dombauhütte stammen die Seile (das längste misst 242 m) und das Arbeitsgerät, das Brunelleschi zum Teil selbst entwickelt hat. Es folgt ein Brunelleschi gewidmeter Durchgang mit dessen Totenmaske, mit Holzmodellen zur Kuppel und zur Laterne (beide mit einigen Abweichungen ausgeführt). In den angrenzenden Räumen sieht man Modelle vom Wettbewerb von 1587 für die nicht ausgeführte Domfassade (u.a. von Buontalenti und Giambologna) sowie Entwürfe des 19. Jh. für die Domfassade.

Im überdachten **Innenhof** werden die **Reliefs von Ghibertis** zweiter **Baptisteriumstür (Paradiespforte)** gezeigt. Diese wurden nach ihrer Restaurierung nicht mehr der Witterung ausgesetzt und können jetzt hier in allen Details betrachtet werden. (s. S. 57; Abb. S. 1). Zu sehen ist auch die von Andrea Sansovino geschaffene Skulpturengruppe der »Taufe Christi«, die 1505 über der Paradiespforte aufgestellt wurde. Den Engel der Gruppe schuf 1792 Innocenzo Spinazzi.

Um die Piazza del Duomo

An der **Piazza del Duomo** steht an der Ecke zur Via dell'Oriuolo der um 1600 von Gherardo Silvani für Alessandro Guadagni erbaute **Palazzo Strozzi di Mantova (7).** Die Rustika ähnelt der des Hofs des Palazzo Pitti.

Misericordia

Tel. 055 23 93 93

Dem Campanile gegenüber (Piazza del Duomo 19) hat die Erzbruderschaft der **Misericordia (8)** ihren Sitz. Sie wurde im 13. Jh. gegründet – nach volkstümlicher Überlieferung von Gepäckträgern, die auch Kranke trugen. Heute zählt die Bruderschaft 6000 Mitglieder aus allen sozialen Schichten. Die Mitgliedsbrüder leisten unentgeltlich erste

Der Dom und das Baptisterium mit einer Prozession zu Corpus Domini, Stich von Giuseppe Zocchi

Hilfe, betreuen Kranke zu Hause und befördern sie in die Hospitäler. Um ihre Anonymität zu wahren, tragen sie schwarze Kutten und Kapuzen. Früher begleiteten sie auch zum Tod Verurteilte, während der Pestepidemien bestatteten sie die Toten. Ihren Sitz hatte die Misericordia im 14. Jh. auf dem Grundstück der benachbarten Loggia del Bigallo. Das jetzige Gebäude erwarb man 1576 und ließ es von Alfonso Parigi umbauen. Es steht Besuchern jederzeit offen, die u.a. auch einen Blick in die **Kapelle** werfen können. Die Marmorskulptur des hl. Sebastian und die »Thronende Madonna mit Kind« sind Spätwerke des Benedetto da Maiano, um 1497. Von der Haltung und den stark entwickelten Muskeln des Sebastian nahm der junge Michelangelo seinen Ausgangspunkt.

Die **Loggia del Bigallo (9),** an der Piazza San Giovanni/Ecke Via de' Calzaiuoli, wurde 1351 bis 1358 errichtet und zwar für die Erzbruderschaft der Misericordia, die vorübergehend, von 1321 bis 1364, hier ihren Sitz hatte. Die Marmorloggia ist ein Beispiel des prunkvollen Stils aus der Mitte des 14. Jh. Die 1244 gegründete Bruderschaft del Bigallo gehört zu den ältesten Florentiner Wohltätigkeitsinstitutionen. Noch heute betreut sie alte Menschen und hilfsbedürftige Kinder. In den Museumsräumen verdient vor allem das 1342 gemalte Fresko der »Madonna della Misericordia« Beachtung. Zu Füßen der Madonna erkennt man die erste Ansicht von Florenz.

Loggia del Bigallo

Piazza S. Giovanni 1
Tel. 055 21 54 40
www.bigallo.net
Mi–Mo 10–14 und 15–18.50 Uhr

Museo del Bigallo

Piazza S. Giovanni 1
Tel. 055 28 84 96
6. Aug.–31. Dez. n.V.

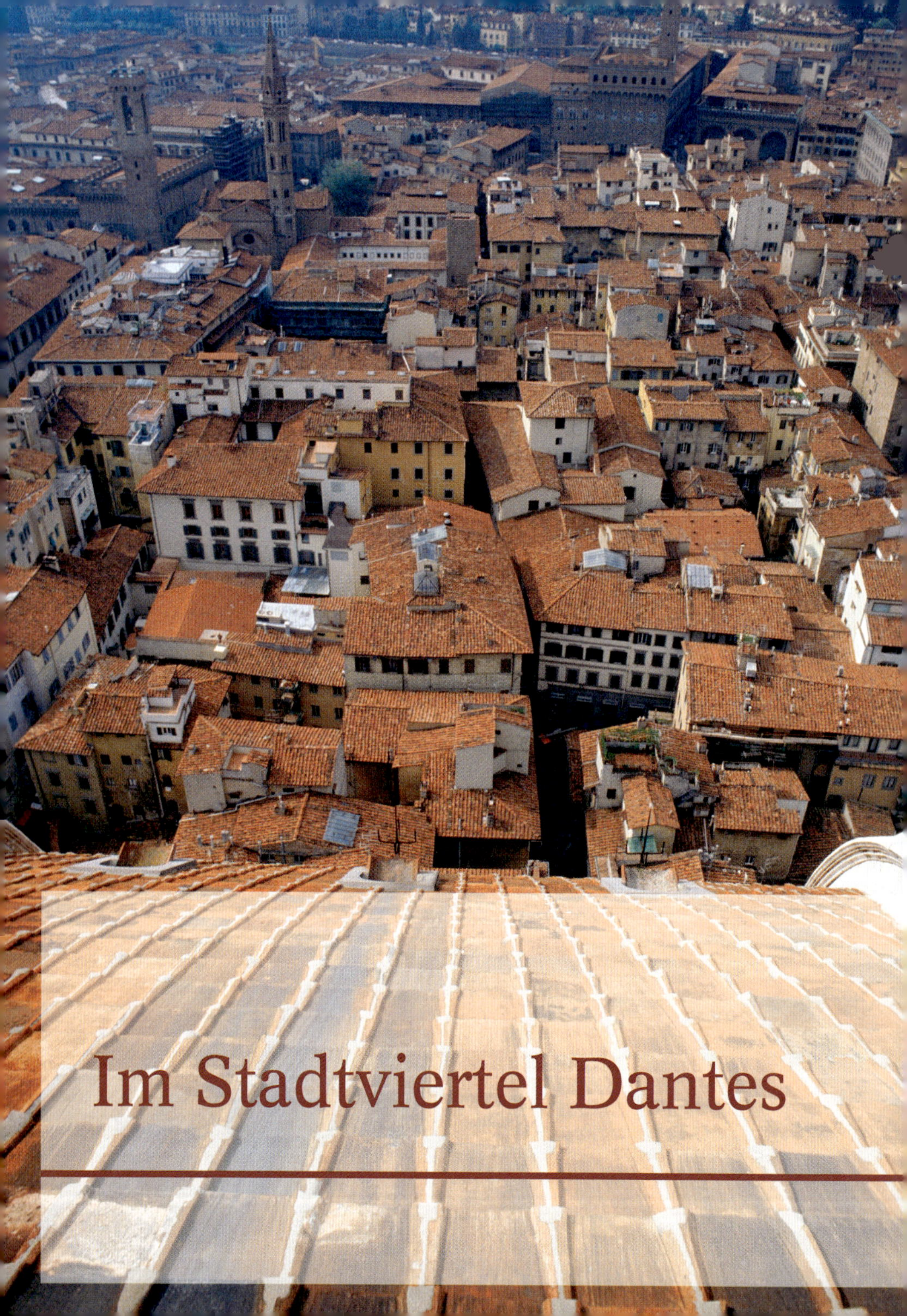

Im Stadtviertel Dantes

Zwischen Dom und Palazzo Vecchio

Cityplan Vom Dom zum Palazzo Vecchio S. 87

Die 1842–44 verbreiterte Via dei Calzaiuoli (Straße der Schuhmacher) verbindet das geistliche Zentrum (Dom und Baptisterium) mit dem weltlichen, der Piazza Signoria. Auf dieser »monumentalen Achse« (Braunfels) flanieren heute Florentiner und Touristen aus aller Welt. Zu den Hauptsehenswürdigkeiten zählt außer den Gebäuden an der Piazza Signoria auch das Oratorium Or San Michele mit seinen epochemachenden Renaissanceskulpturen.

Besonders sehenswert: Or San Michele, Bargello, Palazzo Vecchio, Galleria degli Uffizi

Or San Michele

Or San Michele ★★

Zu den merkwürdigsten Gebäuden von Florenz gehört das über das Häusermeer hinausragende **Or San Michele (1),** das 1337–50 errichtet wurde. Es diente ursprünglich zwei unterschiedlichen Bestimmungen: Zum einen als Oratorium, zum anderen als Getreidemarkt bzw. Getreidespeicher für Notzeiten. Der Name ›Or San Michele‹ lässt sich ableiten von ›San Michele in Orto‹ (ital. *orto* = Garten) und nimmt Bezug auf einen früheren Bau an derselben Stelle. Seit dem 8. Jh. gab es hier eine Michaelskirche mit angeschlossenem Nonnenkloster. 1240 entschied die Kommune, dass auf dem Grundstück des Klosters ein Getreidemarkt eingerichtet werden sollte, und ließ die kleine Kirche abreißen. Eine offene Markthalle sollte die Händler vor Regen und Sonne schützen. Zur Erinnerung an die Kirche brachte man jedoch an zwei Pfeilern Bildnisse des hl. Michael und der Muttergottes an. Als das Bild der Madonna wundertätig wurde, drängten sich schon bald Andächtige, um zu Ehren der ›Madonna der Gnaden‹ Loblieder, *laudi,* zu singen. Schließlich bildete sich sogar eine Bruderschaft, die Compagnia dei Laudesi, die sich der Verehrung des Gnadenbildes widmete. Als die Halle abgebrannt war, beschloss der Stadtrat 1336 den jetzigen repräsentativen Neubau und verpflichtete dazu vier Architekten, die alle auch am Dombau beteiligt waren: Francesco Talenti, Neri di Fioravante, Benci di Cione und Simone Talenti.

Or San Michele
Via Orsanmichele 7
Tel. 055 238 85
www.uffizi.firenze.it/musei/orsanmichele
Kirche tgl. 10–17 Uhr, im Aug. Mo geschl.

Museo Or San Michele
Museum mit den Originalskulpturen in den Obergeschossen
nur Mo 10–17 Uhr!

Das **Untergeschoss** war zunächst für den Marktbetrieb geöffnet. Erst zwischen 1367 und 1380 wurden die äußeren Arkaden durch Simone Talenti geschlossen, der dafür die besonders kunstvollen Maßwerkfüllungen der ›Florentiner Gotik‹ einsetzte. Zugleich verlegte man den Getreidemarkt an einen anderen Ort, und das Untergeschoss diente fortan ausschließlich als Oratorium. Die Umstände, die zur Verlegung des Marktbetriebs führten, sind nicht uninteressant: Im Pestjahr 1348 war die Bruderschaft der Laudesi sehr reich geworden, weil die von der ›Strafe Gottes‹ Verschonten aus Dankbarkeit und Sühnedrang insgesamt 3 500 000 Florentiner Gulden gespendet hatten, mehr als die Jahreseinnahmen der Stadtregierung. So konnte die Bruderschaft es sich leisten, bei dem Bildhauer und Architekten Andrea Orcagna ein kostbares Marmortabernakel in Auftrag zu geben. Noch bevor das Ta-

◁ Blick von der Domkuppel auf das Stadtviertel Dantes: im Hintergrund links der Bargello und die Badia Fiorentina und rechts dahinter der Palazzo Vecchio und die Loggia dei Lanzi

Tipp: Museo Or San Michele

Vom Palazzo della Lana aus gelangt man über eine Brücke in die oberen Geschosse des Or San Michele (Museo). Man sollte sich den Besuch dieser wohl schönsten florentinischen Lagerräume (mit hohen Gewölben im ersten Obergeschoss) nicht entgehen lassen. Das über den Dächern von Florenz sich erhebende zweite Stockwerk bietet einen einzigartigen Blick auf den nahen Dom.

bernakel vollendet war, kam es zu der oben erwähnten Verlegung des Markts, und zwar – so die Urkunde – »weil wegen des Korns, das dort verkauft und wegen des Marktes, der dort stattfindet, der Glanz und die Schönheit des Tabernakels verblasse.« Nicht also die Würde des Orts war es, die zur Verlegung des Markts führte, sondern die Schönheit eines Kunstwerks. Nur die oberen Geschosse dienten bis ins 16. Jh. als Getreidespeicher für Notzeiten. Im späten 14. Jh. erhielt das Gebäude eine weitere Funktion: Es wurde Zentrum der Zünfte. Aus diesem Grund werden noch heute am Johannistag, dem 24. Juni, die Florentiner Zunftbanner am Or San Michele angebracht.

Außenbau

Die Nischenfiguren zählen zu den bedeutendsten Zeugnissen der Renaissanceskulptur (einige werden zzt. restauriert). Im späten 14. Jh. wurden den wichtigsten Florentiner Zünften und auch der Parte Guelfa je eine Nische zur Verfügung gestellt mit der Verpflichtung, ihren Schutzheiligen eine Statue zu errichten. So stehen in den 14 Nischen Bildwerke von Ghiberti, Donatello, Nanni di Banco und anderen, die meisten aus der Zeit zwischen 1406 und 1426. Die älteste der Skulpturen ist die **»Madonna della Rosa« (m)** von 1399, noch ganz im Stil der Gotik. Auftraggeberin war die Zunft der Ärzte und Apotheker.

Ghibertis »Johannes der Täufer« (a) von 1414 ist die erste der lebens- und überlebensgroßen Florentiner Bronzeskulpturen. Der Künstler, von Haus aus Goldschmied, führte sie für die Zunft der Großkaufleute aus, der *Arte di Calimala*. Den Guss übernahm er selbst auf eigenes Risiko. Ghiberti hat einen ausgeprägten Sinn für die Schönheit der Linie. Sie beschränkt sich nicht nur auf die stark hervortretenden, rhythmisch ausschwingenden Gewandfalten, sondern reicht bis in die Locken des Haupt- und Barthaars, bis in die Krause des Fells. Das gotische Gewand verdeckt ein antikes Standmotiv. Doch Stand- und Spielbein ermöglichen der Figur noch kein sicheres Stehen. Dies verhindern die langen, am rechten Fuß spitz zusammenlaufenden Faltenbahnen. Über den schmalen Schultern erhebt sich in einem nicht ganz überzeugenden Kontrast zum Schönlinigen des Gewands ein kräftig modelliertes, ausdrucksvolles Haupt. So wird

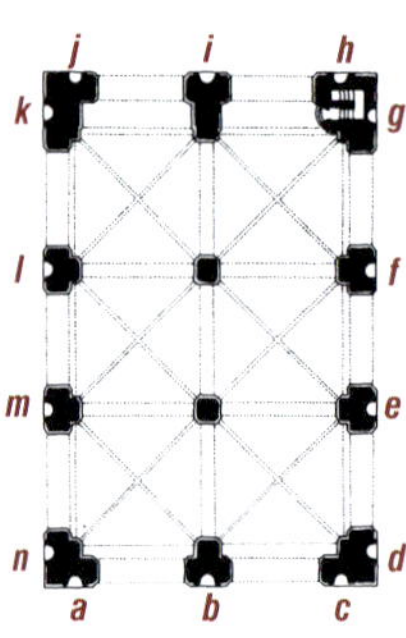

Or San Michele

a Johannes der Täufer, Ghiberti, 1414
b Christus und der ungläubige Thomas, Verrocchio, 1466–83; Nische von Michelozzo und Donatello
c hl. Lukas, Giambologna, 1601
d hl. Petrus, Donatello oder Ciuffagni, um 1415
e hl. Philippus, Nanni di Banco, um 1412–16
f die vier gekrönten Heiligen, Nanni di Banco, nach 1408
g hl. Georg, Donatello, um 1417 (Kopie, Original im Bargello)
h Matthäus, Lorenzo Ghiberti, um 1419–23
i hl. Stephanus, Lorenzo Ghiberti, 1425–29
j hl. Eligius, Nanni di Banco, um 1415
k hl. Markus, Donatello, 1411–13
l hl. Jakobus, Niccolò di Piero Lamberti, 1410–25
m Madonna della Rosa, unbekannter Meister, um 1399
n Johannes der Evangelist, Baccio da Montelupo, 1515

Außenansicht des Or San Michele. »Eine Kirche, in Form eines Palastes sollte errichtet werden«, so die Urkunde, »in der man die ruhmreiche Maria besser verherrlichen und das Korn und das Mehl besser aufbewahren könne.« In die Fundamente mauerte man eine zu diesem Zweck eigens geprägte Münze ein. Deren Inschrift zeugt von der Bedeutung der artes, der Künste (zugleich auch des Handwerks und der Zünfte), und der Handwerker (d. h. auch der Künstler) im Florenz des Trecento: »Dass sich die Großzügigkeit des Florentiner Volkes an ihren Künsten und Künstlern zeige.«

man der Figur trotz ihrer Überlebensgröße (2,55 m) keine Monumentalität zusprechen.

Im **»Matthäus« (h),** 1419–23, hat Ghiberti die Schwächen des »Johannes« korrigiert. Ohne dass es der Figur an Schönlinigkeit mangelte, tritt sie uns freier und offener gegenüber. Die Rechte dient nicht mehr dazu, das Gewand zu raffen oder das Attribut zu tragen. In antiker Rednergestik hebt der Evangelist seine schöne Hand vor die Brust. Der Vertrag verlangte, die Figur solle »mit soviel Schönheit wie möglich« *(con più bellezza che si può)* ausgeführt werden.

Der 1425 in Auftrag gegebene, 1429 vollendete **»Hl. Stephanus« (i)** des Ghiberti wirkt für unser heutiges Empfinden konventioneller. Für Jacob Burckhardt jedoch war diese Figur mit den lebensnahen Gesichtszügen »eine der zugleich reinsten und freiesten Hervorbringungen der ganzen christlichen Skulptur, streng in der Behandlung der Linien und doch von einer ganz unbefangenen Schönheit«. – Das von Ghiberti entworfene Tabernakel verbindet den Spitzbogen mit antikisierenden Elementen (Pilastern, Muscheln).

Im Gegensatz zum Goldschmied Ghiberti, der seine Figuren in Bronze goss, war **Nanni di Banco** Bildhauer. Für seine Zunft schuf er 1414–17 die Gruppe der **»Vier gekrönten Heiligen« (f,** Quattro Coronati), der vier frühchristlichen Bildhauer, die ihr Martyrium unter Diokletian erlitten. Anders als Ghiberti zeigt sich Nanni di Banco weniger vom internationalen Stil der Gotik als von der Antike beeinflusst. Er ist der eigentliche Klassizist unter den Frührenaissancebildhauern. Sein Vorbild waren römische Statuen und Porträtköpfe. Daher differenziert er zwischen Stand- und Spielbein, wählt Bärte, wie sie im Rom des 2. und 3. Jh. n. Chr. in Mode waren, und togaähnliche Gewänder.

Donatello erhielt den Auftrag zum **»Hl. Markus« (k)** 1411 von der Zunft der Leinweber und Altwarenhändler. Auch er baut die Figur im Kontrapost auf, doch tritt der Körper freier als bei Ghiberti oder Nanni di Banco in Erscheinung. Das Gewand verhüllt weniger als dass es die verschiedenen Funktionen der einzelnen Körperteile veranschaulicht.

Gruppe der Vier gekrönten Heiligen, Nanni di Banco, Or San Michele. Das Bestreben Nanni di Bancos, die Geschlossenheit des Steinblocks zu wahren, ist nicht von der Antike ableitbar, sondern erklärt sich durch seine künstlerische Herkunft aus der Dombauhütte. Die beiden rechten Figuren sind aus einem einzigen Marmorblock gemeißelt

Das Tragende des Standbeins wird durch parallel verlaufende, an eine kannelierte Säule erinnernde Faltenbahnen unterstützt. Das Spielbein hingegen charakterisieren unregelmäßige Gewandflächen.

Wenn diese Figur weniger antikisierend wirkt als die »Vier gekrönten Heiligen« des Nanni di Banco, so ist dies in erster Linie auf das große, kräftig modellierte Haupt mit den tief liegenden Augen zurückzuführen. In der Anspannung, Ausdrucksstärke und Mächtigkeit bildet es geradezu einen Gegentypus zu den kleinen, Gelassenheit ausstrahlenden Köpfen des Nanni di Banco. Gerade das Haupt charakterisiert Markus auch als bekennerhaften Heiligen voller Glaubenseifer, der bereits den »Moses« von Michelangelo ahnen lässt.

Der **»Hl. Georg« (g)** von Donatello ist eine Bronzekopie nach dem Marmororiginal im Bargello (um 1415–17). Die Nische (1402) gehörte der Zunft der Plattner und Schwertschmiede, deren Patron sinnvollerweise ein Ritter-Heiliger war. Bei dieser berühmten Figur verzichtete Donatello auf das antike Motiv des Stand- und Spielbeins – wohl weil er das entspannte Stehen mit dem Bild des kämpferischen Ritters als unvereinbar empfand. Dennoch ist diese Figur eine der reinsten Verkörperungen des neuen Menschenbilds. Der Mensch hat nun teil am göttlichen Wesen und kann sich, von Bindungen losgelöst, der *vita activa* widmen. Wenngleich noch für eine Nische geschaffen, ist der Weg zur frei stehenden Figur, zur Statue, hier bereits vorgezeichnet.

Die Gruppe **»Christus und der Ungläubige Thomas« (b,** 1467–83) ist ein Werk von **Verrocchio,** dem bedeutendsten Bildhauer der 2. Hälfte des 15. Jh. Das Tabernakel ist älter, es entstand um 1423–25 für die Parte Guelfa nach einem Entwurf, der vermutlich auf Donatello und Michelozzo zurückgeht. Als frühes Beispiel des neuen antikisierenden Renaissancestils ist es reich an Ornamentik und figuralem Schmuck. Nach der Rückkehr Cosimo de' Medicis aus der Verbannung, 1434, verlor die Guelfenpartei an Bedeutung und musste ihre Nische an das Handelsgericht verkaufen. Die von der Guelfenpartei in Auftrag gegebene Figur, Donatellos »Ludwig von Toulouse«, wurde entfernt und ist jetzt im Museum von Santa Croce zu sehen. Die Richter der Mercantantia gaben 1466 Verrocchio den Auftrag für ihren Schutzheiligen, den Ungläubigen Thomas. Der Plan wurde später zu einer Christus-Thomas-Gruppe erweitert. So stand Verrocchio vor der schwierigen Aufgabe, zwei Statuen einer Nische einzufügen, die für eine einzige Figur geschaffen war. Thomas, vor der Nische stehend, doch noch innerhalb des Tabernakels, wendet sich – fast wie eine *figura serpentinata* – Christus zu. Unterschiedlich ausgebildet sind die von Vasari gerühmten Gewänder: das des Christus ist spröder, das des Thomas fülliger und weicher modelliert. Verbunden sind die beiden Statuen durch die gleiche Faltenbewegung und einen gemeinsamen Umriss.

Am Außenbau beachte man auch die **Wappen-Medaillons,** von denen vier von der Della-Robbia-Werkstatt in glasierter Terracotta ausgeführt worden sind. Das Wappen der Seidenweber und Goldschmiede fertigte Andrea della Robbia, die übrigen drei stammen von Luca della Robbia.

»Hl. Markus«, Donatello, Or San Michele. Donatello ist ein Meister der Faltenlegung. In der Figur des »Markus« bewegt er sich auf dem schmalen Grat, auf dem die Körperformen deutlich, aber nicht überdeutlich hervortreten, auf dem die Falten noch annähernd natürlich fallen und es dennoch zu einem abstrakten Spiel zwischen geraden, gekurvten und gebrochenen Linien, zwischen tief ausgefurchten und glatten Partien kommt. Der Faltenrhythmus ist dabei weniger aufdringlich als bei Ghiberti. Donatellos »Markus« erscheint als eine Persönlichkeit voller Dynamik und Vitalität, was nicht zuletzt auch daran liegt, dass neben dem Gewand das Haupt und die Arme den Kontrapost unterstützen

Innenraum

Das Innere von Or San Michele ist eine zweischiffige gewölbte Halle. An den Nordpfeilern kann man noch die Öffnungen der Schächte sehen, durch die das Getreide in die Säcke gefüllt wurde. Im rechten Seitenschiff befindet sich das bereits erwähnte kostbare **Marmortabernakel** von Andrea Orcagna (1355–59), mit Szenen aus dem Marienleben in der Sockelzone. Der Stil der Reliefs geht von Giotto und Andrea Pisano aus (Baptisteriumstür, Campanile). Man beachte die für Florenz und Prato charakteristische »Gürtelspende an den Ungläubigen Thomas« auf der Rückseite, kompositionelles Vorbild für die spätere Darstellung an der Porta della Mandorla des Doms. Orcagna schuf das Tabernakel für das Gnadenbild, die »Madonna delle Grazie«. Es ist eine spätere Fassung von Bernardo Daddi aus dem Jahr 1347, die das verbrannte Pfeilerbild ersetzte. »Es gibt einen Erlass, nach dem der Pförtner von Or San Michele berechtigt ist, gegen Entgelt den Vorhang vor dem Madonnenbild zurückzuziehen, falls Fremde es zu sehen wünschen. Das Ästhetische rückt zunächst unabhängig von jedem Bezug auf ein antikes Vorbild in den Vordergrund.« (W. Braunfels)

Palazzo dell'Arte della Lana und San Carlo dei Lombardi

Durch einen Brückengang ist der Or San Michele mit dem **Palazzo dell'Arte della Lana (2)** verbunden. Den aus drei Häusern bestehenden Palast des späten 13. Jh. erwarb 1308 die reiche Zunft der Wollkaufleute (*Arte della Lana*). Zu Beginn des 20. Jh. versuchte man, die mittelalterliche Gestalt – nicht ganz authentisch – wiederherzustellen. Im Tabernakel an der Nordostecke sieht man ein Tafelbild von Jacopo del Casentino (um 1334), das im 19. Jh. vom abgerissenen Mercato Vecchio hierher versetzt wurde.

Palazzo dell'Arte della Lana

Via dell'Arte della Lana 1
Tel. 055 29 45 80, 29 45 80 (Società Dantesca Italiana)

San Carlo dei Lombardi

Via dei Calzaiuoli
Tel. 055 21 03 05
www.sancarlo-firenze.it

Gegenüber des alten Zunftpalasts, an der Via dei Calzaiuoli, steht die Kirche **San Carlo dei Lombardi (3).** Begonnen wurde sie 1349 von Neri di Fioravante und Benci di Cione, vollendet 1404 von Simone Talenti. Alle drei waren Dombaumeister und leiteten auch den Bau des Or San Michele. Geweiht war die Kirche ursprünglich der hl. Anna, an deren Festtag am 23. Juli 1343 (sechs Jahre vor Baubeginn) der Herzog von Athen aus Florenz vertrieben wurde. Als 1616 die Kirche einer Bruderschaft, der *Compagnia dei Lombardi*, überlassen wurde, übertrug diese das Patrozinium dem hl. Karl Borromäus, dem ihre besondere Verehrung galt. Die Fassade ist ein seltenes Beispiel einer einfachen Kirchenfront des Trecento. Der Innenraum wurde 1931 vom Barockdekor befreit. Überraschend sind die drei Chorkapellen nicht – wie üblich – von Mauern getrennt. Gewölbe und Chorwand ruhen hier auf frei stehenden und wandverbundenen Stützen (ein ›System‹, das Brunelleschi studiert haben dürfte). Hinter dem Hochaltar findet sich eine »Beweinung Christi« von Niccolò di Pietro Gerini (um 1385).

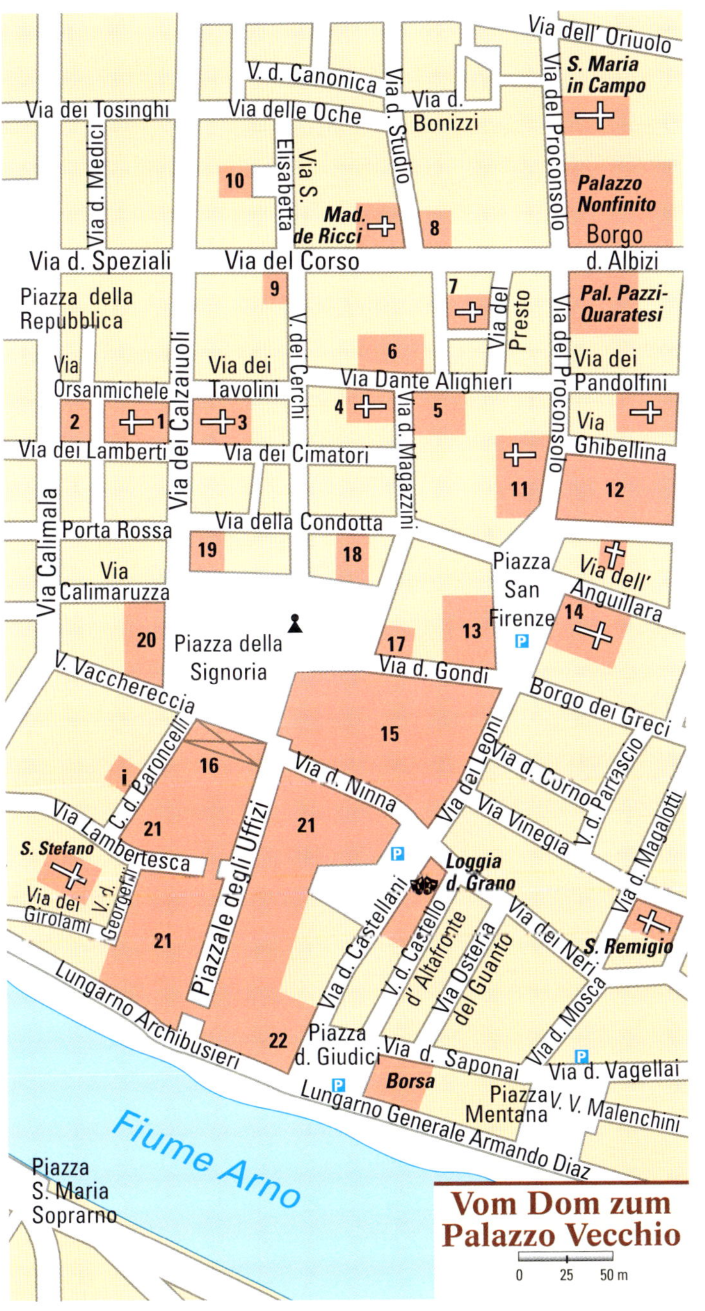

Vom Dom zum Palazzo Vecchio

1 Or San Michele
2 Palazzo dell'Arte della Lana
3 San Carlo dei Lombardi
4 San Martino del Vescovo
5 Torre della Castagna
6 Casa di Dante
7 Santa Margherita de' Cerchi
8 Palazzo Salviati
9 Casa Lapi
10 Torre Pagliazza
11 Badia Fiorentina/ Chiostro degli Aranci
12 Bargello
13 Palazzo Gondi
14 San Firenze
15 Palazzo Vecchio
16 Loggia dei Lanzi
17 Tribunale di Mercatanzia
18 Palazzo Uguccioni
19 Palazzo Bombicci
20 Palazzo delle Assicurazioni Generali di Venezia
21 Galleria degli Uffizi
22 Museo di Storia della Scienza

San Martino del Vescovo
Piazza San Martino
Tel. 055 28 12 59
Mo–Sa 10–12 und 15–17 Uhr; Fr vormittag sowie So und Fei geschl.

Torre della Castagna
Piazza San Martino

Casa di Dante
Via Santa Margherita 1
Tel. 055 21 94 16
www.museocasadidante.it
Okt.–März Di–So 10–17, April–Sept. tgl. 10–18.30 Uhr

Palazzo Salviati
Via del Corso

Denkmal des Dante Alighieri (1265–1321), auf der Piazza Santa Croce. Dante gilt als die bedeutendste Dichtergestalt Italiens. Sein unbändiges Erkenntnisstreben dokumentiert sowohl das

Im Dante-Viertel

Versteckt zwischen Dom und Palazzo Vecchio, liegt eines der ältesten Stadtviertel von Florenz. Wer einen Spaziergang durch die enge Gasse der Via Dante Alighieri unternimmt, geht gleichsam auf den Spuren Dantes. Gleich zu Beginn lohnt ein Blick in die kleine Kapelle **San Martino del Vescovo (4),** in die nur selten Touristen finden. Sie ist seit 1442 Sitz der *Compagnia dei Buonuomini,* einer Vereinigung, die sich der Hilfe unverschuldet Verarmter verpflichtet hat. Bis auf den heutigen Tag treffen sich die 18 Mitglieder (Anwälte, Ärzte, Industrielle und Weinerzeuger) jeden Freitag, um mittels weißer und brauner Bohnen über die Verteilung neu eingegangener Spenden abzustimmen. An den Wänden künden Fresken im Stil Ghirlandaios (und wohl von einem Werkstattmitglied gemalt) von den guten Taten der Bruderschaft: Speisung und Kleidung der Armen, Krankenbesuche, Beherbergung von Pilgern, Betreuung und Auslösung Gefangener, juristischer Beistand bei Vermählungen, Auflösung eines Hausstands. Der Ursprung der Vereinigung geht auf den hl. Antoninus zurück, den Prior von San Marco und späteren Erzbischof von Florenz. Er ließ eine bereits 986 gegründete Pfarrkirche, in der Dante seine Gemma Donati geehelicht haben soll, 1432 neu weihen (daher der Titel San Martino del Vescovo). 1479 errichtete man den heutigen Neubau. Anlass zur Sorge gab dem Heiligen und Initiator der Bruderschaftsgründung ein bis dato unbekanntes soziales Problem: die große Zahl von *poveri vergognosi.* Diese ›sich schämenden Armen‹ waren Bürger, die ihr Vermögen aufgrund der von Cosimo de' Medici durchgesetzten Steuergesetze verloren hatten.

Direkt gegenüber dem Oratorium steht einer der zahlreichen Turmstümpfe von Florenz, die **Torre della Castagna (5),** ein Geschlechterturm, in dem sich 1282 die mit der Regierung in der jungen Republik beauftragten Zunftvorsteher *(priori del arte)* aus Angst vor den »Drohungen der Mächtigen« (Dino Capagni) verbarrikadierten. Gegenüber beginnt eine Häusergruppe, die den Alighieri gehörte. In der Ende des 19. Jh. willkürlich rekonstruierten **Casa di Dante (6,** mit kleinem Museum) an der Ecke zur Via Santa Margherita soll der Dichter geboren worden sein. Die einfache kleine Kirche **Santa Margherita de' Cerchi (7)** in der Via Santa Margherita war die Pfarrkirche der Cerchi und Donati, der Adimari und Portinari (der Familie von Dantes Beatrice). Am Altar sieht man die »Thronende Madonna mit Heiligen« von Neri di Bicci (um 1450–70).

An der Via del Corso angelangt – in römischer Zeit und im Mittelalter eine der Hauptverkehrsadern von Florenz –, steht man direkt vor dem **Palazzo Salviati (8).** Er wurde in der ersten Hälfte des 16. Jh. für die gleichnamige Familie erbaut und ist seit 1932 Sitz der Banca Toscana. Im Hof (heute Schalterhalle) steht eine Statue Cosimos I., der hier einen Teil seiner Jugend verbrachte. Einst standen auf diesem Grundstück die Häuser der Portinari, in denen Dante 1274 auf Festen der jungen Beatrice begegnete. In derselben Straße kann man weiter links (Via del Corso Nr. 13) die **Casa Lapi (9)** sehen, ein fragmentarisch erhaltenes Frühwerk Brunelleschis. Schräg gegenüber fallen die Turmhäuser der Ghiberti aus dem frühen 13. Jh. ins Auge. Wendet man sich nun nach rechts in die Via Santa Elisabetta, gelangt man in die gleichnamige Piazza mit der **Torre Pagliazza (10),** einem Verteidigungsturm der byzantinischen Befestigungsanlagen des 6. Jh., die erst 1988/89 bei Abrissarbeiten für das Nobelhotel Brunelleschi entdeckt wurden.

Mittelalter als auch die Renaissance mit ihrem Streben nach Universalität. Sein bedeutendstes Vermächtnis ist die »Divina Commedia«, in der die visionäre Wanderung Dantes durch Hölle (inferno), Fegefeuer (purgatorio) und Himmel (paradiso) an den Ostertagen des Jahres 1300 geschildert wird. Auf seiner fantastischen Reise begleiten ihn Vergil, Cato und Beatrice, die Haupttriebfeder seines literarischen Schaffens. Er begegnet dabei unbekannten und berühmten zeitgenössischen sowie historischen Gestalten und verwebt antikes, mittelalterliches, heidnisches und christliches Gedankengut miteinander.

Badia Fiorentina

Man nennt dieses ehemalige Benediktinerkloster schlicht Badia (Abtei) oder auch **Badia Fiorentina (11).** Willa, Mutter des Markgrafen Hugo, gründete 978 dieses älteste und vornehmste Kloster der Stadt und stattete es mit 30 Landgütern und 21 Häusern aus. Nach 1285 kam es zu einem Neubau, von dem noch die Chorfassade zur Via del Pro-

Badia Fiorentina

a Vision des hl. Bernhard von Clairvaux
b Grabmal des Giannozzo Pandolfini
c Madonna mit den Heiligen Laurentius und Leonhard
d Grabmal des Bernardo Giugni
e Grabmal des Markgrafen Hugo von Toscana
f Fresken mit Passionsszenen
g Cappella San Bernardo
h Fresken, Giovanni Ferretti, und Chorgestühl, Francesco und Marco del Tasso
i Chiostro degli Aranci
j Cappella Pandolfini
k Portal, Benedetto da Rovezzano

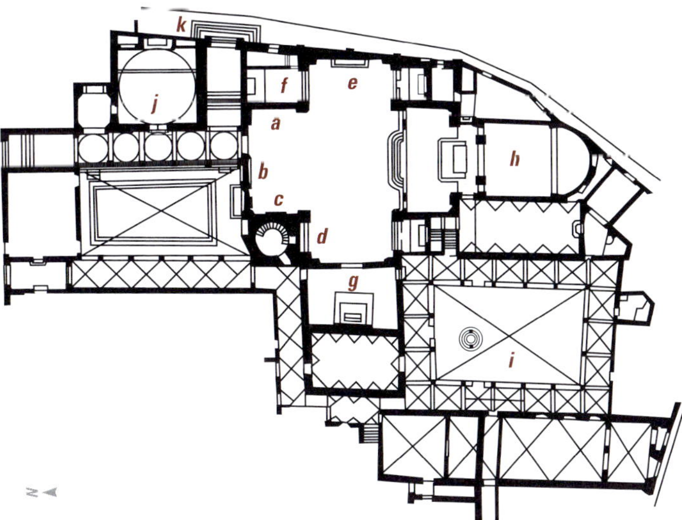

Badia Fiorentina

Via del Proconsolo
Tel. 055 26 44 02
6.30–18.30 Uhr,
So, Mo vormittags und Fei geschl.

consolo erhalten blieb. Architekt war wahrscheinlich Arnolfo di Cambio. Zu einem Umbau des Innenraums kam es 1627 durch Matteo Segaloni, der die Kirche um 90° drehte, wobei er Kirchenschiff und Chorkapelle des alten Baus zum Querhaus umfunktionierte und im Süden eine Chorkapelle hinzufügte. Das reich verzierte Portal zur Via del Proconsolo schuf 1495 Benedetto da Rovezzano mit einem Stifterwappen der Pandolfini und einer Majolika-Madonna von Benedetto Buglione.

Nimmt man den Zugang von der Via Dante Alighieri, hat man zunächst einen großartigen Blick auf den Campanile, der um 1310–30 erbaut und damit nur wenig älter ist als Giottos Domcampanile von 1334. Falls geöffnet, lohnt sich ein Blick in die 1503–11 von Benedetto da Rovezzano geschaffene Pandolfini-Kapelle.

Dem schlichten Innenraum ist nicht ohne Weiteres anzusehen, dass er aus der Zeit des Hochbarocks stammt. Typisch florentinisch und letztlich auf Brunelleschi zurückgehend sind das Zusammenspiel von *pietra-serena*-Gliedern und hell verputzten Wandflächen sowie die Betonung der Grunddimensionen – der Linie (in den horizontalen und vertikalen Gliederungselementen), der Fläche (Wände) und der Raumkuben. Die reich verzierte Holzdecke ist ein Werk von Felice Gamberai (1629–31).

Ein Höhepunkt der Ausstattung ist **Filippino Lippis »Vision des hl. Bernhard von Clairvaux« (a,** 1486). Das Bild zeigt die für das späte Quattrocento charakteristische bewegte Linienführung. Einzig die Jungfrau steht ruhig da, man möchte fast sagen, ähnlich wie in Bildern von Filippinos Vater Fra Filippo. Filippino setzt hier die harmonischen Linien in Kontrast zum Kantigen der Felsplatten. Entsprechendes gilt für das Kolorit. Der archaisch-statische Blau-Rot-Klang des Madonnengewands hebt sich von den zeittypischen changierenden Farben und den fast monochromen Brauntönen des übrigen Bilds ab. Die am unteren Bildrand angeschnittene Stifterfigur stellt Piero del Pugliese dar, der die Tafel für die Kirche Santa Maria in Campora in Auftrag gab (wo sie bis 1529 hing). Vasaris Anmerkung, die Jungfrau und die Engel trügen Züge der Stifterfamilie, kann kaum zutreffen, denn die Engelsköpfe sind wenig porträthaft und das Profil der Jungfrau entspricht einem verbreiteten Typus, den Filippino Lippi immer wieder eingesetzt hat.

Das ehemalige Altarbild wurde vom Vorgängerbau übernommen, ebenso wie die Grabmäler der Frührenaissance und die Orgel, ein nahezu vollständig erhaltenes berühmtes Instrument von 1558 von Noferi da Cortona. Das **Grabmal** des **Giannozzo Pandolfini (b)** wurde nach 1456 von der Rossellino-Werkstatt gearbeitet, das des **Rechtsgelehrten Bernardo Giugni (d)** von Mino da Fiesole, der auch das Relief des Altarvorsatzes mit der **»Madonna mit den Heiligen Laurentius und Leonhard« (c,** 1464–69) schuf. Vom selben Bildhauer ist schließlich das **Grabmal** des **Markgrafen Hugo von Toscana (e),** mit dem die Florentiner noch 480 Jahre nach dessen Tod den großen Baron ehrten. Im Aufbau geht es auf das Marsuppini-Grabmal in Santa Croce zurück.

Szenen aus dem Leben des hl. Benedikt, Chiostro degli Aranci. Zu den interessantesten Szenen gehört das »Wunder des Raben«: Der hl. Benedikt lässt von einem Raben das vergiftete Brot wegtragen, das ihm ein eifersüchtiger Priester gegeben hatte (vgl. auch die Sinopie)

Im 19. Jh. wurde Mino da Fiesole hoch geschätzt. Heute erscheinen uns die Putten im Vergleich zu denen des Marsuppini-Grabmals von Desiderio da Settignano metallisch hart und wenig belebt. Graf Hugo, legendärer Stifter von sechs Abteien, starb 1001 in Pistoia. Sein Leichnam wurde in diese Kirche überführt, die seine Mutter Willa 23 Jahre zuvor gestiftet hatte. Noch heute betet man für das Seelenheil dieses Markgrafen an seinem Sterbetag, dem 21. Dezember. Diesen Brauch hielt bereits Dante für erwähnenswert. Im Paradiso heißt es vom »Gran Barone«, dessen Wappenfarben Rot und Weiß, die Farben von Florenz wurden, dass das Thomasfest dessen »Name und Ruhm« erneuere (vgl. die Schrifttafel neben dem Haupteingang). Auf der Empore über dem Grabmal hängt Vasaris ehemaliges Hochaltarbild der »Mariä Himmelfahrt« (1566).

Die um 1350 entstandenen **Freskenfragmente** von **Passionsszenen (f),** u.a. »Abschied Christi von den Marien«, wurden Nardo di Cione zugeschrieben. Ein Vergleich der »Kreuztragung« mit dem Altarbild gegenüber von Giovanni Battista Nadini (zweite Hälfte 16. Jh.) bietet sich an.

Rechts im Chor ist der Zugang zum **Chiostro degli Aranci (i,** Kreuzgang der Orangenbäume). Der junge Bernardo Rosselini dürfte diesen doppelgeschossigen Kreuzgang um 1435–36 errichtet haben. Die Fresken mit Szenen aus dem Leben des hl. Benedikt zählen zu den wichtigsten Florentiner Zyklen aus den ersten Jahren der Frührenaissance, ausgeführt wohl unmittelbar nach Beendigung der Bauarbeiten, um 1436–39. Der Maler des Zyklus' ist unbekannt, man hat den Portugiesen Giovanni di Consalvo vorgeschlagen, an den die Badia 1436–39 Zahlungen leistete. Der Maler hat jedenfalls Anregungen von Fra Angelico, Paolo Uccello (Betonung der perspektivischen Konstruktion), und Domenico Veneziano (Lichteffekte) übernommen. Die Szene »Der hl. Benedikt kasteit sich in einem Dornbusch« ist ein Frühwerk Agnolo Bronzinos, 1526–29. (Vor Ort blieb nur die untere Malschicht, die obere Schicht wurde abgenommen.)

Museo Nazionale del Bargello

Bargello ★★

Museo Nazionale del Bargello
Via del Proconsolo 4
tgl. 8.15–13.50 Uhr; 1., 3. und 5. So im Monat sowie 2. und 4. Mo im Monat geschl.

Die Skulpturensammlung mit Meisterwerken von Ghiberti, Donatello, Verrocchio, Michelangelo und Cellini hat mittlerweile Weltruhm erlangt. Von höchster Qualität sind auch die reichen Bestände an Kunsthandwerk. Nicht mindere Beachtung verdient allerdings das Gebäude, denn es ist der älteste Florentiner Kommunalpalast und zählt zu den schönsten Profanbauten des Mittelalters. Der Bau entstand 1254–61 für die Regierung des *primo popolo*. Dabei bezog man

Der Bargello genannte ehemalige Stadtpalast beherbergt heute ein bedeutendes Skulpturenmuseum. In den Dreipassfenstern zeigt sich zum ersten Mal in Florenz der Einfluss der Zisterziensergotik von San Galgano. Das hohe spitzbogige Fenster (zur Piazza San Firenze) hingegen wurde erst 1343 angelegt, als der Palast erhöht und erweitert wurde. Die oberen kleineren Fenster gelten als früheste mittelalterliche Beispiele für die Verwendung des Segmentbogens. Man beachte, dass das untere schmale Gesims auf Höhe der Fensterbänke verläuft und nicht etwa die Geschossgrenze markiert. Die Konsolen trugen ursprünglich Holzgalerien

einen bereits bestehenden Geschlechterturm, La Volognana genannt, mit ein und erhöhte ihn auf 54 m. Das Gebäude diente den Versammlungen des Rats, war zugleich Sitz des *capitano del popolo,* seit 1260 auch des *podestà.* 1502 nahm die Gerichtsbehörde hier ihren Sitz, seit 1574 zusätzlich der Polizeihauptmann, den man *bargello* (wörtl. Büttel) nannte (daher der heute noch gebräuchliche Name des Palasts). Der Kern des Gebäudes besteht aus einem vorderen zweigeschossigen Baublock (zur Via Proconsolo) mit zwei übereinandergesetzten gewölbten Sälen. Dieser erste Bau wurde 1340 erhöht und zu einer Vierflügelanlage erweitert.

Zur Entlastung der Uffizien richtete man 1859 ein Museum für Skulpturen und Kleinkunst ein, das **Museo Nazionale del Bargello (12).** Der Besucher wird zunächst in die große Erdgeschosshalle mit Skulpturen Michelangelos geleitet. Es empfiehlt sich, diese Werke des 16. Jh. erst am Ende des Rundgangs zu betrachten und mit den Skulpturen des Trecento (Saal 2) und der Frührenaissance (insbesondere Säle 4 und 14) zu beginnen.

Bargello, Erdgeschoss
a Halle des Erdgeschosses
b Sala del Trecento

Erdgeschoss

In der zweischiffigen **Halle des Erdgeschosses (a)** sind Werke Michelangelos und seiner Zeitgenossen versammelt. Der **»Trunkene Bacchus«** ist Michelangelos frühste frei stehende Figur, zugleich die erste größere Statue einer antiken Gottheit in neuerer Zeit. Michelangelo schuf sie um 1497 in Rom für den Bankier und Sammler Jacopo Galli, der sie in seinem Antikengarten inmitten von römischen Statuen und Sarkophagen aufstellen ließ. Mit diesem virtuos gemeißelten Marmorwerk trat der 22-Jährige in der weichen Behandlung des Steins und den schwellenden Körperformen in einen Wettbewerb mit den Bildhauern der Antike. Er überwand – wie es Vasari ausdrückte – die »trockene, harte und scharfkantige Manier«. Bei keiner antiken Skulptur findet sich jedoch das durch die Trunkenheit des Gotts verursachte, schwankende Stehen.

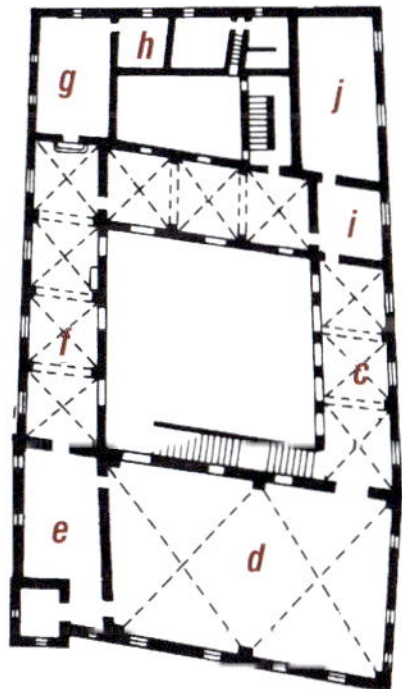

Bargello, erstes Obergeschoss
c Loggia
d Saal des Consiglio Generale
e Zimmer des Turmhauses
f Großer Saal des Podestà
g Cappella del Podestà
h Sakristei
i Stiftung Giovanni Bruzzichelli (1983)
j Majolika

Beim Relief **»Madonna mit dem Kind und dem Johannesknaben«** (»Tondo Pitti«, um 1504) hat Michelangelo bei der Gestalt der Jungfrau alles Zarte und Liebliche vermieden. Der Blick ist prophetisch in die Ferne gerichtet, ein Thema, das in der »Madonna della Scala« (Casa Buonarroti) vorbereitet war und in den »Sibyllen« der Sixtinischen Kapellendecke fortgesetzt wurde. Von besonderem Reiz ist der Wechsel vollendeter und grob bearbeiteter Partien.

Die **Marmorbüste** des **»Brutus«** schuf Michelangelo um 1540 nach dem Vorbild einer römischen Caracalla-Büste. Wie dort ist der Kopf vom Betrachter entschieden abgewandt, doch stellt Michelangelo noch stärker das Massige und Kraftvolle heraus. Die Büste soll Lorenzino de' Medici verherrlichen, den von Florentiner Patrioten als *Bruto nuovo* gefeierten Mörder des Tyrannen Alessandro de' Medici.

Die jugendliche Gestalt des **»Apollino«** von Michelangelo dreht sich um seine eigene Achse. Der Künstler setzte hierbei das Prinzip

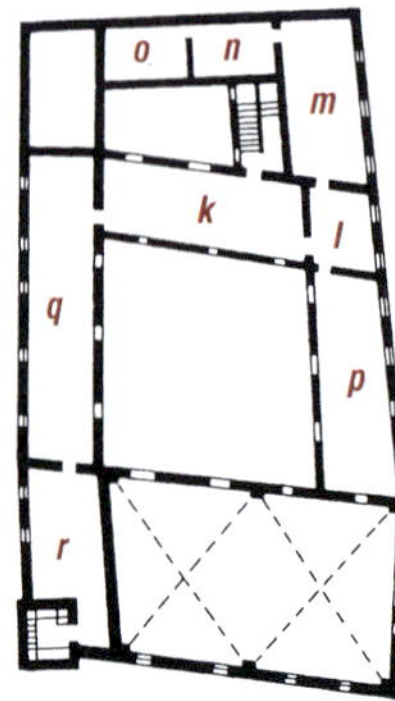

Bargello, zweites Obergeschoss

- k Saal des Giovanni della Robbia
- l Saal des Andrea della Robbia
- m Saal des Verrocchio
- n/o Medaillensammlung der Medici
- p Saal der Kleinbronzen
- q Saal der Waffen
- r Textilien

der *figura serpentinata* um, ähnlich dem »Genius des Sieges« im Palazzo Vecchio. Doch ist hier das Linienspiel weniger gewichtig. Körper und Antlitz drücken Schwere und Schwermut aus. Michelangelo schuf diese Statue 1530 für Baccio Valori, den Feldherrn des Papsts und dessen Statthalter im eroberten Florenz. Vermutlich hat der Bildhauer eine unvollendete Figur des David (mit dem Haupt Goliaths zu Füßen) in einen Apollo umgewandelt: Einen David, das Symbol republikanischer Freiheit, konnte Michelangelo dem siegreichen päpstlichen Feldherrn jedenfalls nicht anbieten.

Im hinteren Teil des Saals zeugen Skulpturen und plastische Werke von der Wirkung Michelangelos auf zeitgenössische Bildhauer. Tribolo interpretierte Michelangelo auf sinnliche und dekorative Weise, während Piero da Vinci und Francavilla das große Vorbild auf einen bloßen, brillanten Akademismus reduzierten.

Die wichtigsten Werke im rechten Teil des Saals stammen von Benvenuto Cellini und Giambologna. Mit dem **Bronzekopf Cosimos I.** (Eingangswand) führte sich Cellini 1545 am herzoglichen Hof ein. Die zugehörige Büste entstand erst 1555–57. Die feine Ausarbeitung des Brustpanzers ist charakteristisch für den ausgebildeten Goldschmied. Von Cellini stammt auch der Sockel mit den Reliefs vom **»Perseus-Standbild«** in der Loggia dei Lanzi, sowie je ein Wachs- und ein Bronzemodell zur Perseus-Figur. Letzteres diente am großherzoglichen Hof als Tafelbrunnen, wobei der rote Wein wie Blut aus dem abgeschlagenen Gorgonen-Haupt floss. Der **»Ganymed«** ist ein interessantes Beispiel einer Antiken-Restaurierung zur zeit der Renaissance. Cellini hat den römischen Torso um Kopf, Arme, Füße und den Adler ergänzt (um 1550).

Die große **Marmorgruppe** von **Giambologna,** 1570, verkörpert in ihrer Mehransichtigkeit und in ihrer spiralförmig sich hochschraubenden Bewegung das Ideal der *figura serpentinata* des Manierismus. Die Allegorie deutete man als »Sieg der Tugend über das Las-

Saal des Consiglio Generale, Bargello

ter« oder auch als **»Florenz besiegt Pisa«** (zugehöriges Gipsmodell im Palazzo Vecchio). Die Bronzeskulptur des **»Merkur«** schuf Giambologna um 1580. Die sich um die eigene Achse drehende Figur stützt sich nur auf eine schmalen Standfläche, die ursprünglich von Wasserstrahlen umspült wurde und daher nicht sichtbar war. So scheint Merkur über dem Wasser zu schweben.

Der stimmungsvolle **Hof** fungierte zwischen 1502 und 1782 als Hinrichtungsstätte, deren Galgen neben dem Brunnen stand. Weite Rundbögen ruhen auf stämmigen Achtkantstützen. Die jährlich wechselnden Podestà ließen dort ihre Wappen anbringen, seit dem 16. Jh. auch die Richter. In den Loggien findet man unter anderem auch polychrome Wappen der einzelnen Florentiner Stadtviertel. Berühmt sind die von Cosimo Cenni modellierten und gegossenen Kanonen. Die große nennt man »Kanone des hl. Paulus«, weil sie einen Kopf des Heiligen trägt. Die kleinere, »Il Falcone« von 1620, zeigt zum ersten Mal die 1610 von Galilei entdeckten Jupiter-Trabanten, die auch als ›Medici-Sterne‹ bezeichnet werden.

Im **Erdgeschosssaal (b)** mit der Trecento-Skulptur ist an der linken Längswand ein charakteristisches Werk des Sienesen **Tino di Camaino** ausgestellt: die **»Madonna mit Kind«.** Die Steinskulptur stammt wahrscheinlich vom Grabmal des 1321 verstorbenen Bischofs Antonio d'Orso im Florentiner Dom. Tino di Camaino war Schüler Giovanni Pisanos. Er verbindet Arnolfo di Cambios Blockhaftigkeit mit einer Geschmeidigkeit, wie sie auch die zeitgleiche sienesische Malerei auszeichnet. Man sprach bereits von einer Umsetzung der Formen Ambrogio Lorenzettis in die Plastik (Enzo Carli). Die Inschrift »Sedes Sapientiae« (Sitz der Weisheit) ist erst in späterer Zeit hinzugefügt worden. Die Stütze für ein Weihwasserbecken mit den drei Akoluthen (Messdiener) wird Arnolfo di Cambio zugeschrieben. An der hinteren Schmalwand befinden sich die Figuren der Madonna und der Heiligen Petrus und Paulus von der Porta Romana (um 1328).

Über die 1367 errichtete Freitreppe gelangt man in die **Loggia (c)** mit weiteren Werken von Giambologna: Marmorskulptur **»Allegorie der Architektur«** sowie die naturalistischen Bronzegüsse von Tieren aus der Medici-Villa Castello.

Donatellos marmorne Ritterfigur des hl. Georg im Bargello stammt vom Or San Michele, wo man sie schon im 19. Jh. durch einen Bronzeabguss ersetzte. Vasari benutzte bei seiner Beschreibung das kaum übersetzbare Wort ›terribile‹, das er sonst nur für Michelangelo beansprucht: »… an seinem Kopf erkennt man die Schönheit der Jugend, den Mut (l' animo) und die Tapferkeit im Kampf, eine ungestüm erschreckende Glut (una vivacità fieramente terribile) und die herrliche Gebärde, wie er sich im Stein bewegt (un meraviglioso gesto di muoversi dentro a quel sasso). Gewiss hat man in den modernen Statuen bisher nie solche Lebendigkeit und so viel Geist in Marmor gesehen …«

Erstes Obergeschoss

Der große **Saal des Consiglio Generale (d)** wurde nachträglich (1340) erhöht und eingewölbt. Man erkennt, dass die Wandpfeiler zu mächtig sind für die schmale Fläche zwischen den Fenstern und den Raumecken. Aufgestellt sind bedeutende Bildwerke der Frührenaissance (Quattrocento). Vor dem linken Wandpfeiler frei stehend sieht man den sogenannten **»Marmor-David«,** den der junge **Donatello** um 1408–09 für den Florentiner Dom schuf. Während das eng anliegende, in langen Kurven fallende Gewand noch ein Erbteil der Gotik und Ghibertis ist, entfaltet sich der gedrehte Körper in einem entschiedenen Kontrapost und vermittelt so eine neue Freiheit. Das Emporwachsen

»Opferung Isaaks« von Brunelleschi (links) und von Ghiberti (rechts), beide im Saal des Consiglio Generale, Bargello. Gewonnen hat den Wettbewerb Ghiberti, eine Entscheidung, die die Kunstgeschichte unter dem Eindruck expressionistischer Stilströmungen jahrzehntelang nicht nachvollziehen konnte. Die Entscheidung der 34-köpfigen Jury fiel jedoch einstimmig aus. Gerne würde man wissen, auf welche Ursache sich diese in Florenz ungewöhnliche Einmütigkeit zurückführen lässt: Waren es vorwiegend künstlerische Gründe, oder eher technisch-handwerkliche? Ghiberti setzte sein Relief nicht aus verschiedenen Teilen zusammen, sondern schuf es vielmehr ›aus einem Guss‹ und verbrauchte zugleich 8 % weniger von der kostbaren Bronze als sein Konkurrent. Oder spielten auch persönliche Gründe eine Entscheidung: Ghiberti war der ausgeglichenere und diplomatischere der beiden Konkurrenten, der bei erfahrenen Meistern (sprich Jurymitgliedern) Rat eingeholt hatte

sowie die eiförmige Kopfform mit dem typischen kleinen Kinn und dem Knoten vor der Brust verbindet die Figur mit dem **»hl. Georg«**, um 1415–17 (im Tabernakel, an der Rückwand des Saals).

Das dazugehörige Marmorrelief mit dem »Drachenkampf des Georg« (1417) ist das erste Beispiel für die Anwendung der Zentralperspektive: Die horizontalen Linien der Loggia treffen sich in der Bildmitte und auch das Pferd ist verkürzt wiedergegeben. Obschon die tatsächliche Relieftiefe nur sehr gering ist, entsteht durch feinste Abstufungen und Ritzungen für das Auge die Illusion eines Tiefenraums. Vasari sprach vom *relievo schiacciato* (flach gequetschtes Relief).

Bei den Reliefs für den Wettbewerb zur Ausführung der zweiten Baptistierumstür (rechte Längswand, hinteres Joch) haben Brunelleschi und Ghiberti dagegen noch in der traditionellen Relieftechnik gearbeitet. Mit diesem berühmten Wettstreit des Jahrs 1401, an dem außerdem noch Jacopo della Quercia und vier andere Bildhauer teilnahmen, lässt man üblicherweise die Frührenaissance beginnen. Dass sich freilich im Quattrocento kein einheitlicher Stil durchsetzen konnte, lehrt bereits der Vergleich dieser beiden konkurrierenden Reliefs. Das Thema war vorgeschrieben: die **»Opferung Isaaks«.** Vorgegeben war auch der Vierpassrahmen nach dem Muster der älteren Bronzetür Andrea Pisanos. **Brunelleschis Relief** zeigt die dramatischere Auffassung. Die Messerspitze berührt bereits den Hals des aufschreienden Knaben, der Engel umfasst mit starker Hand den Arm Abrahams. Die Nebenfiguren sind in der unteren Zone zurückgeblieben: der Knecht in einer extremen, ein neues Körpergefühl vermittelnden Körperhaltung, indem er sich zum Wasserschöpfen stark vorneigt, der andere in der Haltung des Dornausziehers (einer antiken Statue), dazu der trinkende Esel.

Bei **Ghiberti** dagegen sind die einzelnen Bildelemente harmonisch vereint. Dazu trägt der einheitliche Felsengrund und der Gleichklang der Gestalten bei. So erreicht Ghiberti eine geschlossene Komposition, aber keine dramatische Zuspitzung. Man bewundert die Schönheit des gotischen Faltenwurfs ebenso wie den antikisierenden Knabenakt des Isaak. Gotische Grundhaltung und Antikenzitat schließen sich hier nicht aus. Ghiberti, der ›gotische‹ Bildhauer, ist zugleich der fortschrittlichere, indem er die Szene aus der Gebundenheit der Fläche löst. Von der Rückenfigur des linken Knechts bis zum Einhalt gebietenden Engel entwickelt sich eine auch tiefenräumlich wirksame Diagonale. Die großartige Erfindung des Knechts, der sein Spiegelbild in dem ihm Zugewandten findet, hat eine rahmende Funktion und bindet zugleich den Betrachter in das Geschehen ein, indem er dessen Standpunkt einnimmt.

Donatellos Bronze-David (um 1433–43, im linken hinteren Teil der Halle) – die erste frei stehende Aktfigur nachantiker Zeit – stammt aus dem Palazzo Medici. Der »David« war nicht mehr wie der »hl. Georg« für eine Nische bestimmt, sondern wahrscheinlich als Brunnenfigur konzipiert. Als frei stehende Figur gehörte er zur Gattung der Statuen, wie sie die Antike, nicht aber das Mittelalter kannte. Für den Körper nahm sich Donatello offensichtlich eine antike Skulptur zum Vorbild. Die Gesichtszüge gehen auf ein römisches Antinous-Porträt zurück. Die reich ornamentierten Stiefel sind jedoch ebensowenig von einer antiken Figur ableitbar, wie der Hut.

»David«, Donatello, Saal des Consiglio Generale, Bargello. Der Bronze-David ist Donatellos harmonischste Schöpfung. Anders als beim Marmor-David entspricht dem Standbein der herabhängende Arm mit dem Schwert, dem auf dem Haupt Goliaths ruhenden Spielbein dagegen der angewinkelte Arm. Den Triumph des David über den Riesen Goliath dürften die Florentiner als eine Anspielung auf die politische Situation verstanden haben: dass sich ein kleiner Staat wie Florenz gegenüber den Großmächten Mailand und Neapel behaupten konnte. »Die Gestalt hat so viel Natur, Leben und Weichheit, dass es Künstlern scheint, als müsse sie über einen lebendigen Körper geformt sein.« (Vasari)

Donatellos sogenannter **»Amor«** (um 1440) besitzt dieselbe Lebenskraft wie die bacchantischen Putten seiner Sängerkanzel im Dommuseum. Die Bronzestatuette lässt sich nicht eindeutig auf eine bestimmte Gestalt festlegen. Nicht dass sie keine Attribute besäße, im Gegenteil: Sie hat deren zu viele, so als wolle Donatello überdeutlich machen, dass es sich hier keineswegs mehr um einen Kinderengel handelt, sondern um eine durch und durch heidnische Gestalt. Sie trägt die Flügel Amors und zertritt wie der junge Herkules eine Schlange. Das Schwänzchen ist das eines Fauns, die Mohnkapseln am Gürtel und die asiatischen Strümpfe lassen an Attis, den Geliebten der Kybele denken. Vasari, der die Figur im Hause Doni sah, bezeichnete sie wegen der geflügelten Schuhe als Merkur.

Den **»Marzocco«**, den Löwen mit dem Florentiner Lilienwappen aus Sandstein (Saalmitte), schuf Donatello 1420 für das päpstliche Gemach in Santa Maria Novella. Er wurde 1810 auf der Piazza Signoria aufgestellt und dort später durch eine Kopie ersetzt. Man beachte auch Donatellos kleines virtuoses Bronzewerk des auf einer Muschel tanzenden **»Putto«** von dem Taufbrunnen des Baptisteriums in Siena (nach 1429).

Erscheint **Desiderio da Settignano** mit seiner **Damenbüste** als Antipode zu Donatello, so gibt es andere Werke, bei denen sich die Forschung nicht einig wurde, welchem der beiden Künstler sie zuzuschreiben sind. Als besonders schwierig erwies sich der **»Jugendliche Johannes«**. Man hielt diese Marmorstatue bisher für eine Arbeit Donatellos, zumal Vasari berichtet, jener habe sie dem Haus Martelli geschenkt. Das ausgepräge Standmotiv spräche zwar für Donatello und das Ausgezehrte des Gesichts lässt an die »Maria Magdalena« im Dommuseum denken. Doch für Desiderio spricht die stellenweise sehr wei-

»Madonna delle Rose«, Luca della Robbia, Saal des Consiglio Generale, Bargello. Neben technischen Vorteilen (billiges und schnelles Herstellungsverfahren sowie Wetterfestigkeit) waren es gewiss auch das Glanzvolle und das Gefällige der makellos-schönen Madonnen- und Kindergesichter, die der glasierten Terracotta zum Durchbruch verhalfen. Der leicht zu modellierende Ton kam Lucas Vorliebe für einfach umrissene und weiche Formen entgegen. Die Glasur verlieh den Formen neben dem Glanz auch Farbe. Trotzdem gilt Luca della Robbia nicht als Erfinder der glasierten Terracotta. Er hat lediglich diese uralte Technik der Gebrauchskeramik, der Majolika (frz. Fayence), auf die Skulptur übertragen; Antike und Mittelalter kannten dagegen nur unglasierte Tonskulpturen

che Marmorbearbeitung und auch das Flächige der Figur. Auch für die ausschreitende, **bärtige Johannesfigur** wurde früher Donatello als Autor vermutet, daneben auch der junge Michelangelo. Beide Zuschreibungen sind heute nicht mehr haltbar. Die Statue entstand vermutlich lange nach Donatellos Tod (nach 1500) und ist ein Zeugnis seines Nachwirkens. Francesco da Sangallo könnte ihr Urheber sein.

Mit Donatellos Stil durchaus zu vereinen hingegen ist die **Bronzebüste des jungen Mannes** (an der Ausgangswand), auch wenn sie von einigen Forschern dem Meister abgeschrieben wurde. Der idealisiert Dargestellte trägt auf der Brust ein ovales Medaillon, das einem antiken Cameo aus der Sammlung des Cosimo de' Medici nachgebildet ist. Es zeigt einen Geflügelten, der ein Zweigespann lenkt. Wahrscheinlich handelt es sich um eine Anspielung auf den platonischen Mythos von der Seele.

Die farbig gefasste **Porträtbüste aus Holz** stammt aus einem Palast, den einst Niccolò da Uzzano bewohnte, und allein aus diesem Grund sah man sie als Porträt dieses Florentiner Staatsmanns an. Nachdem 1985 spätere Übermalungen entfernt wurden, gilt sie jetzt als ein Werk Donatellos, wenngleich sich in dessen Œuvre kein zweites Beispiel für ein lebensnahes Porträt findet. Die Überbetonung der vom Leben geprägten Gesichtszüge erweckt Erinnerungen an Bildnisse aus dem republikanischen Rom und sollte wohl auf die staatsbürgerlichen Tugenden des Dargestellten hinweisen. Veristische Gesichtszüge zeichnet auch die **Holzstatue** des **»hl. Bernhardin«** von Siena aus. Der Franziskanerprediger wird stets mit eingefallenen Gesichtszügen nach einer Totenmaske dargestellt. **Vecchietta,** der in Siena eine große Malerwerkstätte leitete, schnitzte diese Skulptur wohl bald nach der Kanonisierung 1450.

Mit gänzlich anderen ästhetischen Vorstellungen wurden die glasierten Terracottaarbeiten von **Luca della Robbia** gearbeitet, von denen in diesem Raum einige der schönsten Beispiele gezeigt werden. Die **»Madonna delle Rose«,** um 1460, veranschaulicht, dass Luca seinen künstlerischen Ausgang bei Nanni di Banco nahm (man vergleiche etwa die harmonisch fließende Faltengebung mit der des »Lukas« im Dommuseum).

Unter den weiteren Werken dieses Saales seien erwähnt: das **Bronzerelief** einer Schlacht (rechte Längswand, hinteres Joch), dem wahrscheinlich kein bestimmtes Ereignis zugrunde liegt. »Es ist eine Schlacht *all'antica,* eine Evokation antiker Kunst« (Ernst H. Gombrich). Das von einem römischen Schlachtensarkophag inspirierte Relief stammt von Bertoldo, einem Schüler Donatellos, und gilt u.a. als Inspirationsquelle für Michelangelos »Kentaurenschlacht« in der Casa Buonarroti.

In den Sälen des Obergeschosses beginnt die kunsthandwerkliche Sammlung. Im **Saal des Turmhauses (e)** werden islamische Bronzeschüsseln, persische Teppiche und ägyptische Elfenbeinarbeiten gezeigt, dazu eine Horntrompete (Olifant) des 11. Jh. aus Süditalien oder Sizilien. Der lang gestreckte **Saal des Podestà (f)** erhielt in der kurzen Regierungszeit des Herzogs von Athen seine dekorative Gewölbe- und Wandbemalung, die zwar nach dessen Vertreibung 1343 übertüncht, doch später wieder freigelegt wurde. Der Raum birgt Kleinkunst und Tafelbilder aus der Sammlung des französischen Antiquars **Louis Carrand** (Stiftung 1888). Aus seiner Sammlung stammen auch viele Kunstgegenstände der nachfolgenden Säle, wie Elfenbeinarbeiten, Waffen, etc., deren Inventarnummern ein C nachgestellt ist.

In die **Cappella del Podestà (g)** führte man die zum Tod Verurteilten, bevor sie im Hof des Bargello hingerichtet wurden. Sie ist der hl. Magdalena geweiht, die nach Jahren der Sünde ein Leben der Buße führte. An der Stirnwand sah der zur Reue ermahnte Verurteilte das **»Jüngste Gericht«**, darunter das **»Paradies«**, beim Verlassen auch die **»Hölle«** (Eingangswand). Unter den Seligen des Paradieses entdeckt der Besucher ein stark ergänztes Porträt, in dem man Dante vermutet (rechter Teil, fünfter von links). Die Wandmalereien (um 1330–40) führte nicht Giotto aus (wie Vasari berichtete), sondern einer seiner Nachfolger. Die Seitenwände zeigen Szenen aus dem Leben der Titelheiligen, der Maria Aegyptiaca, Johannes des Täufers und des hl. Venantius.

Die **Elfenbeinsammlung** vereinigt Beispiele aus allen großen Epochen der Elfenbeinkunst – aus der Spätantike, aus karolingischer und ottonischer Zeit, aus Byzanz sowie aus dem Frankreich des 14. Jh. Bei den französischen Spiegelkapseln war die Erstürmung der Minneburg ein beliebtes Thema, bei der die Ritter mit Blumen angreifen und die Frauen ihre Burg verteidigen. Zu den Skulpturen zählt eine polychrom gefasste Schutzmantelmadonna (vermutlich aus Umbrien), die trotz altertümlicher Züge ins späte 15. Jh. datiert wird.

Zweites Obergeschoss

Im zweiten Obergeschoss gelangt man zunächst in Säle mit **Terracottawerken** von **Giovanni della Robbia (k)** und **Andrea della Robbia (l)**. Besondere Beachtung verdient die **Florentiner Frührenaissanceskulptur (m)** aus der zweiten Hälfte des 15. Jh., wobei sich **Verrocchios** frei stehender **Bronze-David** (um 1472–75) zum Vergleich mit dem bereits betrachteten Bronze-David Donatellos (s. S. 97) anbietet. Hier handelt es sich nicht mehr um das mit der Antike wetteifernde Idealbild eines in sich selbst ruhenden Jünglings, sondern um einen selbstbewusst lächelnden Knaben, dessen Brustkorb sich wirkungsvoll durch das Lederhemd abzeichnet.

Bei den Porträtbüsten dieses Saals, deren Identifikation nicht immer gesichert ist, sei hingewiesen auf die des **»Piero Mellini«** (1474) von **Benedetto da Maiano**, der in der Überbetonung der Falten dem Vorbild römischer Porträts der republikanischen Zeit folgt, und auf die des **»Jungen Kriegers«** von **Piero Pollaiuolo** (Hauptwand). **Verrocchios Marmorbüste** einer **»Dame mit Blumenstrauß«** (um 1475–80) konkurriert in der Freiheit der Marmorbehandlung mit Desiderio da Settignanos Büsten im Erdgeschoss. Nach altrömischem Vorbild

»David«, Verrocchio (Saal m), Bargello. Anders als Donatello bringt Verrocchio die einzelnen Körperteile und Gegenstände differenziert zur Darstellung, setzt sie gegeneinander ab; er belebt die Figurenkomposition durch einander sich kreuzende Achsen und setzt die Figur auf neuartige Weise in Bezug zum Raum. Dabei gehen allerdings der geschlossene Umriss wie auch die einheitliche Durchformung der gesamten Figur verloren. Gerade in der Konfrontation mit einem Werk von unbestreitbaren Qualitäten wird Donatellos einzigartiges Gestaltungsvermögen überdeutlich. Dabei muss man nicht so weit gehen wie Jacob Burckhardt, für den es sich bei Verrocchio um »bloßen Realismus« handelt, um das »Modell eines gewöhnlichen Hirtenknaben«

»Dame mit dem Blumenstrauß«, Verrocchio (Saal m), Bargello. Die Schönheit der sprechenden Hände und die äußerst subtile Gewandbehandlung ließen einige Forscher an die Autorschaft oder die Mitarbeit von Verrocchios Schüler Leonardo da Vinci denken

sind die Hände in die Darstellung miteinbezogen. Die auffallend kantige Kopfbildung dürfte ebenfalls auf das Vorbild einer antiken Porträtbüste zurückgehen (möglicherweise eine Büste in den Uffizien).

Das **Tonrelief »Madonna mit Kind«,** dessen restliche Bemalung eine unruhige Oberflächenwirkung hervorruft, ist ein Frühwerk Verrocchios. Seine **»Auferstehung Christi«** aus der Medici-Villa Careggi zeigt Schwächen, vor allem in der Proportionierung der Gestalt Christi, die Verrocchio selbst nicht zuzutrauen sind. Das farbige Terracottarelief gilt daher als eine Arbeit seiner Werkstatt (nach 1478). Auf den jungen Leonardo da Vinci, hieran ist kaum zu zweifeln, gehen die ausdrucksstarken, vor der Erscheinung Christi zurückweichenden und entsetzt aufschreienden Wächter zurück. Die **Marmorreliefs** im altrömischen Stil vom Grabmal der im Kindbett mit ihrem Kind verstorbenen Francesca Pitti Tornabuoni (Hauptwand links) stammen ebenfalls aus der Werkstatt Verrocchios. Sie zeigen sowohl den Tod selbst, als auch die Übermittlung der schrecklichen Nachricht an Giovanni Tornabuoni. In zwei anschließenden Sälen (m, o) ist die **Medaillensammlung** der Medici ausgestellt, darunter Medaillen nach Entwürfen von Bertoldo, Benvenuto Cellini, Pisanello, Matteo dei Pasti und anderen.

Sehr bedeutend ist auch die Sammlung von **Kleinbronzen (p),** einer in der Zeit der Renaissance und des Manierismus beliebten Kunstgattung. **Antonio Pollaiuolo** schuf die in der Mittelachse des Raums frei stehende kleine Bronzegruppe **»Herkules und Antäus«.** Im selben Raum auch ein Kamin in *pietra serena* aus der Casa Borgherini, von Benedotto da Rovezzano (frühes 16. Jh.).

Es folgen die **Säle der Waffen (q)** und der **Textilien (r).** Zuletzt sei auf **Berninis** bedeutende hochbarocke **Porträtbüste** der **Constanza Bonarelli** hingewiesen, die sich als ein Werk des 17. Jh. in keinen der Räume einfügt (und daher immer wieder den Standort wechseln muss).

Um den Bargello

Unweit des Bargello und der Badia, an der Piazza San Firenze, steht eines der letzten Beispiele der Florentiner Frührenaissancearchitektur, der 1490 von Giuliano da Sangallo begonnene **Palazzo Gondi (13).** Bei den drei annähernd gleich hohen Geschossen nimmt die Plastizität der Rustika kontinuierlich ab, ähnlich wie beim Palazzo Medici, auf dessen Stilelemente der Architekt nach fast einem halben Jahrhundert wieder zurückgriff. Originell ist indes der *disegno* der Quaderverkleidung. Jedem Keil der Bögen entspricht eine eigene Quaderreihe. Zwischen den Fensterbögen nehmen die Steine die Form eines Kreuzes an. Die Fassade zur Via de' Gondi, ebenso auch die ursprünglich geplante, doch nicht ausgeführte linke Fassadenachse zur Piazza wurde 1874 durch Giuseppe Poggi ergänzt. Von harmonischer Gestalt ist der kleine Innenhof mit subtil ausgearbeiteten Kapitellen.

Palazzo Gondi

Piazza San Firenze
Tel. 055 267 01 77

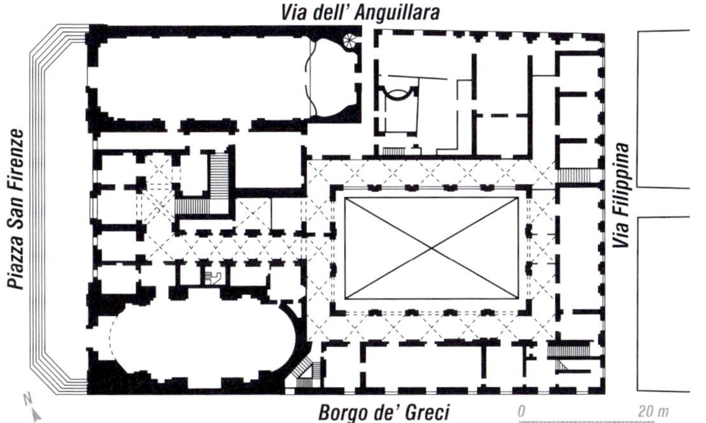

San Firenze, Grundriss

Dem Palast gegenüber liegt der Baukomplex von **San Firenze (14),** dessen dreiteilige Fassade als großartigstes Zeugnis spätbarocker Architektur in Florenz gilt. Eine Palastfront ist zwischen zwei Kirchenfassaden eingespannt. Links die für die Kongregation des Filippo Neri (eines Florentiner Heiligen) erbaute Kirche **San Filippo Neri,** deren Fassade 1715 Ferdinando Ruggieri schuf. Rechts – mit gleicher, doch erst 1772–75 ausgeführter Fassadengestaltung – das inzwischen profanierte **Oratorium San Firenze,** das heute als Gerichtssaal dient. Hinter der Palastfront lagen ursprünglich Konventsräume; sie dienen heute ebenfalls als Amtsräume des Gerichts.

San Filippo
Via dell'Anguillara
Tel. 055 21 57 21
www.oratoriosan filippo.it/contatti

Um die Piazza Signoria

Die hier vorgeschlagene Reihenfolge für eine Besichtigung beginnt mit der Außengestalt des Palazzo Vecchio sowie den Statuen vor dem Palast (s. Karte S. 87). Es folgen der Neptunbrunnen, das Reiterdenkmal Cosimos I. und die Loggia dei Lanzi. Erst nach Betrachtung der frei aufgestellten Monumente empfiehlt sich die Innenbesichtigung des Palazzo Vecchio.

Palazzo Vecchio – Bau und Bedeutung

Palazzo Vecchio ★★

Dieser **Palast (15)** ist sowohl Symbol der Städtefreiheit als auch eines der eindrucksvollsten Monumente italienischer Profanarchitektur des Trecento. Der vordere Teil zur Platzseite wurde 1299–1314 erbaut, Vasari zufolge nach Plänen von Arnolfo di Cambio. Zu mehrfachen Erweiterungen kam es in den folgenden drei Jahrhunderten. Der Stadtpalast war Sitz der Prioren und des *gonfaloniere di giustizia*.

Palazzo Vecchio, Piazza Signoria. Für den neuen Stadtpalast suchte man lange nach einem geeigneten Platz. Man entschied sich für ein Gelände, auf dem die niedergerissenen Häuser einer verbannten ghibellinischen Familie, der Uberti, standen. Da jedoch Grundstücke Verfemter nicht mehr bebaut werden durften, kaufte man die Häuser der Foraboschi an. Einer ihrer Geschlechtertürme wurde im neuen Stadtturm übernommen (daher die blinden Fenster). Der Palast entstand zurzeit der Gotik, doch lediglich die Fenster mit eingestellten Marmorsäulchen und Dreipassbögen gehören zum gotischen Formengut. Das Bossenwerk (die Rustika) ist der Befestigungsarchitektur entlehnt. Es verleiht dem Palazzo seinen wehrhaften Charakter. Nach hinten hinaus wurde er mehrmals erweitert (1343 und 1507–55) bis zuletzt Ammannati die ›Fabbrica Nuova‹ an der Via dei Leoni hinzufügte

Diese höchsten Amtsträger der Republik, die den Titel *signori* trugen, lebten während ihrer zweimonatigen Regierungszeit wie in klösterlicher Gemeinschaft. Streng bewacht, durften sie den Palast nur zu Amtsgeschäften verlassen. Zugleich war der Palast Versammlungsort der Räte. Nach dem Untergang der Republik ließ Herzog Alessandro de' Medici 1532 die große Glocke, die *vacca,* einschmelzen, die das Volk auf die Piazza und den Großen Rat zu Versammlungen in den Palast gerufen hatte. Der Kommunalpalast avancierte zur Residenz der Medici-Herzöge, die ihn in *palazzo ducale* umbenannten. Erst als die Herzöge in den Palazzo Pitti umgezogen waren, bezeichnete man das Gebäude als Palazzo Vecchio. Heute ist er Sitz der Stadtverwaltung und des Bürgermeisters.

Als bauliches Vorbild stand der Stadtpalast von Volterra Pate: Hier wie dort ein dreigeschossiger Palast mit Turm und Zinnenkranz. Während jedoch der Volterraner Palast ursprünglich von Holzgalerien umfangen war, handelt es sich in Florenz um einen geschlossenen Baukörper mit nur kleinen Eingängen. Zu den Besonderheiten gehört der Wehrgang sowie die Art, wie der Turm aus dem Wehrgang herauswächst und damit ein Stück über dem Platz hängt.

Es gibt keine Erklärung dafür, dass die beiden verschiedenen Zinnentypen, die rechteckigen der Guelfen und die schwalbenschwanzförmigen der Ghibellinen, am Palazzo Vecchio zusammen vorkommen. Im Florenz des 14. Jh. hatten jedenfalls die Ghibellinen keine Bedeutung mehr. So könnte man zu dem Schluss kommen, dass die Zinnentypen weniger präzise auf die Parteien festgelegt waren, als man zumeist annimmt. Die Inschrift über dem Portal »Rex regum et Dominus dominantium« (König der Könige und Herr der Herrschenden) ließ Herzog Cosimo I. 1551 anbringen. Sie ersetzte eine Inschrift von 1529, die im Sinne Savonarolas besagte, dass Jesus Christus der vom Volk gewählte König von Florenz sei. Die beiden Hermen von Vincenzo de' Rossi und Baccio Bandinelli (um 1535) trugen ursprünglich als Grenzsteine eine Kette, die den Zugang zum herzoglichen Palast abschloss.

Während Ausgrabungen in den 1980er-Jahren fand man unter der Piazza Signoria sowohl Reste des ghibellinischen Stadtviertels, darunter ein Turm der Uberti, als auch des römischen Florenz, u.a. eine Färberei, eine Werkstatt für die Wollbearbeitung und ein Wasserreservoir (Hof- und Innenräume s. S. 105).

Palazzo Vecchio
Piazza Signoria
Tel. 055 276 83 25
www.museicivici fiorentini.it/palazzo vecchio
9–19 (Do und an Wochenfeiertagen 9–14), 29.–31. Okt. und 1. Nov. 9–24, 8.–11., 23., 26.–30. Dez. 9–24 Uhr; 25. Dez. geschl.

Bildwerke auf der Piazza Signoria

Vor dem Palazzo Vecchio stehen Kopien von Michelangelos »David« (Original in der Accademia, S. 213) und Donatellos Bronzegruppe »Judith und Holofernes« (Abguss, Original im Innern des Palasts). Beide Gestalten, Judith wie auch David, haben durch einen Mord ihr Land befreit und stehen hier als Verkörperung republikanischer Tugenden. **Donatellos »Judith und Holofernes«** ist ein Werk des alternden Donatallo (um 1455–60). Die Gruppe stand ursprünglich als Brunnenfigur im Hof des Palazzo Medici (daher die Wasserlöcher im Kissen) und war wahrscheinlich ein Auftrag Cosimos d.Ä. und seines Sohnes Piero des Gichtigen. Nach der Vertreibung der Medici stellte man Judith, die ihr Volk von der Tyrannei des Holofernes befreit hatte, 1495 als ein »Beispiel öffentlichen Wohlergehens« (Exemplum sal[utis] pub[licae]...) vor den Palazzo Vecchio.

Der überlebensgroße **»David«** ist die erste frei aufgestellte monumentale Skulptur seit dem Ausgang der Antike. Zunächst war sie als Bauplastik für den Dom gedacht. Kaum hatte **Michelangelo** die Figur vollendet, suchte man nach einem wirkungsvolleren Aufstel-

»Heute abend saß ich auf einem Korbstuhl vor dem Café mitten auf dem großen Platz, gegenüber dem Palazzo Vecchio. Weder die Menschenmenge noch die Kälte – beide gleich unbedeutend – hinderten mich daran, alles zu sehen, was auf diesem Platz geschehen war. Hier hat Florenz zwanzigmal versucht, frei zu werden, hier ist Blut geflossen für eine Verfassung, die nicht zu verwirklichen war.«
Stendhal, 22.1.1817

Detail des Neptunbrunnens, Ammannati, Piazza Signoria

lungsort. Im Hirtenjungen David sah man jetzt ein Sinnbild des bedrohten Stadtstaats, der sich gegen einen Riesen, König Karl VIII. von Frankreich, zu verteidigen hatte. Um den geeigneten Standort zu finden, bildete man – wie in Florenz üblich – eine Kommission, der u.a. Leonardo da Vinci, Botticelli und der Bildhauer Sansovino angehörten. Zunächst wollte man den »David« unter einer der Arkaden der Loggia dei Lanzi aufstellen, schließlich entschied man sich für die Stelle vor dem Palazzo Vecchio, was eine Versetzung von Donatellos »Judith« nötig machte.

Die Marmorgruppe **»Herkules tötet Cacus«** (1533/34) von **Baccio Bandinelli** war als Pendant zum republikanischen »David« gedacht. Auftraggeber dieses ehrgeizigen Unternehmens war kein geringerer als Herzog Alessandro de' Medici. Was dabei herauskam, fand vor dem Florentiner Kunstverstand allerdings keine Gnade. Cellini soll den »Herkules« einen »Melonenquetscher« genannt haben. Mit der kraftvollen Gestalt des Herkules, der den Wegelagerer besiegt, konnte sich der neue Herzog gut identifizieren. Ähnliches gilt für Benvenuto Cellinis **»Perseus«** in der Loggia dei Lanzi: Herzog Cosimo I. hatte diesen Helden gewählt, weil er sich im Erretter der Andromeda wiederfand.

Anlass für die Errichtung des **Neptunbrunnens** von **Bartolomeo Ammannati** war 1565 die Hochzeit des Prinzen Francesco de' Medici mit Johanna von Österreich. Bei ihrem Einzug musste sich die Habsburgerbraut allerdings mit einem Aufbau aus bescheidenerem Material begnügen – aus Holz und Stuck. In Stein und Bronze vollendet wurde der Brunnen erst zehn Jahre später. Neptun, der Gott der Meere, spielte damals auf die neue Seeheerschaft der Toscana an. Von den Florentinern als *biancone* (großer Weißer) bespöttelt, gehört die zentrale Marmorfigur nicht zu den glücklichsten Werken Ammannatis. Vor dem Neptunbrunnen bezeichnet eine runde Porphyrplatte die Stelle, an der Savonarola und seine Gefährten 1498 gehängt und anschließend verbrannt wurden.

»Raub der Sabinerinnen«, Giambologna, Loggia dei Lanzi. Im Bewegungsablauf und in der sinnlichen Behandlung des Marmors lässt die Skulptur an den jungen Bernini denken. Doch im Unterschied zur Barockplastik bleiben hier die in den Raum vordringenden Formen »eingeschlossen in ihrer Perfektion« (Luciano Berti)

Das **Reiterdenkmal Cosimos I.** schuf **Giambologna** (1587–95). Cosimo I. hatte es noch nicht gewagt, sich selbst in einem Monument zu verewigen. Sein Bildnis duldete er daher nur in Innenräumen, denn Denkmäler waren zu dieser Zeit den Verstorbenen vorbehalten. Cosimos Sohn und zweiter Nachfolger Ferdinando I. war der erste Medici, der sich auf der Piazza Santissima Annunziata selbst ein Reiterstandbild setzte. Um seine Untertanen auf dieses Herrscherbildnis gleichsam vorzubereiten, ließ er zunächst das Monument seines verstorbenen Vaters Cosimo I. errichten, und zwar nicht mehr in einer Kirche oder auf einem Kirchplatz (wie Donatellos und Verrocchios Reiterstandbilder in Padua und Venedig), sondern vor dem Herzogspalast im weltlichen Zentrum. Die drei Reliefplatten zeigen drei große Ereignisse im Leben Cosimos: »Der Senat huldigt Cosimo nach der Verleihung des Großherzogstitels«, »Pius V. überreicht Cosimo die großherzoglichen Insignien«, »Einzug Cosimos im eroberten Siena«.

Loggia dei Lanzi

Loggia dei Lanzi ★★

Die **Loggia dei Lanzi (16)** an der Südseite der Piazza Signoria erhielt ihren Namen erst im 16. Jh., als hier die Schweizer Garde Cosimos I., die *lanzichenecchi* (Landsknechte), untergebracht war. Erbaut wurde sie jedoch 1374–81 als Repräsentationsbau, in dem der Stadtstaat Kundgebungen und Empfänge abhalten konnte. Die Pläne lieferten die Dombaumeister Benci di Cione und Simone Talenti. Den Reliefs der »Tugenden« in den Dreipassbögen über den Pfeilern (1384–89) liegen Entwürfe Agnolo Gaddis zugrunde.

Funktion der Loggia

Während die offenen Hallen der oberitalienischen Stadtpaläste dem Marktleben dienten, nutzte man diese dreijochige Stadtloggia für repräsentative Aufgaben. Sie wurde bei einem Besuch des Erzbischofs von Ravenna, 1381, eingeweiht. Vorläufer besaß die Loggia in den Stadtloggien von San Gimignano, Massa Marittima und Montalcino.

Unter der linken Arkade steht auf einem hohen Sockel **Cellinis Bronzestatue des »Perseus«** (1545–54), der das Gorgonenhaupt stolz in die Höhe reckt. Benvenuto Cellini trat mit diesem seinem Hauptwerk bewusst in Wettbewerb zu Donatellos »Judith« und Michelangelos »David«, die er – so seine Worte – »dreimal« übertreffen wollte. In ihrer Grazie und der anatomisch überzeugenden Durchgestaltung zählen der »Perseus« und die Sockelfiguren zu den schönsten Beispielen manieristischer Plastik. Es charakterisiert Cellini, wie er den Oberkörper seiner Figuren streckt und – ganz im Gegensatz zu Michelangelo – die Schwere der Materie zu überwinden scheint (W. Braunfels). Der reiche Schmuck des Marmorsockels zeugt von Cellinis Erfahrungen als Goldschmied. Verschiedene Materialien werden nebeneinander verwendet. Die Nischenfiguren stellen Danaë und Jupiter (die Eltern des Perseus), Minerva (die Perseus den spiegelnden Schild gab, den er der Gorgone vorhielt) und Merkur (von dem Perseus das Schwert erhielt) dar. Das Relief zeigt, wie Perseus die dem Ungeheuer ausgesetzte Andromeda befreit. Relief und Nischenstatuetten wurden durch Abgüsse ersetzt, deren Originale sich im Bargello befinden.

Unter der rechten Arkade steht **Giambolognas »Raub der Sabinerinnen«** (1583). Mit dieser virtuosen Marmorgruppe wollte der Bildhauer zunächst kein bestimmtes Thema, sondern lediglich jugendlich-männliche Kraft, weibliche Zartheit und Alter zum Ausdruck bringen. Dem vollendeten Werk gab dann Don Vincenzo Borghini den Titel. Es ist die erste Figurengruppe, die konsequent vielansichtig – also ohne Schau- bzw. Hauptansichtsseite – konzipiert wurde.

Hof und Innenräume des Palazzo Vecchio

Palazzo Vecchio ★★

Palazzo Vecchio
(Öffnungszeiten s. S. 103)

Von der Piazza Signoria aus betritt man den mittelalterlichen Hof des Palazzo, den Michelozzo 1453 im Stil der Frührenaissance umgestaltete. Für die Hochzeit des Francesco de' Medici mit Johanna von Österreich, zu der Ammannati den Neptunbrunnen schuf, schmückte man die Säulen mit einem Stuckmantel, die Wände mit Fresken habsburgischer Städte und die Gewölbe mit Grotesken. Die Porphyrschale in der Hofmitte trägt die Bronzefigur eines Puttos, der einen Delfin hält. Es ist die Kopie nach einem Original von Verrocchio (1476–80), das im Innern des Palasts aufbewahrt wird.

Palazzo Vecchio, erstes Obergeschoss

- a Salone dei Cinquecento (I Genius des Sieges, Il Florenz siegt über Pisa)
- b Studiolo del Francesco I.
- c Saal Cosimos d. Ä.
- d Saal des Lorenzo il Magnifico
- e Saal Leo X.
- f Saal Cosimo I.
- g Saal des Giovanni delle Bande Nere
- h Kapelle
- i Saal Clemens VII.

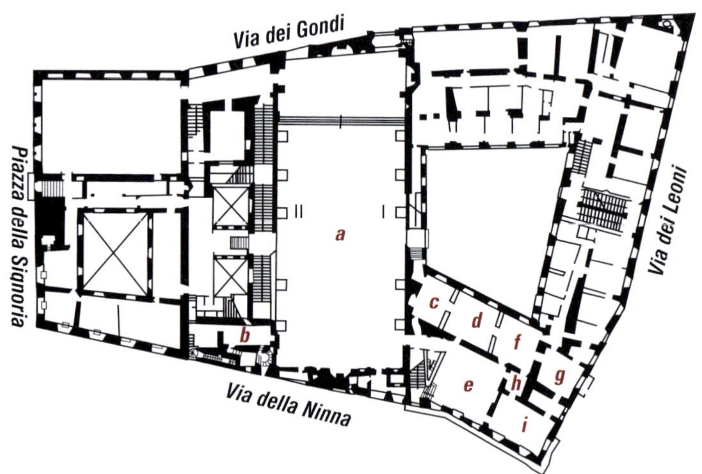

Eine von Vasari entworfene Treppe führt in die Repräsentationsräume des 15. und 16. Jh. Erst am Ende des Rundgangs kommt der Besucher in zwei Säle aus republikanischer Zeit. Als Großherzog Cosimo I. den Palazzo Vecchio bezog, ließ er das mittelalterliche Äußere weitgehend unangetastet. Das Innere jedoch wurde in eine repräsentative Raumfolge umgewandelt, in die *quartieri* (Appartements) für den Herzog und die Mitglieder seiner Familie. Um den Mangel seiner bürgerlichen Herkunft zu kompensieren, legte Cosimo gesteigerten Wert auf Repräsentation. Das Bildprogramm sollte seiner Herrschaft Legitimität verleihen, indem es Tradition vortäuschte. Es bezog sich dabei auf die großen Medici des 15. Jh., und zwar nicht in ihrer Eigenschaft als Kaufleute, sondern als Politiker und Mäzene. Der Mythos der Medici, von Machiavelli in seiner Florentiner Geschichte vorbereitet, nahm bildhafte Gestalt an. Dass weder Cosimo d.Ä. noch Lorenzo il Magnifico oder die Medici-Päpste seine direkten Vorfahren waren, sondern einem anderen Familienzweig angehörten, dürfte auswärtigen Gästen kaum bewusst gewesen sein. Die großherzoglichen Appartements wurden jedenfalls Vorbild für Fürstenresidenzen in ganz Europa. Die Leitung der Ausstattung übernahm 1555 der Architekt, Maler und Kunsthistoriker Giorgio Vasari, der für das gesamte Bauwesen und Kunstprogramm am Hof Cosimos I. verantwortlich war.

Zunächst gelangt man in den **Salone dei Cinquecento (a),** den Saal der Fünfhundert, den der Dominikanerprediger Savonarola anlegen ließ. Nach der Vertreibung des Piero de' Medici hatte Savonarola die Verfassung der Republik reformiert, indem er nach venezianischem Vorbild einen Großen Rat von 500 Mitgliedern ins Leben rief. Den für diesen Rat erforderlichen repräsentativen Raum errichteten 1495–96 Antonio da Sangallo und Cronaca. 1503/4 erhielten Leonardo da

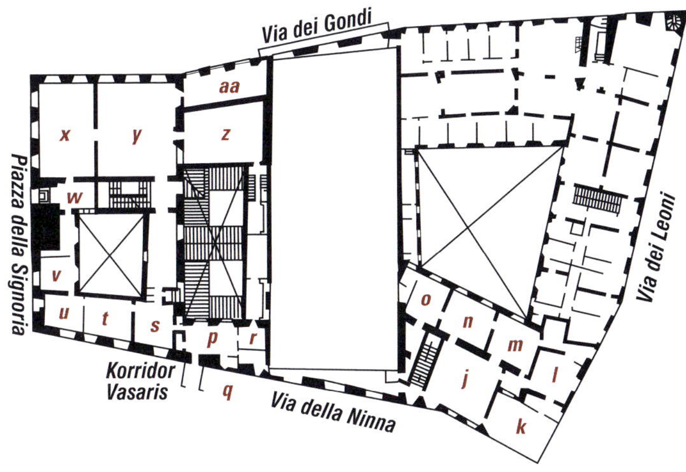

Palazzo Vecchio, zweites Obergeschoss

j–o Quartiere degli Elementi
j Großer Saal
k Loggia des Saturn
l Saal des Herkules
m Saal des Jupiter
n Saal Göttin Ops
o Saal des Ceres
p Grünes Zimmer
q Schreibzimmer der Herzogin
r Kapelle
s Saal der Sabinerinnen
t Speisezimmer
u Saal der Penelope
v Saal der Gualdrada
w Kapelle der Prioren
x Saal der Audienzen
y Saal der Lilien
z Saal der Landkarten
aa Alte Kanzlei

Vinci und Michelangelo Aufträge für zwei große Wandgemälde: Leonardo für die »Anghiari-Schlacht«, Michelangelo für den »Kampf bei Cascina«. Leonardo ließ sein Werk unvollendet zurück. Untersuchungen brachten nicht die geringsten Spuren zutage. Michelangelo kam über die vorbereitenden Kartons nicht hinaus.

Das Podium, die sogenannte *audienza,* ließ Cosimo I. erst aufstellen, nachdem er die Räte aufgelöst und das Herzogtum begründet hatte. Das von Don Vincenzo Borghini ausgearbeitete Bildprogramm des Saals demonstriert die Vorherrschaft von Florenz, des Großherzogtums Toscana und des Großherzogs Cosimo I. Die auf Vorschlag Michelangelos um 7 m erhöhte Decke (1563–65) zeigt Allegorien toscanischer Städte und Landgebiete, die Florentiner Stadtviertel und Ereignisse aus der Florentiner Geschichte, deren Zentrum die Verherrlichung Cosimos bildet. An den Längswänden sind die Kriege gegen Pisa und Siena dargestellt. An der Eingangswand beginnend von links: »Sieg über die Pisaner bei Torre San Vincenzo im Jahr 1505«, »Kaiser Maximilian gibt die Belagerung von Livorno auf«, »Einnahme der Festung Stampace bei Pisa«. Gegenüberliegende Wand: »Einnahme einer Festung bei der Porta Camollia von Siena« (1554); »Einnahme von Port' Ercole« (1555) und »Sieg bei Marciano« (1554).

Zu den im Salone aufgestellten Skulpturen zählt **Michelangelos »Genius des Sieges« (I)** an der rechten Längswand, den der Bildhauer unvollendet in der Florentiner Werkstatt in der Via Mozza hinterließ. Sein Neffe schenkte die Gruppe später Großherzog Cosimo I. Michelangelo hatte sie 1521–34 für das Julius-Grabmal in Rom geschaffen, daher trägt der Jüngling das Eichenlaub der della Rovere im Haar. In der Betonung der Linie, in der Drehbewegung und der überlängten Proportion lässt sich dieses zeittypische Werk mit der Strömung des Manierismus verbinden. Es fehlt dem Jüngling die für Michelangelo eigentümliche Schwere, von der sich der Sieger gelöst hat. Damit streckte er nicht nur das Laster zu Boden, sondern auch einen Teil seiner selbst. Der sich durch Michelangelos Werk ziehende Konflikt zwischen freiem Willen und Daseinsgebundenheit, zwischen der Gestalt gewordenen Idee und dem Materiell-Stofflichen ist hier aufgespalten auf zwei Figuren. Gerade darum wirkt der »Sieg« so wenig ›michelangelesk‹, bleibt diese kunstvolle, narzisstisch-einsame Gestalt in ihrer Mimik und konventionellen Schönheit vielen Betrachtern fremd.

Giambolognas »Florenz siegt über Pisa« (II) direkt gegenüber ist ein Gipsmodell für das Original im Bargello. Das Modell wurde bei den Festdekorationen zur Hochzeit des Francesco de' Medici als Pendant zu Michelangelos »Genius des Sieges« eingesetzt. Die weiteren Figuren an den Längsseiten stammen von **Vincenzo de' Rossi** (1562–87). Sie stellen die **»Sieben Taten des Herkules«** dar. Die Figuren in den Nischen der Udienza schuf Baccio Bandinelli. Von links: Cosimo I.; Giovanni delle Bande Nere; Papst Leo X. (Giovanni de' Medici, vollendet von Vincenzo de' Rossi); Herzog Alessandro de' Medici; Papst Clemens VII. (Giulio de' Medici) krönt Karl V. (Figur des Kaisers von Giovanni Caccini); Großherzog Francesco I. von Giovanni Caccini.

Der **Studiolo del Francesco I. (b,** Studierzimmer) wurde unter der Leitung Giorgio Vasaris 1570–75 erbaut und ausgestaltet. Die Malereien und Statuetten gehören zum Bedeutendsten, das Florenz zur Zeit des späten Manierismus hervorgebracht hat. Francesco de' Medici, Sohn und Nachfolger Cosimos, verbrachte einen Großteil seiner Zeit in den alchimistischen Laboratorien der Uffizien. In den Wandschränken dieses Studiolos bewahrte der Prinz Kostbarkeiten aus dem Bereich der Natur und des Handwerks auf: Mineralien, Edelsteine, Goldschmiedearbeiten etc. Der fensterlose, tonnengewölbte Raum hat die Form einer Florentiner Schatztruhe. Das originelle Bildprogramm zeigt im zentralen Deckengemälde, wie die Natur Prometheus ein Quarzgestein überreicht, was als Hinweis auf die »prometheische Kraft des Menschen, die Natur zu verstehen und arbeiten zu lassen« (G. Kauffmann), verstanden werden kann. Umgeben wird die Prometheus-Szene von Allegorien der Vier Elemente, aus denen die Natur zusammengesetzt ist – Erde, Wasser, Feuer, Luft – sowie von Puttenpaaren, die die Verbindungen der Elemente untereinander symbolisieren.

In den Schränken darunter wurden die Mineralien und Gegenstände den Elementen zugeordnet: Perlen und Muscheln zum Wasser, Goldschmiedearbeiten, Porphyr und Diamanten zur Erde, Kristalle und Gemmen zur Luft, Mineralien, Gläser und Eisen zum Feuer. Die Gemälde sind von Vasari und einer jüngeren Generation von Malern – wie Poppi, Allesandro Allori und Naldini – geschaffen worden, die sich oft am Stil großer Maler wie Parmigianino, Veronese oder Andrea del Sarto anlehnten.

Die »Allegorie der Erde« im Saal der Elemente des Palazzo Vecchio hat Vasari selbst gedeutet: Männer und Frauen überreichen Saturn die Früchte der Erde, Tritonen führen ihm im Wald geraubte Nymphen zu. Die langsam auf der Erde kriechende Schildkröte und das schnelle Segel »im Meer der Schwierigkeiten« sind Cosimos ›imprese‹, der Steinbock ist sein Sternzeichen und Aszendent. Links die Personifikation der Erde mit Ähren und Füllhorn. Da die Sichel, mit der Saturn seinen Vater Caelus entmannte, bei Trapani auf die Erde fiel, erscheinen im Hintergrund Siziliens die Vulkane Etna, Vulcano und Lipari

Der Rundgang führt den Besucher in die von Vasari ausgestatteten **Appartements Leos X.** Das zentrale Deckenbild in **Saal 3 (e)** zeigt die »Einnahme Mailands durch päpstliche und spanische Truppen«, das Wandgemälde über dem Kamin »Leo X. ernennt Kardinäle« (im Hintergrund links Leonardo und Michelangelo). Gegenüber: »Leo X. besucht Florenz«. Das dritte große Gemälde zeigt die Eroberung des zum Herzogtum Urbino gehörenden Kastells San Leo. Die übrigen Räume dieses Appartements werden vom Bürgermeister als Amtsräume benutzt und können nicht besichtigt werden.

Über Vasaris Treppe gelangt man in das zweite Obergeschoss. Das **Quartiere degli Elementi** wurde durch Battista del Tasso 1554 begonnen und 1555–57 durch Vasari fortgesetzt. Der **große Saal (j)** thematisiert die vier Elemente, »die am Anfang aller Dinge stehen« (Ettore Allegri). Die dargestellten antiken Götter nannte Vasari nicht zufällig »dei celesti« (himmlische Götter), denn sie sind das Pendant zu den irdischen Göttern, den »dei terrestri« – sprich den Medici –, die man im Quartiere Leos X. sehen kann. Es ist bestimmt kein Zufall, dass die Appartements der *dei celesti* direkt über denen der *dei terrestri* liegen. Ein Familiengeschlecht und antike Gottheiten wurden in Bezug gesetzt!

Dies war formal nur dadurch möglich, weil sich der klassisch-antike Figurentypus sowohl für die Darstellung antiker Götter und christlicher Heiliger eignete, als auch für die Heroisierung von Herrschern. Dem Element der Luft ist der »Himmel« dieses Raums vorbehalten. Das zentrale Deckenbild zeigt, wie Saturn den Himmel in Gestalt des alten Uranus mit einer Sichel entmannt und »den Samen aller Dinge verstreut« (G. Vasari). Umgeben wird dieses Bild von Darstellungen des »Sonnen- und Mondwagens«, von Allegorien des »Tags« und der »Nacht«, von den Herrschertugenden »Ruhe«, »Gerechtigkeit«, »Frieden« und »Wahrheit«.

Von der **Loggia des Saturn (k)** hat man einen Ausblick auf die Hügel von Maiano und Settignano, auf Santa Croce, San Miniato al

Monte, auf die Arcetri-Hügel bis zum Forte di Belvedere. Im anschließenden Raum steht das Original von Verrocchios Bronzeputto aus dem Hof. Thema des folgenden **Saals (l)** sind die **Taten des Herkules.** Das Deckenbild zeigt den schlangenwürgenden Knaben Herkules, während im **Saal des Jupiter (m)** das zentrale Deckengemälde »Jupiter wird mit Ziegenmilch und Honig aufgezogen« präsentiert wird. Wie bereits in der Anordnung der Räume, stellte Vasari den Göttervater dem Großherzog Cosimo I. gegenüber. Die zentrale Szene wird daher nicht nur von Opfern an Jupiter, sondern auch von den Personifikationen fürstlicher Tugenden umgeben – von »Freizügigkeit«, »Klugheit«, »Ehre« und »Ruhm«. Im **Saal der Göttin Ops (n)** erscheint die Göttin der Fruchtbarkeit und des Überflusses im zentralen Deckenbild. Ihr Wagen wird von vier Löwen gezogen, das Bild von den »Vier Jahreszeiten« umgeben. Vasari interpretiert Ops, die Gemahlin Jupiters, als Mutter Cosimos, der sich vom Planeten Jupiter günstig beeinflusst fühlte.

Über einen Laufgang gelangt man durch den Salone dei Cinquecento in den westlichen Teil des Palasts mit den **Appartements der Eleonora di Toledo,** der ersten, 1562 verstorbenen Gemahlin Cosimos I. Man betritt zunächst das **Grüne Zimmer (p)** mit Groteskenmalereien (1540–52) von Ridolfo del Ghirlandaio und kann einen Blick in das **Schreibzimmer (q)** der Herzogin und in die **Kapelle (r)** werfen, die 1540–45 Agnolo Bronzino ausmalte. Die Wandgemälde zeigen rechts den Zug durchs Rote Meer, links »Moses schlägt Wasser aus dem Felsen«. 1553 kamen Bronzinos Altarbild der »Beweinung Christi«, 1564 die Verkündigungstafeln und die Deckenbemalung mit der »Dreifaltigkeit« in Form eines Dreigesichts hinzu. Der **Saal der Sabinerinnen (s)** war für die Hofdamen bestimmt. Als Hauptdeckenbild »Die Sabinerinnen stiften Frieden zwischen ihren römischen Gatten und ihren sabinischen Vätern«. Im folgenden **Speisezimmer (t)** ein Deckenbild mit der »Krönung Esthers durch Ahasver«. Die von Putten umspielte Inschrift des Frieses lautet: SENA DUC. II ELEONORA A TOLLEDO FLORENTIA (Eleonore von Toledo, zweite Herzogin von Florenz und Siena). Das runde Deckenbild im **Saal der Penelope (u)** zeigt »Penelope und ihre Frauen am Webstuhl«. Am Fries weitere Szenen aus der Odyssee. Im Deckenbild des **Saals der Gualdrada (v)** kommt eine florentinische Legende zur Darstellung: Die »gute Gualdrada« (Dante) weigert sich in der Kirche Santa Reparata Kaiser Otto IV. den Willkommenskuss zu geben. Im Vordergrund sieht der Betrachter die Personifikation von Florenz. Die Gemälde des Frieses führen in die Stadt des 16. Jh. Wir sehen den Alten Markt (heute auf der Piazza della Repùbblica); ein Lanzenstechen in der Via Cavour (der damaligen Via Larga), ein Turnier auf der Piazza Santa Croce u.a.

Die **Kapelle der Prioren (w)** erneuerte Baccio d'Agnolo 1511–14 im Auftrag Lorenzo de'Medicis (dem späteren Herzog von Urbino), wobei Ridolfo del Ghirlandaio die Wand- und Gewölbedekoration ausführte.

Mit dem **Saal der Audienzen (x)** betritt man den ersten Saal aus republikanischer Zeit. Er diente als Versammlungsraum der Prioren und als Gerichtssaal. Giulano und Benedetto da Maiano schufen 1470–76 die Kassettendecke und das Marmorportal. Die Wandfresken mit Begebenheiten um den römischen Feldherrn Furius Camillus ließ erst Herzog Cosimo I. 1543–45 durch Salviati hinzufügen. Die Malereien Salviatis zeigten Florenz zum ersten Mal »die große römische *maniera,* die aus der Schule Raffaels und dem Studium der Antike hervorging« (A. Cecchi).

Der **Saal der Lilien (y)** vermittelt ein authentisches Raumbild des späteren Quattrocento. Mit dem vorhergehenden Saal bildete er ursprünglich einen einzigen großen Raum, der 1472 unterteilt wurde. Beachtung verdienen zunächst das Eingangsportal und die Türflügel (die Intarsien stellen Dante und Petrarca dar), die geschnitzten Friese und die Holzdecke. Diese Arbeiten wurden zwischen 1472 und 1480 von Benedetto und Guiliano da Maiano und von Francesco Francione ausgeführt. Über dem Portal steht eine Johannesskulptur von Benedetto da Maiano, 1476–81. Die Fresken von Domenico Ghirlandaio (1482–84) zeigen einige für den republikanischen Gedanken vorbildhafte Römer: So sieht man z. B. Brutus, den Verschwörer, gegen Cäsar, Mucius Scaevola, der als Zeichen der Furchtlosigkeit, seine Hand ins Feuer legt, Furius Camillus, der die

Der von Benedetto und Giuliano da Maiano ausgestattete Saal der Lilien im Palazzo Vecchio stammt noch aus der Zeit, als Florenz der Verfassung nach eine Repubik war, eigentlich aber von Lorenzo il Magnifico beherrscht wurde. Ghirlandaios Fresken haben den christlichen Glauben und die Antike zum Thema. Auf beidem basierte das politische Ideal der Republik

Niccolò Machiavelli

Nach dem Sturz Girolamo Savonarolas 1498 wurde Machiavelli Sekretär der Signoria und Vorsteher der Kanzlei der Zehn, die sich mit Außenpolitik und dem Kriegswesen beschäftigte. Diplomatische Missionen führten ihn an viele Fürstenhöfe Italiens, zum französischen König und zu Kaiser Maximilian I. In Cesare Borgia lernte er das Urbild eines Politikers kennen, der skrupellos seine Machtziele verfolgte. Der lange Krieg gegen Pisa zeigte ihm die Nachteile einer Söldnertruppe und er konnte die Florentiner überzeugen, ein eigenes Heer aufzustellen, das er bis in alle Einzelheiten durchplante. Als die Medici nach dem Sturz der Republik 1512 nach Florenz zurückkehrten, verlor Machiavelli seine Ämter und zog sich auf sein Landgut bei San Casciano zurück. Hier verbrachte er die Tage mit Bauern und Handwerkern in der Schenke, verfasste aber abends seine Bücher, in denen er die Regeln des politischen Handelns niederlegte, für das alle Mittel erlaubt sind, um ein Ziel zu erreichen oder die Macht zu erhalten.

vordringenden Gallier abwehrte, Decius, der durch Selbstopferung den Römern einen Sieg ermöglichte, Scipio, der Kämpfer gegen Gracchen und gebildete Aristokraten, und schließlich den großen Rhetoriker Cicero. Neben Vertretern römischer Virtus und den Florentiner Dichtern Dante und Petrarca sind auch die geistlichen Schutzherren in diesem Saal zugegen: Der erwähnte Johannes und – im Fresko Ghirlandaios – die Heiligen Zenobius (thronend), Laurentius und Stefan. Zwei Löwen *(marzocchi)* tragen die Wappenbanner des Florentiner Volks (Rotes Kreuz auf weißem Grund) und der Stadt Florenz. Die Florentiner Lilie, die im Gegensatz zur französischen Lilie des Hauses Anjou Fruchtstengel besitzt, dekoriert die Wände auf blauem Grund, um die Freundschaft zu Frankreich zu dokumentieren. 1980 wurde in diesem Saal ein Symbol der republikanischen Freiheit ausgestellt, das in elf Teilen gegossene Bronzewerk der »Judith«.

In der **alten Kanzlei (aa)** erinnern Büsten und Porträts Machiavellis daran, dass der Verfasser des Buchs »Il Principe« wahrscheinlich in diesem Raum das Amt des Sekretärs ausübte. Der nach einem Modell Vasaris ausgeführte **Saal der Landkarten (z)** zeugt vom Interesse Cosimos für Astronomie und Geografie, insbesondere hinsichtlich seiner seefahrerischen Ambitionen. Die Karten entwarf Fra Egnatio Danti, berühmter Geograf und Astronom aus dem Kloster Santa Maria Novella, der in der Ausführung durch Stefano Buonsignori unterstützt wurde. Der ebenfalls von Danti geschaffene Globus war der größte jener Zeit.

Das durch Michelozzo ausgebaute **Mezzaningeschoss** diente als Wohnung der Prioren, später für die Mutter Cosimos I. Ausgestellt sind Musikinstrumente und Gemälde aus städtischem Besitz (u. a. von Masolino, Hans Memling, Bronzino, Veronese, Tintoretto, Rubens) und eine Kunstsammlung, die der Amerikaner Charles Loeser 1829 der Stadt vermachte (u. a. Werke von Rustici, Tino di Camaino, Jacopo Sansovino).

Weitere Paläste an der Piazza Signoria

An der Ostseite der Piazza (Nr. 10) errichteten 1359 die Florentiner Zünfte den **Tribunale di Mercatanzia** (**17,** Handelsgericht) Den imposanten **Palazzo Uguccioni (18)** an der Nordseite (Nr. 7) baute 1549–59 ein römischer Architekt, der sich an den Palastbauten Bramantes und Raffaels orientierte. Der **Palazzo Bombicci (19),** an der Ecke zur Via dei Calzaiuoli, beherbergt die Sammlung Alberto Della Ragione, eine städtische Sammlung moderner Kunst, die vorwiegend Werke italienischer Künstler des 20. Jh. präsentiert und vorübergehend im Forte di Belvedere untergbracht ist. An der Westseite, dem Palazzo Vecchio gegenüber, steht ein wenig überzeugendes Beispiel historisierender Architektur im Stil der Florentiner Frührenaissance, der **Palazzo delle Assicurazioni Generali di Venezia (20)** von 1871.

Galleria degli Uffizi

Das Gebäude, das die berühmte Galerie **(21)** beherbergt, entstand als Verwaltungsgebäude des Großherzogtums Toscana. (*Uffici* bedeutet Ämter, Büros). Man ließ sie ab 1559 unter der Leitung von Giorgio Vasari und nach seinem Tod (1574) von Bernardo Buontalenti und Alfonso Parigi erbauen. Auf Wunsch des Großherzogs Cosimo I. wurden so die wichtigsten Ministerien und Ämter in einem einzigen Gebäude zusammengefasst. Jedes Ministerium hatte seinen eigenen Eingang, dessen Holztüren – so weit erhalten – noch heute die alten Ämternamen tragen. Dem Neubau fiel ein ganzes Stadtviertel zum Opfer und selbst die ehrwürdige romanische Kirche San Piero Scheraggio wurde dem Baukörper einverleibt. Teile der Kirche sind im Innern (im Anschluss an den Kassenraum) und auch am Außenbau (Via della Ninna) zu sehen.

Dem Architekten war bewusst, dass das flache Gebälk der Erdgeschossloggia der gewaltigen Last auf Dauer nicht standhalten würde. Es bedurfte deswegen einer Verstärkung der Wand durch nicht sichtbare Bögen, denen Architrave vorgeblendet wurden (zur Veranschaulichung der Konstruktion wurden beim Eingang zur Galerie Ziegelsteinbögen freigelegt). Aus statischen Gründen verwendete Vasari zum ersten Mal Zement, den er mit Ketten und Zugankern durchsetzte. Hier klaffen bereits – also nicht erst im 19. Jh. – ästhetische Vorstellungen und technische Konstruktion auseinander.

Überhaupt bestehen die Uffizien fast nur aus Fassaden, hinter denen sich ungleiche, zum Teil ältere und verschachtelte Bauteile verbergen. Drei Fassaden bilden einen lang gestreckten Platz, der wie ein Innenhof wirkt. Vasari verwendete dazu die *pietra serena*, ein bläulich-graues Gestein, das die Frührenaissance nur für Innenräume und Höfe verwendete (Palazzo Strozzi u.a.). Obwohl wenig wetterbeständig, ist das Gestein hier dennoch – dank des weit ausladenden Kranzgesimses – ausnehmend gut erhalten. An der Schmalseite schließt ein Portikus, der im unteren Teil an einen Triumphbogen erinnert (Serlio-Motiv), die Piazza nach hinten ab und öffnet sie gleichzeitig zum Arno. Von dieser Loggia aus kann man erkennen, dass das Szenarium der Uffizien auf Michelangelos »David« und die Herkules-Cacus-Gruppe ausgerichtet ist.

Der Uffizien-Bau ist das bedeutendste Beispiel manieristischer Architektur in Florenz. Vorbilder für einzelne Motive waren Michelangelos Laurenziana-Bibliothek (die lang gestreckte Reihung der Travéen), Peruzzis Palazzo Massimo alle Colonne in Rom (Architrav auf dorischen Säulen, Mezzaningeschoss) und die römische Villa Giulia (Portikus mit Serliana). Als Idee mag hinter der Piazza das altrömische Forum stehen, dass sich möglicherweise durch die Prokuratien des Markusplatzes in Venedig weitervermittelte. Die tonnengewölbten Loggien standen dort Händlern zur Verfügung, sofern sie nicht – beim *carnevale* – dem Maskentreiben vorbehalten waren.

Galleria degli Uffizi ★★

Galleria degli Uffizi
Piazzale degli Uffizi
Tel. 055 238 86 51
www.uffizi.firenze.it
www.uffizi.com
www.virtualuffizi.com
tgl. außer Mo 8.15–18.50 Uhr
Kartenvorverkauf gegen Gebühr an der Vorverkaufskasse oder unter Tel. 055 29 48 83 (Mo–Fr 8.30–18, Sa 8.30–12.30 Uhr)

1584 erbaute Buontalenti die Tribuna, einen der ersten Museumsräume neuerer Geschichte. Im Westtrakt, dem rechten Flügel, entstanden Werkstätten für Gold- und Silberschmiede, für Schnitzer und *pietra-dura*-Schleifer, für Miniaturisten und Uhrmacher, Kosmografen, Musiker und Sänger. In der *fonderia* wurden Parfums hergestellt, Gifte und Gegengifte gebraut. Selbst Gärtner hatten hier ihre Arbeitsplätze. Für sie wurde auf der Loggia dei Lanzi ein Dachgarten mit einem Gewächshaus eingerichtet.

Die Kunstbestände der Uffizien sind eng mit dem Haus Medici verknüpft und reichen bis zu Cosimo d.Ä. zurück. Ein jeder Großherzog – auch aus dem Haus Habsburg-Lothringen – trug zu ihrer Bereicherung bei. Francesco I. ließ in der Tribuna bereits Werke von Raffael, Andrea del Sarto und Pontormo aufstellen, sein Bruder Ferdinando erwarb als Kardinal in Rom antike Skulpturen, darunter die so genannte »Mediceische Venus« und die Niobiden-Gruppe. Einer der bedeutendsten Sammler war Kardinal Leopoldo de' Medici (1617–75), der den Grundstock zur grafischen Sammlung legte und dem ein großer Teil der venezianischen Gemälde zu verdanken ist. 1631 trafen mit der Erbschaft der Della Rovere aus Urbino Tizians »Venus von Urbino«, bedeutende Gemälde Raffaels und Bildnisse Piero della Francescas ein. Mit dem im 19. Jh. erwachenden Interesse für die lang vergessene Kunst von Botticelli, Filippo Lippi und anderen Malern vor Raffael sowie der Auflösung von Klöstern gelangten bedeutende Altarbilder des 15. Jh. in die Uffizien.

Durch Gründung neuer Museen entlastete man die Uffizien seit dem 19. Jh. Renaissanceskulptur und Kunstgewerbe kamen in den Bargello, die Tafeln Fra Angelicos nach San Marco, ägyptische und etruskische Werke ins Archäologische Museum, griechische Vasen und Gemmen ins Museo degli Argenti. Um einen Teil der Gemälde aus den Depots zu zeigen, bedarf es einer Erweiterung. Für die geplanten Grandi Uffizi stehen im ersten Obergeschoss die Räume bereit.

Im **Erdgeschoss,** im Anschluss an den Kassenraum, sieht man noch Reste der 1971 freigelegten Kirche San Piero Scheraggio, die Vasari dem Uffizienbau einverleibte. Hier sind provisorisch **Andrea del Castagnos »Uomini illustri«** aus der Villa Pandolfini in Legnaia ausgestellt (um 1450). Wer zum ersten Mal die Uffizien besucht, sollte die prachtvolle Treppe hinaufsteigen. Im ersten Geschoss erinnert ein dreiportaliger Eingang an das 1587 durch Buontalenti erbaute ehemalige Medici-Theater, in dem einige der ersten Opernaufführungen stattfanden. Hier befindet sich auch der Zugang zum Grafischen Kabinett.

Die drei **Korridore** der Uffizien verdienen besondere Beachtung. Die ursprünglich offenen Loggien wurden schon bald nach der Fertigstellung geschlossen, um für eine gebührende Präsentation der Kunstwerke Platz zu sorgen. Der Anfang der Uffiziensammlung lag somit in den Loggien, die man auch *gallerie* nannte. So bezeichnete man zum ersten Mal mit dem Wort *galleria* (wörtl. Gang, Tunnel)

◁ Galleria degli Uffizi, Ansicht vom Arnoufer. Der lang gestreckte Bauplatz am Arnoufer mit seinem nachgebenden Sandboden konfrontierte Vasari mit ästhetischen und technischen Problemen. »Noch nie habe ich eine schwierigere und gefährlichere Aufgabe ausführen müssen als diese hier«, notiert er in seinen Lebensbeschreibungen, »teils liegen die Fundamente im Fluss, teils schwebt der Bau in der Luft.«

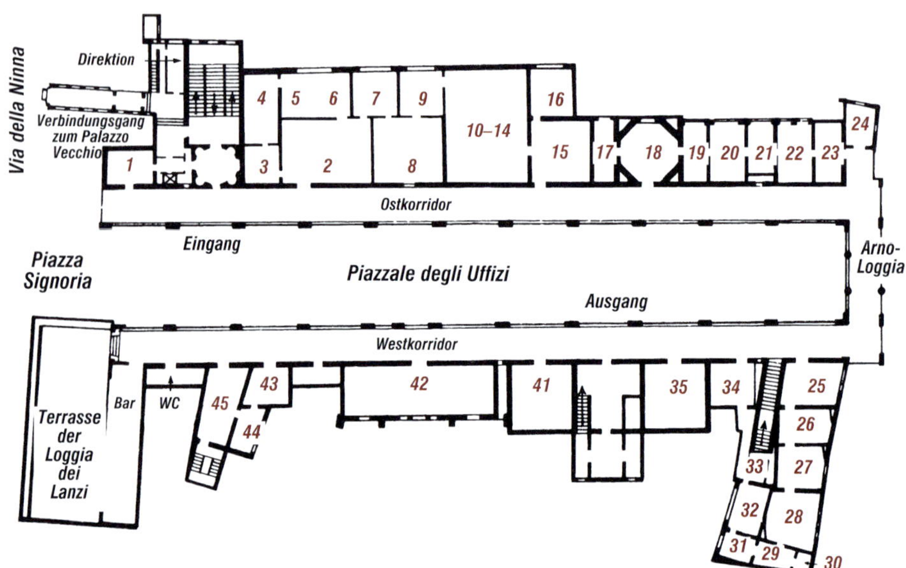

Uffizien, zweites Obergeschoss

eine Gemäldesammlung. Der erste Korridor wurde 1581 mit Groteskenmalereien dekoriert, der zweite und dritte, wo der ursprüngliche Marmorfußboden erhalten blieb, erst im 17. und 18. Jh. Der Rundgang konzentriert sich vor allem auf die Entwicklung der italienischen Malerei.

Rundgang durch die Sammlung

Raum 1

In diesem häufig geschlossenen Raum (rechts vom Eingang) stehen zwei römische Kopien nach Polyklets »Doryphoros« (Speerträger), um 450 v. Chr. Gipsabgüsse erinnern an die Reliefs der augusteischen Ara Pacis, die Mussolini aus Florenz nach Rom bringen ließ.

Raum 2

Die drei großformatigen Madonnentafeln dieses Raums, Hauptwerke der Malerei um 1300, laden zur vergleichenden Betrachtung ein:

Cimabues »Thronende Muttergottes« (rechts) ist vermutlich die älteste der Tafeln. Der Florentiner malte sie um 1285 für den Hochaltar von Santa Trinità. Die Muttergottesgestalt geht auf ein byzantinisches Vorbild zurück und ist auf jeder Seite von vier Engeln umgeben. Unter ihr – in der Sockelzone – Propheten und Vorfahren Christi (Jeremias, Abraham, David, Jesaia). Die Tafel ist ein Werk voller Gegensätze, entstanden an der Wende zweier Epochen: dem ausklingenden hohen Mittelalter und dem Trecento, der Giotto-Zeit. Einerseits vermittelt sich dem Betrachter das unnahbare majestätische Thronen, andererseits nehmen die Gestalten der oberen Zone, auch die Engel, nun mit dem Betrachter Blickkontakt auf. Ungeachtet ihrer »abstrakten Hoheit« (Robert Oertel) zeugt diese Tafel von neueren Gestaltungsprinzipien, die zugleich typisch florentinisch sind: Überschaubarkeit (insbesondere in der Thronarchitektur), räumliche Logik und Formenklarheit. Der Strenge des Thronbaus entspricht die symmetrische Anordnung die Engel. Im Gegensatz zur Muttergottes sind die Gestalten der Sockelzone von einer zu dieser Zeit ganz außergewöhnlichen Plastizität.

Duccios »Thronende Muttergottes« (linke Wand) von 1285 stammt aus Santa Maria Novella. Erstaunlich, dass die Auftraggeber, die *Compagnia dei Laudesi,* für diese große Tafel mit Duccio, der wahrscheinlich Mitarbeiter Cimabues in Assisi war, einen sienesischen Maler wählten. Der Tafel liegt derselbe byzantinische Ikonentypus der Hodigitria zugrunde wie Cimabues Tafel. Doch wie anders ist die Wirkung! Das Blau des Mantels, das kaum Helligkeitsstufungen zeigt, lässt die Madonna flach, fast körperlos erscheinen. Frei, ohne gegen-

»Thronende Muttergottes« von Cimabue (links) und von Giotto (rechts), beide in Raum 2. Cimabue orientierte sich bei seiner Madonna noch an einer Ikone, Giotto dagegen an einem plastischen Bildwerk, das in seiner geschlossenen Formgebung wenig gemeinsam hat mit dem gotischen Schönheitsideal. Nur dem Thron liegt ein gotisches Formengut zugrunde

Detail eines Engels aus »Thronende Muttergottes«, Duccio, Raum 2, Uffizien. Bei den Engelsgewändern erscheinen lasierende Farbschichten wie Edelsteine vom Licht durchtränkt. Eine so differenzierte Farbkultur stand Giotto nicht zur Verfügung. Er verlieh jedoch seinen Engeln eine neue körperliche Präsenz. Seine Engel wenden sich mit größter Eindringlichkeit der Muttergottes zu

ständliche Zwänge entfaltet sich das Linienspiel des Goldsaums und verleiht der Tafel einen lyrischen Ton. Dem Abstrakten der Linienführung entspricht das Immaterielle der Farben. Duccios Farbkultur ist unvergleichlich reicher als die der Florentiner. So lässt sich folgern, dass Duccio und die sienesischen Maler in der Bewältigung der Raumprobleme und der Körperlichkeit gegenüber den Florentinern keineswegs rückständig waren. Dies zeigt der Thron, der – mit wesentlich leichteren Formen als bei Cimabue – schräg im Bild steht, oder auch die plastische Wiedergabe der Engel. Charakteristisch für Siena ist die weichere und geschmeidigere Modellierung. Im Gegensatz zu den Florentinern setzen die Sienesen die neuen Darstellungsmittel meist gezielter ein. Räumlichkeit und Körperlichkeit werden nicht zum Selbstzweck.

Bei der um 1310 von **Giotto** gemalten **»Thronenden Muttergottes«** (Raummitte) wird man unschwer das Neuartige erkennen: die körperliche Schwere, das Voluminöse, die physische Präsenz der Gestalten. Das Haupt ist nicht mehr graziös geneigt, keine sich verselbstständigenden Linien lenken von der Formenstrenge ab.

Giotto begnügt sich nicht mit dem Erfassen der sogenannten Wirklichkeit. Das Dingliche wird nie Selbstzweck, nie dominiert der materielle Aspekt über die geistige Schau. Der Künstler konzentriert sich ganz auf die Gestalt des Menschen; Architektur und Landschaft sind ihm untergeordnet. Darin folgen ihm die Florentiner bis in die Zeit der Frührenaissance (man denke an Masaccio, Donatello, Paolo Uccello) und noch Michelangelo wird Architektur und Landschaft dem Menschen unterordnen.

Die in diesem Raum versammelten gemalten Kruzifixe sind älter als die Muttergottestafeln. Das **Kruzifix aus Pisa** (rechte Schmalwand) vertritt noch den Typus des *Christus triumphans:* Als Sieger über den Tod steht er mit geöffneten Augen aufrecht vor dem Kreuzbalken. Das Werk stammt aus dem 12. Jh., der Zeit der Romanik, als die Toscana noch nicht unter byzantinischem Einfluss stand. Anders das **jüngere Kruzifix** aus der Mitte des 13. Jh. (links vom Eingang): Christus ist tot, das Haupt fällt auf die rechte Schulter, die Augen sind geschlossen. Doch eine S-förmige Schwingung belebt den Körper. Dieser *Christus patiens,* der leidende Christus, stirbt als Mensch am Kreuz, ein Typus, den Byzanz ausgebildet hat. Auch stilistisch hat sich inzwischen die byzantinische Art, die *maniera greca,* durchgesetzt. Dies zeigen das **Diptychon** und die **Franziskustafel** mit der Stigmatisierung aus der Schule des Lucchesers Bonaventura Berlinghieri (der um 1235 wirkte) wie auch die späteren florentinischen Tafeln dieses Saals. Florenz entwickelte erst in der Mitte des 13. Jh., zwei Generationen später als Pisa und Lucca, eine eigene Malschule.

Raum 3

Die Kunst Giottos, der persönliche Stil eines Einzelnen, hat ein ganzes Jahrhundert geprägt. Dies gilt nicht nur für seine Schüler und

»Szenen aus dem Leben des hl. Nikolaus«, Ambrogio Lorenzetti, Raum 3, Uffizien. In der Hafenszene mit dem »Kornwunder« rückt Lorenzetti die Figuren dicht gedrängt an den linken Bildrand und kann so der Weite des Meers genügend Bildfläche belassen. In aller Ausführlichkeit erzählt er, wie die Schiffe entladen werden. Die Komposition ist gewagt, entschieden werden Größenmaßstäbe gesetzt, sind die Akzente auf die Fläche verteilt. Unaufdringlich entsprechen sich die Formen der Segel und der Felspartie

Nachfolger in Florenz, sondern ebenso für die sienesischen Maler. Am stärksten wurde **Pietro Lorenzetti** von Giottos Erneuerungen beeinflusst. Dies zeigen die **»Thronende Madonna«** (datiert 1340; links vom Eingang) oder die Tafel der **»Seligen Humilitas«** (an der Wand gegenüber, 1341). Die begleitenden Szenen zeichnen sich durch sparsame Architekturangaben, eine schmale Bildbühne, einfach-strenge Umrisslinien und ›giotteske‹ Kopftypen aus.

Pietros Bruder **Ambrogio Lorenzetti,** der um das Jahr 1332 die **»Szenen aus dem Leben des hl. Nikolaus«** (Eingangswand) schuf, geht mit der schweren Formensprache Giottos freier um, auch wenn diese Grundlage seines Stils bleibt. Ambrogio ist ein großer Erzähler, gleichzeitig beseelt von lyrischer Empfindungsgabe. Man lasse sich vor diesen Tafeln ruhig etwas Zeit: Noch stehen die künstlerischen Mittel im Einklang mit den religiösen Inhalten und zugleich mit der Wahrnehmung der Dingwelt. Die Flächigkeit des Bilds und die tiefenräumliche Erstreckung stehen ebensowenig miteinander im Streit wie die Andeutung des Lichts und die zeichnerische Liniensprache.

Ambrogio hat etwas von der traumwandlerischen Sicherheit naiver Maler. Man möchte Ghiberti zustimmen, der ihn »einen einzigartigen Meister« nannte. Dass er bereits ein Jahrhundert vor den Flor-

»Verkündigung«, Simone Martini, Raum 3. In dieser von Linien beherrschten Kunst müssen plastische und räumliche Werte zurücktreten. Insofern ist Simone Martini als Antipode zu Giotto zu sehen, wenngleich auch er von den Errungenschaften des Florentiners nicht ganz unberührt blieb. Es entspricht der verfeinerten Liniensprache, dass die Figur des Engels vom Goldgrund durchdrungen und somit zu einer überirdischen, lichthaften Erscheinung wird

entinern fähig war, den Raum rein aus der Anschauung in perspektivischer Verkürzung zu zeigen (ohne die geometrische Gesetzmäßigkeit zu kennen), zeigt seine »Darstellung im Tempel«, (1342).

Aus einem anderen Kunstideal entstand **Simone Martinis »Verkündigung«** (1333). Simone war der am meisten vom Geist der Gotik durchdrungene Maler in Siena. Davon zeugen das Schwebende, das Geziert-Höfische der Figuren, die verfeinerten Gesichtszüge, die Körper und Gewand gleichermaßen erfassende Linienschwingung. Das Stilideal Simone Martinis blieb den Florentinern lange fremd. In Siena hingegen fand Simone Martini zahlreiche Nachfolger. **Lippo Memmi** gehört zu seinen direkten Schülern. Er war es, der wahrscheinlich die seitlichen Kompartimente mit den Stadtheiligen ausführte. Die Tafeln stammen aus der Ansanus-Kapelle des Sieneser Doms. Zum ersten Mal wurde die »Verkündigung« zum Hauptthema eines Altarbilds gemacht.

Raum 4

Der Saal zeigt Beispiele der florentinischen Malerei des 14. Jh. Die Tafeln von Bernardo Daddi, Taddeo Gaddi und Jacopo del Casentino erinnern ungeachtet ihres sehr kleinen Formats noch sehr stark an Giottos Ognissanti-Madonna. Die **»hl. Cäcilie und Szenen ihres Lebens«** (rechts vom Eingang) stammen von einem unbekannten Maler, der in San Francesco in Assisi einige Szenen der Franziskus-

Legende malte. Die »**Beweinung Christi**« aus San Remigio (rechte Längswand) wurde von Vasari als ein Werk ›Giottinos‹ bezeichnet (ein Fantasiename, der dokumentarisch nicht belegt ist). Trotz stilistischer Entsprechungen zu Giotto ist die Komposition weniger streng. Man gewinnt den Eindruck, dass Giottos großer Stil allmählich von seinen Nachfolgern abgeschwächt und zugleich durch bunte Farbgebung, Fabulierlust und gefällige Ausschmückung bereichert wurde.

Als eine Gegenreaktion auf die Bereicherungen der Giotto-Nachfolger kann man den zuweilen kargen Stil des **Andrea Orcagna** verstehen. Bei den Tafeln des »**hl. Matthäus und Szenen seines Lebens**« (linke Längswand) sind die isoliert stehenden Figuren in ihren Konturen scharf umrissen. Die von Orcagnas Bruder **Jacopo di Cione** vollendeten Tafeln wurden hier so aufgestellt, wie sie an einem Pfeiler von Or San Michele angebracht waren.

Raum 5/6

Die hier ausgestellte »**Thebais**« (Eingangswand) zeigt eine Darstellung des Eremitenlebens in der Wüste bei Theben in Ägypten. Seit dem 4. Jh. hatten sich dorthin Männer zurückgezogen, um ein Leben der Buße und Kontemplation zu führen. Liebevoll werden in einer Fantasielandschaft Lebenssituationen und legendäre Episoden dieser heiligen Wüstenväter geschildert. Man sieht Mönche beim Fischfang, bei der Gartenarbeit, beim Ausritt auf einem Esel, bei der Krankenpflege, beim Krankentransport oder einem Begräbnis. Dieses ungewöhnliche Bild ist äußerst schwierig zu datieren. Die bizarren Felsen erinnern noch an die byzantinisch orientierte Malerei des Trecento. Als Maler hat man denn auch Pietro Lorenzetti und den Giotto-Nachfolger Maso, aber auch einen Meister der Frührenaissance, Paolo Uccello, vorgeschlagen. Inzwischen ist man zu der überlieferten Zuschreibung an den 1413 in Florenz verstorbenen **Starnina** zurückgekehrt.

Das große Altarretabel mit der »**Krönung Mariens**« malte 1413 der Kamaldulensermönch **Lorenzo Monaco** für sein Kloster Santa Maria degli Angeli. Das Retabel zeigt, dass sich auch Florenz nicht länger der Gotik verschließen konnte. Die Linienführung – besonders deutlich in Tafeln der Verkündigungsgruppe – erinnert an Simone Martini, während die Architekturkulissen der Predellentafeln an die Giottotradition denken lassen. Dargestellt werden u.a. Szenen aus dem Leben des hl. Benedikt, dessen Regeln die Kamaldulenser befolgen. **Lorenzo Monacos »Anbetung der Könige«,** um 1420–22 (an der gegenüberliegenden Wand), zeigt dagegen ein toniges, vom Dunkel berührtes Kolorit. Bei aller spätgotischen Schönlinigkeit zeugt diese Tafel von florentinisch-toscanischer Härte und Gestaltungskraft. Dies wird offenkundig bei einem Vergleich mit einem anderen Werk des internationalen Stils der Gotik, dem etwa gleichzeitigen Altar des **Gentile da Fabriano** (Ausgangswand), dessen Hauptbild die »**Anbetung der Könige**« zeigt (signiert und datiert 1423). Der in den Mar-

»Anbetung der Könige«, Gentile da Fabriano, Raum 5/6. Humanismus und Geschmack an Märchenhaft-Buntem schlossen sich zu Beginn des 15. Jh. nicht aus: Von der Hand des Gentile da Fabriano sind die ersten Zeichnungen nach antiken Skulpturen überliefert. Gentiles »Prunkstil« (Richard Hamann) entsprach noch drei Jahrzehnte später dem Geschmack des Florentiner Großbürgertums. Die Medici jedenfalls ließen es sich nicht nehmen, nach dem Vorbild dieses Altars die Kapelle ihres Familienpalasts durch Benozzo Gozzoli mit vergleichbarer Pracht ausschmücken zu lassen

ken gebürtige Maler, der lange in der Lombardei wirkte, vergnügte sich in einer fast naiven Freude an der Schilderung des Kostbaren und Seltenen – ohne dabei wie die Toscaner nach Darstellungsproblemen des Raums und des Körperaufbaus zu fragen. Beinahe wichtiger als die Anbetung selbst ist ihm die prunkvolle Zurschaustellung des festlichen Zugs, die Darstellung von Tieren, Brokatstoffen und Juwelen. Es wird reichlich Gold und auch Stuck verwendet, ohne Rücksicht darauf, dass hier das Gold das Darstellungsprinzip mittels Farben durchbricht. Diese Demonstration des höfischen Luxus ist vergleichbar mit dem Stundenbuch »Les très riches heures« des Herzogs von Berry, wo man erstaunt vernimmt, dass es der hoch gebildete Florentiner Kaufmann Palla Strozzi war, der diesen Altar für die Sakristei von Santa Trinità in Auftrag gab.

Raum 7

Der Saal vereinigt einige Hauptwerke florentinischer Malerei des 15. Jh. **Fra Angelico** setzt in der **»Krönung Mariä«** (um 1430–35) die lyrische Liniensprache Lorenzo Monacos fort. Neu ist jedoch das

Voluminöse der stehenden Heiligen und der kontinuierlich abnehmende Größenmaßstab. Hierin zeigt sich der Einfluss des etwa gleichaltrigen Masaccio (s.u.). Wenn dieses Frühwerk des Dominikanermalers dennoch ausgesprochen altertümlich wirkt, so vor allem durch die hellen, wenig differenzierten Buntfarben und durch den Goldgrund mit eingraviertem Strahlenkranz. So will sich trotz perspektivischer Verkleinerung und Überschneidungen kein räumlicher Eindruck einstellen, was durchaus der himmlischen Krönungsszene entspricht.

Die Tafel »**Anna Selbdritt**« ist eine Gemeinschaftsarbeit von **Masolino** mit dem dreizehn Jahre jüngeren **Masaccio.** Masolino, noch in der internationalen Gotik verwurzelt, war wohl für die Gesamtkomposition verantwortlich. Von ihm sind die Gestalt der Anna und drei oder vier der Engel. Der 23-jährige Masaccio schuf die monumentale Muttergottesfigur, den kräftigen Christusknaben, den oberen Engel rechts (zumindest die Hand), vielleicht auch den in perspektivischer Verkürzung gesehenen, oberen Engel in der Mitte. Masaccio zählt neben Donatello und Brunelleschi zu den großen Erneuerern der Kunst. Sein Figurenstil steht in größtem Gegensatz zum Prunkhaften und Schönlinigen seiner Zeitgenossen. Man muss sich vergegenwärtigen, dass dieses Bild um 1424–25 entstand, also gleichzeitig mit Gentile da Fabrianos »Anbetung der Könige« im vorigen Raum.

Paolo Uccellos »Schlacht von San Romano« (um 1456) zeigt einen Sieg der Florentiner gegen die verbündeten Truppen Sienas und Mailands im Jahr 1432. Uccello führte einige von Masaccio aufgeworfene Darstellungsprobleme (die Perspektive, die Plastizität der Figuren) ins Extreme weiter. Fanatisch beschäftigte er sich mit der perspektivischen Raumkonstruktion, mit dem damit verbundenen, plastischen Figurenaufbau, mit der Vereinfachung des Umrisses, der Reduzierung des Volumens auf kubische Formen. Selbst am Boden liegende Lanzen bilden perspektivische Fluchtlinien. Durch die extreme Simplifizierung der Formen wirken die Pferde wie hölzerne Figuren und die Kämpfenden lassen den Betrachter an Roboter denken. Traumhaft unwirklich vollzieht sich dieses Gefecht. Trotz der Beleuchtungseffekte und der perspektivischen Verkürzungen wirkt das Gemälde auffallend flach. Wahrscheinlich hat Uccello eine dekorative gobelin- oder intarsienartige Wirkung gesucht, denn die Tafel entstand – zusammen mit zwei anderen Schlachtengemälden aus seiner Hand – als Wanddekoration für das Schlafzimmer des Piero de' Medici im Palazzo Medici.

Die große Altartafel von **Domenico Veneziano** entstand um 1445 für die Florentiner Kirche Santa Lucia dei Magnoli. Sie zählt zu den wegweisenden Werken der Florentiner Frührenaissance. Die »**Muttergottes und die vier Heiligen**« (Franziskus, Johannes der Täufer, Zenobius und Lucia) sind hier nicht mehr wie bei einem Polyptychon auf gesonderten Tafeln dargestellt. Aus ihren Nischen gleichsam hervorgetreten, stehen sie in einem gemeinsamen Raum – vor

»Herzogin und Herzog von Urbino«, Raum 7. Federico de Montefeltro war einer der berühmtesten condottieri seiner Zeit, der mit dem Kriegshandwerk ein immenses Vermögen erwarb. Er verstand es, aus seinem Hof in Urbino einen literarischen, philosophischen und künstlerischen Mittelpunkt zu schaffen. Das gebrochene Nasenbein zog er sich bei einem Turnier zu, das er leichtsinnigerweise mit geöffnetem Visier bestritt, um von einer Dame seines Herzens erkannt zu werden

einer Loggia, deren Spitzbögen allerdings noch an ein Triptychon denken lassen. Verbunden sind die Gestalten untereinander durch die halbkreisförmige Anordnung und vor allem durch das sie gemeinsam erhellende Licht. Dieses Licht beschränkt sich nicht mehr allein auf die Modellierung der Figuren und der einzelnen Bildgegenstände, es erfasst den gesamten Bildraum. Zum ersten Mal lässt sich hier zwischen einem einfallenden Sonnenlicht und dem Reflexlicht der Schattenzone unterscheiden. Um dieses kontinuierliche Licht sichtbar zu machen, bedurfte es einer subtilen Abtönung und Aufhellung der Farben.

Domenico Veneziano war – wie der Name andeutet – venezianischer Herkunft. Doch mit der wesentlich rückständigeren gleichzeitigen venezianischen Malerei hat sein Stil nichts gemeinsam. Als Künstler steht er – trotz seiner delikaten Farbkultur – in der Florentiner Tradition. Einer seiner Schüler war **Piero della Francesca,** der die Bildnisse des Herzogs und der Herzogin von Urbino gemalt hat. Als einziger führte Piero die differenzierte Farbkultur seines Lehrers fort. Darüber hinaus beschäftigte er sich als Maler und auch als Theoretiker mit den Gesetzen der Perspektive und den regelmäßigen geometrischen Körpern. Das jahrzehntelange Ringen um Farb- und Formprobleme ist diesen späten **Porträts** (um 1465) kaum noch anzusehen. Wie selbstverständlich verbindet sich die ins Detail gehende, an den Niederländern geschulte, naturalistische Sehweise mit den

regelmäßigen, idealen Formen, etwa der runden Stirn der Herzogin oder dem Hut des Herzogs. Piero wählte die zu dieser Zeit beliebte reine Profildarstellung. Wie von der Höhe eines Kastells blicken wir auf das sich weit erstreckende Territorium. In der Stilisierung der Hügel und der Erfassung des Atmosphärischen zeigen sich die besonderen, in dieser Verbindung nur Piero della Francesca eigenen Fähigkeiten.

Auf den Rückseiten sieht man die Triumphwagen des Herzogs und der Herzogin. Federico da Montefeltro wird von den weltlichen Tugenden begleitet. Victoria hält dem auf einem antikischen Feldherrenstuhl sitzenden Herzog den Lorbeerkranz über das Haupt. Der Wagen der Battista Sforza wird von zwei Einhörnern als Symbol der Keuschheit gezogen. Zuvorderst sitzen die christlichen Tugenden, hinten zwei Dienerinnen.

Raum 8

Der Saal ist **Filippo Lippi** gewidmet. Von Masaccio ausgehend, entwickelte Filippo Lippi zunächst einen extrem plastischen Figurenstil, den er jedoch bald zugunsten der Linien wieder aufgab. Sein frühestes Werk in den Uffizien ist die um 1437 gemalte **Predella** (gleich rechts vom Eingang, das zugehörige Altarbild ist im Louvre). Die mittlere Tafel zeigt die »Verkündigung des Todes an Maria« (der herbeieilende Petrus erinnert an Masaccios Typus), die linke ein »Wunder des hl. Fredianus«, der den Serchio umleitet, um Lucca vor einer Überschwemmung zu bewahren, die rechte den »hl. Augustinus in Meditation über die Dreifaltigkeit«. Die klare und übersichtliche Architektur mit ihren großen leeren Wandflächen ist von monumentaler Wirkung. Zur Tiefe des Raums tragen die starken Verkürzungen sowie die Schlagschatten des Vordergrunds bei. In den Figuren jedoch zeigt sich bereits eine Vorliebe für die schöne, geschwungene Linie, die für Filippo Lippi zu einem wesentlichen Ausdrucksmittel wurde.

In Filippo Lippis Altartafel der **»Krönung Mariens«** ist die Architektur nicht mehr parallel zur Bildfläche angeordnet. Neben eigentümlich kühlen, unkörperlichen Farben leuchten intensive, dicht aufgetragene Buntfarben. Der Kniende rechts mit rotem Schal wird durch eine Inschrift gekennzeichnet (»Is perfecit opus« – wörtlich: Dieser schuf das Werk). Damit ist allerdings nicht ein Bildnis des Malers, sondern des Seelsorgers eines Nonnenklosters gemeint, der das Bild in Auftrag gab. Ein Selbstbildnis Fra Filippos sieht man in dem pausbäckigen Mönch links, der sein Kinn aufstützt. In größerem Maßstab sind der Kirchenpatron Ambrosius und der Stadtpatron Johannes der Täufer wiedergegeben. Bereits an diesem Altar begegnet uns der mädchenhaft anmutige Heiligentypus, auf den Fra Filippo immer wieder zurückgreift. Sein Madonnen- und Frauenbild entwickelte sich zu einem Ideal der Frührenaissance, das Botticelli aufgriff und ins leicht Schwermütige variierte.

In der »**Anbetung im Wald mit dem hl. Romuald und dem Johannesknaben**« steht die jungmädchenhafte, demütig das Kind anbetende Muttergottes in intimer Verbindung mit der Natur (ein Thema, das Leonardo da Vinci weiterverfolgen sollte). In diesem späten Werk kehrt Filippo Lippi zu den längst überwunden geglaubten Goldstrahlen und Goldnimben zurück.

Raum 9

Die **Holztafeln** mit den »**Tugenden**« schmückten einst den Sitzungssaal des Handelsgerichts an der Piazza Signoria. Um 1470 wurden sie ausgeführt von **Piero Pollaiuolo,** vielleicht nach Entwürfen seines Bruders **Antonio** (von ihm ist die Zeichnung auf der Rückseite der »Caritas«, die man sich vom Aufseher vorklappen lassen kann). Die Personifikation der »Fortitudo« (ganz links) ist das erste gesicherte Werk Botticellis. Eine Gemeinschaftsarbeit der Brüder Pollaiuolo sieht man in der Tafel aus der Kapelle des Kardinals von Portugal in San Miniato al Monte (Wand links vom Eingang). Die Gestalt des Jakobus geht auf den begabteren Antonio zurück. Hier begegnet man zum ersten Mal im Quattrocento einer ganz das Bild füllenden Heiligengestalt.

»Judith«, Sandro Botticelli, Raum 9. Welten trennen dieses Täfelchen von Donatellos Judith-Statue, auch wenn Botticelli das Motiv des hochgeschnürten Kleids mit Überwurf übernahm. Die Eleganz der Faltenführung dürfte von Verrocchio angeregt worden sein. Von Pollaiuolo übernimmt Botticelli die Art, wie sich die Figuren hoch über der Landschaft erheben

Besondere Beachtung verdienen die beiden kleinen **Herkulestafeln** von **Antonio Pollaiuolo** in der Vitrine: »Herkules ringt mit Antäus« und »Herkules tötet die vielköpfige Hydra« (1460–70). Es handelt sich um Studien oder kleinformatige Wiederholungen von verlorenen Gemälden, die für den Palazzo Medici entstanden. Man erkennt, dass Antonio Pollaiuolo sich intensiv mit der Anatomie des menschlichen Körpers beschäftigt hat. Dies war ein erster Versuch, das Vorbild der antiken Skulptur und damit den statuarischen Figurenaufbau zu überwinden. Die extremen Bewegungen avancieren zu einem der wichtigsten Themen der kommenden Jahrzehnte. In der körperhaften Anspannung, in dem schlängelnden Flusslauf, in den Hälsen der Hydra spürt Pollaiuolo den Kräften der Natur nach, um sie mit dem überlieferten Formenideal der schönen Linie zu verbinden, womit er nachhaltig auf Leonardo da Vinci einwirken wird.

Eine andere Auffassung von Linie hat **Sandro Botticelli.** Bei dessen Täfelchen der »**Judith**« (um 1475, in derselben Vitrine) ist die schöne Linie das Ideal um ihrer selbst willen. Selbst Judith, die das Haupt des Holofernes von einer Dienerin tragen lässt, ist voller Anmut und von mädchenhafter Schönheit.

Raum 10–14

Sandro Botticellis »**Geburt der Venus**« (um 1485) im großen Saal zeigt die Ankunft der aus dem Schaum geborenen Liebesgöttin an den zyprischen Gestaden. Zephyrwinde haben ihre Muschel an die Küste getrieben. Hora, in ihrem blumenbestickten Gewand als Genius des Frühlings gekennzeichnet, reicht ihr einen Mantel.

»Geburt der Venus«, Sandro Botticelli, Raum 10–14. Wie eine Heiligengestalt nimmt Venus, dem Betrachter frontal zugewandt, die Mitte der Komposition ein. Tatsächlich war Botticellis »Venus« für den damaligen Betrachter eine Art Kultbild. Im Sinn der neoplatonischen Lehre des Marsilio Ficino verkörpert Venus die Himmlische Liebe, das sehnende Verlangen nach göttlicher Schönheit und dem Guten

Botticellis »Primavera« (um 1478) stammt ebenso wie die »Geburt der Venus« aus dem Besitz des Lorenzo di Pier Francesco de' Medici (Nebenlinie). Im Zentrum steht Venus vor einem Myrthenstrauch, über ihr schwebt Amor, der mit verbundenen Augen seinen flammenden Pfeil abschießt. Rechts im Bild verfolgt Zephyr die Nymphe Chlo ris (von den Römern Flora genannt), aus deren Mund eine Blume sprießt. In ein Blumengewand gekleidet, von Blumen umkränzt und als Blumenspenderin gezeigt ist die Gestalt des Frühlings. Auf der linken Bildseite folgen die drei Grazien (ein Zitat nach einer antiken Skulpturengruppe) und Merkur, der mit seinem Stab die Nebel teilt. Thema ist der Anbruch des Frühlings in seiner »alles bezwingenden Kraft der Liebe« (Reinhard Thurow), der zugleich aber auch auf die Vergänglichkeit und Erneuerung des Lebens anspielt. Es ist anzunehmen, dass der Dichter Poliziano Botticelli bei der Gestaltung des Bilds Anregungen gab; in seiner Dichtung »Der Landmann« finden sich Parallelen zur »Primavera«. Die den Gestalten Botticellis eigene Schwermut erinnert an die Vergänglichkeit des Schönen und – im Einklang mit platonischem Gedankengut – an die Sehnsucht nach dem Verlorenen.

Neoplatonisches Gedankengut verkörpert auch Botticellis **»Pallas Athene mit dem Kentauren«,** das wahrscheinlich ebenfalls von Lorenzo di Pier Francesco in Auftrag gegeben wurde. Athena, mutterlos dem Haupt des Zeus entsprungen, verkörpert im Sinne Pico della Mirandolas den reinen Geist. Mit »herrscherlich-besitzergreifender Gebärde« (Jan Lauts) führt sie den Kentauren. Halb Tier, halb Mensch ist dieser ein »Bild der Doppelnatur des Menschen. Nur wenn er sich durch die Ratio leiten lässt, wenn Athena als die Verkörperung reinen Geistes ihn beherrscht und führt, entspricht der Mensch seiner eigentlichen Bestimmung«. Nicht zufällig ist auch die Landschaft durch Gegensätze gekennzeichnet. Den harten Felsen auf der dunklen Seite des Kentauren entspricht auf der Seite der Pallas Athene der weite Ausblick auf die See.

Botticellis **»Verleumdung des Apelles«,** um 1494–95 (Ausgangswand), folgt Lukians Beschreibung eines berühmten, verloren gegangenen Bilds des Apelles (die Leon Battista Alberti im »Traktat über die Malerei« veröffentlicht hatte). Auf dem Richtstuhl sitzt König Midas, List und Argwohn flüstern ihm schlechte Ratschläge ein. Der Neid klagt an. Die verführerische Verleumdung zerrt das Opfer an den Haaren herbei. Die beiden jugendlich schönen Personifikationen des falschen Zeugnisses wirken auf sie ein. Die Buße, alt und hässlich, wendet sich der unbeachtet gebliebenen, enthüllten Wahrheit zu.

Die erregte Liniensprache, die betonte perspektivische Flucht und die Weiträumigkeit ist Botticellis **»Verkündigung«** (Eingangswand) vergleichbar. Dieses späte Altarbild aus Santa Maria Maddalena dei Pazzi (daher die Pazzi-Wappen) zeigt, in welchem Maß Botticellis Linien Spirituelles auszudrücken vermögen. Eigentümlich der Gegensatz zwischen der ekstatischen Linienführung und der strengen Raumkomposition, wie sie ein halbes Jahrhundert früher bereits Filippo Lippi kannte. Dessen »Verkündigung« in San Lorenzo war Vorbild für die starke perspektivische Flucht wie auch für die bewegte Gestik Mariens. Diese ist hier jedoch derart gesteigert, dass der Kunsthistoriker Wölfflin befürchtete, die Jungfrau könne sich im nächsten Moment aus dem Fenster stürzen.

Der leidenschaftliche und zuweilen ins Asketische gehende Spätstil Botticellis ist im Zusammenhang mit den sozialen und religiösen Unruhen, die von den Bußpredigten des Dominikaners Savonarola ausgingen, zu verstehen, auch wenn wir inzwischen wissen, dass Botticelli nicht wie sein Bruder Simone zu den engsten Anhängern des Priors zählte.

In Botticellis **»Anbetung der Könige«** (um 1475) hat sich die Florentiner Oberschicht vor dem Stall Bethlehems versammelt, um dem Neugeborenen zu huldigen. Die Könige tragen, wie könnte es anders sein, die Züge der Medici: Der zu dem Zeitpunkt bereits verstorbene Cosimo, vor dem Kind kniend, seine Söhne Piero (im roten Mantel) und Giovanni. Der bei der Pazzi-Verschwörung umgekommene Giuliano steht am linken Bildrand, sein Bruder Lorenzo il Magnifico ist der dunkelgekleidete Schwarzhaarige in der rechten Gruppe. In der Gestalt am rechten Bildrand möchte man ein Selbstbildnis des Künstlers sehen. Botticelli malte die Anbetung jedoch nicht für die Medici, sondern für Gasparre del Lamas Familienkapelle in Santa Maria Novella.

Der große **Flügelaltar** des **Hugo van der Goes** (um 1476–78) entstand im Auftrag Tommaso Portinaris, der die Brügger Medici-Bank leitete. Per Schiff wurden die Tafeln nach Florenz gesandt. Es ist leicht nachvollziehbar, dass dieses Werk von gewaltigen Ausmaßen unter den Florentiner Künstlern Aufsehen erregte.

Mittelteil des Flügelaltars von Hugo van der Goes, Raum 10–14. Kaum zuvor hatten die Künstler aus Florenz eine Malerei gesehen, in der Blumen, Stroh, und kostbare Gewänder in solcher Detailfreude und Frische erfasst waren. Vor allem aber beeindruckten die bäuerlichen Gesichtszüge der Hirten (vgl. Ghirlandaios »Anbetung der Hirten« in Santa Trinità, S. 152/153).

Raum 15

Leonardo da Vinci begann seine **»Anbetung der Könige«** 1481 für die Ordenskirche von San Donato a Scopeto in Florenz. Als der 29-jährige Leonardo sich etwa sieben Monate nach Arbeitsbeginn nach Mailand begab, hinterließ er die Tafel in unvollendetem Zustand – für den Betrachter eine einzigartige Gelegenheit, Einblick in den Arbeitsprozess zu gewinnen. Anders als bei Gentile da Fabriano oder Botticelli sind nicht märchenhaft-höfische Pracht oder Bürgerstolz das eigentliche Thema, sondern das Wunder der Erscheinung. Die daran teilhabenden Personen werfen sich zu Boden; vom erhellenden Licht wie geblendet, beschirmt einer der Könige sein Gesicht. Leonardo interpretiert das Licht als etwas Geistiges, das in die Dunkelheit einbricht, das Dunkle hingegen als das Umhüllende, das Bergende, als den Urgrund, aus dem die vom Licht berührten Gestalten emportauchen. Insofern geht die Funktion von Leonardos Hell-Dunkel über die des vorwiegend Raumbildenden der frühen niederländischen Malerei weit hinaus. Als Gegenstimme zum Wunderbaren setzt er dann die Reiterfiguren im Hintergrund ein.

Das Ruinenmotiv übernahm Leonardo von Botticelli. Es ist wohl als Zerfall des antiken Weltbilds zu deuten. Die aufsteigende, ins Leere führende Treppe hat eine kompositorische Funktion: sie wiederholt eine Seite des Dreiecks, das die vorderen Figuren bindet. Diese Dreiecksform, für Raffael und Fra Bartolomeo charakteristisch, begegnet hier zum ersten Mal, ohne sich jedoch dem Betrachter aufzudrängen. Die kreisförmige Anordnung der an der Vision teilhabenden Hirten und Könige, ein Kompositionsprinzip, das durch Hugo van der Goes in der »Anbetung der Hirten« vorbereitet war, mildert die Strenge der geometrischen Form. Bei Leonardo ist die Mitte jedoch nicht leer geblieben: sie wird ausgefüllt durch die Jungfrau mit dem Kind. Die »Hauptsache« ist hervorgehoben, ein Zug, der auf die Hochrenaissance vorausweist, ebenso wie das nicht mehr breitbeinige, sondern das »feinere weibliche Sitzen mit zusammengeschobenen Knieen« (Heinrich Wölfflin). Anderes ist noch dem Quattrocento verhaftet: Leonardos Vorliebe für die bewegte Linie, die Nebenmotive im Hintergrund, der zur Tiefe hin sich stark verkleinernde Maßstab, die vielen Figuren. In diesem Frühwerk, im biografischen und epochalen Sinn, sind Gestaltungsmöglichkeiten und Motive angelegt (so die Pferde im Hintergrund), von denen Leonardo in seinem späteren Werk zehren konnte.

Die **»Verkündigung«** und die **»Taufe Christi«** (rechte Wand und Hauptwand rechts) gehören zu einer Gruppe von Gemälden, die aus Verrocchios Werkstatt hervorgingen. Bei der »Verkündigung« war der junge Leonardo wesentlich beteiligt. Seine Hand ist vor allem in der linken Bildhälfte erkennbar: beim Verkündigungsengel (die Spitzen des Flügels jedoch grob übermalt), beim Landschaftshintergrund, auch bei den Pflanzen des Vordergrundes (die alle zur Verkündigungssymbolik gehören). Die Gestalt der Jungfrau legte möglicherweise Verrocchio oder ein anderes Werkstattmitglied an, wobei Leonardo selbst die Ausmalung durchführte. Der Sarkophag, der an Verrocchios Sarkophag für Piero de' Medici in der Alten Sakristei von San Lorenzo erinnert, und das Mauerwerk der Palastecke stammen wohl nicht von Leonardo (obwohl diese Fragen schwer zu entscheiden sind und von den Leonardo-Forschern unterschiedlich beantwortet wurden).

Bei der »Taufe Christi« ist der Anteil Verrocchios wesentlich größer. Leonardos weichere Modellierung, seine sensibel bewegte Linienführung erkennt man im linken Bildteil, während die vordere Felsenpartie rechts auf Verrocchio zurückgeht. Sowohl Johannes d.T. als auch der Engel unterscheiden sich in der Ausführung von der Christusfigur, sodass an einen dritten Maler, wohl Lorenzo di Credi, zu denken wäre. Möglich ist aber auch, dass Leonardo die von Verrocchio angelegte Gestalt überarbeitet hat. Die dunstige Felsenlandschaft im Hintergrund hingegen ist typisch für Leonardo.

Raum 18

Mit dem Leonardo-Saal endet der erste Abschnitt des Uffizienrundgangs. In der Toscana wirkende Meister von Cimabue bis Leonardo da Vinci wurden in annähernd chronologischer Abfolge präsentiert. Das chronologische Prinzip wird im nächsten Raum, der **Tribuna,** durchbrochen. Die Malerei der Hochrenaissance begegnet dem Besucher erst wieder im Raum 25.

Die 1581 von Buontalenti errichtete Tribuna ist eine Art Heiligtum der Kunst, das in seiner Achteckform mit Kuppel und Laterne an das Baptisterium erinnert. Von Anfang an war sie dazu bestimmt, die berühmtesten Kunstwerke der Medici-Sammlung aufzunehmen. Das Licht dringt nur indirekt von oben ein, die unteren Wandflächen stehen den Gemälden zur Verfügung, wodurch sie zum Vorbild für spätere Museumsräume wurde. Die Ausstattung spielt auf den Ruhm des Herrschers an, wobei symbolisch die »Vier Elemente« dargestellt sind, die den Fürsten mit der kosmischen Ordnung vereinen: Die Wetterfahne (mit einem Zeiger im Innern der Laterne verbunden) versinnbildlicht das Element der Luft, während das Perlmutter der Kuppel auf das Wasser hinweist, das Rot der Wandverkleidung auf das Element des Feuers und der Stein auf das Element der Erde (die Ausstattung wurde im Jahre 1970 rekonstruiert).

Unter den hier ausgestellten Marmorskulpturen ragt die **»Mediceische Venus«** hervor, wohl ein spätes hellenistisches Werk, das an der Aphrodite von Knidos des Praxiteles orientiert ist. Diese berühmte Skulptur, 1618 in der Villa Hadrians bei Tivoli entdeckt, ist seit 1717 in den Uffizien.

Alle hier ausgestellten Skulpturen und Gemälde standen zurzeit der Medici-Großherzöge bereits in der Tribuna. Sieht man vom **»Jugendlichen Johannes«** aus der Raffael-Schule (um 1518–20) und **Andrea del Sartos »Damenbildnis«** ab, handelt es sich bei den Gemälden um Werke des Manierismus (um 1540–70). Unter den **Medici-Porträts** sind die posthumen Bildnisse Cosimos d.Ä. und des Lorenzo il Magnifico von **Pontormo** bzw. **Vasari** hervorzuheben (nach dem Eintritt linker Hand). Der Pontormo-Schüler **Bronzino,** der mit zehn Porträts vertreten ist, zeichnet sich durch klare Linienführung aus. Wie die Maler des Quattrocento verzichtet er auf Atmosphärisches. Seine Figuren sind scharf umrissen. Diese kühle Repräsentationskunst sollte bald darauf der in Florenz beliebt werdenden *pietra dura*-Technik entsprechen. Das Brokatgewand der Herzogin Eleonora von Toledo (rechts vom Eingang) ließe sich vortrefflich mit farbigen Steinen wiedergeben. Das Inkarnat der Lucrezia Pucci Panciatichi ist von ähnlich mattem Glanz wie ihre Perlenkette.

»Mediceische Venus«, Tribuna, Uffizien. Für die Italienreisenden des 18. Jh. bedeutete die hellenistische Skulptur einen Höhepunkt des Kunsterlebnisses. Napoleon hatte sie vorübergehend nach Paris entführt. Noch für Jakob Burckhardt (»De Cicerone«, 1860) war sie »einer der größten Genüsse, die Italien bereiten kann« (rechter Arm und unterer Teil des linken Armes ergänzt)

Von der Tribuna blickt man in das links anschließende Kabinett mit der Marmorskulptur des **»Liegenden Hermaphroditen«**, eine römische Kopie des griechischen Originals aus dem 2. oder 3. Jh. v. Chr.

Die sich der Tribuna rechts anschließenden Räume (19–23) beherbergen italienische und deutsche Malerei des späten 15. und frühen 16. Jh. Ursprünglich diente die Raumflucht der Waffensammlung, worauf auch einige der Deckenbilder verweisen.

Raum 19

Der **Tonden Signorellis** zeichnen sich durch starke perspektivische Verkürzung aus. Bei der **»Heiligen Familie«**, um 1495 (Ausgangswand), dürfte sich Signorelli eines Konvexspiegels bedient haben. So lassen sich die stark hervortretenden Gliedmaßen erklären die später Michelangelo anregten (s. dessen Tondo in Raum 25, Abb. S. 134, auf dem man auch den nackten Jünglingsgestalten von Signorellis zweitem Tondo wieder begegnet).

Raum 20

In diesem Saal und im Saal 22 findet man deutsche und niederländische Malerei der Renaissance, darunter bedeutende Werke von **Albrecht Dürer, Lukas Cranach, Albrecht Altdorfer** und **Hans**

»Anbetung der Könige«, Albrecht Dürer, Raum 20, Uffizien. Die »Anbetung« ist aus dem Jahr 1504, also vor der zweiten Italienreise des Künstlers entstanden. Dürer beherrscht bereits die perspektivische Konstruktion. Anklänge an Andrea Mantegnas zeichnerischen Stil sind unverkennbar

Holbein d.Ä. Das »**Bildnis des Vaters**« ist Dürers frühestes bekannt gewordenes Gemälde (1490).

Raum 21

Mit der »**Christlichen Allegorie**« von **Giovanni Bellini,** um 1487 (links vom Ausgang) trifft man auf das erste typisch venezianische Gemälde. Anders als gewöhnlich in der florentinischen Malerei sind die einzelnen Bildgegenstände nicht durch Lokalfarben gekennzeichnet und durch scharfe Linien voneinander abgesetzt. Eine Farb-Licht-Atmosphäre und eine verbindende Tonigkeit herrschen vor. Eine gemäßigte perspektivische Flucht rückt wie bei einem Teleobjektiv die Vordergrundfiguren nahe an den Landschaftshintergrund. Das ruhige Beieinandersein der heiligen Gestalten findet eine Entsprechung in der undramatischen, stimmungsvollen Natur.

Das »**Urteil Salomons**« und »**Der Moses-Knabe vor dem Pharao bei der Gold- und Feuerprobe**« (Eingangswand) werden dem jungen Giorgione zugeschrieben. Der früh verstorbene Maler führte die subtil verschmelzenden Farbtöne des späten Bellini fort. Dies wird nirgends so deutlich wie in diesem Uffizienraum. Von Giorgione wiederum nahm Tizian seinen Ausgangspunkt. (Die Figuren des Vordergrunds im »Urteil Salomons« sind von anderer Hand.)

Raum 23

Im Gegensatz zu Giorgione liebt **Correggio** die Bewegung. Dazu ist ihm in der »**Anbetung des Kindes**« (um 1520) das diagonale Kompositionsschema ein wichtiges Ausdrucksmittel. Im Kolorismus und dem *sfumato* geht Correggio von Leonardo da Vinci aus, er verbindet dabei dessen Tonigkeit mit kontrastierenden Buntfarben. Das Hell-Dunkel lässt unwesentliche Bildteile zurücktreten, verhilft zur Konzentration auf Maria und Kind und nimmt darin Wirkungen der Barockmalerei vorweg. Seine Grazie und Leichtigkeit machten Correggio zurzeit des Rokoko äußerst beliebt. Die später oft geäußerten Vorbehalte dürften auf dem exaltiert Gefühlvollen und dem zuweilen Gekünstelten beruhen. Für Jacob Burckhardt war Correggio der »erste ganz verbuhlte Maler«, der eine »strenge architektonische Komposition« vermissen lässt.

Die »**Madonna in der Glorie**« ist ein frühes Werk (um 1512–15), das noch unter dem Einfluss Mantegnas steht. Ein Werk **Mantegnas,** das Triptychon mit der »**Anbetung der Könige**«, hängt an der Stirnwand.

Raum 25

Fra Bartolomeos »**Vision des hl. Bernhard**« (Eingangswand) ist ein Werk des Übergangs von der Früh- zur Hochrenaissance. Die Kurven und bewegten Linien der Engelsgruppe stehen noch in der

»Die Heilige Familie«, Michelangelo, Raum 25. Dieses Bild ist eine wichtige Vorstufe zur 1508 begonnenen Decke der Sixtinischen Kapelle in Rom, wo das Thema der ›ignudi‹ wieder begegnet. Man hat diese nackten Jünglinge des Hintergrunds mehrfach zu deuten versucht, unter anderem als Täuflinge. Michelangelo übernahm sie ebenso wie das Motiv der nackten Füße von Signorellis Tondo (Raum 19, s. S. 132)

Botticelli-Tradition, während in den Gestalten der Muttergottes und der Heiligen charakteristische, von Perugino bereits vorbereitete Züge der Hochrenaissance zur Entfaltung kommen wie beispielsweise das ruhige, gelöste Stehen oder die Schönheit eines Handrückens.

Michelangelos Tondo **»Die Heilige Familie«** (Ausgangswand) ist das Werk eines Bildhauers. Die Gruppe könnte aus einem einzigen Marmorblock gemeißelt sein: Das Schwellende der Muskeln, der Marmorglanz des Inkarnats, die metallisch harte Gewandung unterstützen die plastischen Werte. Auf eine detaillierte Landschaftsschilderung mit Gebüsch, Bäumen und Gebäuden wird verzichtet. Michelangelo konzentrierte sich stets, so auch hier, auf die menschliche Gestalt und verlieh der Heiligen Familie antik-heroische Züge. In der Verschränktheit und gleichzeitigen Geschlossenheit der Dreiergruppe konkurriert Michelangelo mit Leonardos Anna Selbdritt-Karton (London). Zeittypisch ist die ausgeglichene Komposition, während der komplizierte Figurenaufbau mit starken Richtungskontrasten und die helle, körperlose Farbgebung bereits Züge des Manierismus vorwegnehmen. Das Gemälde entstand anlässlich der Hochzeit Angolo Donis mit Maddalena Strozzi im Jahr 1504. Der Rahmen mit den Köpfen Christi, der Propheten und Sibyllen ist originales Werk von Francesco del Tasso.

Raum 26

Andrea del Sartos »Madonna der Harpyien« von 1517 ist ein typisches Beispiel für das neue Kultbild der Hochrenaissance. Wie eine Statue steht die Madonna mit dem kräftigen Christusknaben, mit dem in großer Gebärde vorgehaltenen Buch auf einem schmalen, mit Harpyien verzierten Postament, gestützt von Putten und flankiert von hingebungsvollen Heiligen. Diese bestärkenden Nebenfiguren fordern durch Kopf- und Körperdrehungen den Betrachter zur Verehrung auf. Diese neue Art der Rhetorik lässt bereits an die Barockzeit denken.

Im Bildnis des **»Papsts Leo X.«** mit den Kardinälen Giulio de' Medici (dem späteren Papst Clemens VII., links) und Luigi de' Rossi (rechts) bewältigt **Raffael** souverän die schwierige Aufgabe eines Gruppenporträts nicht Gleichrangiger: Der Papst blickt sitzend von der Betrachtung eines Miniaturenkodex auf, im Hintergrund stehen

»Madonna der Harpyien«, Andrea del Sarto, Raum 26. Das Gemälde wird nach den antiken Fabelwesen der Harpyien am Sockel benannt. Sie wurden als die Heuschrecken der Apokalypse gedeutet, über die die Madonna triumphiert. In diesem Hauptwerk del Sartos verbinden sich die weiche, tonige Malweise Leonardo da Vincis und die Sensibilität Raffaels mit dem herkulischen Körperideal Michelangelos und dem strengen Bildaufbau Fra Bartolomeos. Vasari lobte die »außergewöhnliche und wirklich seltene Schönheit« des Kolorits und sprach von einem erst nach der Reinigung von 1984 wieder hervorgetretenen »Hauch von transparenten Wolken«

seine Vertrauten. Die dreimal wiederholte Vertikale der Körperachsen verleiht dem Bild Ruhe. Zur kompositionellen Belebung verhelfen die Diagonale der Tischkante und ihre Verlängerung im linken Arm des Papsts, ebenso auch die sich durchkreuzenden Blickrichtungen. Raffael präsentiert den kunst- und musikliebenden Papst trotz seines unvorteilhaften Äußeren als eine willensstarke geistige Persönlichkeit. Nach neuerer Forschung führte Raffaels Schüler Giulio Romano die Gestalt des Kardinal Luigi de' Rossi aus, Sebastiano del Piombo die des Giulio de' Medici.

Raum 27

Pontormos »Christus in Emmaus« von 1525 stammt aus der Certosa del Galluzzo, in die Pontormo 1523 mit seinem Schüler Bronzino vor der Pest geflohen war. Vorbild für das hohe Format und die Kompo-

»Christus in Emmaus«, Pontormo, Raum 27. Beim Mahl in Emmaus erkennen die Jünger Christus daran, wie er das Brot bricht und segnet. Pontormo zeigt zwar das Erstaunen der Jünger und der zugleich anwesenden Kartäusermönche, nicht jedoch, wie Christus ihren Blicken entschwindet. Dass der exzentrische Pontormo sich von Dürers kurz zuvor in Florenz bekannt gewordener Druckgrafik anregen ließ, erwähnte Vasari missbilligend. Das Dreifaltigkeitsdreieck mit dem Auge Gottes wurde wahrscheinlich später hinzugefügt

sition war ein Stich Albrecht Dürers. Vergleicht man hier die spirituellen Gestalten Christi und seiner Jünger mit den naturalistischen Porträts der Kartäusermönche, so wird die weite Skala der Gestaltungsmöglichkeiten Pontormos bewusst.

Das Gemälde **»Moses verteidigt die Töchter Jethros«** von **Rosso Fiorentino** (1523) wird man ohne Kenntnis des Titels wohl kaum als ein alttestamentarisches Ereignis verstehen. Die mittlere Gestalt ist Moses, der die beim Tränken der Schafe überfallenen Töchter des Priesters Jethro verteidigt. Das Ergebnis ist eine Demonstration von Körperhaltungen und Bewegungsabläufen. Der plastische Figurenstil, die weit ausholenden Gebärden, die Farb- und Richtungskontraste, auch die Verkürzungen knüpfen an Michelangelos Darstellungen an der Sixtinischen Decke an. Doch sind Komposition und Bildraum unübersichtlicher, die Körperhaltungen kunstvoller und die Gestalten zu einem Knäuel menschlicher Leiber verwoben.

Raum 28

Nach der Betrachtung der Florentiner Malerei fällt das Andersartige Tizians und der Venezianer auf. Nicht extreme Körperhaltungen und Bewegungen sind das Thema von **Tizians »Venus von Urbino«** (1538), sondern Ruhe und natürliche Schönheit. Ein größerer Gegensatz zu Botticellis »Geburt der Venus« oder zu Michelangelos Doni-Tondo ist kaum vorstellbar. Ein solches Bild, das auf bewegtes Linienspiel, auf kühne Perspektiven und Konstruktionen verzichtet, wäre in Florenz undenkbar gewesen. Dass dieser Frauenakt ohne Pose, ohne Richtungskontraste so daliegen konnte, dazu bedurfte es des venezianischen Lichts und einer besonderen Farbkultur und Maltechnik.

Um vier Jahrzehnte vorausgegangen war Giorgiones Dresdener »Venus«, die Tizian seinerzeit vollendet hatte. Hier schläft Venus jedoch nicht mehr in mythischer Landschaft, sondern ruht in einem vornehmen Innenraum. Indem sie mit dem Betrachter Blickkontakt aufnimmt, gebietet Tizians Akt weniger Distanz und wirkt fast wie das Bild einer Kurtisane, sodass zu fragen wäre, ob der Titel »Venus« hier noch berechtigt ist.

Aber auch ein venezianisches Existenzbild kommt nicht ohne formale Spannungen aus. Man erkennt Gegensätze zwischen dem Hauptthema des Akts und dem Nebenthema des Bilds im Bild, zwischen dem glatten Inkarnat und dem Faltenspiel des Lakens, zwischen den Vertikalen des Hintergrunds und der Diagonalen des Akts. Doch sind diese Spannungen nicht allein bildwirksam, sondern bilden nur eine Nebenstimme zum lyrischen Grundton. Tizian malte das Bild 1538 für den Herzog von Urbino, Guidobaldo della Rovere, woraus sich die Bezeichnung »Venus von Urbino« herleitet.

Die **»Flora«** (linke Hauptwand) ist hingegen ein frühes Werk Tizians (um 1515), in dem noch Giorgiones Frauenideal nachklingt.

Sebastiano del Piombos »Tod des Adonis«, um 1511–12, verbindet venezianischen Kolorismus mit römischem *disegno.* Die monumental aufgefassten Frauenakte mit den Zeigegesten, die kontrastierenden Haltungen und Blickrichtungen lassen an Raffaels »Parnass« in den Stanzen des Vatikan denken. Im Hintergrund erkennt man eine Ansicht Venedigs mit dem Dogenpalast.

Raum 29

Von **Parmigianino,** dem von Correggio beeinflussten Maler aus Parma, ist das Hauptwerk die **»Madonna dal collo lungo«** (Madonna mit dem langen Hals). Der von den Idealen und Normen der Hochrenaissance abweichende Manierismus hat keineswegs einen einheitlichen Stil hervorgebracht, doch vereinigt dieses Bild eine Reihe von Eigentümlichkeiten, die es zu einem Schulbeispiel dieser Kunstströmungen werden ließ: unnatürlich überlängte Proportionen, das spiralförmig Gedrehte der Figuren, das unwirklich Bühnenhafte des Raums, die Asymmetrie der Komposition, die übertriebene Perspektivenkonstruktion, die kühle Farbgebung, das Überfeinerte und betont sinnlich Reizvolle.

Raum 31

Wie Tizian in den meisten seiner Werke, lässt sich auch **Veronese** nur schwer als ein Künstler des Manierismus verstehen. Der in Verona geborene, aber in Venedig wirkende Maler hat sich bemüht, die Ideale der römischen Hochrenaissance mit der Sprache Venedigs und Oberitaliens in Einklang zu bringen. Dabei verzichtet er auf dramatische Effekte und wird zum Maler des Festlich-Prunkvollen, indem er das reiche Leben seiner Zeit spiegelt. In dem Spätwerk der **»Heiligen Familie«** kommt er trotz der Pracht der Gewänder zu einem verinnerlichten Ausdruck.

Die **»Verkündigung«** mit ihrer palladianischen Architektur ist wahrscheinlich ein Jugendwerk. Die Komposition erinnert an ein Triptychon, dessen Mitte den Blick auf den *hortus conclusus* freigibt. Ungewöhnlich im 16. Jh. sind der symmetrische Bildaufbau sowie die strenge, an das Quattrocento erinnernde Perspektivenkonstruktion. Charakteristisch für seine Zeit hingegen ist der diagonale Zug, wie er durch Gesten, Blickrichtungen und die Wolke gebildet wird und so den Engel und Maria verbindet.

Raum 32

Tintorettos »Leda mit dem Schwan« ist ein Spätwerk des Malers, um 1570 (linke Wand). Im Vergleich zu Tizians »Venus von Urbino« bildet hier der Akt eine kräftige Diagonale, die der Komposition Bewegung verleiht. Hinzu kommen die überlängte Proportion, die starken Drehungen der Figuren, die aufflackernde Beleuchtung. Das ruhige

»Madonna mit dem langen Hals«, Parmigianino, Raum 29. Parmigianino hinterließ das 1534 begonnene Gemälde bei seinem Tod 1540 nicht ganz vollendet. Ungeachtet aller Künstlichkeit und malerischer Virtuosität verleiht der Künstler dem Thema einen selten dargestellten Bildsinn, indem er im Christusknaben auf den toten Christus der Pietà anspielt

Dasein des im Licht erblühten sinnlichen Körpers war Tintoretto fremd. Die Konzentration auf den menschlichen Körper und der Wille zur Dynamisierung verbindet den Venezianer mit der florentinisch-römischen Tradition. Tintoretto soll bekannt haben – wie R. Borghini 1548 berichtete – »nur die Florentiner als Meister im *disegno* anzuerkennen«, im Kolorit aber die Natur und dann insbesondere Tizian nachgeahmt zu haben.

Raum 35

Die »**Madonna del Popolo**« schuf der in Urbino geborene **Federico Barocci** (Hauptwand) um 1575. Das aus der Pieve von Arezzo stammende Altargemälde gilt als die »erste große protobarocke Bildkomposition« (Harald Keller), wenngleich sich in der Überhäufung mit Figuren und der unruhig bunten Farbgebung noch manieristische Züge zeigen. Wir finden das herkulische Körperideal Michelangelos ebenso wieder wie die weiche Modellierung und Grazie Raffaels und das Süße eines Correggio. Später ist Baroccis **»Noli me tangere«** (rechte Wand) entstanden. Die Komposition konzentriert sich auf Christus und Maria Magdalena. Der Bildaufbau ist gemäß den Forderungen der Gegenreformation vereinfacht. Das Bild könnte ebenso in einem Barocksaal hängen (was bei einer anderen Version in der Münchener Pinakothek tatsächlich der Fall ist).

Raum 41

Die großformatigen **Rubens-Gemälde** zeigen **»König Heinrich IV. in der Schlacht von Ivry«** und seinen **»Einzug in Paris«.** Sie entstanden zwischen 1628 und 1631 im Auftrag von Maria de' Medici, der Witwe des Königs, zur Verherrlichung des Siegs über das Heer der Heiligen Liga 1590. Die Gemälde, die ohne die italienische Malerei des Cinquecento undenkbar wären, blieben unvollendet. Bei seinem Aufenthalt in Mantua und später als Meister in Antwerpen beschäftigte sich Rubens intensiv mit den großen Malern, mit Raffael und Michelangelo, mit Parmigianino, Tintoretto, Veronese, Caravaggio und Annibale Carracci, vor allem aber mit Tizian, den er häufig kopierte. **Van Dycks »Bildnis Kaiser Karls V.«** ist ein frühes Werk, das noch stark unter dem Einfluss seines Lehrers Rubens steht.

Raum 42

Der klassizistisch dekorierte Saal wurde 1779–80 für die in Rom 1583 gefundenen Statuen der Niobe und ihrer Kinder erbaut. Es sind römische Kopien nach hellenistischen Originalen. In der Raummitte die sogenannte **»Vase der Medici«,** neoattisch, 2. bis 1. Jh. v. Chr.

Raum 43

Annibale Carracci zählt zu den Überwindern des Manierismus, indem er auf Ideale der Hochrenaissance zurückgriff. Wie sehr er aber immer noch der Tradition verpflichtet war, zeigt die **»Bacchantin«.** Sie erinnert an Tizian wie auch – im Figurenaufbau – an Michelangelo.

Raum 44

Vor den Bildnissen **Rembrandts** sieht man sich zu grundsätzlichen Gedanken über Reichweite und Grenzen italienischer Kunstvorstellungen veranlasst. Hier, in dieser reichen Sammlung italienischer Gemälde, fällt besonders auf, wie sehr Rembrandt auf die schöne Form, auf die Fassade, auf alles Repräsentative verzichtete, um sich ganz auf das

Intim-Menschliche, auf das Seelische seines Gegenübers einzulassen. Doch auch das Werk dieses großen Einzelgängers, mit dem man die Vorstellungen eines nordischen Künstlers verbindet, ist ohne die italienische Kunstentwicklung, wie man sie auf dem Rundgang in den Uffizien kennen lernen kann, nicht denkbar. Dem Müllerssohn war es zwar nicht, wie seinem Lehrer Lastman, vergönnt, nach Italien zu reisen, doch war er stets aufgeschlossen für alles Italienische, dessen er in Amsterdam ansichtig werden konnte. Eine Zeichnung nach Raffaels »Bildnis des Castiglione« ist dafür das berühmteste Zeugnis.

»Damenbildnis«, Goya, Raum 45, Uffizien

Raum 45

Die Werke des letzten Saals bilden den großartigen Abschluss einer Epoche. **Boucher, Chardin** und **Nattier** sind die bekanntesten französischen Maler unter Ludwig XV. **Goya** ist mit einem **»Damenbildnis«** seltener Qualität vertreten. Florentinische Maler wird man hier vergebens suchen – die Entwicklung ging seit zwei Jahrhunderten über Florenz hinweg. Anders in Venedig: Die Lagunenstadt musste zwar die führende Rolle im 17. Jh. an Rom abtreten, wurde aber im 18. Jh. erneut das schöpferische Zentrum Italiens. Ein Deckengemälde **Giovanni Battista Tiepolos,** die Veduten **Canalettos** und **Francesco Guardis,** aber auch die Genreszenen **Longhis** legen davon Zeugnis ab.

Der Uffizienrundgang wird im zweiten Obergeschoss mit vier neuen, unnummerierten Sälen fortgesetzt, u. a. der Sala del Caravaggio.

Sala del Caravaggio

Antipode des ›Klassizisten‹ Carracci war der ›Realist‹ Caravaggio. Dessen **»Bacchus«,** um 1589, zählt zu seinen Jugendwerken: ein verweichlichter schöner Knabe mit naturalistisch wiedergegebenem Weinlaub. Vor ihm ein Früchtestilleben mit bereits angefaultem Obst. Das **»Medusenhaupt«,** um 1590, ist von schockierender Wirkung, wie Carvaggio sie oft angestrebt hat. Im **»Opfer Isaaks«,** nach 1590, lässt sich bereits das berühmte Streiflicht des Malers studieren: ein ›Zeigelicht‹, das schräg einfällt, auf die Oberfläche trifft (aber nicht eindringt) und die Dramatik der Situation hervorkehrt.

Am Arnoufer

Der **Palazzo Castellani** (14. Jh.) hinter den Uffizien am Arnoufer war von 1574 bis 1841 Sitz einer Gerichtsbehörde (Giudici della Ruota). Heute beherbergt das **Museo di Storia della Scienza (22),** eine interessante Sammlung zur Geschichte der Naturwissenschaften, insbesondere der Astronomie, der Physik, aber auch der Geburtshilfe. Ein Teil der wissenschaftlichen Instrumente stammt aus mediceischem Besitz. Einer der Säle ist Galileo Galilei gewidmet. Man zeigt u.a. die Linsen, mit denen er die Jupiter-Trabanten, die *pianeti medicei*, entdeckte.

Museo Galileo/ Istituto e Museo di Storia della Scienza

Palazzo Castellani
Piazza dei Giudici 1
Tel. 055 26 53 11
Mi–Mo 9.30–18,
Di 9.30–13 Uhr
www.museogalileo.it

Piazza Repùbblica und Santa Trinità

Um die Piazza Repùbblica und im Stadtviertel von Santa Trinità

Cityplan Piazza Repùbblica und Santa Trinità S. 144

Besonders sehenswert: Palazzo Davanzati, Santa Trinità, Palazzo Strozzi

Während das Gebiet östlich der Via dei Calzaiuoli, das sogenannte Dante-Viertel, in seiner mittelalterlichen Struktur weitgehend erhalten blieb, wurde der Bereich westlich davon nach einem Sanierungsplan von 1881 erneuert. Dabei hat man nicht nur Straßen und Plätze erweitert, sondern 341 historische Bauten durch Neuschöpfungen in historisierenden Stilen ersetzt. Die allzu groß geratene Piazza della Repùbblica mit ihren römisch geprägten Monumentalbauten wurde so zum Fremdkörper im Florentiner Stadtbild, zu einem Allerweltsplatz. Homogener zeigt sich das südöstlich anschließende Viertel zwischen Via Porta Rossa und dem Arno. So zählt der Borgo Santi Apostoli zu den besterhaltenen mittelalterlichen Straßenzügen, von dem nur der westliche Abschnitt 1944 von der abziehenden deutschen Besatzung gesprengt wurde. Große Eleganz strahlt die nach 1881 verbreiterte Via Tornabuoni mit ihren Renaissancepalästen und vornehmen Geschäften aus. In der mittelalterlichen Stadt bildete sie (bis 1173) die westliche Stadtgrenze. Zu den Attraktionen dieser Gegend zählt der Palazzo Davanzati, der wie kein zweiter Palast Italiens eine Vorstellung von mittelalterlicher Wohnkultur vermittelt. In der Kirche Santa Trinità hingegen kann man in der Sassetti-Kapelle einen der schönsten Freskenzyklen der Frührenaissance betrachten.

Von der Piazza Repùbblica zu Santi Apostoli

Mit ihren vielen Cafés ist die **Piazza Repùbblica (1)** ein beliebter Treffpunkt der Florentiner und bildet immer noch, wie zu Zeiten der Stadtgründung, das eigentliche Zentrum der Stadt. Die heutige weiträumige Platzanlage mit imposanten Fassaden und dem monumentalen Triumphbogen als westlichem Abschluss entspricht den urbanistischen Vorstellungen um 1880. Florenz trauerte der kurzen Episode als Hauptstadt Italiens nach und wollte daher wenigstens in seiner Erscheinung Rom nicht nachstehen und sich weltstädtisch präsentieren. So kam es zu der einschneidenden ›Altstadtsanierung‹, bei der auch die Gebäude um den sehr viel kleineren, malerischen Marktplatz, den Mercato Vecchio, abgerissen wurde. Selbst Vasaris Fischhalle (die 1567 errichtete Loggia del Pesce) musste weichen, wurde jedoch an anderer Stelle, der Piazza dei Ciompi (dem Flohmarkt), Stein für Stein wieder aufgebaut.

Eine wenig auffallende, 1956 erneuerte frei stehende **Säule** erinnert an die lange Geschichte dieses Orts. Sie ersetzte eine Säule der Frührenaissance, die mit dem Stumpf einer römischen Granitsäule verzapft war. Die römische Säule markierte den Mittelpunkt der Stadt, sie war der Nabel, von dem aus die Stadt vermessen wurde. Wir wissen, dass Donatello für die Frührenaissancesäule ein Kapitell und die

◁ *In der Kirche Ognissanti*

Piazza Repùbblica und Stadtviertel Santa Trinità

1 Piazza Repùbblica
2 Loggia di Mercato Nuovo
3 Palazzo di Parte Guelfa
4 Santo Stefano al Ponte
5 Palazzo Davanzati
6 Palazzo Buondelmonti
7 Palazzo Rosselli del Turco
8 Palazzo Altoviti
9 Santi Apostoli
10 Santa Trinità
11 Säule der Justiz
12 Palazzo Spini
13 Palazzo Bartolini-Salimbeni
14 Palazzo Giacconi
15 Palazzo Viviani della Robbia
16 Palazzo Giacomini-Larderel
17 Palazzo Strozzi
18 San Gaetano
19 Palazzo Antinori
20 Santa Maria Maggiore
21 Chiesa e Chiostro Ognissanti
22 Palazzo Corsini
23 Palazzo Rucellai
24 Loggia Rucellai
25 San Pancrazio

Figur des Überflusses schuf, die »**Abbondantia**« (oder »**Dovizia**«), die jedoch bald verwittert war und in der Barockzeit durch eine Nachbildung ersetzt werden musste, von der jetzt wiederum eine Kopie aufgestellt ist (Original in der Cassa di Risparmio, Via Bufalini 1). Donatellos »Abbondantia« war wahrscheinlich die erste profane Figur im nachantiken Italien, die öffentlich aufgestellt wurde, während man Skulpturen der Abbondantia auf römischen Foren häufiger fand (bekannt ist die »Abbondantia von Pompeji«). Sollten Donatellos Zeitzeugen davon gewusst haben, hätten sie mit dieser den Reichtum des Markts symbolisierenden Personifikation zugleich dokumentiert, die Erben Roms zu sein.

Der **Palazzo di Parte Guelfa (3)** war Sitz der Florentiner Guelfenpartei, das eigentliche Zentrum der Macht im 14. Jh. Der ältere Teil an der kleinen, malerischen Piazza di Parte Guelfa stand bereits ein Jahrhundert lang, als man im 15. Jh. einen Anbau zur Via delle Terme und zur Via di Carpaccio begann. Für den oberen Teil dieses Trakts lieferte kein geringerer als Brunelleschi die Pläne (Ausführung seit 1422). Dieser unvollendete Palazzo ist das erste und originellste Beispiel von Profanarchitektur im frühen Quattrocento. Am Außenbau fassen kolossale Pilaster das zweite Geschoss und das Halbgeschoss (mit den Oculi) zusammen. Die Form der großen, gerahmten Rundbogenfenster übernahm Brunelleschi offensichtlich von der nahen Kirche Santo Stefano al Ponte. Für den (leider nur bei Ausstellungen zugänglichen) großen Saal plante derselbe Architekt eine neuartige Pilaster- und Bogengliederung. Die Treppe und die Loggia zur Via Carpaccio fügte Vasari um 1589 hinzu.

Die Fassade der um 1233 in der Nähe des Arnoufers errichteten Kirche **Santo Stefano al Ponte (4)** ist ein seltenes Beispiel dafür, dass die Dekorationskunst, wie sie in Pisa und Lucca üblich war, auch Flo-

Palazzo di Parte Guelfa

Piazzetta di Parte Guelfa; Tel. 055 261 60 29; www.comune.firenze.it

Die Loggia di Mercato Nuovo (2, heute Markt für Artikel aus Stroh, Leder, Holz und mit Stickereien) erbaute Giovanni Battista del Tasso 1547–51 auf Wunsch Cosimos I. Die Brunnenfigur des Ebers, ›il porcellino‹, ist eine Bronzefigur aus der Barockzeit (von Pietro Tacca) nach einer römischen Skulptur, die jetzt im Museo Stefano Bardini aufbewahrt wird

S. Stefano al Ponte

Piazza S. Stef. a. P.
Tel. 055 271 07 32
Fr 16–19 (Sommer), 15.30–18.30 (Winter) Uhr, Aug. geschl.
Museum Fr 15.30–18.30 (Sommer), 16–19 (Winter) Uhr

renz berührte. Der obere Teil der Fassade mit dem großen Fenster wurde im 14. Jh. verändert, der Innenraum 1649–55 barockisiert. Architekt war **Ferdinando Tacca,** der auch das Bronzerelief mit der »Steinigung des hl. Stephanus« schuf. Die ausladende Treppenanlage entwarf Bernardo Buontalenti 1574 für Santa Trinità; erst 1894 wurde sie hierher versetzt. Auch Giambolognas Hochaltar (1591) stammt aus einer anderen Kirche, aus Santa Maria Nuova. Das Tafelbild mit dem hl. Petrus Martyr (um 1330–40) wurde verschiedenen Malern, zuletzt dem Cäcilienmeister zugeschrieben.

Palazzo Davanzati (5)

Palazzo Davanzati ★

Palazzo Davanzati
Museo della Casa Fiorentina Antica

Via Porta Rossa 13
Tel. 055 238 86 10
www.uffizi.firenze.it/musei/davanzati
tgl. 8.15–13.50 Uhr; 2. und 4. So sowie 1., 3. und 5. Mo des Monats, 1. Mai, 25. und 31. Dez. geschl.
Führungen im 2./3. Obergeschoss n. V. 10, 11 und 12 Uhr

Der stattliche Palazzo Davanzati ist der einzige Familienpalast des Mittelalters, der auch im Innern gut erhalten und zudem für Besucher zugänglich ist. Erbaut wurde er Mitte des 14. Jh. von der Familie Davizzi, 1578 gelangte er in den Besitz des Kaufmanns und Gelehrten Bernardo Davanzati, dessen Name er bis heute trägt und dessen Wappen die Fassade schmückt. Von 1427 bis zum Bau der Uffizien waren einige Räume an die Steuerbehörde vermietet, die man damals *catasto* nannte (wovon sich das deutsche Wort Kataster ableitet). Zu Beginn des 20. Jh. wurde der Bau von dem Kunstsammler Elia Volpi restauriert. In Staatsbesitz gelangt, wurde dort 1956 das **Museo della Casa Fiorentina Antica** (Museum des Florentiner Hauses) eröffnet.

In der regelmäßigen und symmetrischen Anordnung der Portale und Fenster ist die Palastfront typisch für das 14. Jh. Wie üblich markieren die schmalen Gesimse nicht den Ansatz der Stockwerke, sondern die Höhe der Fensterbänke. Im Erdgeschoss öffnet sich ursprünglich eine Halle, die als Familienloggia diente. Über diese Loggia kommunizierte der zinnenbekränzte, wehrhaft-geschlossene Palast mit dem städtischen Freiraum. Erst im 15. Jh., als der kommunale Gedanke durch mächtige Familien wie die Medici zurückgedrängt worden war, schloss man die Loggien und richtete stattdessen Verkaufsläden ein. Die obere Loggia wurde erst im 16. Jh. nach dem Vorbild des Palazzo Guadagni (s. S. 282) hinzugefügt. Die in den einzelnen Geschossen wechselnde Steinbearbeitung kehrt im 15. Jh. beim Palazzo Medici und bei nachfolgenden Renaissancepalästen wieder.

Das Innere vermittelt einen anschaulichen Eindruck vom Leben vornehmer Familien im Mittelalter. Anders als in Venedig wurden in Florenz die Paläste nicht von einer einzigen, sondern von mehreren verwandten Familien bewohnt. Bei einem relativ schmalen Grundstück war ein Innenhof im 14. Jh. die Ausnahme. Um den engen Hof sind Stein- und Holztreppen sowie die Laufgänge *(ballatoi)* angelegt. Erst zurzeit der Renaissance wurden die Treppen ins Innere verlegt, wodurch die Höfe rundherum gleichmäßig gestaltet werden konnten. Zu den Besonderheiten dieses Palasts einer sehr reichen Familie zählen der eigene Brunnen, dessen Wasser man mit Hilfe eines Aufzugs in alle Geschosse holen konnte, aber auch die Wandkamine (bis dato

Sala dei Papagalli (Saal der Papageien), Palazzo Davanzati. Im Speisezimmer des ersten Stockwerks, der Sala dei Papagalli, schafft die Malerei die Illusion eines Wandbehangs, hinter dem sich eine Parklandschaft öffnet

waren Feuerstellen inmitten des Raums üblich – daher lag die Küche gewöhnlich im obersten Geschoss). Die Toiletten befinden sich jetzt bei den Schlafzimmern, und in jedem Stockwerk nimmt ein repräsentativer Saal die gesamte Breite ein.

Die Liebesszenen im Schlafzimmer des zweiten Stocks (ausgemalt um 1395) gehen auf die französische Versnovelle »La Châtelaine de Vergi« zurück. Das ursprüngliche Mobiliar blieb nicht erhalten. Die bemalten Hochzeitstruhen und Schränke, die Tafelbilder, Skulpturen und Hausgeräte wurden aus den Depots der Florentiner Museen zusammengetragen.

Buondelmontis Tod

Ostersonntag 1216 wurde der junge Buondelmonti auf dem Ponte Vecchio ermordet. Er hatte sich geweigert, ein Eheversprechen einzulösen. Der Mord am helllichten Tage empörte die Florentiner. »Das ganze Volk lief zu den Waffen und jener Mord an Messer Buondelmonti war Grund und Anfang der verfluchten Guelfen- und Ghibellinenparteien.« (Giovanni Villani)

Borgo Santi Apostoli

Auf dem Borgo Santi Apostoli Nr. 7 liegt der stark erneuerte, auf das 14. Jh. zurückgehende **Palazzo Buondelmonti (6)**. Um die Familie Buondelmonti rankt sich die Legende eines Ereignisses, dass zur Parteibildung der Guelfen und Ghibellinen geführt haben soll.

Es folgen ein Turm des 13. Jh. und ein weiterer Palast der Buondelmonti (Nr. 8), der später an die Acciaiuoli fiel, die auch den Palast Nr. 10 besaßen. Die Acciaiuoli verdienten – wie ihr Name besagt – ihr erstes Vermögen mit Stahl. Kurz vor Santi Apostoli steht links der mächtige, 1750 von Baccio d'Agnolo für die Borgherini erbaute **Palazzo Rosselli del Turco (7).** Er zeigt eine ähnliche Fassadengestaltung wie der Palazzo Taddei in der Via dei Ginori. Das Madonnenrelief schuf Benetto da Maiano. Für den **Palazzo Altoviti (8),** der rechts von der Kirche liegt, lieferte Benedetto da Rovezzano die Pläne.

Palazzo Rosselli del Turco

Via Maggio 50
Tel. 055 21 81 68

Santi Apostoli
Piazza del Limbo
Tel. 055 29 06 42
tgl. 10–12, 15.30–19 Uhr

Santi Apostoli

Der Kirche **Santi Apostoli (9)** ist ein kleiner Platz vorgelagert, die Piazza del Limbo (Platz der Vorhölle). Santi Apostoli ist die einzige erhaltene Pfarrkirche der Stadt aus der Zeit der Romanik. Eine Inschriftentafel an der Fassade erwähnt zwar eine Gründung in der Zeit Karls des Großen, in Wirklichkeit wurde die Kirche jedoch in der Mitte des 11. Jh. erbaut. 1075 zum ersten Mal erwähnt, entstand sie etwa gleichzeitig mit dem Baptisterium und zeigt auch mit diesem verwandte Züge, obschon es sich um einen gänzlich anderen Bautypus handelt: eine Basilika, die zudem mit wesentlich bescheideneren Mitteln realisiert wurde. Die typischen Merkmale der Florentiner Protorenaissance erkennt man erst, wenn man durch das Portal des Benedetto da Rovezzano (1512) den dreischiffigen Innerraum betreten hat. Die aus grünen Marmorblöcken aufgemauerten Säulen mit Schwellung (Entasis) sind wie in der klassischen Antike von ausgewogener Proportion. Die ersten beiden Kapitelle sind tatsächlich antik und galten als Muster für die übrigen Kapitelle. Sie zählen zu den Vorbildern, aus denen Brunelleschi seinen Acht-Voluten-Typus entwickelte. Die durch Faszien verzierten Bögen sind Halbkreise, wie man sie in solcher Genauigkeit um diese Zeit nur in der Florentiner Baukunst kannte. Auch sie dienten Brunelleschi als Modell. Dies lässt sich bis in Einzelheiten nachweisen, etwa in der Art, wie die Bögen der Deckplatte aufliegen, ohne sich gegenseitig zu berühren. So ist das Arkadensystem ein weiterer Beleg dafür, dass wichtige Züge der Renaissancearchitektur in der Kunst der Protorenaissance vorgeformt waren.

Innenraum

Bei Restaurierungen in den 1930er-Jahren trat unter dem späteren Tonnengewölbe der alte, vorzüglich erhaltene Dachstuhl mit einer Bemalung aus dem 14. Jh. zutage. Die Seitenkapellen fügte man – wie häufig – erst im 15. Jh. dem Raum hinzu und wölbte die Seitenschiffe im 16. Jh. ein. In der dritten Seitenkapelle hängt **Vasaris** Altarbild der **»Unbefleckten Empfängnis«** von 1541. Es gilt als die erste Darstellung dieses Themas, das erst 1854 zum Dogma erhoben wurde, und diente im Barock als Vorbild. An der Stirnwand des linken Seitenschiffs sieht man ein **Terracottatabernakel** von Giovanni della Robbia, um 1500. Darunter befindet sich die **Grabplatte des Donato Acciaiuoli** (1333). Links an der Außenwand schließt sich das Grabmal des Oddo Altoviti an, das Benedetto da Rovenzzano 1507 schuf. In der ersten Seitenkapelle links hängt eine von der Fassade abgelöste Freskensinopie **»Madonna mit Kind und Engeln«,** die Paolo Schiavo zugeschrieben und um 1430–40 datiert wird.

Wer einen Blick auf den **Glockenturm** von Baccio d'Agnolo (frühes 16. Jh.) und die äußere Gestalt der Apsis werfen will, kann dies vom kleinenrückwärtigen Hof aus tun (über den Lungarno Acciaiuoli erreichbar).

Santa Trinità

Nach Santa Maria Novella und Santa Croce ist **Santa Trinità (10)**, das dritte Beispiel eines Kirchenbaus aus dem Trecento. Sie ist reich mit Kunstwerken ausgestattet, auch wenn Cimabues »Maestà« und Gentile da Fabrianos »Anbetung der Könige« in die Uffizien gelangt sind. Besonders sehenswert sind die Fresken von Lorenzo Monaco und das Marmorgrabmal von Luca della Robbia, vor allem aber die Sassetti-Kapelle mit Ghirlandaios Fresken.

Santa Trinità ★

Santa Trinità
Piazza Santa Trinita
Tel. 055 21 69 12
tgl. 8–12, 16–18,
Fei 16–18 Uhr

Obgleich später ausgeführt als Santa Maria Novella oder Santa Croce, zeigt der **Innenraum** traditionellere Merkmale: Die rechteckigen Pfeiler stehen in geringem Abstand, die Mittelschiffsarkaden setzen hoch an, klein sind die spitzbogigen Obergadenfenster. So stellt sich nicht mehr der Eindruck von hallenartiger Weite ein. Das Grundrissschema hingegen, ein ausladendes Querschiff, von dem rechteckige Chorkapellen ausgehen, ähnelt dem von Santa Maria Novella und geht letztlich auf Zisterzienserkirchen zurück. Neu für Florenz sind die Seitenkapellen, die nach dem Vorbild französischer Kathedralen an beiden Seiten das Langhaus begleiten. Sie sind um zwei Stufen erhöht,

Santa Trinità. Der 1077 erwähnte Vorgängerbau lag noch außerhalb der damaligen Stadtmauern. Seit 1092 gehörte er den Vallombrosanern und ist seitdem die Mutterkirche des Ordens, dessen Gründer, der Florentiner Giovanni Gualberto (aus dem Geschlecht der Visdomini), gegen die Verweltlichung der Kirche und die Sittenlosigkeit ihrer Priester ankämpfte. Der jetzige Bau wurde wahrscheinlich in der ersten Hälfte des 14. Jh. begonnen und war um 1405 weitgehend fertiggestellt. 1593 schuf Bernardo Buontalenti die Fassade. Das Relief der Trinität stammt von Pietro Bernini (dem Vater des Gian Lorenzo) und Giovanni Battista Caccini

ein Prinzip, das Brunelleschi bei San Lorenzo und Santo Spirito übernahm. Indem sich das Langhaus zum Chor hin leicht verbreitert und die beiden letzten Seitenkapellen sich zusätzlich zum Querschiff öffnen, lässt sich schon vom Mittelschiff aus das Querschiff in seiner ganzen Weite und Höhe überblicken. Zurückgewandt erblickt man die Innenfassade der romanischen Vorgängerkirche; sie wurde im 19. Jh. freigelegt.

Innenausstattung

Die Betrachtung der Kunstwerke wird durch Lichtschalter in allen Kapellen erleichtert. Das wundertätige Kruzifix des 14. Jh. in der **Cappella Gianfigliazzi (a)** gehörte der *Compagnia dei Bianchi*, die es sich zum Ziel gesetzt hatte, die Rache bzw. Familienfehde, ein Hauptübel im Florenz des 14. Jh., zu bekämpfen. In der **Cappella Cialli-Seringhi (b)** sieht man das »Mystische Verlöbnis der hl. Katharina«, ein abgelöstes Fresko von einem Nachfolger des Spinello Aretino (um 1389). Es kam zum Vorschein, als man das Fresko »Joachim und Anna« in der anschließenden Kapelle entfernte. Die Meißelspuren entstanden, um den neuen Verputz besser haften zu lassen. Nach Ablösung auch dieses Freskos trat in einer dritten Schicht die zugehörige Sinopie zutage, die jetzt – ebenfalls abgenommen – an der rechten Kapellenwand zu sehen ist.

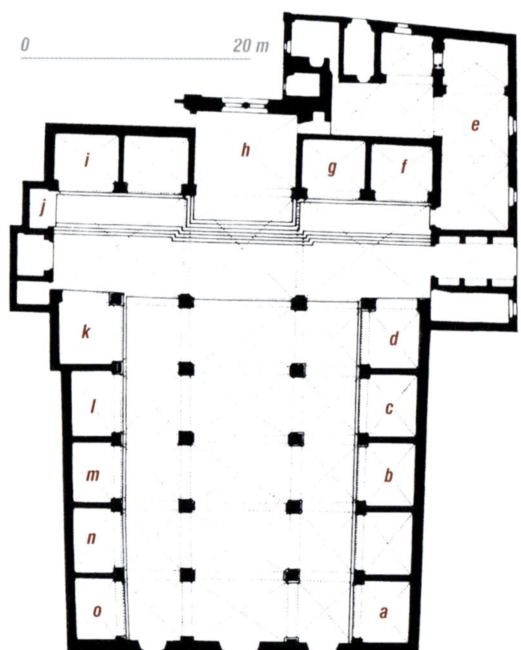

Santa Trinità

a Cappella Gianfigliazzi
b Cappella Cialli-Seringhi
c Cappella Bartolini-Salimbeni
d Cappella Ardinghelli
e Sakristei/Cappella Onofrio-Strozzi
f Cappella Sassetti
g Cappella Doni
h Hauptchorkapelle
i Cappella Scali
j Cappella del San Giovanni Gualberto
k Cappella Spini
l Cappella Compagni
m Cappella Davanzati
n Cappella Bombeni
o Cappella Strozzi

»Das Leben Mariens«, Lorenzo Monaco, Cappella Bartolini-Salimbeni, Santa Trinita. Das nebenstehende Fresko zeigt die »Begegnung von Joachim und Anna an der Goldenen Pforte«. Das Lünettenfeld der linken Wand zeigt die »Zurückweisung des Opfers Joachims«, ihres Vaters. Darunter: Altarwand, »Mariä Geburt und Tempelgang«; im Bogenfeld darüber: »Gründung von Santa Maria Maggiore in Rom« (bei der Gründung am 5. August 352 soll sich das Schneewunder ereignet haben). Rechte Wand: »Verlöbnis Mariens« Darüber: »Tod der Gottesmutter« Bogenfeld über dem Kapelleneingang: »Mariä Himmelfahrt«

Die **Cappella Bartolini-Salimbeni (c)** gibt ein seltenes Beispiel für eine vollständig ausgestattete Kapelle des frühen Quattrocento (um 1423), was schon mit dem schmiedeeisernen Gitter beginnt. Der Freskenzyklus von **Lorenzo Monaco** zeigt das **»Leben Mariens«.** Das Altarretabel ist ebenfalls von Lorenzo Monaco. Die Fresken gehören zu den letzten Werken des Malers, der als Kamaldulensermönch im Kloster Santa Maria degli Angeli lebte. Die Gestalten sind von einer Monumentalität, die Lorenzo in früheren Jahen fremd war. In ihrer Plastizität und der räumlichen Klarheit knüpft er an die Giotto Tradition an. Die »Verkündigung« des Altarbilds hingegen ist noch dem Ideal der schönschwingenden Linie des internationalen Stils der Gotik verpflichtet ist. Lorenzo Monaco huldigt hier Simone Martini, dessen »Verkündigung« in den Uffizien (s. S. 120) fast ein Jahrhundert zuvor den höfischen Stil exemplarisch vorgeführt hatte.

In einer Wandnische der **Cappella Ardinghelli (d)** sieht man das »Imago Pietatis« (Christus als Herr des Erbarmens), ein 1424 datiertes Fresko, eventuell von Giovanni Toscani. Als Altartabernakel dient das Fragment eines unvollendeten Grabmonuments für den hl. Giovanni Gualberto, das Benedetto da Rovezzano 1505 für San Salvi begonnen hatte und das dort 1530 von kaiserlichen Truppen zerstört wurde.

Die von den Strozzi gestiftete **Sakristei (e),** diente der Familie gleichzeitig als Begräbnisstätte. Sie wurde 1418–21 erbaut, möglicherweise nach Plänen Lorenzo Ghibertis. Für Ghiberti, der auch als Architekt wirkte, sprechen die Rahmung des Eingangsportals und die Tabernakelfenster am Außenbau: Sie zeigen neben gotischen Formen bereits antike Motive (vgl. Ghibertis Leinenweberaltar im Museum San Marco, S. 208). Palla Strozzi hatte für diese Sakristei Gentile da Fabriano die »Anbetung der Könige« (heute in den Uffizien, s. S. 122)

IPSVM QVEM GENVIT ADORAVIT MARIA

anfertigen lassen. Zur Stiftung einer Bibliothek für diese Sakristei kam es nicht mehr, denn Cosimo de' Medici hatte seinen Konkurrenten, den hoch gebildeten Palla Strozzi, bereits nach Padua verbannt.

In der Wand zum linken Raumteil befindet sich das Grabmal des 1418 verstorbenen Onofrio Strozzi, das wahrscheinlich Niccolò di Pietro Lamberti ausführte. Das fein gearbeitete Relief an der dem Altar zugewandten Seite lässt allerdings an Donatello denken. Die Wände tragen abgelöste Fresken: »Kreuzigung«, nach 1394; »Noli me tangere«, vom sogenannten Fabrianomeister, einem Nachfolger Bernardo Daddis, um 1365; »Imago Pietatis« von einem Nachfolger Taddeo Gaddis, Mitte 14. Jh.

Die berühmten Fresken der **Cappella Sassetti (f)** von Domenico Ghirlandaio (1483–86) stifteten Francesco Sassetti und Frau Nera Corsi, die beiderseitig vom Altar knieend gezeigt werden. Sassetti hatte vom Maler Szenen aus dem Leben seines Namenspatrons, des hl. Franziskus, gewünscht. Die Szenenfolge beginnt im **Lünettenfeld** der **linken Wand:** »Der hl. Franziskus verlässt sein Elternhaus und entsagt der Welt« (der Bischof von Assisi bekleidet den entblößten Franz mit einem Tuch). Darunter »Stigmatisation« (im Hintergrund der Felsen von La Verna, auf dem Franziskus die Vision des Gekreuzigten zuteil wurde und dabei die Wundmale empfing). Die **rechte Wand** zeigt die »Feuerprobe vor dem Sultan«. Ghirlandaio hatte die Fresken Giottos in Santa Croce für diese und andere Szenen eindringlich studiert. Darunter das »Begräbnis des hl. Franziskus«.

Die **Hauptwand** zeigt die »Bestätigung der Ordensregel durch Papst Honorius III.«. Der Meister verlegte das Geschehen nach Florenz. Die mächtige Pfeilerhalle gibt den Blick frei auf die Piazza Signoria mit dem Palazzo Vecchio (einschließlich dem nicht mehr vorhandenen Rednerpodium, der *ringhiera,* und der Loggia dei Lanzi (die Uffizien waren noch nicht erbaut). Unter den Bürgern im Vordergrund erkennt man den kahlköpfigen Auftraggeber begleitet von seinem Sohn Federigo, seinem Freund Lorenzo il Magnifico und Antonio de' Pucci, einem Parteigänger der Medici. Der Dichter Poliziano, Erzieher der Kinder von Lorenzo, steigt die Treppe hinauf. Er begleitet den etwa vierjährigen Giuliano de' Medici, gefolgt von Piero und Giovanni, dem späteren Papst Leo X.

Darunter: »Der hl. Franz erweckt ein aus dem Fenster gestürztes Kind wieder zum Leben«. Das posthume Wunder ereignete sich auf der Piazza Santa Trinità. Rechts die alte romanische Kirchenfassade, links im ursprünglichen Zustand der Palazzo Spini, aus dem das Kind stürzt, im Hintergrund die alte Brücke Santa Trinità.

Francesco Sassetti hatte zunächst in Santa Maria Novella seine Familienkapelle geplant. Das Projekt dürfte daran gescheitert sein, dass die Dominikaner in ihrer Kirche kein Bildprogramm duldeten, das das Leben des Franziskus, des Gründers des konkurrierenden Franziskanerordens, zum Inhalt hatte. Während die Fresken und das Altarbild vom christlichen Glauben des Stifters zeugen, sind die Bildmotive der Grabmonumente des Stifterpaars der römischen Antike

◁ *Cappella Sassetti, Santa Trinità. Von Ghirlandaio, der diese Kapelle ausmalte, ist auch das Altarbild mit der »Anbetung der Hirten« (1485). Die volkstümlichen Gesichtszüge der Hirten künden von dem nachhaltigen Eindruck, den der Portinari-Altar des Hugo van der Goes hinterließ, wenngleich Ghirlandaios Gestalten »die gläubige Inbrunst« fehlt, die die groben Bauerngesicher des Nordländers in so unvergesslicher Weise beseelt« (Jan Lauts)* angelehnt, zum Teil nach Vorbildern von Münzen und Gemmen. Die Grisaillen zeigen links eine Quadriga und eine römische Leichenparade zu Pferd *(discursio)*, rechts die Zwiesprache von Feldherren und die Ansprache *(adlocutio)*. In den Medaillons erkennt man unter anderem einen Kentauren mit der Schleuder, in den Flachreliefs Putten mit Girlanden und eine antike Totenfeier.

Wie die Philosophie des Neoplatonismus strebt auch das hoch interessante Programm dieser Kapelle eine Verbindung von antik-heidnischem und christlichen Gedankengut an. So erklären sich die Sibyllen in den Gewölbefeldern und über dem Eingangsbogen (»die weissagende Tiburtinische Sibylle vor Augustus«), auf die Michelangelo in der Sixtinischen Kapelle zurückgreifen wird, ebenso wie der antike Sarkophag im Altarbild, der dem Neugeborenen als Bett dienen soll. Die Inschrift besagt, dass dieser Sarkophag, der die Gebeine des römischen Augustus Fulvius barg, »der Welt dereinst eine Gottheit schenken wird«.

Das gemalte Kruzifix der **Cappella Doni (g)** stammt aus San Miniato al Monte (ein Dreiangeltypus aus dem 13. Jh.). Das verehrte Kreuz soll dem hl. Giovanni Gualberto im Jahr 1003 ein Zeichen gegeben haben, dem Mörder seines Bruders zu verzeihen.

An der linken Wand in der **Cappella Scali (i)** befindet sich das Grabmal des 1450 verstorbenen Fiesolaner Bischofs Benozzo Federighi, 1454–58 von Luca della Robbia für San Pancrazio geschaffen. Luca della Robbia kombiniert hier Marmor mit der farbig glasierten Terracotta (für den Blüten- und Früchtekranz des Rahmens). Der rechte Arm des Verstorbenen ist verkürzt wiedergegeben, die Schulter ganz weggelassen, was wohl der Grund für die verspätete Bezahlung gewesen sein muss, die erst nach einem zweijährigen Prozess erfolgte.

Das Holzbildwerk der »hl. Maria Magdalena« in der **Cappella Spini (k)** wurde von Desiderio da Settignano im Anklang an Donatellos »Magdalena« begonnen; vollendet hat es Benedetto da Maiano (um 1464–65). Aus der profanierten Kirche San Pancrazio stammen die Fresken von Neri di Bicci in der **Cappella Compagni (l):** »Der hl. Giovanni Gualberto inmitten von Vallombrosanerheiligen« (1434). An der Außenwand ein Fresko von Lorenzo di Bicci (um 1440): »Der hl. Giovanni Gualberto verzeiht dem Mörder seines Bruders«. Am Altar eine »Verkündigung« von Neri di Bicci (Mitte 15. Jh.). Die Hintergrundsszene mit der »Vertreibung aus dem Paradies« erinnert an Masaccios Darstellung in der Brancacci-Kapelle (s. S. 289).

Die **Cappella Davanzati (m)** zeigt an der Wand oben links: »Disput der hl. Katharina«, ein Fresko aus der Nachfolge Taddeo Gaddis (um 1365). In der Nische der linken Wand steht ein römischer Sarkophag, in dem 1444 Guido Davanzati bestattet wurde.

Die **Cappella Bombeni (n)** wurde 1629–35 von Matteo Nigetti barock dekoriert. An den Wänden sieht man den »Büßenden Hieronymus« und eine »Verkündigung« von Ridolfo del Ghirlandaio (1503).

Giovanni Battista Caccini gestaltete um 1603/04 die **Cappella Strozzi (o)** neu aus und modellierte die Skulpturen. Aus der gleichen Zeit sind die Gemälde und Poccettis Kuppelfresko.

Entlang der Via Tornabuoni

Die **Säule der Justiz (11)** auf der Piazza Santa Trinità ließ Großherzog Cosimo I. 1560 zur Erinnerung an den Sieg von Montemurlo (1537) errichten. Der Säulenschaft, ein Geschenk Pius' IV., stammt aus den Caracalla-Thermen in Rom. Die Porphyrstatue der »Justitia« schuf 1581 Francesco del Tadda.

Zu den größten mittelalterlichen Familienpalästen zählt der 1289 errichtete zinnenbekränzte **Palazzo Spini (12),** dessen Vorbauten einst bis an das Arnoufer reichten (Eckturm und ein den Lungarno Acciaiuoli umspannender Bogen). Zusammen mit den Frescobaldi beherrschten die Spini die Brücke Santa Trinità. Die jetzige Gestalt des Palastes ist das Ergebnis rekonstruierender Restauration des 19. Jh. Zu den ersten Palästen im Stil der römischen Hochrenaissance zählt der **Palazzo Bartolini-Salimbeni** (**13,** Piazza Santa Trinità 1), den man 1517–20 für Giovanni Salimbeni erbaute – etwa gleichzeitig mit Raffaels Palazzo Pandolfini und auch mit diesem stilistisch verwandt. Die Florentiner bespotteten die Ädikulafenster, wie man sie in Florenz bei Profanbauten bisher nicht kannte, und die römischen Fensterkreuze. Daher ließ der Bauherr auf dem Türsturz die Inschrift »CARPERE PROMPTIUS QUAM IMITARI« (Kritisieren ist leichter als Nachahmen) einmeißeln. Die Devise »PER NON DORMIRE« (auf den Fensterkreuzen) spielt auf die unternehmerische Wachsamkeit des Seidenkaufmanns an. An der Fassade kamen alle drei Florentiner Baugesteine zur Anwendung: *pietra forte, pietra serena* und *pietra bigia.*

Palazzo Spini

Piazza S. Trinita 5
Tel. 055 336 04 56

Die **Via dei Tornabuoni** zählt zu den vornehmsten Einkaufsstraßen von Florenz. Im Gegensatz zur Via dei Calzaiuoli zwischen Piazza Signoria und Dom blieb sie vom Massentourismus weitgehend verschont. Zu den noblen Palästen der linken Straßenseite zählen der **Palazzo Giacconi** (**14,** Nr. 5), dessen Fassade 1626 von Gherardo Silvani erneuert wurde, der 1693 durch Foggini umgebaute **Palazzo Viviani della Robbia** (**15,** Nr. 15) und der **Palazzo Giacomini-Larderel** (**16,** Nr. 19). Auch dieser besitzt Ädikulafenster und portale der römischen Renaissance. Doch einige Jahrzehnte nach dem Palazzo Bartolini-Salimbeni erbaut (um 1580) wirkt er insgesamt akademisch-strenger, ja geradezu klassizistisch – und insofern auch florentinischer.

Palazzo Strozzi ★

Palazzo Strozzi (17)

Den Palazzo Strozzi auf der gegenüberliegenden Straßenseite überblickt man in seiner kubischen Gestalt am besten von der rechts abgehenden Via Strozzi und der anschließenden Piazza Strozzi. Gewaltig sind die Ausmaße des Palasts, außergewöhnlich ist seine freie Lage mit drei voll ausgebildeten Fassaden mitten in der Stadt. 15 Häuser, darunter ein Turmhaus der Guidi von Poppi, mussten für den Neubau abgerissen werden, damit dieses vollendete Beispiel eines Florentiner Renaissancepalasts ab 1489 für Filippo Strozzi entstehen konnte. Wir wissen aus Briefen, dass der Bauherr für den Tag und die Stunde der

Palazzo Strozzi

Piazza Strozzi
Tel. 055 264 51 55
www.palazzo strozzi.org
Ausstellungen tgl. 9–20 (Do bis 23) Uhr

Centro di Cultura Contemporanea Strozzina

Di–So 10–20, Do 10–23, Mo geschl.

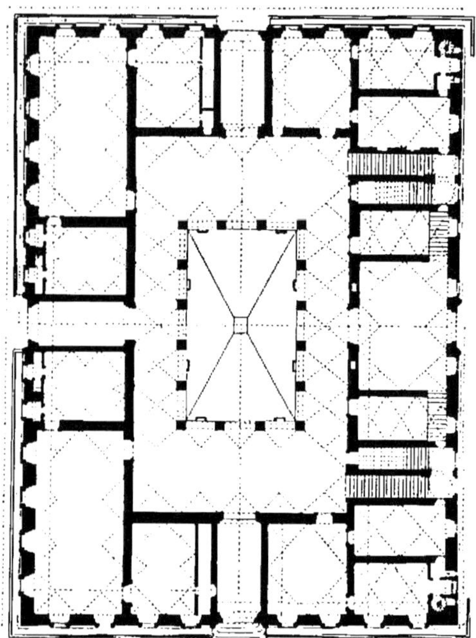

Palazzo Strozzi, Grundriss des Erdgeschosses (links) und Hofansicht (rechts). Die Plastizität der Quader nimmt von Geschoss zu Geschoss und auch innerhalb eines jeden Geschosses ab. Ein großartiger Einfall war es, jeder Fassade nur ein einziges Portal zu geben, freilich eines von immensem Ausmaß, das »jede Seite zusammenfasst und ihre Mittel betont«, gleichzeitig »den kubischen Charakter« (G. Fanelli) des Baukörpers hervorhebt.

Grundsteinlegung eine günstige Planetenkonstellation im Zeichen des Löwen berechnen ließ. Zu den beratenden Astrologen zählte der Philosoph Marsilio Ficino. Doch der Bauherr vertraute nicht allein der Astrologie: Zusätzlich ließ er an verschiedenen Orten Messen lesen.

Allen drei Geschossen sind, ähnlich wie beim Palazzo Pitti, mächtige Rustikaquader vorgelegt. Doch ist die Steinbearbeitung regelmäßiger und geglätteter, gleichsam domestiziert, ohne dabei ihre Kraft einzubüßen.

Im Florenz der Medici bedurfte der Bau eines so großartigen und überdimensionierten Palasts viel diplomatischen Geschicks. Als die durch Cosimo de' Medici nach Padua verbannten Strozzi durch Geldgeschäfte mit dem König von Neapel erneut ein immenses Vermögen erlangt hatten, kam es zur Aussöhnung mit den Medici. Nach Florenz zurückgekehrt, wollte Filippo Strozzi dann den Bau eines zeitgemäßen Palasts nachholen, ließ jedoch das Gerücht verbreiten, er plane ein bescheidenes Haus mit den üblichen Verkaufsläden, ohne jede Rustika. Es war dann schließlich Lorenzo de' Medici selbst, der diesen aufwendigen repräsentativen Bau anregte und sogar Pläne dazu skizzierte. Darüber hinaus sollte sich Lorenzo – so der testamentarische Wunsch des 1491 verstorbenen Bauherrn – für die Fertigstellung des Palasts einsetzen.

Wahrscheinlich hat Giuliano da Sangallo die Entwürfe geliefert. Ausführender Architekt war Benedetto da Maiano, der nach seinem

Tod 1497 durch Cronaca abgelöst wurde. Nach einer längeren Bauunterbrechung wurde der Palast erst 1533–36 beendet. Die bemerkenswerten schmiedeeisernen Fackelhalter und die Anbinderinge fertigte Caparra nach Entwürfen von Benedetto da Maiano. Cronaca, auf den das stark hervortretende, unvollendet gebliebene Kranzgesims zurückgeht (1501–03), war auch für die Gestaltung des Hofs verantwortlich (1504–05, 1535–36). Während die Arkaden des Untergeschosses, die Verbindung von *pietra-serena*-Gliedern und Verputz sowie die Rundfenster in der Florentiner Tradition stehen, zeigt sich in der kraftvollen Artikulation und einzelnen Motiven wie den Arkadenpfeilern, Balustraden oder Fensterkreuzen bereits römischer Einfluss.

»Mit Ausnahme des außer aller Linie stehenden Palazzo Pitti ist das majestätische Gebäude des Palazzo Strozzi die letzte und höchste Form, die ein Steinhaus ohne verbindende und überleitende Glieder durch den bloßen Kontrast in der Flächenbehandlung erreichen kann.«
Jacob Burckhardt

San Gaetano (18)

Die wohl bedeutendste Barockfassade von Florenz besitzt die ehemalige Klosterkirche San Gaetano an der Via Tornabuoni, die eine an dieser Stelle seit dem 11. Jh. bezeugte, dem Erzengel Michael geweihte Vorgängerkirche ersetzt und dem Gründer des Theatinerordens dem hl. Kajetan, geweiht ist. Kardinal Carlo de' Medici beauftragte mit dem Bau 1604 den Architekten Matteo Nigetti und später Gherardo und Pier Francesco Silvani). Die Fassade in *pietra forte* wiederholt das Schema von Buontalentis Santa-Trìnita-Fassade, doch wird der Barockzeit entsprechend der vertikale Zug stärker betont und zugleich die Plastizität durch die Verkröpfung der Gesimse verstärkt. Die Statuen über dem Hauptportal, »Hoffnung« und »Armut im Geiste« (1677–80), ebenso auch die Figur des hl. Kajetan (um 1688) über dem linken Portal, fertigte der Deutsche Balthasar Permoser; die Statue des »hl. Andreas Avellinus« (über dem linken Portal) Francesco Andreozzi. Das Innere entspricht dem Schema der römischen Kirche Il Gesù, das in Florenz von Ammannati mit San Giovannino degli Scolopi (s. S. 197) eingeführt worden war. Zur Ausstattung zählt das »Martyrium des hl. Laurentius« von Pietro da Cortona (1635) in der zweiten Kapelle links.

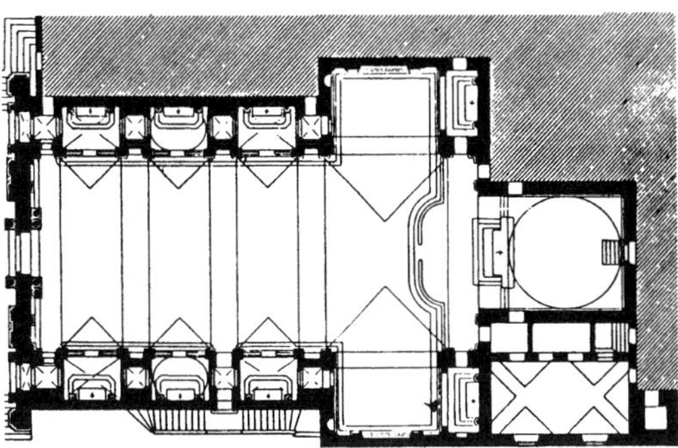

San Gaetano, Grund riss und Längsschnitt

Santa Maria Maggiore
Vicolo di Santa Maria Maggiore 1

Palazzo Antinori und Santa Maria Maggiore

Der **Palazzo Antinori** (**19,** an der gleichnamigen Piazza) wurde 1461–69 für Giovanni Boni errichtet, möglicherweise durch Giuliano da Maiano. Seit 1506 gehört er zum Besitz der Antinori, die in der Enothek ihre renommierten Weine ausschenken lassen.

Von der Piazza Antinori erreicht man über die Via degli Agli und links in die Via dei Vecchietti einbiegend die Kirche **Santa Maria Maggiore (20).** Sie wurde bereits im 10. Jh. erwähnt und ist wahrscheinlich frühchristlichen Ursprungs. Von einer Vorgängerkirche des 11. Jh. blieb der Campanile und auch das untere Mauerwerk der Fassade sowie der Außenwände erhalten, was man an der für das 11. Jh. in der Toscana charakteristischen groben Steinbearbeitung und der unregelmäßigen Schichtung erkennt. Der jetzige Bau ist aus dem

Palazzo Antinori. Der Architekt hat hier eine äußerst konservative, fast noch mittelalterlich wirkende Palastfront errichtet, die man kaum als Renaissancepalast bezeichnen könnte, gäbe es nicht jene zeittypische Ausgewogenheit der Proportion, den so regelmäßigen Grundriss und einige Details wie das Klötzchengesims.

frühen 14. Jh. Im Bogenfeld des Eingangsportals sieht man die Kopie einer 1330–40 entstandenen Madonnenskulptur aus pisanischer Schule, deren Original in der Sakristei aufbewahrt wird.

Nur drei Joche tief ist die dreischiffige Staffelhalle mit wenig erhöhtem Mittelschiff. Ähnlich wie in Santa Trinità ruhen die Spitzbögen auf quadratischen Pfeilern. Die Chorpartie besteht aus drei flachschließenden Kapellen und entspricht dem Grundrissschema einfacher toscanischer Bettelordenskirchen. In der Hauptchorkapelle hängen abgelöste Fresken zum »Bethlehemitischen Kindermord«, die von einem unbekannten Maler um 1400 in *terra verde* ausgeführt wurden. Das bedeutendste Kunstwerk ist die sogenannte »Madonna del Carmine« in der linken Chorkapelle. Die um 1250/60 entstandene Tafel ist wohl ein Werk des Coppo di Marcovaldo, des frühesten namentlich erwähnten Florentiner Malers. Die »thronende Muttergottes mit Kind« wurde in Stuckrelief ausgeführt. Gemalt sind dagegen die zwölf Apostel des Rahmens, die Engel und die szenischen Darstellungen (»Verkündigung«, »Drei Marien am Grabe«). Im Gegensatz zum Flachrelief ist der Stil der Malereien der *maniera greca* verpflichtet. Der frontal dargestellten, thronenden Madonna liegt der alte byzantinische Typus der Muttergottes als Kathedra Christi zugrunde. An der rechten Kapellenwand befinden sich Fragmente des Grabmals von Brunetto Latini, dem 1294 verstorbenen Dichter, Gelehrten und Staatskanzler, den Dante als seinen Lehrer bezeichnete.

Im Ognissanti-Viertel

Ognissanti (21)

Ognissanti ★

Die Kirche Ognissanti, wurde als Klosterkirche der Humiliaten gegründet. Ungewöhnlich ist die Gründungsgeschichte dieses Ordens: Die Humiliaten waren auf die Verarbeitung von Wolle spezialisiert. Um ihr technisches Know-how beim Aufbau der Wollindustrie zu erlangen, riefen die Florentiner sie aus der Lombardei an den Arno und vermieteten ihnen Grundstücke in der Nähe des Flusses, dessen Wasser für das Waschen und Färben von Wolle unentbehrlich war. So entstand eine ausgedehnte Klosteranlage mit Werkstätten, in denen auch Wollarbeiter beschäftigt waren. Seit dem 14. Jh. verloren die Humiliaten als Unternehmer an Bedeutung, sodass der Konvent 1561 Franziskanern übertragen wurde. Die 1252–56 erbaute Kirche erfuhr im 17. und 18. Jh. Veränderungen, während der Campanile noch das Aussehen der Entstehungszeit hat. Die Fassade gestaltete 1637 Matteo Nigetti, ein Schüler Buontalentis (1637). In der Betonung der Vertikalen und der Mitte, in der Schichtung der Pilaster ist sie die erste Barockfassade in Florenz, wenngleich das Motiv der in der Wand eingestellten Säulen von Michelanglos Laurenziana-Vorhalle und einzelne Dekorationselemente aus dem Formenschatz des Manierismus (so von Buontalentis »Portal der Seufzer« der Uffizien) übernommen

Ognissanti
Borgo Ognissanti 42
Tel. 055 239 87 00
www.chiesa ognissanti.it
tgl. 7.15–12.30, 16–20, Fei 9–13, 16–20 (Cenacolo) Uhr; 1. Mai sowie 25. und 31. Dez. geschl.

»Abendmahl«, Domenico Ghirlandaio, Ognissanti. Über dem Gestühl der Apostel öffnet sich die Wand und gibt den Blick in einen florentinischen Garten frei. Zypressen, Zitronenbäume und Palmen, die Vögel, der Pfau und der Blumenstrauß bereichern die Szene mit ansprechenden Details

wurden. Ursprünglich in Macigno erbaut, wurde die Fassade 1871 durch eine Kopie in *pietra forte* ersetzt. Die Pilastergliederung im Innern stammt in der unteren Zone von 1627. Sie wurde 1687–91 in der Fensterzone fortgesetzt.

Ein illusionistisches Deckenbild von Giuseppe Romei und Giovanni Bonucci zeigt die »Apotheose des hl. Franziskus« (1760). Den zweiten Altar rechts stiftete die Familie Vespucci. Die Schutzmantelmadonna ist ein frühes Werk von Domenico Ghirlandaio (um 1473). Engel breiten den Madonnenmantel über Mitglieder der Familie Vespucci aus. Der Mann unter ihrem rechten Arm gilt als ein Jugendbildnis des berühmten Seefahrers und Geografen Amerigo Vespucci, nach dem Amerika benannt wurde. In der Sakristei hängt ein gemaltes Kruzifix von einem Nachfolger Giottos, das in der Gestalt Christi bis hin zu den Falten des Lendentuchs eng mit dem Tafelkreuz in San Marco verwandt ist. Das Freskenbild der »Kreuzigung« stammt von Taddeo Gaddi oder einem Nachfolger (um 1340).

Links von der Kirchenfassade befindet sich der Zugang zum **Kreuzgang** des 15. Jh. und zum **Refektorium,** in dem **Ghirlandaios »Abendmahl«** (1480) die ganze hintere Schmalwand einnimmt. Der reale Raum des Refektoriums erscheint im gemalten Raum fortgesetzt. Wie bei Castagnos Abendmahl in Sant'Apollonia (s. S. 202f.) betonen die Bodenkacheln die perspektivische Wirkung. Ghirlandaios Stärke liegt im Erzählerischen, im unmittelbaren Erfassen der sogenannten Wirklichkeit, in der Ausschmückung mit Kostbarem. Er platziert Judas noch, wie bis dahin üblich, vor dem Tisch. In der paarweisen Gruppierung der Apostel bildet das Werk jedoch eine wichtige Vorstufe zu Leonardos »Abendmahl« in Mailand. Der Kopf Jesu wurde im 17. Jh. durch Carlo Dolci ergänzt. Die Sinopie zum Fresko, das Ghirlandaio im Refektorium von San Marco wiederholte, kann man an der linken Längswand betrachten.

Die Fresken der beiden Kirchenväter wurden 1564 beim Abriss der Chorschanken in den Kirchenraum versetzt (damals noch mitsamt dem Mauerwerk) und 1970 dann erneut abgelöst. Botticelli schuf den »hl. Augustinus« (rechts), Domenico Ghirlandaio den »hl. Hieronymus«, datiert 1480, beide im Auftrag der Vespucci. Das grundverschiedene Temperament der beiden Maler, auch die gestalterischen Grenzen Ghirlandaios werden offenkundig: Botticelli zeigt den hl. Augustinus leidenschaftlich bewegt, in ausdrucksvoller Gebärde (s. hintere Innenklappe). Die groß konzipierte Gestalt überragt mit ihrem Haupt das Gesims des Studierzimmers. In Gedanken verloren, ruhig vor sich hinsinnend dagegen Hieronymus. Nach einem niederländischen Vorbild des Jan van Eyck konzentriert sich Ghirlandaio auf die Schilderung des Dinglichen in der Studierstube.

Palazzo Corsini (22)

Der Palazzo Corsini ist der wohl großartigste unter den Florentiner Barockpalästen, erbaut 1648–56 durch Piero Francesco Silvani. In einer U-förmigen Anlage öffnet er sich zum Arno hin. Die Galleria Corsini im ersten Obergeschoss gilt als die bedeutendste florentinische Kunstsammlung in Privatbesitz, ist jedoch nur auf besonderes Ersuchen zugänglich. Begründet wurde die Gallerie bereits 1765 von Lorenzo Corsini, einem Neffen von Papst Clemens XII.

Palazzo Rucellai (23)

Im Stadtviertel zwischen Santa Trinità und Santa Maria Novella steht in der Via della Vigna Nuova (Nr. 18) der nobelste unter den Florentiner Renaissancepalästen, der um 1450 errichtete Palazzo Rucellai, wobei sich die Rossellino-Werkstatt nach Plänen von Leon Battista Alberti richtete. Wie bei der Fassade von Santa Maria Novella betrat Alberti hier Neuland. Zum ersten Mal in nachantiker Baukunst wird eine Schauwand durch Pilaster und Gebälk gegliedert. Die Anregungen dazu bekam Alberti durch römische Bauten wie etwa das Kolosseum, wo der Bogenarchitektur Halbsäulen und Gebälk vorgeblendet sind (das sogenannte Theatermotiv). Wie dort variieren die Kapitelle von Geschoss zu Geschoss. Diejenigen des Erdgeschosses entsprechen der toscanischen Ordnung, die des obersten der korinthischen. Im zweiten Geschoss ist das ionische Kapitell durch eine freie Schöpfung ersetzt, die dem korinthischen verwandt ist.

Bei aller Inspiration durch die Antike knüpfte Alberti gleichzeitig an die Florentiner Tradition an. Im unmittelbar zuvor (um 1444) begonnenen Palazzo Medici waren bereits das stark hervortretende Hauptgesims, der Typus der Bögen und Fenster und – im Obergeschoss – die Plattenrustika vorgebildet, die massives Quaderwerk vortäuscht. Hier hingegen breiten sich die Platten an der ganzen Fassade

Palazzo Corsini
Via del Parione 11
Tel. 055 21 28 80
www. palazzo corsini.it

Palazzo Rucellai
Via della Vigna Nuova 16
Tel. 055 21 89 75
www.palazzo rucellai.it

Fassadendetail, Palazzo Rucellai. Bauherr dieses hoch vornehmen Palasts war der reiche Wollkaufmann Giovanni Rucellai, dessen Zeichen, ein vom Wind geblähtes Segel, den Fries des zweiten Geschosses schmückt. An den Fenstern findet sich indes auch das Signum der Medici, drei miteinander verbundene Ringe. Giovanni Rucellai, selbst mit einer Tochter des Medici-Gegners Palla Strozzi vermählt, gelang es, seinen Sohn Bernardo mit Nannina de' Medici, einer Schwester des Lorenzo il Magnifico, zu verheiraten. Vom Ehrgeiz der Rucellai künden nicht allein die Medici-Ringe, sondern auch das Arbeitstempo, in dem die Bauarbeiten fortschritten: Der Palazzo – obschon sechs Jahre später begonnen – war früher vollendet als der des großen Cosimo

aus. Reizvoll, wenn auch ohne erkennbares System, ist ihr grafisches Spiel. Mit diesen Platten verbinden sich die Pilaster auf gleicher Reliefebene. Im Sockelgeschoss imitieren Schraffuren ein altrömisches Mauerwerk, das *opus reticulatum*. Das Motiv der unten umknickenden Portalrahmen hat Alberti hingegen aus der Florentiner Protorenaissance übernommen (vgl. die San-Miniato-Fassade, S. 260).

Bei den Portalachsen ist der Abstand zwischen den Pilastern – was man leicht übersieht – etwas größer. Infolgedessen mussten hier auch die rahmenden Fensterbögen (nicht aber die Fenster) breiter und um eine ganze Steinschicht höher ausfallen. Diese leichte Rhythmisierung trägt dazu bei, dass trotz Wiederholung der Motive Monotonie vermieden wird. Man sollte sich vorstellen, dass dieser Palast um mindestens eine, möglicherweise auch um vier Achsen breiter geplant worden ist. Die Fenster gehören nicht mehr zum Biforientypus des Palazzo Vecchio oder des Palazzo Medici, bei denen das Bogenpaar auf einem Säulchen ruht; hier lagert über dem mittleren Säulchen ein Gebälkstück. Diese Lösung wurde sowohl der Florentiner Tradition gerecht als auch Albertis Vorstellung, dass Bögen – wie es Vitruv verlangte – nicht den Säulen aufliegen dürfen. Indem Alberti in dieser Fassade auf die grobbehauene, abweisende Bossenquaderung verzichtete und die Pilaster dekorativ die Vertikale betonen ließ, nahm er dem Palast das Unnahbare und die Schwere früherer Bauten. Damit verwirklichte er ein Prinzip, das er selbst in den »Zehn Büchern der Baukunst« erstellt hatte, dass nämlich nur das Haus eines Tyrannen einer Festung gleiche. Andere Paläste hingegen »sollten mühelosen Zugang gewähren, schön verziert, fein artikuliert und vornehm sein statt prunkvoll und imposant«.

Die ebenfalls von Giovanni Rucellai in Auftrag gegebene **Loggia Rucellai (24)** liegt dem gleichnamigen Palazzo gegenüber. Errichtet wurde sie wiederum nach Plänen Albertis – von der Werkstatt des Bernardo Rossellino (um 1460–66).

San Pancrazio (25)

Ein drittes architektonisches Werk, das die Rucellai bei Alberti in Auftrag gaben, liegt unweit vom Palazzo: die an der Kirche San Pancrazio angebaute **Cappella Rucellai** (mit eigenem Zugang an der Via della Spada). Die tonnengewölbte, ursprünglich zur Kirche hin geöffnete Kapelle enthält eine Nachbildung des Heiliges Grabs, laut Inschrift 1467 beendet. Der Auftraggeber, Bernardo Rucellai, hatte die Mühen nicht gescheut, das Heilige Grab in Jerusalem vermessen zu lassen. Desungeachtet kopierte Alberti nicht das mittelalterliche Grabmal, sondern versuchte, in einer freien Rekonstruktion an den von Kaiser Konstantin gestifteten antiken Erstlingsbau zu erinnern. Dabei griff er auf Stilelemente der Protorenaissance zurück: u.a. auf die Marmorinkrustation, die korinthisierenden Pilaster und die Laterne des vermeintlich antiken Baptisteriums. Einzig die orientalisierende Kupolette will an das Jerusalemer Vorbild erinnern. Das Grab hat die Form eines Kir-

Nachbildung des Heiligen Grabs, Gian Battista Alberti, Cappella Rucellai. Alberti, der auch in Mantua und Rimini wirkte, setzte nur in Florenz Stilmittel ein, die er der Protorenaissance entlehnte

chenraums mit einer nur nach außen in Erscheinung tretenden Apsis. Das Innere empfängt Licht durch eine runde Öffnung in der Tonne. Auf dem Steinblock vom Grab Christi soll bei der Auferstehung ein Engel gesessen haben. Das Alessandro Baldovinetti zugeschriebene Auferstehungsfresko stammt aus der Entstehungszeit des Grabs.

Die Kirche San Pancrazio gründete man wahrscheinlich schon in frühchristlicher Zeit. Im 19. Jh. profaniert, diente sie lange als Tabakfabrik und Militärdepot. In langjährigen Wiederherstellungsarbeiten versuchte man, die Gestalt des 14. und 15. Jh. wiederzugewinnen. Die Fassade ist heute im wesentlichen aus der Zeit um 1375, der Renaissanceportikus hingegen ein Werk Albertis. Er wurde im 19. Jh. vom Eingang zur Rucellai-Kapelle hierher versetzt. In der Kirche befindet sich das **Museo Marino Marini,** ein Museum für den Bildhauer und Maler Marini aus Pistoia.

San Pancrazio
Tel. 055 21 94 32

Cappella Rucellai
Via della Spada nur mit Sondererlaubnis zugänglich (Tel. 055 92 08 32)

Museo Marino Marini
tgl. außer Di und So/Fei 10–17 Uhr

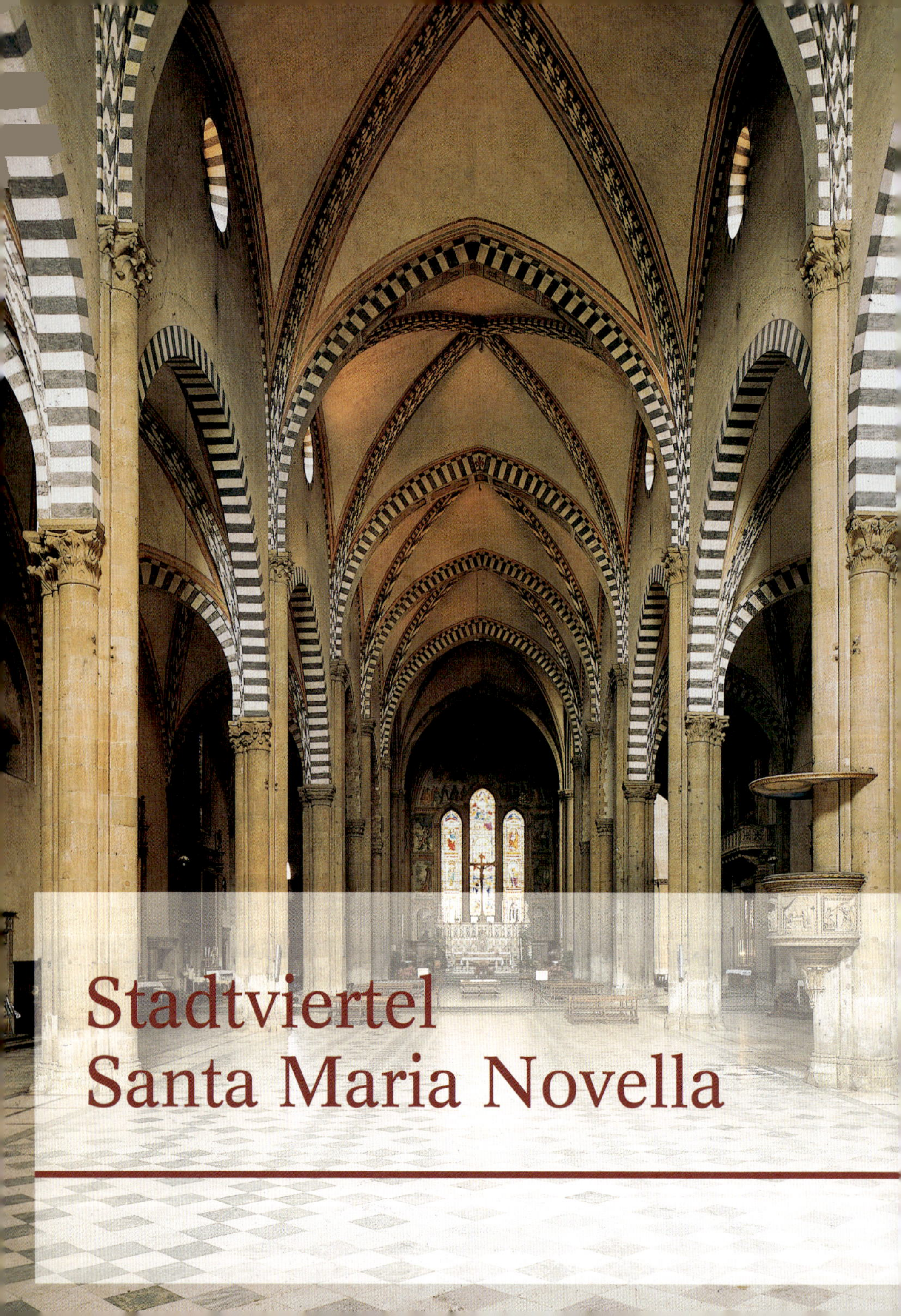

Stadtviertel Santa Maria Novella

Das Stadtviertel

Cityplan Santa Maria Novella S. 178

Das Viertel um Santa Maria Novella ist voller Kontraste: Enge, immer noch vernachlässigte Gassen wie die Via del Purgatorio oder die Via dell'Inferno umschließen die sich weit öffnenden Plätze wie z. B. Santa Maria Novella. Neben einfachen Mietshäusern trifft der Besucher auf prachtvolle Patrizierpaläste (Palazzi Rucellai, Corsini) und Luxushotels. Das Hauptinteresse gilt der Kirche und den Kreuzgängen von Santa Maria Novella. Außerdem bietet sich die Möglichkeit, zwei Abendmahlfresken von Ghirlandaio und Perugino zu bewundern.

Santa Maria Novella

S. Maria Novella ★★

Kirche und Kreuzgänge von **Santa Maria Novella (1)** gehören zu den großen Eindrücken der Stadt. Eine außergewöhnlich qualitätvolle Architektur verbindet sich mit einer reichen Freskenausstattung aus der Zeit der Renaissance. Mit der Grundsteinlegung dieser Dominikanerkirche (1246) begann die zweite große Blütenzeit von Florenz, die mit ihrer Vollendung um 1300 ihren Höhepunkt erreichte. Die **Piazza** vor der Kirche entstand nach dem Abriss zahlreicher mittelalterlicher Bauten. Heute beherrschen sie zwei Obelisken, die Großherzog Ferdinand I. 1608 als Wendemarken für Pferderennen aufstellen ließ.

Santa Maria Novella
Piazza Santa Maria Novella
Tel. 055 21 92 57
Mo–Do 9–17.30,
Fr 11–17.30,
Sa 9–17 Uhr

Die **Fassade** ist ein singuläres Werk und das Ergebnis einer Baugeschichte, die den Architekten Alberti vor einige Probleme stellte. Bereits um 1350 war zunächst der untere Teil mit den gotischen Grabnischen (*avelli*) entstanden, der sich in der weiß-grünen Marmorverkleidung am Inkrustationsstil des Baptisteriums orientierte. Erst 1458–70 kam die Fassade nach Plänen Albertis zum Abschluss. Die schwierige Aufgabe bestand darin, die Proportionen der vorgegebenen Fassadenteile mit dem tief angesetzten und unveränderbaren Rundfenster einer neuartigen Fassade nach Art einer Tempelfront einzugliedern. Alberti fand einen genialen Kompromiss: Zunächst gliederte er die gleichmäßig durchlaufende Marmorverkleidung des Untergeschosses durch eine Halbsäulenordnung und verstärkte die Kanten mit abschließenden Eckpfeilern. Mit einem den Halbsäulen aufliegenden Gebälk fasste er das Geschoss kraftvoll zusammen und schuf zugleich eine Basis für die Attika. Dieses Gebälk tritt über den Säulen und Eckpilastern hervor. Zum ersten Mal in der Geschichte der neueren Baukunst kann man von einer ›Verkröpfung‹ – so der Fachausdruck – sprechen, wodurch ein Gestaltungsprinzip der Hochrenaissance vorausgenommen wurde. Im obersten Geschoss zeichnet die Marmorinkrustation die Säulen einer Tempelfront, auf der dann ein plastisch hervortretender, ›realer‹ Dreiecksgiebel ruht. Das unschön das zweite Gebälk durchschneidende Rundfenster nimmt Bezug auf den Rundbogen des Portals und wurde zugleich zum Ausgangspunkt für die Marmor-

◁ Innenraum, Santa Maria Novella. Einzigartig ist, wie Gewölbe und Stützen hier eine Einheit bilden. Indem sich der Ansatz der Mittelschiffsarkaden mit den Stützen für das Mittelschiffsgewölbe überschneidet, wird verhindert, dass das Gewölbe und die Pfeiler zwei ästhetisch unverbundene Bereiche bleiben. So gleitet das Auge übergangslos von den Stützen zu den Bögen. Der gesamte Raum scheint so in einen Bewegungsfluss versetzt

Platz und Fassade von Santa Maria Novella. Die Fassade Albertis ist eines der Schlüsselwerke neuerer Architektur. Die Einführung der Voluten als Stützelement und Übergang zwischen dem Untergeschoss und dem schmaleren Geschoss des Obergadens war eine ebenso kühne wie wegweisende Tat: Die Voluten wurden in der Kombination mit dem Tempelgiebel und der Attika in unzähligen Kirchenfassaden der Hochrenaissance und des Barock wiederholt. Die römische Kirche Il Gesù ist eines der bekanntesten Beispiele

musterung des Giebelfelds wie auch der seitlichen Voluten, in denen sich jeweils das Kreismotiv wiederholt.

Wohl kaum ein Besucher wird sich dem überwältigenden Eindruck des **Innenraums** entziehen können. Zusammen mit Santa Croce zählt er zu den schönsten in Italien aus der Zeit um 1300. Vom Bautypus handelt es sich um eine basilikale Anlage mit Querschiff und fünf flach geschlossenen Chorkapellen. Das Vorbild dafür lieferten die Zisterzienserkirchen. Doch gehört Santa Maria Novella zur Gruppe der Bettelordenskirchen, wenn sie auch nicht den weit verbreiteten einschiffigen Typus mit offenem Dachstuhl vertritt, sondern dreischiffig angelegt und gewölbt ist. Obwohl man überall gotische Stilelemente erkennt – Spitzbögen, Laubkapitelle, Kreuzrippengewölbe –, ist der Raumeindruck gänzlich anders als in den Kirchen der französischen Gotik mit ihrer aufgelösten, diaphanen Wandstruktur: Die drei Schiffe sind wenig voneinander abgesondert. Hoch und weit öffnen sich die Arkaden des Mittelschiffs zu den Seitenschiffen, sodass der Blick fast ungehindert auf die geschlossenen Wandflächen der Außenwände fällt.

Das im **Mittelschiff**, über dem einstigen Chor der Patres hängende gemalte Kruzifix (um 1290) erkannte der Kunsthistoriker Oertel 1936 als ein frühes Werk Giottos. Im restaurierten Zustand sieht man jetzt deutlicher an einigen Details, so an den Händen, dass sein Maler tatsächlich derselbe Meister gewesen sein muss, der auch in Assisi die Isaaksszenen malte, also höchstwahrscheinlich der junge Giotto. Im Gegensatz zur Tradition (Giunta Pisano, auch Cimabue) konzentriert er sich auf das Volumen des Körpers, verleiht ihm Schwere, betont den menschlichen Aspekt. Darin war dieses Kruzifix Vorbild für zahlreiche Darstellungen des 14. Jh. Dass über ein Jahrhundert später Masaccio auf Giottos Auffassung zurückgreift, zeigt dessen Trinitätsfresko im linken Langhaus (s. S. 174).

Für die Fassadenerneuerung

... stellte der Florentiner Kaufmann Giovanni Rucellai die Mittel zur Verfügung. Davon künden selbstbewusst die Inschrift unter dem Dreiecksgiebel und seine ›impresa‹, das Glück und Erfolg verheißende geblähte Segel am Fries

Rechtes Seitenschiff

In Santa Maria Novella blieb weit weniger von den Freskenbildern des Trecento erhalten als in Santa Croce. Vasari ließ 1565–71 die Wände übertünchen und auch das Chorgestühl mit dem Lettner abreißen. Erhalten blieben jedoch bedeutende Fresken von Meistern der Frührenaissance, von Masaccio, Ghirlandaio und Filippino Lippi. Die Seitenaltäre im Langhaus sind neogotisch (1861).

Das Rundfenster der **Innenfassade (a)** zeigt die »Marienkrönung«, um 1360–70 wohl nach einem Entwurf Andrea Bonaiutis (Andrea da Firenze) ausgeführt (s. Grundriss S. 168). In die Lünette des Hauptportals versetzte man von anderer Stelle ein dem jungen Botticelli nahestehendes Fresko der »Geburt Christi«. Rechts vom Hauptportal sieht man Fresken in der spröden Formensprache des ausgehenden 14. Jh. Unter der »Verkündigung« drei kleinere Felder mit der »Geburt Christi«, »Anbetung der Könige« und »Taufe Jesu«.

Unter den Altarbildern verdient das **»Martyrium des hl. Laurentius« (b)** von Girolamo Macchietti (zweite Hälfte 16. Jh.) Beachtung. Fragmentarisch erhalten ist das Grabmal der **Villana delle Botti (d),** einer 1361 verstorbenen Seligen des Dominikanerdrittordens, von Bernardo Rossellino und seiner Werkstatt (1451). Im rechten Querschiff fanden der 1336 verstorbene Fiesolaner Bischof **Tedice Aliotti** in einem **Grabmal (f)** aus der Nachfolge des Tino di Camaino und der Patriarch **Josephus von Konstantinopel (g)** ihre letzte Ruhestätte. Der Patriarch starb 1440 kurz vor Abschluss des Unionskonzils, das

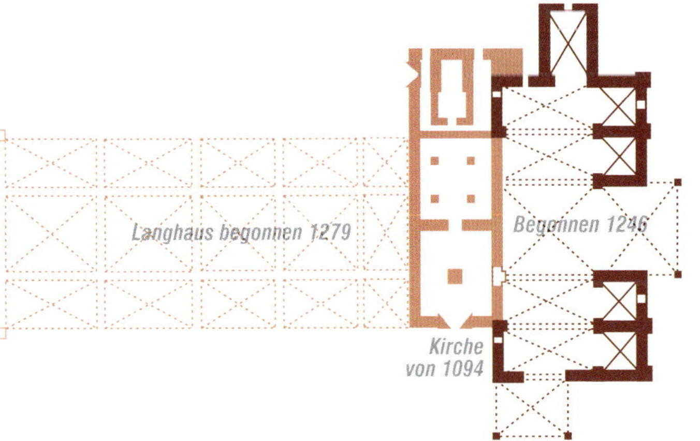

Eine wesentlich kleinere Vorgängerkirche, Santa Maria della Vigna, lag inmitten von Weinfeldern. Im Todesjahr des hl. Dominikus, 1221, wurde diese Kirche den Dominikanern überlassen. Der Neubau von 1246 begann mit der Chorpartie und dem Querschiff. Am 18. Oktober 1279 wurde der Grundstein zum Langhaus gelegt. Die Pläne dazu erstellten zwei Dominikaner-Laienbrüder. Die ungewöhnlichen Stufen im Langhaus markieren die Stelle des einstigen Lettners, der den Chor der Patres abschloss

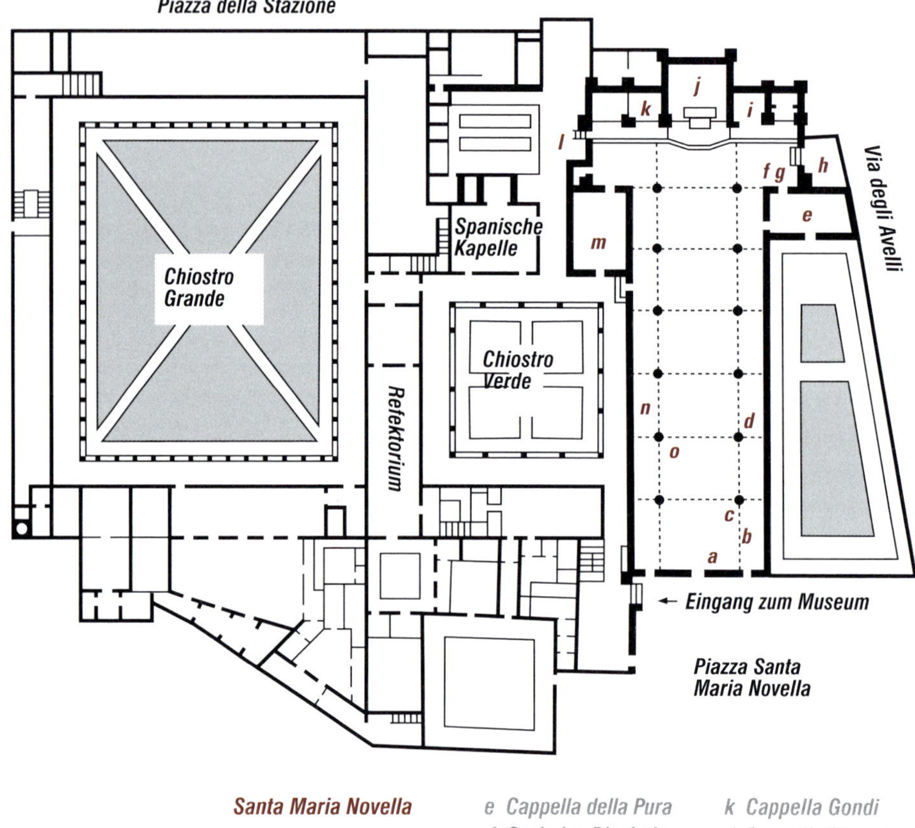

Santa Maria Novella

- a Innenfassade
- b Martyrium des hl. Laurentius
- c Weihwasserbecken, 1412
- d Grab der Villana delle Botti
- e Cappella della Pura
- f Grab des Bischofs Tedice Aliottis
- g Grab des Josephus von Konstantinopel
- h Cappella Rucellai
- i Cappella Strozzi
- j Hauptchorkapelle
- k Cappella Gondi
- l Cappella Strozzi di Mantova
- m Sakristei
- n Trinità, Masaccio
- o Marmorkanzel, Brunelleschi-Entwurf, 1445

im Kloster Santa Maria Novella stattfand. Darüber befindet sich das polychrome Wandgrab des Aldovrando Cavalcanti, des 1279 verstorbenen Bischofs von Orvieto, zuvor Prior von Santa Maria Novella, unter dessen Priorat 1246 der Neubau der Kirche begann.

Die **Cappella Rucellai (h)** wurde zwischen 1303 und 1325 angebaut, 1467 erhöht. Die marmorne Madonnenskulptur ist ein signiertes Werk von Nino Pisano, nach 1348. Von Lorenzo Ghiberti, dem Meister der Baptisteriumstüren, ist die bronzene Grabplatte für den Dominikanergeneral Fra Lionardo Dati (1425).

Chorkapellen

Der aus seiner Verbannung nach Florenz zurückgekehrte Filippo Strozzi erwarb die **Cappella Filippo Strozzi (i)** 1486 und beauftragte im folgenden Jahr Filippino Lippi, Sohn des Fra Filippo Lippi, mit der Freskenausmalung. Die rechte Seitenwand zeigt Begebenheiten aus dem Leben des Apostels Philippus, des Namenspatrons des Auftraggebers. Auf seiner Missionsreise in Skythien wird Philippus in Hieropolis gezwungen, dem Mars zu opfern. Plötzlich kriecht ein Drache aus einem Loch des Tempelbaus hervor, tötet den Sohn des Priesters und vergiftet die Umstehenden mit seinem Hauch. Philippus tötet das Ungeheuer und erweckt den leblos in den Armen seines Vaters hängenden Sohn. Das Lünettenfeld zeigt den Kreuztod des Heiligen in Hieropolis. An der gegenüberliegenden Wand kommen Szenen aus dem Leben des Evangelisten Johannes zur Darstellung. Im Hauptbild erweckt Johannes seine Jüngerin Drusiana. Im Lünettenbild wird dargestellt, wie der Apostel auf Anordnung von Kaiser Domitian an der römischen Porta Latina in siedendem Öl Marterqualen leidet. In den Gewölbefeldern die Erzväter Adam, Noah, Abraham und Jakob. Filippino Lippi lieferte auch die Entwürfe für das Glasfenster mit der Madonna und den beiden Titelheiligen Philippus und Johannes. Die

»Johannes erweckt Drusiana«, Filippino Lippi, Cappella Strozzi, Santa Maria Novella. Die Fresken dieser Kapelle gehören in die letzte, den Manierismus vorwegnehmende Phase der Florentiner Frührenaissance. Die Heftigkeit der Gebärden, das Abstruse und Überladene der Bildgegenstände, das illusionistische Spiel zwischen Bild und Wandebene – all dies steht im Gegensatz zu den Bemühungen eines Perugino oder Raffael. Dabei sind Filippinos Darstellungsmittel letztlich traditionell. Er greift auf Giottos wenig tiefe Bildbühne zurück und setzt die Linie ein, die wie beim späten Botticelli, ihre letzte extreme Ausdruckssteigerung erreicht. Michelangelo gehört zu den Künstlern, die diesen Linienstil überwanden, auch wenn er sich von den Erzvätern des Gewölbes für seine Sibyllen der Sixtinischen Decke anregen ließ. Den Stil der Hochrenaissance vertreten allein die dargestellten Bauwerke. Der Rundtempel erinnert an Bramantes Tempietto, die Kuppel jedoch an die Florentiner Domkuppel, der Triumphbogen an antike Vorbilder

Der Vertrag Giovanni Tornabuonis

... für die Hauptchorkapelle mit Ghirlandaio verlangte einen »reich ausgeschmückten Bilderzyklus mit Figuren, Gebäuden, Kastellen, Städten, Gebirgen, Hügeln, Ebenen, Steinen, Tieren, Vögeln, Wild vielerlei und jeglicher Art ... ganz nach dem Gutdünken des erwähnten Giovanni« – eine Forderung, die offensichtlich erfüllt wurde! Ghirlandaio schildert die Schönheiten der Stadt Florenz und der Umgebung sowie das Leben ihrer vornehmen Bewohner. Darin gleicht er einem naiven Erzähler oder einem Chronisten wie Luca Landucci. An Fantasie und Fabulierlust hat es dem Maler des Florentiner Bürgertums wahrlich nicht gemangelt, wohl aber an einer alles durchdringenden Gestaltungskraft.

Grisaillen seitlich des Fensters wollen den Schein von Marmor erwecken. Es wurde versucht, die hier dargestellten Musen, Todesgenien und Tugendpersonifikationen aus der neoplatonischen Philosophie Marsilio Ficinos als einen Aufstieg der Seele aus dem Dunkel zum Licht zu deuten. Vollendet wurden die Fresken erst 1502, denn Filippo Lippi wurde durch einen längeren Romaufenthalt von den Arbeiten ferngehalten.

In einer Nische unter dem Fenster steht das 1491–93 von Benedetto da Maiano gefertigte Grabmal des Auftraggebers. Die dazugehörige Büste gelangte in den Louvre.

Die Fresken der **Hauptchorkapelle (j)** sind ein Werk von Ghirlandaio und seiner Werkstatt. Die linke Wand zeigt »Szenen aus dem Leben Mariens«, der die Kirche geweiht ist. Die Folge beginnt im unteren linken Feld: »Der kinderlose Joachim wird vom Priester aus dem Tempel verwiesen.« Die Personen im Vordergrund links zeigen Züge von Mitgliedern der Familie Tornabuoni. In der rechten Gruppe haben sich der Maler und seine Mitarbeiter selbst porträtiert: Domenico Ghirlandaio (zweiter von rechts), sein Bruder Davidè (in Rückenansicht), sein Schwager Sebastiano Mainardi (ganz rechts) und vermutlich Alessio Baldovinetti, Ghirlandaios Lehrer. Die Loggia hinter der kreuzförmigen Tempelloggia ähnelt Brunelleschis Findelhaus bzw. deren Nachbildung auf der Piazza Santa Maria Novella. Auffallend die sich wiederholende Beinstellung des Priesters und des Joachim – ein Motiv, das Ghirlandaio von Verrocchios Christus-Thomas-Gruppe am Or San Michele übernommen hatte und das letztlich auf Donatellos Cavalcanti-Verkündigung in Santa Croce zurückgeht. Rechts davon die »Geburt Mariens«: Die Szene spielt in einem Florentiner Renaissancepalast mit reich verzierten Pfeilern, mit kostbarer Wandvertäfelung und einem Puttenfries in der Art Donatellos. Das Bad für die Neugeborene wird vorbereitet, vornehme Frauen kommen zu Besuch. Die junge Frau im Goldbrokatkleid ist vermutlich Ludovica Tornabuoni, die 16-jährig im Kindbett verstorbene Tochter des Auftraggebers. Das sich umarmende Paar auf der Treppe stellt Mariens Eltern Joachim und Anna dar. In den Holzintarsien der Wandvertäfelung hinterließ Ghirlandaio seine Signatur: »BIGHORDI GRILLANDAI«.

In der Komposition unruhiger und weniger übersichtlich sind die Darstellungen im zweiten Streifen: »Einführung im Tempel« und die »Vermählung Mariens«. Im dritten Streifen die teilweise zerstörte »Anbetung der Könige«. Im »Bethlehemitischen Kindermord« wird offensichtlich, dass Ghirlandaios künstlerische Mittel nicht ausreichten, um eine kämpfende Menschengruppe in extremen Bewegungen überzeugend zur Darstellung zu bringen. Die Lünette zeigt »Tod und Himmelfahrt Mariens«.

Die rechte Wand erzählt das »Leben Johannes' des Täufers«, Stadtpatron von Florenz und zugleich Namenspatron des Auftraggebers, Giovanni Tornabuoni. Wiederum beginnt der Zyklus im unteren Feld links: »Ein Engel verkündigt Zacharias die Geburt seines Sohns«. Die

Nebenpersonen stellen Florentiner Patrizier dar, darunter Angehörige der Tornabuoni und befreundeter Familien. Die untere Gruppe links überliefert die Bildnisse der Florentiner Humanisten Marsilio Ficino, Cristofero Landino, Angelo Poliziano und Gentile de' Becchi (von links nach rechts). Die Inschrift über dem Torbogen verbindet das Vollendungsdatum 1490 mit dem Lobpreis auf Florenz: »Im Jahre 1490, als die schönste aller Städte – ausgezeichnet durch Macht, Siege, Künste und Bauwerke – Reichtum, Gesundheit und Frieden genoss.« In der anschließenden »Heimsuchung« gilt die dritte Frau von rechts als Giovanna degli Albizzi, Gemahlin des Lorenzo Tornabuoni. In der »Geburt des Täufers« trägt eine junge Frau (wiederum in bewegter Gewandung) auf dem Kopf eine Rundschale mit Früchten, das typische Geschenk für eine Wöchnerin *(desco di parto)*. Die Ältere der Besucherinnen in dieser Szene soll Lucrezia Tornabuoni, Mutter des Lorenzo il Magnifico, darstellen. In der »Namensgebung des Johannes« schreibt der wegen seiner Zweifel über einen Nachkommen verstummte Zacharias den Namen auf ein Täfelchen. Es folgen im dritten Fresken-Streifen die »Predigt des Täufers«, die »Taufe Christi« und im Lünettenfeld das »Gastmahl des Herodes«, dessen weite Halle an die römische Maxentiusbasilika erinnert.

»Heimsuchung«, Domenico Ghirlandaio, Hauptchorkapelle. Neben der antikisierenden Architektur des Torbogens zeigt Ghirlandaio auch Bauten, die an das zeitgenössische Florenz erinnern: an den Campanile von Santa Maria Novella oder den Palazzo Rucellai. Ein solch freier Umgang mit dem in die Tiefe führenden Bildraum war Ghirlandaio in seinen früheren Fresken in Santa Trinità noch nicht möglich

Die Fresken der Fensterwand zeigen zuunterst den Auftraggeber der Kapellenausstattung, Giovanni Tornabuoni und seine Gemahlin Francesca Pitti, darüber »Mariä Verkündigung«, »Johannes in der

Wüste« (die Gestalt des jugendlichen Johannes wurde bereits dem jungen Michelangelo zugeschrieben), »Der hl. Dominikus verbrennt häretische Bücher«, »Martyrium des Dominikanerheiligen Petrus Martyr«. Auch für die von Alessandro Agolanti ausgeführten Glasmalereien lieferte Ghirlandaio die Entwürfe. In den Gewölbefeldern kamen, wie häufig, die »Vier Evangelisten« zur Darstellung.

Die Fresken entstanden 1486–90 im Auftrag von Giovanni Tornabuoni »zur Lobpreisung seines Hauses und seiner Familien, zum Schmuck und Zier der Kirche und Kapelle«. Für diesen außergewöhnlich umfangreichen Auftrag standen Ghirlandaio sein Bruder Davidè und sein Schwager Sebastiano Mainardi als Mitarbeiter zur Verfügung. Zu den mithelfenden Schülern zählte der junge Michelangelo, ohne dass man ihm jedoch mit Sicherheit einzelne Partien zuweisen könnte. Weitgehend eigenhändig ausgeführt wurden die gut sichtbaren Fresken der unteren Streifen.

Der Hochaltar Ghirlandaios gelangte in seinem Hauptbestandteil in die Alte Pinakothek München. Der heutige Altar ist ein Werk von 1858–60. Das Kruzifix schuf Giambologna.

Die **Cappella Gondi (k)** wurde 1503–08 durch Giuliano da Sangallo mit einer Marmor- und Porphyrdekoration ausgestattet. Dabei nimmt der Altaraufbau die Form eines Triumphbogens an (Vorbild: Corbinelli-Altar in Santo Spirito). Die Sarkophage an den Seitenwänden dienen als Sitzbänke. Indem die Marmordekoration durch eine Säulenordnung mit verkröpftem Gebälk gegliedert ist, wird die Dekoration als Architektur interpretiert und konnte darin Michelangelo für die Grabkapelle der Medici ein Vorbild sein. Das Holzkruzifix ist ein Werk von Brunelleschi (um 1410–15). Er gilt als erste Christusdarstellung ohne Lendentuch. Vasari berichtete, Brunelleschi habe dieses Werk geschaffen, um Donatellos realistisches Kruzifix in Santa Croce zu korrigieren. Doch diese Anekdote dürfte kaum zutreffen, denn Brunelleschis Kruzifix ist wesentlich früher entstanden.

Die **Cappella Strozzi di Mantova (l)** liegt etwas erhöht, denn bei ihrem Anbau (um 1340–50) musste eine ältere, vom Kreuzgang aus zugängliche Kapelle überbaut werden. Sie galt als Familienkapelle für die nach Mantova verbannten Strozzi. Das 1357 datierte Altarpolyptychon von Andrea Orcagna ist ein charakteristisches Werk der Jahrhundertmitte in einem scharfen und spröden Figurenstil. Die gleichzeitig entstandenen Fresken malte Nardo di Cione, ein Bruder Orcagnas, ein Maler »von weit zarterem, beweglicherem Temperament« (Robert Oertel). An der Stirnwand erscheint das einer Grabkapelle angemessene Thema des »Jüngsten Gerichts«, die dazugehörigen Darstellungen des »Paradieses« und der »Hölle« erscheinen gegenübergestellt an den Seitenwänden. Wie häufig ist das Paradies künstlerisch weniger interessant als die »Hölle«, die hier wie in Dantes »Divina Commedia« (s. S. 88/89) in neun Höllenkreise aufgeteilt ist. Im oberen Feld werden diejenigen bestraft, die »ohne Böses und Gutes« waren. Im Feld darunter folgt der zweite und dritte Höllenkreis, in welchen die Sünder der Fleischeslust *(i peccatori carnali)* sowie die Sünder der Völlerei *(il peccato della gola)* bestraft werden. Im vierten und fünften Kreis schließt sich die Bestrafung der Habgierigen und Verschwender an: *Qui sono puniti li avari e prodighi.* In der Höllenstadt des sechsten Kreises bestraft man die Häretiker, im siebten Kreis die Gewalttätigen, die Tyrannen und Selbstmörder, im achten

»Trinität«, Masaccio, Santa Maria Novella. Das Fresko hätte der junge Masaccio wohl kaum ohne die Hilfe seiner Freunde Brunelleschi und Donatello realisieren können. Die Kapellenarchitektur zeigt Brunelleschis antikisierendes architektonisches Vokabular (kassettiertes Gewölbe, Pilaster, Säulen, Gebälk). Zugleich kommen die von Brunelleschi erforschten Gesetze der Linearperspektive hier zum ersten Mal in einem Werk der Malerei zur Anwendung. Kapelle und Sarkophag finden einen gemeinsamen Fluchtpunkt in Augenhöhe des Betrachters, in der Mitte der obersten Stufe. Mit Hilfe dieser perspektivischen Konstruktion erweitert sich der reale Kirchenraum scheinbar in eine Kapelle. Donatellos Anteil an dem Fresko betrifft die Figuren (Maria, Johannes und das Stifterpaar). Die Fülle der Gewänder und Faltenlegung erinnern u. a. an Donatellos »Hl. Ludwig von Toulouse« (Museo Santa Croce). So möchte man annehmen, Donatello habe plastische Modelle angefertigt, die Masaccio in die Malerei umsetzte

Kreis die Betrüger im Glauben, in der Politik und in Geldgeschäften, im neunten, tiefsten Kreis schließlich die Verräter, darunter Judas, Brutus und Cassius. Dante selbst, dessen Schriften von den Dominikanern zwei Jahrzehnte zuvor noch bekämpft wurden, erscheint mit seinem markanten Profil nicht bei den Verdammten sondern bei den Seligen.

Weit gespannt ist das Kreuzrippengewölbe der **Sakristei (m),** die 1350 Dombaumeister Jacopo Talenti angebaut hat.

Linkes Seitenschiff

Das berühmte, um 1427 von **Masaccio** gemalte Fresko zeigt die **»Trinität« (n),** Gottvater, den gekreuzigten Christus und den Heiligen Geist in der Gestalt einer Taube (nicht leicht erkennbar über dem Haupt Christi) umgeben von Maria und Johannes sowie den knienden Stiftern: dem *gonfaloniere* Lenzi und seiner Gemahlin. Der Sarkophag trägt die Worte: »Ich war, was du bist – was ich bin, wirst du sein.«

Kreuzgänge und Kloster

Der Zugang zu den Kreuzgängen von Santa Maria Novella liegt links von der Kirchenfassade. Der 1332–57 erbaute **Chiostro Verde** erhielt seinen Namen nach der *terra verde,* der dominierenden Farbe der Fresken. Diese wurden zwischen ca. 1426 und 1450 von mindestens vier Meistern, darunter Paolo Uccello, ausgeführt. Thema ist die Schöpfungsgeschichte und die frühe Geschichte der Menschheit (Genesis 1–34), beginnend mit der »Erschaffung der Tiere«, der »Erschaffung Adams und Evas« und dem »Sündenfall« (erstes Joch links an der Kirchenseite). Diese beiden Freskenfelder malte Paolo Uccello (um 1426–31) noch ganz in der Tradition des durch Ghiberti und Masolino vermittelten internationalen Stils der Gotik. Die Fresken der beiden folgenden Joche sind von einem unbekannten Meister, der von Uccellos Stil beeinflusst wurde.

Museum und Kreuzgänge von Santa Maria Novella

Piazza Santa Maria Novella
Tel. 055 28 21 87
Mo, Fr–So 10–16 Uhr; 1. Jan., Ostersonntag, 1. Mai, 15. Aug. und 25. Dez. geschl.

Die Fresken des vierten Jochs stammen wiederum aus der Hand Uccellos, doch gehören sie einer späteren Schaffensphase an (1447–50). Uccello legte jetzt größten Wert auf perspektivische Raumkonstruktionen. Damit sich ein effektvoller Tiefenraum bildete, wurde in der »Sintflut« die Arche Noah zweimal dargestellt. Ein geeigneter Gegenstand zur Demonstration seiner Fähigkeiten perspektivischer Darstellung war der *marzocchio,* eine runde Kopfbedeckung. Da die Einzelheiten dieses wohl bedeutendsten Freskos des Kreuzgangs heute schwer erkennbar sind, sei Vasaris Beschreibung zitiert: Uccello malte die Sintflut, »indem er die Ertrinkenden, das Unwetter, die Gewalt des Sturms und der Blitze, die stürzenden Bäume und die Furcht der Menschen mit soviel Fleiß und Gewandheit darstellte, dass man es nicht genug rühmen kann. Im Hintergrund zeichnete er verkürzt ei-

Chiostro Verde, Santa Maria Novella

nen Toten, dem ein Rabe die Augen aushackt, und ein ertrunkenes Kind, dessen von Wasser angeschwollener Leib sich zu einem hohen Bogen wölbt. In anderen Gestalten zeigte er den Ausdruck verschiedener menschlicher Regungen wie etwa die Furchtlosigkeit von zwei Reitern, die miteinander kämpfen, ohne auf die Flut zu achten, und im Gegensatz dazu die höchste Todesangst einer Frau und eines Mannes, die, an den Rücken einer schon im Wasser versinkenden Büffelkuh geklammert, jede Hoffnung auf Rettung aufgeben«. Die aufrechtstehende Gestalt Noahs trägt die Züge Cosimos d. Ä. Das Feld darunter zeigt die Trunkenheit Noahs, der »von seinem Sohn Ham verhöhnt wird, während die beiden anderen Söhne, Sem und Javet, die Scham des Vaters verhüllen« (Vasari).

Die Fresken der folgenden Joche stammen aus der Hand eines unbekannten Meisters um 1440–50, die letzten vier von einem anderen Meister aus demselben Jahrzehnt. Vom Kreuzgang hat man auch einen Blick auf den 1330–40 errichteten **Campanile.**

Der um 1343–45 errichtete **Kapitelsaal** des Klosters ist bekannt unter dem Namen **›Spanische Kapelle‹,** denn er wurde 1556 dem Gefolge der Eleonora von Toledo, Gemahlin Cosimos I., zur Verfügung gestellt. Die Fresken malte Andrea Buonaiuti (Andrea da Firenze) 1365–67. Das gedanklich befrachtete Bildprogramm ist charakteristisch für den Dominikanerorden. Es lässt sich versuchsweise folgendermaßen zusammenfassen: Durch den Opfertod Christi (gegenüber dem Eingang) wird der Weg des Menschen zum Heil möglich. Er wird dabei durch die Kirche geleitet, vor allem auch vom Dominikanerorden (rechte Wand). Um ein Verständnis für den Opfertod und die übrigen Glaubensinhalte bemühen sich die Theologen, allen voran wiederum ein Dominikaner, Thomas von Aquin (linke Wand).

»Die streitende Kirche«, Andrea Bonaiuti, Spanische Kapelle, Santa Maria Novella. Das dargestellte Kirchengebäude ähnelt dem Florentiner Dom. Es ist aber weder der Bau, wie ihn Arnolfo di Cambio plante, noch die ausgeführte Kirche und dürfte somit die Vorstellung des Malers zur Vollendung des Doms zeigen, denn Bonaiuti war selbst Mitglied mehrerer Dombaukommissionen. Man sieht Hunde, die Lämmer bewachen. Ihr schwarz-weißes Fell entspricht dem Gewand der Dominikaner in Anspielung auf ihren Namen ›Domini canes‹ (Hunde des Herrn), aber auch auf ihren kämpferischen Charakter. Mit einem Stock treibt der hl. Dominikus seine Domini canes an. Petrus Martyr disputiert mit Ketzern, während Thomas von Aquin Ungläubige mit einer seiner Schriften zu überzeugen versucht

Die zentrale Kreuzigung, also der Opfertod Christi, wird ergänzt durch den Weg dorthin (»Kreuztragung«) und den »Abstieg Christi in die Vorhölle«, um die dort Wartenden zu erlösen. Im Gewölbefeld darüber sieht man »Christi Auferstehung«.

Die **rechte Wand** zeigt den Weg zum Himmel, der von unten nach oben führt (wichtig sind stets die räumlichen Bezüge). In der unteren Zone links sieht man eine Versammlung geistlicher und weltlicher Würdenträger, Mitglieder religiöser Orden und Vertreter anderer Stände. Im Zentrum steht der Papst, zu seiner Rechten ein Dominikanerkardinal (nach der Überlieferung Niccolò Albertini di Prato), zu seiner Linken der Kaiser (zur Entstehungszeit des Fresko regierte Karl IV.).

In den beiden mittleren Zonen rechts wird das weltliche Leben dargestellt: Es sind Zitate aus dem »Triumph des Todes« im Camposanto zu Pisa und der »Auswirkung der Guten Regierung« im Sieneser Stadtpalast. Vom unbeschwerten Leben im Reigen mit Tanz und Musik führt der Weg in das himmlische Paradies über die Buße. Ein Dominikaner erteilt Absolution. Der hl. Dominikus leitet die hell gekleideten, reuigen Sünder zur Paradiespforte, wo sie Petrus empfängt. Die Seligen blicken auf die Erscheinung Christi bei seiner Wiederkunft, umgeben von Engelschören, den vier Wesen und dem Lamm Gottes auf dem Thron. Es ist das in dieser Zeit nur noch selten anzutreffende traditionelle Bild des *Majestas Domini*, wie man es vor allem von den Apsiden und den Tympana der romanischen Kirche kennt. Über diesem Bild der streitbaren Kirche, erscheint im Gewölbe eine weitere Allegorie der Kirche als Schiff im Sturm, das Petrus verließ, um auf den unsicheren Wellen zu wandeln, und dem Christus zu Hilfe kam. Vorbild war Giottos verloren gegangene »Navicella« in Sankt Peter in Rom.

Die **linke Wand** zeigt den Triumph des Thomas von Aquin. Im Zentrum oben thront der große Dominikanertheologe, umgeben von kleiner dargestellten Propheten, Evangelisten und Kirchenvätern, deren Lehren in sein Werk eingeflossen sind. Über ihm fliegen die sieben Tugenden (ähnlich wie im »Buongoverno« des Sieneser Stadtpalasts, zu dem das Programm interessante Parallelen zeigt), unter ihm hocken die Häretiker Arianus, Averroes und Sebellius. Im Chorgestühl darunter sitzen Personifikationen der theologischen Wissenschaften und der Freien Künste, zu ihren Füßen prominente Vertreter einer jeden Disziplin, so unter der »Grammatik« Priszian, unter der »Rhetorik« Cicero, unter der »Dialektik« Aristoteles etc.

Gedanklich konsequent wird in dem Gewölbefeld darüber die »Ausgießung des Heiligen Geistes« gezeigt. Bei den bisher betrachteten Fresken handelt es sich um die Darstellung eines Gedankengebäudes, um eine Bild gewordene theologische Argumentation. Nur an der **Eingangswand** begegnen erzählende Fresken mit Szenen aus dem Leben des Petrus Martyr, des ersten Dominikanermärtyrers. Links wird gezeigt, wie Petrus auf einem Weg zu einem Ketzerprozess ermordet wurde und sterbend mit seinem Blut das Credo auf die Erde schrieb. Neben anderen Szenen aus seinem Leben entdeckt der Betrachter auch posthume Wunder. Mit dieser Heiligenvita wird in einem Exemplum der Weg zum Heil vorgeführt und hat insofern seinen Platz im Gesamtprogramm. Im Gewölbe darüber: »Christi Himmelfahrt«.

Um 1590 wurde der **Altarraum** mit Fresken von Alessandro Allori ausgestattet. Das Altarpolyptychon von Bernardo Daddi ist 1344 datiert.

Die 35 Fresken mit Büsten von Gestalten des Alten Testaments im **Vorraum zum Refektorium** stammen von Andrea Orcagna und seiner Schule (um 1340–48). Man entdeckte sie im Gewölbe der Hauptchorkapelle unter den Malereien Ghirlandaios und legte sie frei. Hingewiesen sei auch auf die um 1460 gestickte Altardecke, den *Paliotto della Assunta*, sowie auf Reliquienbüsten der hl. Ursula von dem Sienesen Mariano d'Agnolo Romanelli und einer Jungfrau aus ihrem Gefolge, ebenfalls eine sienesische Arbeit des späten 14. Jh. (Vitrine rechts vom Eingang). Im Hauptraum entdeckt man das Fresko des »Mannalese« von Alessandro Allori (1597), der auch das Leinwandgemälde des »Letzten Abendmahls« schuf, 1584.

In den **Chiostro Grande** (Großen Kreuzgang) mit Fresken des 16. und 17. Jh. kann man nur einen Blick werfen, denn er gehört zur Unteroffiziersschule der *carabinieri*. Die Kapelle der Päpste mit Fresken von Pontormo und die Bibliothek sind zurzeit nicht zugänglich.

L'Officina Farmaceutica di Santa Maria Novella

Einen Besuch wert ist die Apotheke von Santa Maria Novella. Sie ging aus der mittelalterliche Klosterapotheke der Domenikaner hervor, ist seit 1612 für die Öffentlichkeit zugänglich und wurde bald über Florenz hinaus bekannt. Noch heute stellt man nach alten Rezepturen Essenzen, Seifen, Schönheitsmittel, Salben und Liköre her und bietet Heilkräuter und Naturprodukte an. Der erste Verkaufraum geht aus einer kreuzrippengewölbten Kapelle von 1335 hervor, die 1842 mit neogotischen Stilmitteln umgebaut wurde.

Via della Scala 16
Tel. 055 21 62 76
Mo–Sa 9.30–19.30 Uhr
www.deltagift.com.br/santamarianovella/

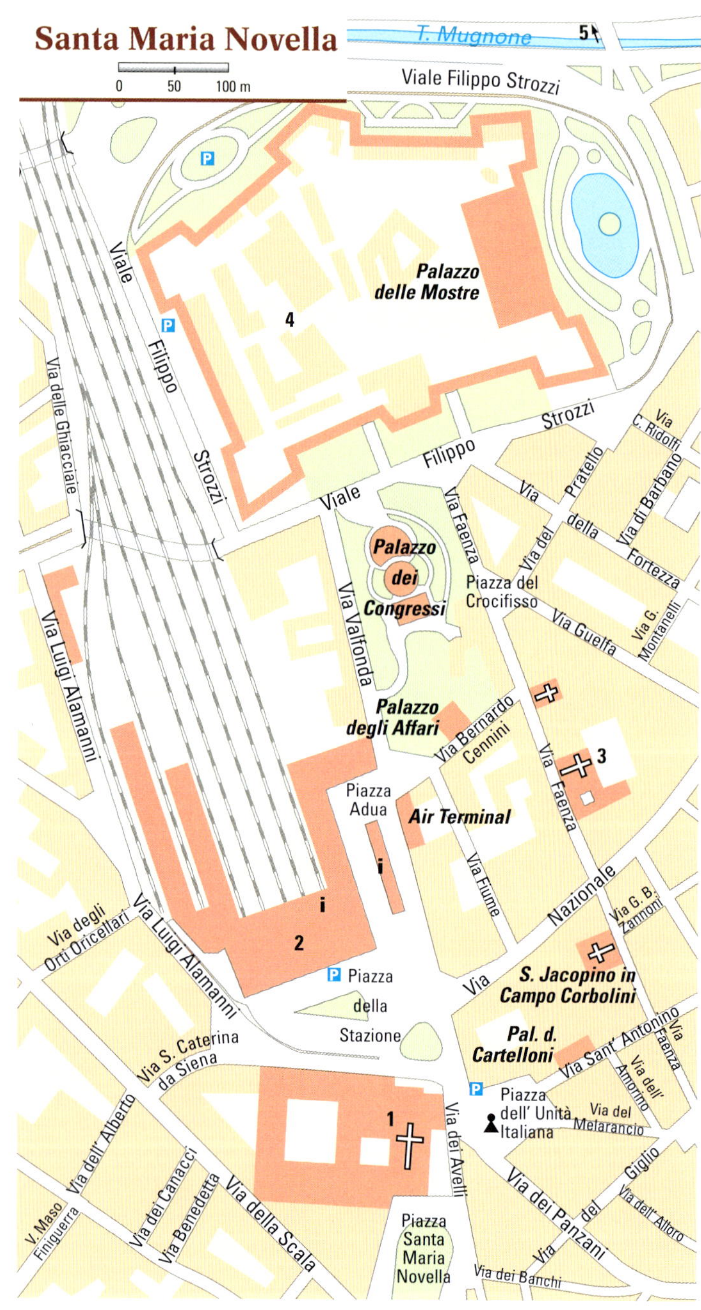

Stadtviertel Santa Maria Novella

1. Santa Maria Novella
2. Stazione Centrale di Santa Maria Novella
3. Sant'Onofrio di Foligno
4. Fortezza da Basso
5. Museo Stibbert

Von der Stazione zur Fortezza

Die **Stazione Santa Maria Novella (2)** zählt in ihrer Funktionalität und der kubischen Formgebung zu den Hauptwerken moderner Architektur in Italien. Man errichtete den Bahnhof im faschistischen Italien 1932–34 nach Plänen eines Architektenteams um Giovanni Michelucci.

Im ehemaligen Clarissenkonvent **Sant'Onofrio di Foligno** (**3**, Via Faenza 40–48) ist eines der zahlreichen Florentiner Abendmahlfresken zu besichtigen. Perugino malte es um 1497 in Auseinandersetzung mit den Abendmahldarstellungen Castagnos (Sant'Apollonia, S. 202f.) und Ghirlandaios (Ognissanti, S. 160f.).

Den riesigen Komplex der **Fortezza da Basso (4)** ließ 1534/35 Herzog Alessandro de' Medici nach Plänen von Antonio da Sangallo errichten. Kaiser Karl V. forderte die Festungsanlage als Bedingung für die Eheschließung seiner illegitimen Tochter Margarete mit dem Medici-Bastard Alessandro ein. Heute dient sie als Ausstellungs- und Kongresszentrum.

Ein Kuriosum unter den Florentiner Museen ist das am nördlichen Stadtrand gelegene **Museo Stibbert** (**5**, Via Federico Stibbert 26, Buslinie 4). Der schottische Offizier Frederick Stibbert (1838–1906), dessen Mutter Italienerin war und der auf seiten Garibaldis kämpfte, hat hier eine erstaunliche Sammlung von Waffen, Gemälden und Kunsthandwerk zusammengetragen und mitsamt seiner Villa, die er in ein mittelalterliches Kastell umgebaut hatte, der Stadt Florenz vermacht. Die dekorative Präsentation und das historische Ambiente des späten 19. Jh. blieben unverändert. Zu den Höhepunkten der mehr als 60 Räume beanspruchenden Sammlung zählen die lebensgroßen Kostümfiguren (u. a. ein indischer Fürst mit seinem Gefolge, Samurai) sowie ein Reiterzug mit italienischen, deutschen und asiatischen Harnischen des 16. Jh.

Sant'Onofrio di Foligno

Via Faenza, 42
Tel. 055 28 69 82

Cenacolo del Conservatorio di Foligno

Sant'Onofrio
Tel. 055 28 69 82
www.polomuseale.firenze.it/musei/foligno
Di, Do, Sa 9–12 Uhr; 1. Mai, 25. und 31. Dez. geschl.

Museo Stibbert

Via F. Stibbert 26
Tel. 055 47 55 20
Mo–Mi 10–14, Fr/Sa 10–18 Uhr

San Lorenzo, San Marco und SS. Annunziata

Zwischen San Lorenzo und Accademia

Cityplan San Lorenzo, San Marco und SS. Annunziata S. 182

Besonders sehenswert: San Lorenzo, Chiostro dello Scalzo, San Marco, SS. Annunziata, Museo Nazionale Archeologico

Das Gebiet nördlich des Doms war seit dem Mittelalter ein Zentrum der Klöster (San Marco, Sant'Apollonia) und Hospitäler, darunter das noch heute existierende Ospedale di Santa Maria Nuova, Brunelleschis Ospedale degli Innocenti und das Hospital von San Matteo, das die heutige Kunstakademie beherbergt. Unter den gleichmäßig in nordöstlicher Richtung verlaufenden Straßen haben die Via Ginori und ihre Verlängerung, die Via San Gallo, mit schönen Renaissancepalästen ein besonderes Flair. An der parallel verlaufenden, sehr verkehrsreichen Via Cavour erbauten die Medici ihren Familienpalast, wählten dann gleich die benachbarte Kirche San Lorenzo zu ihrer Hauskirche und stifteten das nahe Dominikanerkloster von San Marco.

Das Mittelalter ist in diesen nördlichen Vierteln weniger präsent, statt dessen erlebt man das Florenz der Früh- und Hochrenaissance. Zu den Höhepunkten zählen neben dem von Brunelleschi und Michelangelo gestalteten Komplex von San Lorenzo das erwähnte Kloster San Marco und die Piazza SS. Annunziata. Es trifft sich gut, dass in diesem Viertel auch das Archäologische Museum seinen Sitz hat. So kann man die wichtigsten Zeugnisse der Antikenbegeisterung zu Zeiten der Renaissance gleich mitbesichtigen.

San Lorenzo

San Lorenzo ★★

Das **Denkmal** auf der Piazza San Lorenzo gilt Giovanni delle Bande Nere, dem Vater Cosimos I. Es ist ein Werk von Baccio Bandinelli (1540–44). Ursprünglich war das Denkmal für das rechte Querschiff von San Lorenzo vorgesehen, doch wurde 1543 der Sockel allein auf dem Platz aufgestellt und diente als Marktbrunnen. Erst 1851 setzte man die Statue auf, die bis dahin im Palazzo Vecchio aufbewahrt worden war.

San Lorenzo
Tel. 055 21 40 42
tgl. 10–17.30 (Nov.–Febr. So bis 13.30) Uhr

San Lorenzo (1) zählt zu den ältesten, in frühchristlicher Zeit gegründeten Kirchen der Stadt. Gestiftet wurde sie einst von einer konvertierten Jüdin, geweiht hat sie Bischof Ambrosius von Mailand im Jahr 393. Als Bauplatz diente eine kleine Anhöhe außerhalb der damaligen Stadtmauern an der Ausfallstraße nach Fiesole. Erneuert wurde die Kirche zum ersten Mal während des 11. Jh. Den jetzigen Bau begann man um 1421 im Wesentlichen nach Plänen Filippo Brunelleschis.

◁ Anders als bei Palästen des 14. Jh. (s. Palazzo Davanzati, S. 146), ist der Hof des Palazzo Medici wie ein Kreuzgang regelmäßig gestaltet. Indem die Treppe ins Innere verlegt wurde, öffnen sich jetzt an allen vier Seiten Säulenarkaden.

Wer nach dem Besuch von Santa Maria Novella oder Santa Croce den Innenraum von San Lorenzo betritt, ist vielleicht von der nüchternen Atmosphäre enttäuscht. Dies liegt vor allem am kühlen Farbklang von Bläulich-Grau und Weiß. Doch auch das Andersartige dieses wegweisenden Renaissancebaus fällt auf: Die Stützen sind nicht mehr die traditionellen Rund-, Vierkant- oder Oktogonalpfeiler, wie

San Lorenzo, San Marco und SS. Annunziata

1 San Lorenzo
2 Biblioteca Laurenziana
3 Cappella dei Principi
4 Neue Sakristei
5 San Giovannino degli Scolopi
6 Palazzo Medici-Riccardi
7 Palazzo Ginori
8 Palazzo Taddei
9 Museo Andrea del Castagno in Sant'Apollonia
10 San Giovannino dei Cavalieri
11 Palazzo Pandolfini
12 Chiostro dello Scalzo
13 Casino Mediceo
14 Chiesa e Chiostro San Marco
15 Casino della Livia
16 Galleria dell'Accademia
17 Opificio delle Pietre Dure
18 Santissima Annunziata
19 Ospedale degli Innocenti
20 Palazzo Grifoni
21 Museo Nazionale Archeologico
22 Oratorio Santa Maria degli Angeli
23 Palazzo Da Firenzuola
24 Palazzo Niccoloni
25 Palazzo Pucci
26 San Michele Visdomini

man sie von Santa Croce oder Santa Maria Novella kennt, sondern Säulen von antiker Proportion, die ebenso wie die Rundbögen Erinnerungen an die Basiliken des frühchristlichen Rom oder Ravenna wecken.

Ein entscheidender Unterschied zu den früheren Bauten (deren erhöhtes Mittelschiff ebenfalls dem basilikalen Schema entspricht) liegt darin, dass die jetzt enger stehenden Stützen die Seitenschiffe deutlicher absondern. Viele Details sprechen dafür, dass Brunelleschi auf seiner Romreise frühchristliche Kirchen, speziell San Giovanni in Laterano kennenlernte. Die Pilaster der Vierung, die nach den Säulenreihen des Langhauses in ihrer Kantigkeit den Blick auffangen und einen abschließenden Akzent setzen, erinnern ebenfalls an die verwandte Lösung mit Halbsäulen in San Giovanni Laterano.

Doch San Lorenzo zeugt nicht nur vom Wiederaufgreifen frühchristlicher Baugedanken. In dieser Kirche fand Brunelleschi vielmehr zu einer Synthese von frühchristlicher und mittelalterlicher Bautradition. So knüpfte er in der Vierungskuppel an die mittelalterliche Tradition an. Man denke etwa an die Dome von Pisa oder Siena, zahlreich sind die Entsprechungen zum Florentiner Dom. Wie dort im Mittelschiff werden hier die Seitenschiffsjoche von Pilastern gegliedert, die ein horizontal durchlaufendes – die einzelnen Joche zusammenfassendes – Gebälk tragen. Vom Dom und von Santa Maria Novella übernahm Brunelleschi auch die Rundfenster.

Durch die Bindung an das bereits gebaute Querschiff und an das bestehende Langhaus der Vorgängerkirche konnte Brunelleschi seinen Bau jedoch nicht ganz mit der ihm eigentümlichen Konsequenz durchführen. Daher stehen Haupt- und Seitenschiff noch nicht in einfachen Maßverhältnissen zueinander, wie dies später in Santo Spirito (s. S. 282) der Fall sein wird. Jene zweite Kirche Brunelleschis ist in mehrfacher Hinsicht eine Korrektur von San Lorenzo, denn dort ›hinkt‹ der Bau auch nicht mehr (wie es Vasari anschaulich ausdrückte): In San Lorenzo sind die Pilaster der Seitenschiffe kürzer geraten als die Säulen, weil sie auf den Stufen der Seitenkapellen stehen. Diese Unschönheit, diesen Fehler im System, wusste Brunelleschi in Santo Spirito zu vermeiden.

Die Rationalität und Logik, mit der in San Lorenzo die architektonischen Probleme gelöst und verwirklicht werden, die Vorliebe für einfache Zahlenverhältnisse und regelmäßige geometrische Körper, charakterisieren Brunelleschis architektonisches Werk und die von ihm geprägte Zeit. Das Beispiel des Florentiner Doms zeigt jedoch, dass wichtige Voraussetzungen dafür in der Trecentotradition lagen. Die Konsequenz, mit der die einzelnen Elemente und Bauteile aufeinander bezogen werden, entspricht der Systematik gotischer Architektur. Das Systematische war wiederum Voraussetzung dafür, dass sich Brunelleschis Synthese aus verschiedenen Bautraditionen als Renaissancestil über große Teile der Welt verbreiten und für die kommenden Jahrhunderte zur Grundlage jeglichen Bauens werden konnte.

Baugeschichte

Die erwähnte frühchristliche Kirche basilikaler Form wurde im 11. Jh. erneuert und von Papst Nikolaus II. 1059 geweiht (zusammen mit dem Baptisterium). 1418 erhielt das Kapitel von San Lorenzo die Erlaubnis, den fünfjochigen Bau um drei weitere Langhausjoche, um das Querschiff mit den Chorkapellen und die Sakristei zu erweitern. Die Pläne dazu erstellte zunächst der Prior Dolfini. Die Realisierung des Neubaus war nicht leicht: Grundstücke mussten enteignet, Häuser abgerissen, eine öffentliche Straße und ein Platz zu Baugrund umgewandelt werden. Zur Finanzierung erklärten sich wohlhabende Familien des Pfarrsprengels bereit, allen voran die Medici. Giovanni di Bicci de' Medici, der Vater Cosimos, übernahm die Kosten für die Sakristei (›Alte Sakristei‹) sowie die angrenzende Chorkapelle und verpflichtete Brunelleschi als Baumeister. Schon während der Bauzeit erregte die Sakristei in ihrer nie dagewesenen Formensprache derartiges Aufsehen, dass der Architekt um 1421 mit dem Querschiff und den drei neuen Langhausjochen beauftragt wurde. Doch schon bald, um 1425, gingen den Stifterfamilien die Geldmittel aus – der Krieg gegen Lucca *(la folla impresa)* hatte Unsummen verschlungen. 17 Jahre

San Lorenzo

- a *Innenfassade mit Reliquientribüne ›la Balconata‹, Michelangelo*
- b *Vermählung Mariens, Rosso Fiorentino, 1523*
- c *Anbetung der Könige, Girolamo Machietti*
- d *Sakramentstabernakel, Desiderio da Settignano*
- e/f *Bronzekanzeln, Donatello, 1460–67*
- g *Gedenkplatte, Verrocchio; Vierungskuppelfresko, Vicenzo Meucci, 1742*
- h *Hauptchorkapelle*
- i *Verkündigung, Filippo Lippi, um 1437*
- j *Martyrium des hl. Laurentius, Bronzino, 1565–69*
- k *Sängerkanzel, Umfeld Donatellos*

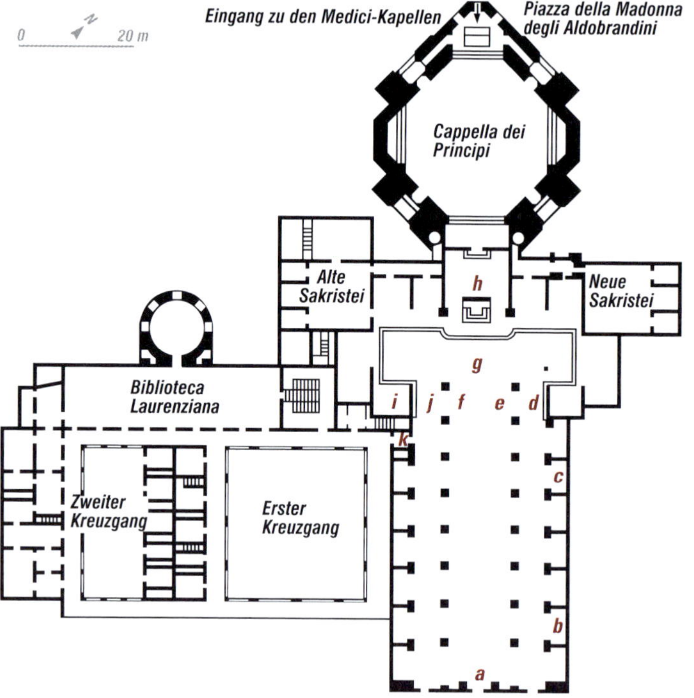

vergingen, bis Cosimo de' Medici sich schließlich dazu bereit erklärte, die Kosten für die noch anstehenden Bauarbeiten zu übernehmen. Nach den neuen, von ihm durchgesetzten Steuergesetzen war er nunmehr einer der wenigen Bürger, die man noch als sehr wohlhabend bezeichnen konnte. Mit einem Darlehen von 40 000 Goldflorinen (an dessen Rückzahlung wohl niemand ernsthaft dachte), konnten die Arbeiten abgeschlossen werden. Fast unmittelbar nach der Beendigung erneuerte man die noch bestehenden Joche der alten Kirche nach dem Vorbild der bereits ausgeführten Joche Brunelleschis. Da dieser 1446 verstorben war, übernahm sein Mitarbeiter Antonio Manetti die Bauleitung, fügte die von Brunelleschi geplanten Seitenschiffskapellen hinzu und errichtete zuletzt die Kuppel nach eigenen Plänen. Niedrig, dunkel und ohne Tambour dürfte sie jedoch kaum Brunelleschis Vorstellungen entsprechen.

Dem **Außenbau** wurden erst um 1500 die Blendarkaden und Pilaster der Nordseite hinzugefügt. Für die Fassade lieferten nahmhafte Architekten Entwürfe und Modelle: Giuliano da Sangallo, Jacopo Sansovino, Baccio d'Agnolo und schließlich Michelangelo. Doch zur Ausführung kam es nicht, da niemand mehr willens oder fähig war, die Kosten zu tragen. Nach Plänen Michelangelos wurden jedoch 1532 das rechte Nordportal und auch die Innenfassade ausgeführt.

Die Empore *(la Balconata)* an der **Innenfassade (a)** war für die Zurschaustellung von Reliquien gedacht, die der Medici-Papst Clemens VII. San Lorenzo geschenkt hatte. Zur Errichtung des Glockenturms nach Plänen von Ferdinando Ruggieri kam es erst 1740–41.

Grundriss

Konventionell wirkt der Grundriss, was daran liegt, dass das Querschiff bereits nach Plänen des Priors Dolfini begonnen worden war, als Brunelleschi um 1421 die Bauleitung übernahm. Wie in Santa Maria Novella gibt es daher auch hier wieder fünf Chorkapellen und je eine Kapelle an den Stirnseiten der Querarme. Auffallend sind einige Entsprechungen in den Maßen: Querschiff, Mittelschiff und Hauptchorkapelle sind gleich breit. Die Seitenschiffsjoche dagegen entsprechen dem Flächenmaß der Nebenchorkapellen.

Innenausstattung

Wenige, doch bedeutende Kunstwerke zählen zur Ausstattung der Kirche, darunter Donatellos Bronzekanzeln. Unbedingt sehenswert ist die Alte Sakristei (s. S. 188ff.).

Im Altarbild der **»Vermählung Mariens« (b,** 1523) im rechten Seitenschiff vermeidet **Rosso Fiorentino** die ihm sonst eigentümliche grelle Farbgebung. Maria wird nicht wie üblich mit Josef, sondern mit Gabriel, dem Engel der Verkündigung vermählt.

Das **Sakramentstabernakel (d)** von Desiderio da Settignano (1461) zählt zu den schönsten Zeugnissen der verfeinerten, dekorreichen Bildhauerkunst nach der Mitte des 15. Jh. Der jung verstorbene Desiderio zeigt sich auch hier als ein Meister der zarten Oberflächenbehandlung. Der krönende Christusknabe, die Putten und die Leuchter tragenden Engel sind von einer Anmut und Sinnlichkeit, wie sie Donatello nicht anstrebte. Dessen Einfluss zeigt jedoch das untere Relief mit dem von Maria und Johannes gehaltenen Schmerzensmann. Desiderio wandelt Donatellos Technik des *rilievo schiacciato* ab, indem er die Figuren die Ränder entlang vorstehen lässt, sodass sie wie vom Hintergrund gelöst erscheinen. Das Tabernakel hat mehrfach seinen Platz gewechselt und ist in der Anordnung und der Rahmung der unteren Teile nicht authentisch.

Die beiden **Bronzekanzeln**, **Donatellos** letzte Werke, sind leider durch Absperrung und schlechte Beleuchtung in ihren Einzelheiten der Betrachtung fast entzogen. Sie entstanden um 1460–67 unter Mithilfe der Schüler Bartolomeo Bellano und Bertoldo di Giovanni, die die Arbeiten nach dem Tod Donatellos 1466 zu Ende führten. Thema der beiden Kanzeln ist die Passion Christi und die Erfüllung der Heilsbotschaft. Die Reliefs der **linken Kanzel (f)** zeigen (beginnend auf der Seite des linken Schiffs): »Geißelung«, ebenso wie »Johannes der Evangelist« Ergänzung des frühen 17. Jh. in bronziertem Holz, »Christus am Ölberg«, »Christus vor Kaiphas und vor Pilatus«, »Kreuzigung«, »Beweinung«, »Grablegung«. Die »Beweinung« dürfte Donatello selbst ausgeführt haben. Die anderen Reliefs gelten als Entwürfe, die der an progressiver Paralyse (fortschreitende Gehirnerweichung) erkrankte, auf die 80 zugehende Meister nicht mehr selbst ausarbeiten konnte.

Die **rechte Kanzel (e)** zeigt: »Martyrium des hl. Laurentius«, »Verspottung Christi« (bronziertes Holz, 17. Jh., ebenso auch die Gestalt des hl. Lukas), »Die Drei Marien am Grab«, »Christus in der Vorhölle«, »Auferstehung«, »Himmelfahrt«, »Herabkunft des hl. Geistes«. Diese Kanzel ist stilistisch einheitlicher, sie lässt Donatellos Hand deutlicher erkennen, auch wenn die Politur und die Ausarbeitung einiger Details auf Bellano zurückgehen dürften.

Die beiden Kanzeln erinnern an antike Sarkophage; die Friese sind mit Eroten, Vasen mit Kentauren und Rossbändigern geschmückt. Donatello fühlte sich in diesen seinen letzten Werken weder an seine früheren Formvorstellungen noch an die herkömmliche Begrenzung der Bildfläche gebunden. Bei der linken Kanzel wird die Szene der »Kreuzigung« um die Sarkophagecke geführt. Die Szene des »Ölberg« überschneidet den Rahmen. Bei der »Beweinung« dagegen überdeckt der Rahmen rücksichtslos die Kreuze und die Schächer. Auch von der ikonografischen Tradition hat Donatello sich gelöst, indem er die meisten Szenen aus sehr persönlicher Sicht darstellt. So erscheint der Christus der »Auferstehung« (rechte Kanzel) nicht als Sieger über den Tod, sondern in schwerer Leiblichkeit, noch eingehüllt in Leichentücher und wie benommen vom Schlaf. In der anschließenden Szene der »Vorhölle« wirkt die Gestalt Christi, wie es John Pope-Hennessy ausdrückte, wie »ein Befreier, der den Insassen eines Gefangenenlagers zu Hilfe kommt«. Das, was Donatello – als einzigem Bildhauer der Frührenaissance – in seinen Heiligenskulpturen möglich war, die Synthese des antiken und christlichen Menschenbilds, versucht er hier auch im erzählenden Relief darzustellen: In der »Beweinung« (linke Kanzel) finden sich neben still Trauernden auch Frauen, die »ihre Verzweiflung in mänadenartiger Raserei offenbaren«. Es verbinden sich »das Gefühlsdrama eines klassischen Threnos mit der Innerlichkeit und dem Mitgefühl christlicher Andachtsbilder« (H.W. Janson).

Man vergegenwärtige sich, dass die künstlerischen Bekenntnisse des gealterten Donatello einer Zeit angehören, in der eine jüngere Ge-

Innenraum, San Lorenzo. Als Brunelleschi mit der Planung begann, standen noch fünf Langhausjoche der Vorgängerkirche, an deren Grundrissmaße er gebunden war. Wie die anderen Kirchen der Protorenaissance wirkt die Architektur von San Lorenzo sehr leicht und hinterlässt den Eindruck einer anmutigen Erscheinung ebenso wie einer regelmäßigen und präzisen Ausführung, wenn etwa die Arkaden als geometrisch exakte Halbkreise ausgebildet und abgestuft profiliert sind. Von Brunelleschis konsequentem architektonischen Denken zeugt das in der abendländischen Baukunst seltene Zwischenkapitell (Kämpfer) zwischen dem Säulenkapitell und dem Bogenansatz, wie es Brunelleschi am Baptisterium und in Santi Apostoli vorgebildet fand. Seine zwingende Notwendigkeit im Bausystem von San Lorenzo enthüllt der Blick ins Seitenschiff, wo dessen Funktion das Gebälk über den Pilastern einnimmt

neration Lebensfreude und Schönheit verherrlichte. Donatello war als Künstler vereinsamt. Einzig der mit ihm altgewordene Cosimo de' Medici schreckte vor Donatellos Vision nicht zurück. Er war es, der diese Kanzeln in Auftrag gegeben hatte, ohne dass er freilich ihre Vollendung erleben konnte. Als der Bildhauer zwei Jahre später Cosimo in den Tod folgte, bestattete man ihn an der Seite seines langjährigen Freundes und Förderers in der Krypta dieser Kirche unter der Vierung. Die provisorisch vollendeten Kanzeln wurden erst 1515 anlässlich eines Besuchs des Medici-Papsts Leo X., endgültig dann (mit marmornem Unterbau) 1558–64 aufgestellt.

Die runde **Gedenkplatte (g)** in der Vierung markiert das Grab Cosimos d. Ä. in der Krypta. Die Platte aus verschiedenen Materialien (Marmor, Porphyr, Serpentin, *pietra serena* und Messing) ist ein Frühwerk **Andrea Verrocchios.** Cosimo wird hier offiziell *(decreto publico)* »Pater Patriae« genannt. Das Kuppelfresko mit der Verklärung einiger florentinischer Heiliger malte 1742 Vincenzo Meucci.

Die **Hauptchorkapelle (h)** war 1787 bis 1860 zur Cappella dei Principi hin geöffnet. Der Altar in *pietra-dura*-Technik von Gaspare Maria Paoletti (1787) und das Kruzifix von Baccio da Montelupo stammen aus der Fürstenkapelle.

Fra Filippo Lippis »Verkündigung« (**i,** um 1437) gehört zu den Werken der Frührenaissance, in denen sich Raumtiefe, Körperlichkeit der Figuren und Linienspiel sehr glücklich verbinden. Hinzu kommen helle, körperlos wirkende Farben. Manches erinnert an Donatellos »Verkündigung« in Santa Croce: das Aufschauen des Engels, das Standmotiv der Jungfrau und die Art, wie das dünne Gewand den Körper in bewegten Faltenlinien umspielt und durchscheinen lässt.

Die etwas später entstandenen Predellatafeln zeigen Szenen aus dem Leben des hl. Nikolaus von Bari. Nikolaus war der Namenspatron des Stifters Niccolò Martelli, der an der linken Kapellenwand in einem Marmorsarkophag aus der Donatello-Werkstatt bestattet wurde. Der Sarkophag an der rechten Wand ist ein um 1896 gefertigtes Kenotaph für Donatello, der in der Krypta begraben liegt.

Das großformatige, 1565–69 entstandene Fresko **»Martyrium des hl. Lorenzo« (j)** zählt zu den Hauptwerken Bronzinos und ist zugleich ein Paradebeispiel einer virtuosen Gruppeninszenierung zurzeit des Manierismus. Das Martyrium des Heiligen im spätantiken Rom wird zum Anlass, vor der Kulisse einer römisch inspirierten Architektur eine Vielzahl von Aktfiguren extreme Körperhaltungen demonstrieren zu lassen, die auf Vorbilder der Antike und Michelangelos zurückgehen.

Alte Sakristei

Der Zugang zur **Alten Sakristei** liegt im linken Querarm. Als Stiftung von Giovanni di Bicci de' Medici, dem Vater Cosimos, diente sie den Medici als Grablege. Brunelleschi schuf hiermit um 1419–22 den ersten Zentralraum der Renaissance. Zusammen mit dem Ospedale degli Innocenti markiert er den Beginn einer neuen Zeit, der Epoche der Säulenarchitektur.

Das Neuartige dieses Raums lag nicht nur im konsequenten Einsatz von antiken Bauelementen (Pilaster und Gebälk). Neu war auch, dass Brunelleschi den Raum aus regelmäßigen geometrischen Körpern, aus den Grundformen von Kuben und Halbkugeln konstruierte und allen Teilen ein einheitliches Grundmaß, die Florentiner Elle (ca. 58 cm), zugrunde legte. Der Grundriss des Hauptraums hat die Form eines Quadrats, dessen Seitenlänge 20 Florentiner Ellen beträgt (11,60 m).

Die Chorwand erinnert mit ihrem Bogen, den Portalen und den Blendbögen an einen römischen Triumphbogen. Eine entscheidende Erneuerung Brunelleschis lässt sich nur nachvollziehen, wenn man bereit ist, seinen analytischen Gedankengängen zu folgen. Unter ›Wand‹ versteht man gewöhnlich eine Aufmauerung von Steinmate-

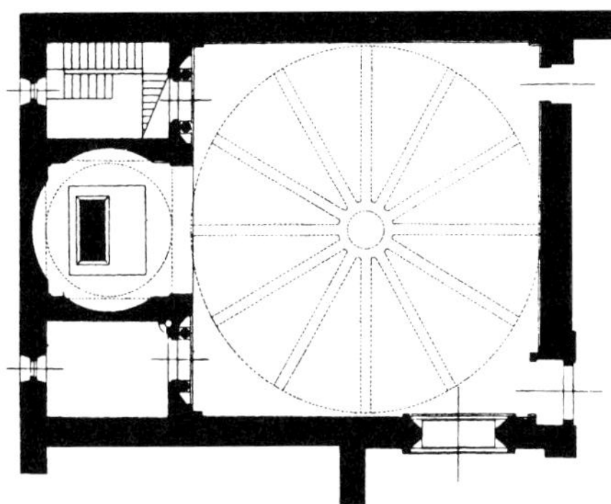

Alte Sakristei, San Lorenzo, Grundriss und Längsschnitt. Wie der Längsschnitt veranschaulicht, besteht der Raum aus drei übereinander geschichteten, gleich hohen Abschnitten. Der untere Teil hat annähernd die Form eines halben Würfels. Über diesem Halbwürfel liegt die Pendentifzone, darüber die Halbkugel der zwölfgeteilten Melonenkuppel (Schirmkuppel). Brunelleschi hat diesen Hauptraum in verkleinertem Maßstab und veränderter Proportion in der Chorkapelle wiederholt. Hier misst das Grundrissquadrat nur ein Viertel von dem des Hauptraums, doch das Gebälk liegt auf der gleichen Höhe

rial mit der Funktion, zu begrenzen, zu tragen, Wärme zu isolieren oder Bildträger zu sein. Nicht so bei Brunelleschi. Für ihn ist eine Wand anschaulich kein materielles Gebilde, sondern eine von Pilastern und Gebälk gerahmte, immateriell wirkende Fläche. So sind die architektonischen Glieder (Pilaster, Architrav, Gesims, Bögen, Fensterrahmen, Rippen) aus bläulich-grauer *pietra serena*, die dazwischen eingespannten, leeren Wandflächen hingegen hell getüncht, sodass sie in ihrer Materialität kaum in Erscheinung treten. Brunelleschis Wände wirken auf diese Weise schwerelos wie abstrakte Flächen. Sie gleichen ›leeren Bildflächen‹, die durch ihre Rahmung sowohl in ihrer Flächigkeit als auch in ihrer Flächenform (als Quadrat, Rechteck etc.) betont werden. Indem nun die Flächen in ihrer Zweidimensionalität und zugleich als geometrische Grundform interpretiert werden, tritt auch der Raumkubus entsprechend artikuliert in Erscheinung. Dies lässt sich nachvollziehen, wenn man etwa an die Spanische Kapelle im Kreuzgang von Santa Maria Novella (s. S. 175) zurückdenkt: Hier verhindern schon die eingestellten Eckpfeiler, aber auch die auf die architektonische Struktur wenig Rücksicht nehmende Freskenbemalung, dass sich ein ähnlicher Effekt eines stereometrischen Raumgebildes einstellen könnte. Gerahmte Wandflächen im Sinne Brunelleschis kannte bereits das 14. Jh., wenngleich nur vereinzelt (so im Oktogon des Florentiner Doms, wo die Flächen bereits durch Pilaster gegliedert und gerahmt sind.) Brunelleschi konnte somit in der Interpretation der Wand an die Kunsttradition seiner Heimatstadt anknüpfen.

Im Gesamtbild des Raums störend wirken die kräftig hervortretenden Tabernakel der Portale, die nach Plänen Donatellos nachträglich hinzugefügt wurden. Ihre wuchtige Form hat Brunelleschi zu Recht kritisiert. In dem aus geometrischen Vorstellungen hervorgegangenen

Raumgebilde hatte er keine Ausstattung vorgesehen. Die Tondi der Pendentifzone waren leer gedacht, ihre Form sollte anschaulich auf das Rund der Kuppel vorbereiten. Erst 1434, sechs Jahre nach Beendigung der Bauarbeiten, fünf Jahre nach dem Tod des Stifters Giovanni di Bicci, beauftragten dessen Söhne Cosimo und Lorenzo den Bildhauer Donatello mit den polychromen Stuckreliefs. In den **Lünettenmedaillons** sind die Evangelisten dargestellt, in den **Tondi** vier Szenen aus dem Leben Johannes des Evangelisten, Namenspatron des Stifters, dem auch die Sakristei geweiht ist: »Auferweckung der Drusiana«, »Johannes auf Patmos«, »Martyrium« und »Himmelfahrt des Evangelisten«. Es sind Raumvisionen, die in ihrer übertriebenen perspektivischen Verkürzung im 15. Jh. nicht ihresgleichen fanden. Über den Türen und der Chorwand sieht man Stuckreliefs: links die frühchristlichen Märtyrer Stephanus und Laurentius von Donatello, rechts die Ärzte Cosmas und Damian, die Schutzheiligen der Medici, wahrscheinlich von Michelozzo.

Aufmerksamkeit verdienen auch **Donatellos Bronzetüren** (1437–43). Die Märtyrer, Apostel und Evangelisten stehen nicht isoliert oder wie die übliche Versammlung von Heiligen nebeneinander gereiht.

Alte Sakristei, San Lorenzo. Auch wenn sich Brunelleschi in der Alten Sakristei eines antiken Vokabulars bedient, können Gewölbe und Wand doch nicht als voneinander unabhängige Gebilde betrachtet werden, wie dies bei antiken Bauten der Fall war. Sie sind vielmehr aufeinander bezogen, indem jeder der Bögen der Gewölbezone durch einen eigenen Pilaster aufgefangen wird. Das geht so weit, dass die Zahl der Kannelüren auf die Breite des Bogens abgestimmt ist. Darin war Brunelleschi keineswegs revolutionär, sondern knüpfte an das Architektursystem von Romanik und Gotik an, wo Gewölbe und Wand durch Dienste oder Lisenen anschaulich verbunden sind. Ähnliches war selbst der Florentiner Protorenaissance noch unbekannt: Im Baptisterium liegt die Kuppel wie eine abnehmbare Haube den Wänden auf

Sie sind in den quadratischen Feldern paarweise angeordnet, im heftigen Disput mit abrupten Körperwendungen und ausdrucksstarken Gesten. Unter dem großen Marmortisch, der zum Auslegen der Messgewänder diente, ruhen in einem 1433 von Buggiano gefertigten Sarkophag die Eltern Cosimos d. Ä., Giovanni di Bicci de' Medici und Piccarda Bueri.

In der linken Seitenwand ist das **Doppelgrabmal der Söhne von Cosimo de' Medici,** Giovanni (gestorben 1463) und Piero des Gichtigen (gestorben 1469) eingelassen: ein äußerst raffiniert ausgeführtes Werk von Andrea Verrocchio (1469–72). In der fantasievollen Verwendung verschiedenfarbiger Materialien (dunkelroter Porphyr, weißer Marmor, grüner Serpentin, schwarzgrüne Bronze) bildet es den Höhepunkt der verfeinerten Dekorationskunst der zweiten Quattrocentohälfte. Der zweimal gezeigte, geschliffene Diamant ist das Wahrzeichen der Medici. Die Bekrönung mit Muschelfüllhörnern nimmt »Lösungen vorweg, wie sie durch die Jahrhunderte für die Bekrönung von Altar- und Thronbaldachinen, von Katafalken, Oratorien und Prunkkarossen gültig bleiben« (Günter Passavant). Das Taue nachbildende, gegossene Gitterwerk (von Vasari gelobt, von Jacob Burckhardt getadelt) wurde Vorbild für unzählige Gitter der heutigen Florentiner Geschäftsläden.

Auf dem Bord der Eingangswand steht eine Terracottabüste des hl. Laurentius, die Desiderio da Settignano zugeschrieben wird. Das Deckenfresko der Kapelle zeigt eine nicht befriedigend deutbare Sternenkonstellation, und zwar die vom 9. Juli 1422 über Florenz (vielleicht der Tag der Ausführung?). Das Holzkruzifix ist aus der zweiten Hälfte des 15. Jh. Das Lavabo im linken Nebenraum der Sakristei, ein Werk Verrocchios (1465), trägt die Devise des Piero de' Medici: »semper« (stets).

Der doppelgeschossige **Kreuzgang** im Stil der Frührenaissance entstand nach Plänen von Brunelleschis ehemaligem Mitarbeiter Antonio Manetti, 1457. Er wurde den bereits bestehenden Kanonikerwohnungen vorgebaut. Von der oberen Loggia sieht man die Domkuppel und hat auch Zugang zur Biblioteca Laurenziana.

»Auf Grund ihrer neuen Form und ihrer Schönheit versetzte (die Sakristei) jedermann, Bürger oder Fremde, in Erstaunen und andauernd strömten Menschen herbei, die diejenigen, die daran arbeiteten, sehr störten.«
Antonio Manetti (Brunelleschis Mitarbeiter und erster Biograf)

Biblioteca Laurenziana

Im Winter 1523–24 fasste Papst Clemens VII. (Giulio de' Medici) den Entschluss, für die wertvolle Büchersammlung seines Hauses einen eigenen Bau zu errichten, und beauftragte Michelangelo mit der Planung der **Biblioteca Laurenziana (2).** Den Grundstock der Sammlung bildeten die 600 Handschriften, die Cosimo d. Ä. einst dem Kloster San Marco geschenkt hatte und von Kardinal Giovanni de' Medici 1508 zurückgekauft worden waren. Vorübergehend nach Rom gelangt, sollten sie nun in Florenz öffentlich zugänglich gemacht werden. Die Ausführung des Baus verzögerte sich durch Michelangelos lange Abwesenheit, sodass die Bibliothek erst 1571 eröffnet werden konnte.

Biblioteca Laurenziana
Piazza di San Lorenzo 9
Tel. 055 21 07 60, 055 21 15 90, 055 21 44 43
www.bml.firenze.sbn.it
Mo, Mi, Fr 8–14, Di, Do 8–18.30 Uhr
Vestibül, Treppe und Bibliotheksaal Michelangelos können bei Ausstellungen Mo–Sa 9.30–13.30 Uhr besichtigt werden.

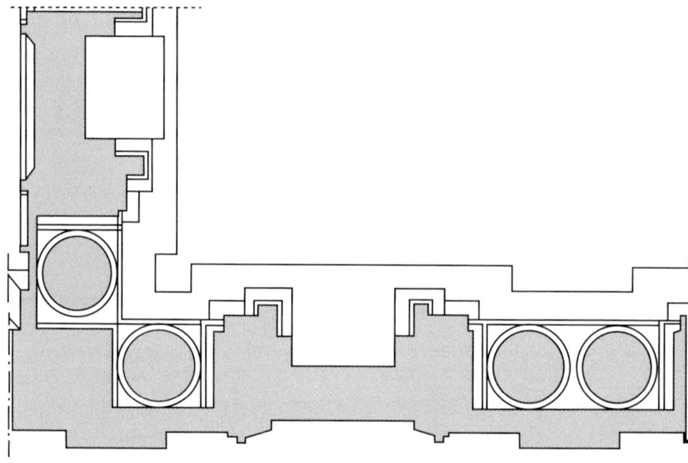

Grundrissdetail Biblioteca Laurenziana, San Lorenzo

Das Vestibül gehört zu den eigenwilligsten Räumen, die je realisiert wurden. Nirgendwo stehen Formen im gewohnten architektonischen Zusammenhang. Der Raum ist extrem steil, die Freitreppe ist im Verhältnis zu seiner Enge überdimensioniert. Die Säulenpaare stehen nicht, wie üblich, vor, sondern in der Wand. Die Wand wiederum – so scheint es – ist aufgeteilt in Blöcke und Säulenpaare. Wie die Gesimse verdeutlichen, springen jedoch die einen vor, während die anderen zurücktreten, sodass es unklar ist, wo die eigentliche Raumgrenze liegt. Frei stehende Säulen wären in diesem engen Raum unangebracht gewesen und hätten zudem im Erdgeschoss einer Abstützung bedurft. Michelangelo folgte im Verzicht auf Säulen der Florentiner Tradition, die stets vermied, Formen plastisch hervortreten zu lassen, um die Grunddimensionen der Fläche und des Kubus zu wahren.

Die Tabernakelfenster gehören traditionellerweise zur Außen- architektur – auf diese Weise spürt der Besucher, dass er in einem Vorraum steht. Zudem suggeriert ihm die hohe Sockelzone, dass er sich nicht auf der Ebene des Hauptgeschosses befindet, sondern auf der des Untergeschosses. Es zieht ihn hinauf auf die Ebene der Säulen. Um dorthin zu gelangen, schreitet er die Treppe empor (für die Michelangelo zuvor ein Tonmodell angefertigt hatte). Er muss dabei den Widerstand der konvexen Formen der Stufen überwinden, die sich ihm einem Lavastrom gleich entgegendrängen. Hat er die oberste Stufe erreicht, steht er bereits vor der Schwelle zur Bibliothek. Hier empfängt ihn eine vergleichsweise gelöste, harmonische Atmosphäre. Dem Langgestreckten des Raums wirken die gliedernden Pilaster entgegen. Michelangelo selbst hat die Lesepulte und die Decke entworfen. Der von Tribolo erdachte Ziegelsteinfußboden wiederholt das Deckenmuster. Erst 1841 schloss sich der Anbau in Form einer Rotunde an.

Cappella dei Principi und Neue Sakristei

Der Eingang zur Neuen Sakristei und zur Cappella dei Principi (Fürstenkapelle) befindet sich an der Piazza Madonna degli Aldobrandini. Man kommt zunächst in Buontalentis ›**Krypta**‹ (Unterbau der Fürstenkapelle), sodann in das Mausoleum der Medici-Großherzöge, die **Cappella dei Principi (3).** Es ist der prunkvollste und kostspieligste Florentiner Raum, der am deutlichsten den Reichtum und die Macht der Medici-Herzöge bezeugt und im 18. Jh. als Weltwunder bestaunt wurde. 1605 begonnen, wurde die *pieta-dura*-Dekoration erst im 20. Jh. abgeschlossen. Erst 1828–36 malte **Pietro Benvenuti** das **Kuppelfresko** mit Szenen von der »Genesis« bis zum »Jüngsten Gericht«.

Nach den Vorstellungen des Giovanni de' Medici sollte sich die Hauptchorkapelle von San Lorenzo zum Mausoleum hin öffnen. Dabei wäre die Basilika zu einem Prozessionsweg geworden, der zum monumentalen Oktogon des Mausoleums führt. (Tatsächlich war die

Cappella dei Principi
Neue Sakristei
Piazza Madonna degli Aldobrandini 6
Tel. 055 238 86 02, Vorbestellungen von Einrittskarten gegen Gebühr:
Tel. 055 29 48 83
22. März–1. Nov. Di–So 8.15–16.50 Uhr

Cappella dei Principi, San Lorenzo. Eine Reihe namhafter Architekten hat Pläne und Modelle ausgearbeitet: u. a. Giorgio Vasari, Buontalenti (die beide kleinere, bescheidenere Bauten vorsahen) und Giacomo della Porta. Den 1602 ausgeschriebenen Wettbewerb gewann jedoch Don Giovanni de' Medici, illegitimer Sohn Cosimos I., auf den auch die Idee zu dieser Grabkapelle zurückging. Das Modell Don Giovannis wurde von Buontalenti überarbeitet sowie umgesetzt und nach dessen Tod von Matteo Nigetti fortgeführt (auf ihn gehen die barocken Elemente zurück). Die Bauarbeiten zogen sich bis 1737 hin

Links: Grabmal Lorenzo de' Medici, rechts: Grabmal Giuliano de' Medicis, Neue Sakristei, San Lorenzo. Die Liegefiguren wurden schon zu Lebzeiten Michelangelos durch Vasari als »Allegorien der Tageszeiten« gedeutet. Die weibliche Figur auf dem Sarkophag Giulianos (rechts) ist als einzige eindeutig bestimmbar: als »Nacht« (durch Mondsichel, Eule, Mohnbündel und die Maske des Traumgesichts). Es liegt daher nahe, in der männlichen Figur ihr Gegenbild, den »Tag« zu sehen. Dementsprechend gilt die aus dem Schlaf sich lösende weibliche Gestalt des Lorenzo-Grabmals als

Chorrückwand vorübergehend, 1787–1860, geöffnet). Die Fürstenkapelle übertrifft die beiden älteren Medici-Grabstätten – Brunelleschis Alte Sakristei und Michelangelos Neue Sakristei – sowohl im Ausmaß als auch in der Kostbarkeit des Schmucks. Die *pietra-dura*-Verarbeitung ist ein schwieriges und langwieriges Unterfangen, das Material ist teuer. Über den 6 m langen Sarkophagen Cosimos II. und Ferdinandos I. stehen überlebensgroße **Porträtstatuen** in Bronze von **Pietro Tacca.** Hervorzuheben sind die 16 Wappen von Städten des Großherzogtums (in der Sockelzone), bei denen auch Perlmutter, Koralle und Lapislazuli verwendet wurden. Hinter dem Altar, der erst 1939 unter Verwendung von bereits vorhandenen *pietra-dura*-Arbeiten geplant und ausgeführt wurde, ist der Zugang zu den beiden Räumen der Schatzkammer.

Für viele entspricht der erste Eindruck von **Michelangelos** berühmter **Neuer Sakristei** (**4,** 1520–32) nicht den Erwartungen. Dieser Wallfahrtsort der Kunst erweist sich als ein Raum von frostiger Kühle. Da mag die Erklärung helfen, dass es sich hier um ein Mausoleum, um eine weitere Grabkapelle der Medici handelt. Die irreführende Bezeichnung *Sagrestia Nuova* besagt lediglich, dass es das Gegenstück zur Alten Sakristei ist. Die **Cappella della Risurrezione del Nostro Signore** (so der offizielle Name) ist das Werk eines Bildhauers, der die Formensprache der Architektur zum Instrumentarium seines Ausdruckswillens umgebildet hat.

Michelangeloelo übernahm von Brunelleschis Sakristei außer dem Grundriss auch das Instrumentarium der gliedernden *pietra-serena*-Architektur. Doch sind die Unterschiede nicht zu übersehen: Michelangelo hat das Chorbogenmotiv der Alten Sakristei auf alle vier Wände

übertragen und zwischen Untergeschoss und Pendentifzone ein weiteres Zwischengeschoss mit Tabernakelfenstern eingeführt (Vorbild: Giuliano da Sangallos Sakristei von Santo Spirito, s. S. 286f.). Dadurch wurde der Raum in der Höhe gesteigert und verlor seine ausgewogenen Proportionen. Gleichzeitig sind die Pilaster kräftiger ausgeformt und haben sieben statt sechs Kannelüren. Von eigentümlicher Form sind die trapezförmigen Fensterumrahmungen der Pendentifzone. Das Antiklassische dieser scheinbar perspektivisch sich verjüngenden Fensterform ist offenkundig. Darüber setzte Michelangelo dann eine Kuppel mit Kassettenschmuck nach antik-römischem Vorbild. In den Schmaljochen des Untergeschosses sind die Nischen im Verhältnis zu den Türen entschieden zu groß. Anders als in jeder klassischen Architektur trägt das Leichte hier das Schwere. Die T-förmigen Leisten und Girlanden lassen an den Klassizismus des frühen 19. Jh. denken. Michelangelo lässt offen, ob die Seitenfelder gegenüber den Mittelfeldern hervortreten, oder umgekehrt. Die Marmorarchitektur in den Mittelfeldern ist ebenfalls dreigeteilt, wenn auch in einem kleineren Maßstab, sodass Raum für eine Attikazone blieb.

Die **Grabmäler der Medici-Herzöge** sind mit der Nischenarchitektur der Wandfelder optisch durch die im Dreieck angeordneten Skulpturen verbunden. Während die »Tageszeiten« auf den Sarkophagen liegen, sitzen die »Herzöge« in den Wandnischen. Rechts sieht man das Grabmal des Giuliano de' Medici (1479–1516). Der Sohn von Lorenzo il Magnifico erlangte durch seine Heirat mit Philiberta von Savoyen den Titel eines Herzogs von Nemours, sein Bruder, Papst Leo X., ernannte ihn zum Generalissimus der Kirche (daher der Kommandostab). Gegenüber ruht sein Neffe Lorenzo de' Medici (1492–1519),

»Morgen«, die ältere männliche Figur als »Abend«. Zum Verständnis ist auch eine Notiz Michelangelos auf einem Skizzenblatt aufschlussreich: »Himmel und Erde – Tag und Nacht, sprechen und sagen: Wir haben mit unserem schnellen Lauf den Herzog Giuliano zum Tode geführt ...« In ähnlichem Sinn nannte Michelangelos zeitgenössischer Biograf Condivi die Liegeskulpturen die »alles verzehrende Zeit«. Vasari hat Michelangelos Skulpturen der Tageszeiten als Trauernde gedeutet

Endpunkt der Renaissance

Die kunstgeschichtliche Periode, in der die Gesetze der klassischen Baukunst Gültigkeit besaßen – die Früh- und Hochrenaissance – geht mit der Neuen Sakristei von San Lorenzo zu Ende. Begonnen hatte sie ein Jahrhundert zuvor mit der Alten Sakristei Brunelleschis. Dass diese beiden wegweisenden Räume zur selben Kirche gehören und unmittelbar hintereinander betrachtet werden können, ist ein Glücksfall. Dabei entstand die Neue Sakristei in Auseinandersetzung mit der Alten: Michelangelo war gebunden an identische, bereits angelegte Fundamente und – auf Wunsch des Bauherrn – an das Schema von Brunelleschis Wandgliederung. Diese Gebundenheit aber bedeutete Widerstand, der Michelangelo zur Entfaltung seiner Kräfte herausforderte. Sie war zugleich eine Begrenzung, die seine schöpferische Fantasie in Bahnen lenkte, sich dem Realisierbaren anzunähern. Doch auch diese Kapelle blieb, wie so viele andere seiner Werke, nur ein Fragment.

Sohn des Piero ›lo Sfortunato‹. Ihm verschaffte Leo X. (der sein Oheim war) nach dem Sturz des Francesco Maria della Rovere die Würde eines Herzogs von Urbino. Der geistig umnachtete Lorenzo starb im Alter von 28 Jahren. Michelangelo zeigt ihn in nachdenklicher Haltung. Er repräsentiert das kontemplative Dasein, die *vita passiva,* während Giuliano mit dem Kommandostab und den Münzen (als Zeichen der Freigebigkeit des Fürsten) die *vita activa* verkörpert.

Zwischen den beiden Figurenpaaren bemerkt man stilistische Unterschiede. »Nacht« und »Tag« sind stärker an den Block gebunden, die Glieder fügen sich enger zusammen und überschneiden sich. Für die »Nacht« war die Leda-Darstellung eines römischen Sarkophags Vorbild, für den »Tag« der Torso vom Belvedere des Vatikan. »Morgen« und »Abend« entfalten sich freier und gelöster. Sie wurden daher in der Barockzeit besonders geschätzt. Ihre Körper schmiegen sich eng an die Biegung der Voluten an. So ist anzunehmen, dass sie von Anfang an für diesen Sarkophag bestimmt waren. »Tag« und »Nacht« dagegen waren wohl für eine Ebene oder zumindest eine flachere Rundung gedacht. Erst nach dem Tod Michelangelos stellten Vasari und Ammannati sie in der jetzigen Form auf und mussten dafür ihre Auflagefläche der Rundung entsprechend abarbeiten.

Es dürfte dem Republikaner Michelangelo widerstrebt haben, die Medici-Herzöge als Herrscher zu glorifizieren. So zeigt er sie nicht in ihrer irdischen Erscheinung, vielmehr in altrömischer Feldherrenrüstung und ohne jegliche Porträtähnlichkeit. Anders jedoch als antike Bildhauer vergönnt er den jung Verstorbenen keine ungebundene Entfaltung ihrer Lebenskraft. Eingezwängt sitzen sie in den Nischen und sind an den architektonischen Zusammenhang gebunden. Ihr Blick richtet sich auf das Kultbild der Kapelle, die Marmorskulptur der Muttergottes. Die **»Madonna lactans«,** die nährende Muttergottes, ist in Florenz ein seltener Typus, den der 16-jährige Michelangelo jedoch bereits in einem seiner ersten Werke, einem Relief in der Casa Buonarroti wählte. Der Christusknabe sitzt rittlings auf dem übergeschlagenen Bein der Mutter. In einer kühnen, typisch manieristischen Bewegung dreht er sich um die eigene Körperachse, um an der Mutterbrust zu trinken.

Häufig hat Michelangelo die Arbeiten an der Medici-Kapelle unterbrochen, als er in den Jahren 1527–30 auf seiten der Republik in Gegnerschaft zu den Medici stand. Der Tod von Papst Clemens VII. und Michelangelos endgültige Abreise nach Rom (1534) führten dazu, dass die Kapelle unvollendet blieb. Wie beim Julius-Monument in Rom hatte Michelangelo ursprünglich ein Freigrab vorgesehen. In der endgültigen Fassung waren mehr Skulpturen geplant: weitere Nischenstatuen, Flussgötter, Trophäen (eine von Schülerhand ausgeführte steht jetzt im Durchgang zur Medici-Kapelle), außerdem Statuen von Kauernden (darunter der »Kauernde Knabe« in der Eremitage in St. Petersburg). In der Chorkapelle und in einem links von ihr abgehenden Keller entdeckte man 1975 Wandskizzen von Michelangelo und seinen Schülern (Besichtigung nach Voranmeldung).

Von San Lorenzo nach San Marco

San Giovannino degli Scolopi (5)

San Giovannino degli Scolopi
Via Martelli
Tel. 055 233 20
tgl. 8–20 Uhr

An der Via Cavour liegt die 1579 nach Plänen von Bartolomeo Ammannati begonnene Kirche San Giovannino degli Scolopi, die für die aus Spanien gekommenen, von Eleonora di Toledo begünstigten Jesuiten errichtet wurde. Unter dem aufgeklärten Großherzog Peter Leopold wurden die Jesuiten 1773 aus der Toscana vertrieben und die Kirche den Piaristen (Padri Scolopi) überlassen.

Die Fassade variiert Motive der Laurenziana-Vorhalle Michelangelos; indem eingestellte Doppelsäulen und Mauerblöcke alternieren. Nach Ammannatis Plänen wurde sie 1656 durch Alfonso Parigi ausgeführt. Der Innenraum lässt deutlich das Vorbild von Il Gesù erkennen, der römischen Mutterkirche der Jesuiten: ein Saalraum mit kurzem Querschiff, begleitet von größeren, rundbogig geöffneten Kapellen und Mauerblöcken, in die im Erdgeschoss kleinere Kapellen eingelassen wurden. In der zweiten Kapelle links liegt Bartolomeo Ammannati zusammen mit seiner Frau begraben, der Dichterin Laura Battiferri. Ammannati hatte sich für den Bau der Kirche auch finanziell eingesetzt. In Alessandro Aloris Altarbild »Christus und das kanaäische Weib« (um 1587) erscheinen beide als Stifterfiguren.

Palazzo Medici (6)

Palazzo Medici ★

Palazzo Medici
Via Camillo Cavour
Tel. 055 276 03 40
www.palazzo-medici.it
Do–Di 9–19 Uhr

Um 1440 gab Cosimo d. Ä. Michelozzo den Auftrag zum Bau eines Familienpalasts, des gegenüber der Kirche liegenden Palazzo Medici (Via Cavour 1), der zugleich als Zentralverwaltung seiner Handels- und Bankhäuser dienen sollte. Der um 1460 vollendete Palast war ursprünglich von kubischer Gestalt. Zu einer Erweiterung kam es 1584, als der damalige Besitzer, der Marchese Francesco Riccardi, die Hauptfront zur Via Cavour um sieben Fensterachsen verlängern ließ.

Neu gegenüber den älteren Palästen sind die ausgewogenen Proportionen und die symmetrische Anlage. Man begegnet hier erstmals dem stark hervortretenden, antikisierenden Abschlussgesims und einer entschiedenen Trennung der Geschosse, deren Höhe kontinuierlich abnimmt. Das Untergeschoss, das wie ein mächtiger Sockel wirkt, ist mit unregelmäßig behauenen Bossenquadern belegt, wie man sie etwa vom Palazzo Vecchio, aber auch von Festungsbauten her kennt. Im *piano nobile* sind die Quadersteine glatt bearbeitet, im dritten Geschoss zusätzlich dicht gefugt, wodurch ihre Massivität anschaulich abnimmt. Die durch Säulchen geteilten Rundbogenfenster knüpfen an den traditionellen Typus an, doch unter Verzicht auf die gotischen Dreipassfüllungen.

Der **Hof** mit seinen Bogengängen und den ursprünglich nicht verglasten Loggien des obersten Geschosses bildet den denkbar größten Gegensatz zum geschlossenen und abweisenden Äußeren. In den

Fassade, Palazzo Medici. Die offene Loggia an der südöstlichen Straßenecke (Via Cavour/Via dei Gori) wurde 1517 durch Fenster mit geschwungenen Konsolen unter den Fensterbänken geschlossen, den berühmten, wahrscheinlich von Michelangelo entworfenen ›knienden Fenstern‹, die in Florenz häufig nachgebildet werden sollten

zwölf Tondi über den Arkaden finden sich außer dem viermal wiederholten Medici-Wappen Nachbildungen von römischen Kameen aus dem Besitz der Medici.

Zur **Palastkapelle** mit den Fresken **Benozzo Gozzolis** gelangt man über eine Treppe, deren nachträglicher Einbau 1686–89 den Raum etwas verkleinerte. Die 1459–60 ausgeführten Fresken zeigen den **»Zug der heiligen drei Könige«.** Der festliche Reiterzug bezieht sich auf das Altarbild der Kapelle, Filippo Lippis »Geburt Christi«, das allerdings nur in einer Kopie zu sehen ist (Original in Berlin). Cosimo de' Medici, der heimliche König von Florenz, hatte das Thema der heiligen drei Könige bereits für seine Zelle in San Marco gewählt – zeigt es doch die Mächtigen der Erde vor dem Christuskind niederkniend. Außerdem bietet kaum ein zweites biblisches Thema Gelegenheit zu einer derartigen Prachtentfaltung. So steht man drei Jahrzehnte nach den revolutionären Fresken Masaccios noch einmal vor einer Felsenlandschaft im Stil des 14. Jh., den man nunmehr als historisierend bezeichnen muss. Kaum ein anderes Werk der Malerei zeugt mehr vom gewandelten Geschmack des zu Glanz und Wohlstand gelangten selbstherrlichen Bürgertums, das jetzt voller Nostalgie auf eine vergangene Epoche zurückblickt. Der märchenhafte Prunk, die Brokatgewänder und das reiche Zaumzeug, die landschaftlichen Details, der Einsatz des Blattgolds – all das hatte es vor Jahrzehnten schon gegeben, wenn auch nur höchst selten in Florenz. Eine Ausnahme ist Gentile da Fabrianos »Anbetung der Könige« von 1423 in den Uffizien (s. S. 122), ein Altarbild, das Cosimos Konkurrent – der später von ihm verbannte Palla Strozzi – fast drei Jahrzehnte zuvor in Auftrag gegeben hatte und das Gozzoli in vielen Einzelheiten inspirierte.

Der Zug der Könige erinnert an die prachtvollen Einzüge des Patriarchen von Konstantinopel und des byzantinischen Kaisers Johannes Paläologos beim Unionskonzil, das durch Einwirken von Cosimo de' Medici 1439 von Ferrara nach Florenz übersiedelte. Nicht verifizierbar ist jedoch die Behauptung, die drei Könige seien Porträts des byzantinischen Kaisers, des Patriarchen von Jerusalem und des jugendlichen Lorenzo il Magnifico (wie sie erstmals ein Reiseführer des späten 19. Jh. aufstellte). Lorenzo war jedenfalls zurzeit der Entstehung der Fresken erst etwa elf Jahre alt. Mit Sicherheit identifizierbar sind lediglich das Selbstbildnis des Malers (rechte Längswand, mit Signatur auf dem Hut) und der mit derselben Gruppe an der Spitze des Gefolges auf einem Schimmel reitende Piero de' Medici (erkennbar an seinem Wappen und der Imprese am Zaumzeug). Es wäre daher möglich, dass der Reitende links von ihm Cosimo darstellen soll, ohne allerdings dessen markante Gesichtszüge zu zeigen.

Wie die neuere Forschung herausarbeitete, beziehen sich die Fresken auch auf das glanzvolle Fest, das Piero de' Medici 1459 für Papst Pius II. und den Herzog von Mailand, Galeazzo Strozzi gab, um sich damit den Großmächten Italiens als gleichberechtigt zu präsentieren. Zu den heiligen drei Königen hatten die Medici eine besondere Affinität. Mehrere Medici waren Mitglieder der *Compagnia dei Magi,* die alljährlich am Dreikönigsfest in einer feierlichen Prozession vom Baptisterium nach San Marco zog. Zur originalen Kapellenausstattung gehören die kassettierte Holzdecke und der polychrome Marmorfußboden (beides nach Entwürfen Michelozzos), ferner das Intarsiengestühl nach einem Entwurf des jungen Giuliano da Sangallo.

»Zug der heiligen drei Könige«, Benozzo Gozzoli, Palazzo Medici

»Abendmahl«, Andrea del Castagno, Sant' Apollonia. Er wurde 1419 im Dorf Castagno im Mugello geboren. Erster öffentlicher Auftrag des 21-Jährigen war das Malen von Gehängten im Bargello. Darauf gab man ihm den Spitznamen ›Andrein degli Impiccati‹ (Kleiner Andreas der Gehängten). Zwei Jahre später berief man ihn nach Venedig, um die Gewölbe der San Trovasio-Kapelle auszumalen ▷

Über eine zweite Treppe gelangt man in die **Galleria Riccardiana** im zweiten Obergeschoss. Das Gewölbefresko zeigt die Apotheose der Medici. »Die Großherzöge stehen als Medici-Sterne am Himmel der Galerie und sind zugleich Personifikationen oder bessere Idealtypen der Tugenden, die in ihnen vorbildlich verwirklicht wurden« (Frank Büttner). Das Fresko ist von Luca Giordano, dem gewandten, viele Stilarten beherrschenden Schnellmaler aus Neapel (1682–83).

Beim Spaziergang durch die **Via de' Ginori** bemerkt man auf der linken Seite beachtenswerte Renaissancefassaden. Der **Palazzo Ginori** (**7,** Nr. 11) besitzt eine Intonaco-Fassade mit Loggia nach dem Vorbild von Cronacas Palazzo Guadagni an der Piazza Santo Spirito. Der Palast ist seit 1520 im Besitz der Familie Ginori, die durch ihre im 18. Jh. gegründete Porzellanmanufaktur berühmt wurde. Der um 1503–04 errichtete **Palazzo Taddei** (**8,** Nr. 19), ist einer der ersten Paläste von Baccio d'Agnolo und gilt als Prototyp der Florentiner Familienpaläste des 16. Jh. 1505 wohnte Raffael in diesem Palast.

Sant'Appolonia (9)

Sant'Apollonia ★

Museo Andrea del Castagno
Sant'Apollonia
tgl. außer Mo
8.15–13.50 Uhr

Der Eingang zum Museum Andrea del Castagno in Sant'Apollonia befindet sich in der Via XXVII. Aprile 1. Als 1808 das Kamaldulenserinnenkloster Sant' Apollonia aufgelöst wurde, entdeckte man im Refektorium ein gut erhaltenes **Abendmahlfresko,** das **Andrea del Castagno** von Juli bis Oktober 1447 gemalt hat. Nach der Wiederentdeckung glaubte man zunächst, es sei ein Werk Paolo Uccellos, mit dem Castagno in mehrfacher Hinsicht zu vergleichen ist: Er teilt dessen statuarische Figurenauffassung, sodass man bereits von einer Umsetzung der Skulpturen Donatellos in die Malerei sprach, ebenso auch dessen Perspektivenkonstruktion sowie den stupenden Detailnaturalismus (etwa bei der Wiedergabe der Marmorplatten oder Dachziegel). Derartig virtuos gehandhabte Mittel erwecken den Eindruck, der Abendmahlraum öffne sich wie ein authentisches Refektorium. Andrea del Castagno wie Uccello, haben allerdings das Vorbild Masaccios auf eine mehr äußerlich-formale Weise aufgegriffen. Bei Andrea del Castagno bemerkt man eine Diskrepanz zwischen der stilisierten Monumentalität der Figuren und den groben Physiognomien der bäuerlichen Typen.

Oberhalb des »Abendmahls« erkennt man drei schlecht erhaltene Passionsszenen, ebenfalls von Castagno. Die Kompositionsideen der »Auferstehung« griff Piero della Francesca bei seinem Auferstehungsfresko in Sansepolcro (Toscana) auf. Castagno verwendete für die Sinopie und das ausgeführte Fresko denselben Karton und übertrug die Linien mit Hilfe der Spolvero-Methode. Bei den Szenen der traditioneller aufgefassten »Kreuzigung« und der »Grablegung« zeichnete Castagno, wie bis dahin üblich, zunächst eine Sinopie auf dem Unterputz. Der von zwei Engeln gehaltene »Schmerzensmann« ist ein abgelöstes Lünettenfresko des Kreuzgangs, das hier mit der dazugehörigen Sinopie gezeigt wird. Später, um 1455 zu datieren, ist die »Kreuzigung mit Heiligen« aus dem Kloster Santa Maria degli Angeli.

San Giovannino dei Cavalieri und Palazzo Pandolfini

San Giovanni dei Cavalieri
Via San Gallo
Tel. 055 47 08 64

Palazzo Pandolfini
Via San Gallo 74
Tel. 055 49 53 80
Besichtigung n. V.

Die 1323 gegründete Kirche **San Giovannino dei Cavalieri (10)** erhielt ihren Namen, als sie 1551 Nonnen des hl. Johannes von Jerusalem überlassen wurden, die unter dem Protektorat der Malteserritter standen. So erscheint denn auch das Malteserkreuz zusammen mit der großherzoglichen Krone an der Fassade (von 1699). Bei einer Restaurierung (1924) wurde im Innern der Bau des 14. Jh. mit hohen Seitenschiffen und weiten Korbbogenarkaden zum Großteil wiederhergestellt. Die ausgesägten Figuren der »Kreuzigung Christi« in der Chorkapelle malte ein Künstler aus dem Umkreis von Lorenzo Monaco um 1410–15. Erst 1703 wurde der Landschaftshintergrund hinzugefügt. Beachtenswert sind drei Altargemälde des 15. Jh.: an der linken Außenwand die »Geburt Christi« von Bicci di Lorenzo (1435), an der Stirnseite der Seitenschiffe die »Krönung Mariens« von Neri di Bicci (um 1450) und die »Verkündigung« vom Meister der Castello-Navità (um 1470–90).

Ebenfalls in der Via San Gallo trifft man auf ein seltenes Beispiel römischer Hochrenaissancearchitektur auf Florentiner Boden: der um 1517–29 errichtete, nicht ganz vollendete **Palazzo Pandolfini (11)**, dessen Pläne – wie bereits Vasari annahm – auf Raffael zurückgehen dürften. Römisch sind die Plastizität der Glieder und der weitgehende Verzicht auf Rustikamauerwerk, römisch ist auch die Verwendung von Ädikulafenstern bei einem Profanbau. Lediglich das in Rustika ausgeführte Portal ist wirkt florentinisch. Die Inschrift auf dem Fries nennt den Bauherrn: Gianozzo Pandolfini, Erzbischof von Troia.

Chiostro dello Scalzo ★

Chiostro dello Scalzo (12)

Chiostro dello Scalzo
Via Camillo Cavour 69
Tel. 055 238 86 04
Mo, Do, Sa 8.15–13.50 Uhr

Ein bedeutender Freskenzyklus aus der Zeit der Hochrenaissance ist im **Kreuzgang** des Chiostro dello Scalzo in der Via Cavour 69 zu be-

Chiostro dello Scalzo, Bildprogramm des Freskenzyklus von Andrea del Sarto

Beginn rechts vom Eingang:
Personifikation des Glaubens (1521)
Ein Engel verkündet Zacharias die Geburt eines Sohnes (1523)
Heimsuchung (1524)
Geburt und Namensgebung des Täufers (1526)
Segnung des Johannes, der in die Wüste zieht
Johannes begegnet Christus (beide Szenen 1507/08 von Franciabigio gemalt)
Taufe Christi (1515)
Caritas (1515)
Justitia (1515)
Predigt des Täufers (1515)
Taufe des Volkes (1517)
Gefangennahme (1517)
Tanz der Salome (1521)
Enthauptung (1513)
Herodes wird das Haupt des Täufers überreicht (1523)
Hoffnung (1523)

sichtigen. Der Kreuzgang gehörte der *Compagnia di San Giovanni Battista dello Scalzo*, einer Bruderschaft, die barfuß (ital. *scalzo*) an Prozessionen teilnahm. Die Fresken, die Begebenheiten aus dem Leben Johannes' des Täufers, des Patrons der Stadt Florenz und zugleich der Bruderschaft, darstellen, malte **Andrea del Sarto**.

Der Zyklus vereinigt erzählende Malerei, Scheinskulptur und Scheinarchitektur, dies alles konsequent in Grisaille-Technik ausgeführt. Andrea del Sarto begann die Arbeit um 1510, vollenden konnte er sie erst 1526. Mehrmals kam es zu längeren Unterbrechungen, u.a. während seines Aufenthalts am Hof des französischen Königs Franz I. Im Lauf der Jahre hat sich der Stil beträchtlich verändert. Erscheinen in der frühen **»Taufe Christi«** (1511) die Figuren noch wenig raum- und bildfüllend, gelangten sie in der **»Predigt des Täufers«** (1515) zu einer an Fra Bartolomeo erinnernden Monumentalität. Es sind harmonisch ausponderierte, voluminöse Gestalten. Christus bemüht sich, durch eine Drehbewegung möglichst viele der im Halbkreis versammelten Zuhörer zu erreichen. Seine etwas akademisch wirkende Erscheinung könnte nach einem der Modelle entstanden sein, die Andrea del Sartos Werkstattgenosse, der Bildhauer Sansovino, fertigte.

In der anschließend entstandenen **»Taufe des Volkes«** (1517) finden wir neben der klassisch-akademischen Zentralfigur des taufenden Johannes auch freier sich gebärende Gestalten in extremen, von Michelangelo angeregten Körperhaltungen. Die Komposition ist nicht mehr durch eine ruhige, pyramidale Anordnung gefestigt, der Stil wirkt bewegter. Im **»Tanz der Salome«** (1522) und der **»Übergabe des Hauptes«** (1523) tritt der bühnenbildartig wirkende, schmucklose Raum stärker hervor. Bei der **»Heimsuchung«** (1524) stehen die vier peripheren Gestalten auf einem perspektivisch gesehenen Quadrat, dessen Mitte, wie bei der Fünf eines Würfels, die sich umarmende Frauengruppe einnimmt.

Casino Mediceo (13)

Geht man die Via Cavour in Richtung San Marco, trifft man bei Nr. 57 auf das **Casino Mediceo.** Bernardo Buontalenti baute dieses Laboratorium für wissenschaftliche Experimente 1568–74 für Francesco de' Medici (seit 1574 Großherzog der Toscana). Heute ist es Sitz des Berufungsgerichts.

Als *casino* (ital., wörtlich: kleines Haus) bezeichnete man das Gebäude, da es damals noch in ländlicher Umgebung stand – nämlich auf dem Gelände der berühmten Medici-Gärten, in denen junge Künstler, darunter Michelangelo, nach Antiken zeichneten. Wie bei ländlichen Häusern üblich, gibt es keine voll ausgebildeten drei Geschosse. Bei konservativ strenger Formengebung im Ganzen konzentriert sich Buontalentis manieristische Fantasie auf die ›knienden‹ Erdgeschossfenster (in der Nachfolge Michelangelos) und das Portal.

San Marco

Kirche

San Marco ★

Der Kirche **San Marco (13)** liegt ein schlichter, einschiffiger Raum des 14. Jh. zugrunde, der in der Barockzeit umgebaut wurde. Die klassizistische Fassade (1780) entwarf Giacchino Pronti mit Stilmitteln des 16. Jh. Zu der **Ausstattung** zählen u.a. ein Tafelkreuz aus der Nachfolge Giottos an der **Fassadeninnenwand (a),** ein **Verkündigungsfresko (b),** eine Kopie des 14. Jh. nach dem Gnadenbild in SS. Annunziata, die **»Madonna del Baldacchino« (c)** von **Fra Bartolomeo** (1509), ein **Mosaikfragment der Muttergottes (d)** aus einem Oratorium der römischen Peterskirche aus der Zeit von Papst Johannes VII. (705–707), dem im frühen 17. Jh. Heilige und Cherubim hinzugefügt wurden, die **Grabsteine (k)** für den Florentiner Humanisten Pico della Mirandola (1454–94) und den im selben Jahr verstorbenen Dichter Poliziano (1463–94), freigelegte **Freskenfragmente** (**j,** um 1390) u.a. mit einer Szene der Rückführung des Kreuzes nach Jerusalem durch Kaiser Heraklius (Thema auch des Gemäldes von **Cigoli, i,** am dritten Altar) sowie das **Altarbild der »Verklärung Christi« (l)** von **G.B. Paggi** aus dem späten 16. Jh.

San Marco
Museo di San Marco
Piazza San Marco Mo–Fr 8.15–13.50, Sa 8.15–18.50, So/Fei 8.15–19 Uhr; 1., 3. und 5. So im Monat sowie 2. und 4. Mo im Monat, 1. Jan., 1. Mai. und 25. Dez. geschl.

Die **Sakristei (f)** errichtete Michelozzo im Stil Brunelleschis, jedoch mit weniger ausgeglichenen Proportionen. Um 1594 wurde links des Chors die **Serragli-Kapelle (h)** angebaut. Die Gemälde, von verschiedenen Meistern des späten 16. Jh., sind inhaltlich verbunden durch den Themenkreis der Brotspeisung und der Opferung. Die sich links wie ein Querarm öffnende **Grabkapelle des hl. Antoninus (i),** des Dominikanerpriors und Bischofs von Florenz, zählt zu den architektonischen Hauptwerken von Giambologna. Dieser lieferte auch die Entwürfe für die sechs lebensgroßen Nischenstatuen aus Marmor (ausgeführt durch Francavilla), die den Statuen zugeordneten Bronzereliefs mit Szenen aus dem Leben des hl. Antoninus, ferner die Skulptur des hl. Antoninus über dem Eingangsbogen und auch für dessen Pendant gegenüber, den **hl. Zenobius (e).** Die Fresken und Altarbilder, u.a. von Alessio Allori und Poccetti, stammen alle aus der Entstehungszeit der Kapelle um 1594–1600. Passignanos Fresken in der Vorhalle zeigen die Exequien und die Translation des hl. Antoninus im Beisein zahlreicher Bischöfe und Kardinäle.

Konventsgebäude

Rechts von der Kirchenfassade liegt der Zugang zum **Konvents-gebäude San Marco (Museo di San Marco).** Das Dominikanerkloster San Marco ist dem Mäzenatentum von Cosimo de' Medici zu verdanken. Nach seiner Rückkehr aus dem Exil, 1434, konnte Cosimo Papst Eugen IV. bewegen, den reformierten Dominikanern von Fiesole den zerfallenden Konvent der Silvestriner zu übertragen. Michelozzo

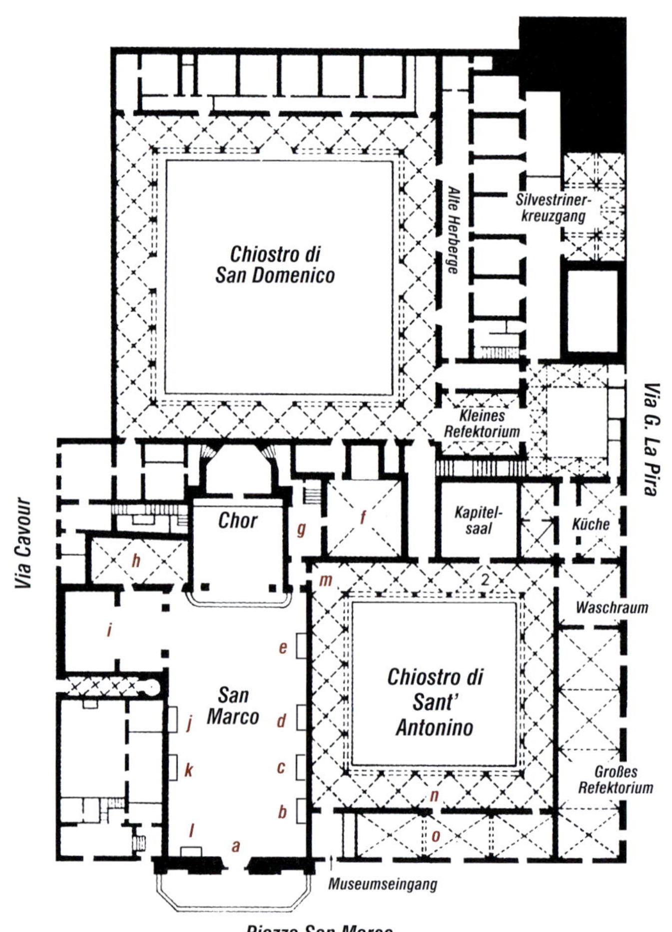

San Marco, Grundriss

a Gemaltes Kruzifix, 1. Hälfte 14. Jh.
b Vision des hl. Thomas von Aquin, Santi di Tito, 1593
c Madonna del Baldachino, Fra Bartolomeo, 1509
d Fragment eines byzantinischen Mosaiks aus einem Oratorium von St Peter in Rom, 705–07
e auf dem Triumphbogen: Statue des hl. Zenobius, Giambologna, 1580
f Sakristei, Michelozzo, 1437–43
g Savonarola-Raum
h Cappella Serragli, Cigoli, um 1594, Fresken von Poccetti
i Grabkapelle des hl. Antoninus, Giambologna, 1580–89
j Altarbild Heraklius führt das Kreuz nach Jerusalem, Cigoli, Ende 16. Jh.
k Grabsteine
l Verklärung Christi, G. B. Paggi
m hl. Dominikus in Anbetung des Gekreuzigten, Fra Angelico, um 1442
n Lünettenfresken, Poccetti, frühes 17. Jh.
o Pilgerherberge mit Werken Fra Angelicos

Blick vom Dormitorium auf den Chiostro di Sant'Antonino, den ersten, schlichten Kreuzgang von San Marco aus der Zeit der Frührenaissance, erbaut von Michelozzo mit ionischen Säulen. Dieser Kreuzgang bildet die Mitte des Klosters. Kirche, Kapitelsaal, Refektorium, Waschraum, Küche, Pilgerherberge und das Dormitorium im Obergeschoss sind wie üblich direkt vom Hauptkreuzgang aus erreichbar. Er wird benannt nach dem hl. Antoninus (1389–1454), dem Gründungsprior des Klosters

erhielt den Auftrag, die Anlage zu erneuern und zu erweitern. Von 1437–52 dauerten die Bauarbeiten. Cosimo hatte – so berichtet sein Zeitgenosse Vespasiano da Bisticci – für San Marco die große Summe von 85000 *fiorini d'oro* aufgebracht, um sein Gewissen zu erleichtern über »nicht ganz rechtmäßig erworbene Vermögen«.

Im wohlproportionierten ersten Kreuzgang, dem **Chiostro di Sant' Antonino,** sind Fresken von **Fra Angelico** erhalten geblieben, u.a. **»hl. Dominikus in Anbetung des Gekreuzigten«** (**m,** um 1442) in einem Rahmen des 17. Jh. (dem Eintretenden gegenüber). Der von **Bernardino Poccetti** und seinen Mitarbeitern im frühen 17. Jh. ausgeführte Zyklus von 28 **Lünettenfresken (n)** über dem südlich gelegenen Eingang zur Pilgerherberge gilt dem Leben des hl. Antoninus.

In der **Pilgerherberge (o)** werden bedeutende Tafelgemälde von Fra Angelico ausgestellt, die einen vorzüglichen Überblick über die Kunst des malenden Dominikanerbruders vermitteln. Schon die Zeitgenossen bezeichneten Fra Giovanni (so sein eigentlicher Name) als *angelico* (engelhaft). Vasari schilderte ihn als einen Künstler, der nie »den Pinsel in die Hand genommen, ohne dass ihm die Tränen über die Wangen strömten«. Seine Gemälde würden »jeden, der sie betrachtet, zur Andacht anregen«. Heute fragt man sich, ob dieses Bild nicht ein wenig einseitig ist.

Die künstlerische Entwicklung Fra Angelicos begann nicht etwa – wie man angesichts der in diesem Raum versammelten Gemälde annehmen könnte – mit spätgotischer Schönlinigkeit. Seine frühesten Werke stehen deutlich unter dem Einfluss von Masaccio, dem großen Erneuerer der Kunst. Ein Beispiel dafür ist das dem Eingang gegenüber präsentierte, um 1428–29 ausgeführte **»Triptychon des hl. Petrus Martyr«,** bei dem die Madonna an den voluminösen Figurenstil von Masaccios »Anna Selbdritt« in den Uffizien erinnert. Erst in den 30er-

Leinenweberaltar, Fra Angelico, Pilgerherberge, San Marco. Eindrucksvoll unter den Szenen der Predellentafeln ist die Szene, in der der Leichnam des hl. Markus bei einem Hagelschauer durch die Straßen Alexandriens gezogen wird. Ein weiterer Malername, Piero della Francesca, muss im Zusammenhang mit der Malweise genannt werden. An ihn lassen einige der Petrus zuhörenden Frauen oder der kniende König denken. Möglicherweise hat Piero Fra Angelico eine zeitlang assistiert

Jahren gelangt Fra Angelico zum linienfreudigen Stil der Spätgotik, so bei den kleinen Tafeln der **»Verkündigung«**, auf der Maria und der Engel sich innig einander zuneigen, und der **»Anbetung der Könige«**. Dabei ist es für die stilistische Entwicklung unerheblich, ob diese Tafeln nur von einem Werkstattmitglied ausgeführt wurden. Auf der Tafel mit dem **»Jüngsten Gericht«** von 1431 (Fensterwand, erstes Joch), zeigt sich in der perspektivischen Flucht der geöffneten Gräber bereits der Einfluss Ghibertis. Diese nur teilweise eigenhändig geschaffene Tafel bekrönte einst einen Priesterstuhl; daher die ungewöhnliche Form.

Das **Tabernakel der Leinenweberzunft** von 1433–35 (östliche Schmalwand) zeigt die Nähe zu Ghiberti noch deutlicher. Die Heiligengestalten auf den Flügeln erinnern in Standmotiv und Faltenwurf an dessen Or-San-Michele-Statuen. Es ist anzunehmen, dass Lorenzo Ghiberti, der den architektonischen Rahmen entwarf, auch Modelle für diese Figuren anfertigte. Die musizierenden Engel des Rahmens sind in ihrer Anmut und melodischen Schwingung verwandt mit einigen Figuren von Ghibertis Baptisteriumstüren. Die Szenen der Predellentafeln mit ihren kulissenartig leeren Bauwerken hingegen, aber auch der Typus des predigenden Petrus, lassen an Masaccio denken.

Eine Predellentafel mit der **»Namensgebung Johannes des Täufers«** (vor 1435, erster Pfeiler Fensterwand) zeichnet sich durch besonders subtile Malweise aus. Wie selbstverständlich verbindet sich die gekurvte, in Gold gefasste Saumlinie mit den plastisch-monumentalen Figuren. Wie die eng zusammenstehenden Frauen eine Gruppe bilden und dabei gleichzeitig Raum lassen für den schreibenden Zacharias und den Tordurchblick – dies zeugt von einem besonderen kompositorischen Sinn. Achtet man noch darauf, wie die rechte, blau gekleidete Gestalt die Figurengruppe abschließt und zugleich die Frauen mit dem Bogen und somit auch der Hauswand verbindet, wird man wiederum an die besonderen kompositionellen Fähigkeiten Piero della Francescas erinnert.

Zu den Hauptwerken Fra Angelicos zählt der **Hochaltar** von San Marco von 1438–40 (zweites Joch links), der allerdings durch unsachgemäße Reinigung mit Schmirgelpapier entstellt wurde. Neu ist hier vor allem der einheitliche Bildraum. Eine Reihe von Motiven, wie der aufgezogene Vorhang, die Zypressen- und Zedernallee oder der anatolische Teppich (angeregt wohl durch das Unionskonzil) begegnen zum ersten Mal in der Quattrocentomalerei. Die meisten Predellentafeln sind in ausländische Museen gelangt. Die verbleibenden mit der »Beisetzung der hll. Cosmas und Damian« und der »Wunderbaren Heilung des Diakons Justinian« lassen in der übersichtlichen Gestaltung des szenischen Raums und in der Behandlung des Lichts an Domenico Veneziano denken.

Das große **Retabel** mit der **»Kreuzabnahme«** (rechts vom Eingang) wurde von den Strozzi für die Sakristei von Santa Trinità gestiftet. Der 1424 verstorbene Lorenzo Monaco hatte die Arbeit mit den Dreiecksgiebeln begonnen. Um 1443 vollendete Fra Angelico den Altar, der hier einen monumentalen Figurenstil anstrebte, wie man ihn aus seinen Fresken kennt. Zwei große diagonale Züge mit Christus im Zentrum bestimmen die Komposition. Gleichzeitig isolieren die intensiven Buntfarben die einzelnen Gestalten und verhindern ein räumliches Kontinuum.

Das **Altarbild von Bosco ai Frati** (nach 1450, drittes Joch links) ist ein Spätwerk. In der streng symmetrisch angeordneten Architektur und der detailreichen Malweise erinnert es an Fra Angelicos Fresken im Vatikan. Das kontinuierlich weich geführte Licht trägt zur räumlichen Vereinheitlichung bei. Ebenfalls aus der Spätzeit Fra Angelicos sind die Täfelchen (zweites Joch rechts), die einst den von Piero de' Medici gestifteten Silberschrank der Kirche Santissima Annunziata schmückten. Nur die ersten neun Felder stammen aus der Hand von Fra Angelico, die drei folgenden von Baldovinetti, die letzten 23 wahrscheinlich von einem anderen Künstler im Stil Fra Angelicos.

Im **Großen Refektorium** an der hinteren Wand sieht man ein Kreuzigungsfresko von Giovanni Antonio Sogliano (1536). Darunter bringen Engel dem hl. Dominikus und seinen Ordensbrüdern Brot. In der ehemaligen Küche gibt das großformatige Altarbild der »Anna Selbdritt mit Heiligen« (1513–15) von Fra Bartolomeo Einblick in den Entstehungsprozess einer solchen Arbeit, denn die Tafel kam über die Helldunkel-Vorzeichnung nicht hinaus. Das Fresko des »Jüngsten Gerichts« im **Waschraum** wurde 1499 von Fra Bartolomeo für Santa Maria Nuova entworfen, jedoch von Mariotto Albertinelli ausgeführt. Für den **Kapitelsaal** malte Fra Angelico ein großes Fresko der Kreuzigung Christi mit zahlreichen Heiligen, darunter rechts Kirchenväter, heilige Bischöfe und Ordensgründer. Im **Kleinen Refektorium** wiederholte Domenico Ghirlandaio sein Fresko des »Letzten Abendmahls«, das er 1480 für das Kloster Ognissanti gemalt. Von hier aus hat man Zugang zum Lapidarium im Korridor vor dem Gästetrakt.

Eine tonnengewölbte Treppe (ein frühes Beispiel der Renaissance) führt ins **Dormitorium** des Obergeschosses. Schon vom letzten Treppenpodest fällt der Blick auf **Fra Angelicos** Fresko der **»Verkündigung«.** Die schlichte, schmucklose Architektur einer offenen Loggia bildet den szenischen Raum für die in ihrem einfachen Umriss eindringlich gestalteten Figuren der Maria und des Engels.

Jede der **Zellen** enthält ein Fresko von Fra Angelico oder einem seiner Mitarbeiter (um 1440–41). Als eigenhändige Werke gelten jedoch die Fresken der Zellen 1 (»Jesus erscheint Maria Magdalena«), 3 (»Verkündigung«), 6 (»Transfiguration«), 7 (»Verspottung Christi«), 9 (»Krönung Mariä«) und 10 (»Darstellung im Tempel«). Von einem selbstständig arbeitenden ›Meister der Zelle 2‹ sind (laut John Pope-Hennessy) die Malereien der Zellen 2 (»Grablegung«), 4 (»Kreuzigung«), 5 (»Geburt«), 8 (»Die Marien am Grabe«) und 11 (»Thronende Madonna mit den hll. Zenobius und Dominikus«).

Fra Angelicos Fresken zeichnen sich durch Zurückhaltung im Dekor, Sparsamkeit der Ausdrucksmittel und strengen Bildaufbau aus. Der monumentale Figurenstil Giottos und Masaccios fand hier eine

Savonarola und Antoninus

Zwei der Prioren des Klosters sind auf besondere Weise mit der Geschichte der Stadt verbunden, sie traten öffentlich in Gegnerschaft zu den Medici: Savonarola und Antoninus. Savonarolas Gegnerschaft zur Stifterfamilie des Klosters, das er von 1491 bis zu seiner Hinrichtung 1498 leitete, ist bekannt. Er bekämpfte in seinen Predigten die »geheime Tyrannis« des Lorenzo il Magnifico, der ihn 1490 nach Florenz gerufen hatte. Nach der Vertreibung von Piero de' Medici erneuerte er den republikanischen Gedanken durch Gründung eines Großen Senats nach venezianischem Vorbild. Der heiliggesprochene Antoninus war Gründungsprior des Klosters. Er nahm sich der ›poveri vergognosi‹ an, der ehemals Reichen, die durch Cosimos gezielte Steuerpolitik in Armut geraten und dadurch als politische Gegner ausgeschaltet worden waren. Als Erzbischof von Florenz protestierte er öffentlich und mit Erfolg gegen die Pläne Cosimos und Luca Pittis, eine Verfassungsänderung zugunsten der Medici durchzuführen.

Fortsetzung, ohne freilich dramatische Intensität anzustreben. Das Schmucklose dieser Fresken muss um so mehr erstaunen, als viele der gleichzeitig geschaffenen Altarbilder oft geradezu prunken mit Zierformen, mit Gold und Buntfarben. Der Verzicht auf das dekorative Beiwerk lässt sich nicht allein aus der Freskentechnik erklären, die ja ein längeres Verweilen beim Detail nicht gestattet. Wahrscheinlich hielt Fra Angelico für seine Mitbrüder eine Formensprache für angemessen, die zur Meditation einlädt und im Einklang mit der Schmucklosigkeit der Klosterarchitektur steht. In verhaltenen Gesten drücken die Heiligen ihre Anteilnahme aus; jegliche körperliche oder seelische Bewegung wird vermieden. Das gilt auch für die stets im Bild anwesenden vermittelnden Dominikanerheiligen, so in der **»Krönung Mariä«** (Zelle 9), wo die Gründer des Dominikanerordens wie gebannt vom Wunderbaren des Vorgangs sind. Das Weiß der Gewänder und

San Marco, Dormitorium und Bibliothekssaal

1 *Christus erscheint Maria Magdalena*
2 *Grablegung*
3 *Verkündigung*
4 *Kreuzigung*
5 *Geburt Christi*
6 *Transfiguration*
7 *Verspottung Christi*
8 *Auferstehung und Frauen am Grab*
9 *Krönung Mariä*
10 *Darbringung im Tempel*
11 *Thronende Madonna zwischen den Heiligen Zenobius und Thomas von Aquin*
12–14 *Zellen des Priors, Savonarola-Gedenkstätte*
15–21 *jeweils Kruzifix mit hl. Dominikus*
22 *Kruzifix mit Maria*
23/25 *Kruzifix mit Heiligen*
24 *Taufe Christi*
26 *Pietà*
27 *Christus an der Geißelsäule*
28 *Kreuztragung*
29/30 *jeweils Kreuzigung*
31 *Zelle des hl. Antoninus, Christus in der Vorhölle*
32 *Bergpredigt und Versuchung Christi (Fragment)*
32 *Gefangennahme Christi, Einzug in Jerusalem*
32 *Christus am Ölberg*
32 *Abendmahl*
32 *Annagelung ans Kreuz*
32 *Kreuzigung*
38/39 *Zellen für Cosimo d. Ä., Kreuzigung (38), Anbetung der Könige (39)*
40–43 *Kreuzigungen*

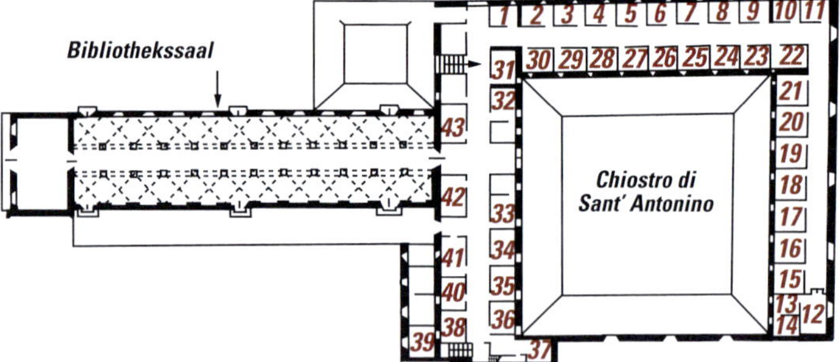

Bibliothek, San Marco. Die von Cosimo gestiftete, berühmte Büchersammlung von San Marco bildete später den Grundbestand der Biblioteca Laurenziana. Auf den modernen Lesepulten zeigt man illuminierte Handschriften des 15. und 16. Jh.

das Licht verklären Christus und Maria zu einer visionären Erscheinung. Zu ähnlichen, in der Florentiner Malerei seltenen Ausdrucksmöglichkeiten steigert sich das Licht in der »**Transfiguration**« (Zelle 6) und in der »**Darbringung im Tempel**« (Zelle 10).

Die »**Thronende Madonna mit Heiligen**« gegenüber der siebten Zelle ist ein spätes Werk von Fra Angelico, um 1450. Die Zellen 12 bis 14 am Ende des Korridors standen einst dem Prior zur Verfügung, jetzt sind sie **Erinnerungsstätte an Savonarola.** Man sieht u.a. ein Porträt aus der Hand Fra Bartolomeos (der unter dem Eindruck der Predigten Savonarolas in San Marco eingetreten war). Das andere Bildnis des Malers gibt Petrus Martyr mit den Zügen Savonarolas wieder. Zwei Gemälde zeigen die Hinrichtung auf der Piazza Signoria: Savonarola wurde mit seinen Begleitern gehängt und verbrannt, anschließend verstreute man seine Asche im Arno.

Die Zellen 15 bis 24 waren für die Novizen bestimmt. Sie tragen alle die gleiche, von Gehilfenhand ausgeführte Darstellung des hl. Dominikus in der Anbetung des Kreuzes. Die »**Kreuzigung Christi**« in der Zelle 29 wurde dem jungen Mitarbeiter Benozzo Gozzoli zugeschrieben. In Zelle 31 lebte der hl. Antoninus, der Gründungsprior von San Marco. In dem Raum sind die Totenmaske, Manuskripte und einige andere Dinge ausgestellt.

In die Doppelzelle 38 und 39 zog sich gelegentlich Cosimo de' Medici zurück. Für den geheimen Signore der Stadt war das Thema der »**Anbetung der Könige**« angemessen. Auch an diesem Fresko war Benozzo Gozzoli beteiligt. Bei der Einweihung von San Marco, 1442, wohnte in diesen Zellen Papst Eugen IV.

Casino della Livia (15)

An der Piazza San Marco/Ecke Via degli Arazzieri steht ein kleiner, zierlicher Palast: das Casino della Livia, das Großherzog Peter Leopold 1775–80 für die Tänzerin Livia Malfatti Raimondi erbauen ließ. Der Architekt, Bernardo Fallami, griff für die Fassade auf den Stil des Cinquecento zurück. Das Ergebnis ist hier weniger klassizistisch-kühl ausgefallen als bei der gleichzeitigen San-Marco-Fassade.

Der **Bibliothekssaal** Michelozzos ist der erste der Renaissance und war Vorbild für viele nachfolgende. Leichte Arkaden auf zierlichen ionischen Säulen unterteilen den Raum, dessen Mittelschiff tonnengewölbt ist.

Galleria dell'Accademia

Galleria dell' Accademia ★★

Galleria dell'Accademia
Museo degli Strumenti musicali
Via Ricasoli 58–60
Tel. 055 238 86 09, Vorbestellung von Eintrittskarten (gegen Gebühr):
Tel. 055 29 48 83
tgl. außer Mo 8.15–18.50 Uhr

Ein Stück weiter die Via Ricasoli Richtung Zentrum, trifft man auf die **Galleria dell'Accademia (16).** Die Florentiner Kunstakademie hat eine lange Tradition. Sie ging aus der Lukas-Bruderschaft hervor, die dann 1562 die **Accademia delle Arti e del Disegno** gründete und dabei die großherzogliche Protektion von Cosimo I. genoss. 1784 wurden der Akademie Gebäude des Hospitals San Matteo (einschließlich Außenloggia von 1385) und Teile vom Kloster San Niccolò zur Verfügung gestellt. Die angeschlossene Sammlung von Kunstwerken diente den Schülern zum Studium. Außer den Skulpturen Michelangelos besitzt die Galerie (Eingang Via Ricasoli 60) eine beachtenswerte Sammlung toscanischer Malerei des 13. bis 16. Jh.

Erwähnt seien Gemälde von Fra Bartolomeo und Filippino Lippi (Saal 1), die »Hochzeitstruhe Adimari«, wohl von Giovanni di Ser Giovanni (›Scheggia‹) um 1450 (Saal 2), Gemälde von Botticelli und Sebastiano Mainardi (Säle 3 und 4) sowie die Abteilung mit früher florentinischer Tafelmalerei des 13. und 14. Jh., u.a. von Taddeo Gaddi, Orcagna, Nardo und Jacopo di Cione sowie Giovanni da Milano.

Die berühmten **Skulpturen Michelangelos** stehen im Salone, dem ›Großen Saal‹. Die sogenannten **»Sklaven«,** vier unvollendete Marmorskulpturen, waren für das Julius-Grabmal in der römischen Peterskirche bestimmt. Sie entstanden in Michelangelos Florentiner Atelier in der Via Mozza, vermutlich um 1519. Nach dem Tod des *divino* schenkte sie sein Neffe Leonardo dem Großherzog Cosimo I., der sie in Buontalentis Grotte im Boboli-Garten aufstellen ließ. Von dort wurden sie erst 1909 als »Boboli-Sklaven« in die Akademie überführt.

Anders als die Sklaven des Louvre lassen sie sich nicht mit einem der bekannt gewordenen Projekte zum Julius-Grab in Verbindung bringen. Die noch im Block stehengebliebenen Figuren sind in der Ausführung verschieden weit fortgeschritten. Am wenigsten ausgeführt ist der Atlant (zweiter links) und der Erwachende (vorne rechts), am weitesten der Bärtige (hinten rechts). So gewinnt man Einblicke in den Arbeitsprozess. Michelangelo ging den Block gewöhnlich nicht von vier Seiten an, er konzentrierte sich vielmehr auf die Vorderseite, hob – nicht anders als bei einem Relief – eine Schicht nach der anderen ab: zunächst mit dem Spitzmeißel, dann mit dem Schabeisen. Vasari verglich dieses Verfahren mit dem Ablassen des Wassers aus einem Becken, in dem eine Statue liegt. Eine Ausnahme bilden die beiden »Sklaven«, die als ›Eckpfeiler‹ gedacht waren und daher von zwei Seiten bearbeitet wurden.

Die Gestalt, das ›innere Bild‹ Michelangelos, löst sich allmählich aus dem Stein und sucht sich dabei aus dem Gefängnis der Materie zu befreien. Es ist dies das eigentliche Thema der »Sklaven« oder »Gefangenen« – auch in einem wörtlichen Sinn, denn zwei von ihnen versuchen, ihre Fesseln abzustreifen. Sie lehnen sich gegen ihr Schicksal auf, ohne jedoch – davon zeugen die Schwere ihrer Körperformen, die Anstrengung, das Versteinerte ihrer Bewegungen – je ihre Freiheit zu erlangen. Der Künstler, den die Zeitgenossen und die Nachwelt den ›Göttlichen‹ nannten, hat wie kaum ein anderer vor ihm unter der Gebundenheit des Daseins an die Materie gelitten. Der freie Wille, die platonische »göttlich hohe Seele« – so Michelangelos Worte – »ist ausgeliefert an die Zeit und in diese morsche, müde Hülle eingekerkert«.

Weniger bedeutsam erscheint in diesem Zusammenhang die Frage, wie weit die Sklaven von Michelangelo eigenhändig ausgearbeitet wurden. Er schuf zunächst – wie üblich – Gipsmodelle in originaler Größe, nach denen dann die Gehilfen mit dem Abarbeiten des Steins begannen, dem *levare*. Der Bildhauer Adolf von Hildebrand erkannte in keiner der vier Statuen die Meißelarbeit Michelangelos.

Michelangelos **»hl. Matthäus«** (rechts) ist die einzige der zwölf überlebensgroßen Apostelstatuen für den Florentiner Dom, die ausgeführt wurde. Es ist Michelangelos erstes Werk, in dem der Marmorblock den Entfaltungsdrang der Figur einzuschränken scheint. Die im November 1506 in diesem unvollendeten Zustand liegengelassene Skulptur zeugt von dem faszinierenden Eindruck, den die im Januar 1506 in Rom entdeckte Laokoon-Gruppe bei Michelangelo hinterließ. Die Autorschaft Michelangelos für die **»Pietà von Palestrina«** ist nicht gesichert. Wahrscheinlich hat sie ein Nachfolger geschaffen.

Für die Aufstellung des **»David«** wurde eigens die Tribuna angebaut. Die kolossale Marmorstatue, an der Michelangelo 1501–04 arbeitete, könnte bei flüchtigem Hinsehen als ein Werk der Antike gelten: Standmotiv und Details der Körperwiedergabe sind griechischen Statuen des 4. Jh. verwandt. Nicht antikisch muten hingegen das große, energisch nach links geworfene Haupt, der furchterregende Blick und die großen kämpferischen Hände an. Im klassischen Standbild wurde bis ins 3. Jh. n. Chr. niemals ein Körperteil, auch nicht der Kopf, hervorgehoben. Die Antike kannte den Zwiespalt zwischen Geist und Körper, zwischen Idee und Materie nicht. Der David gehört zu den wenigen Bildwerken Michelangelos, in denen kaum etwas von der Schwere des Steins, vom Ringen mit der Materie zu spüren ist. Die Spannung zwischen geistiger Form und der umgestalteten Materie hat sich auf den Konflikt zwischen dem nach außen drängenden Willen und dem in sich selbst ruhenden schönen Körper verlagert.

Bevor der »David« in die Akademie überführt wurde, um ihn vor Verwitterung zu schützen, stand er von 1504 bis 1887 vor dem Palazzo Vecchio. Vorgesehen war er jedoch ursprünglich für das Traufgesims des Doms. Dementsprechend stellte man dem 26-jährigen Bildhauer einen Steinblock von extremer Höhe (über 4 m) und geringer Tiefe zur Verfügung, der ursprünglich für eine gotische Skulptur vor-

»Der Bärtige«, Michelangelo, Accademia. Die Kunsthistoriker Friedrich Kriegbaum und Herbert von Einem sahen Michelangelos Hand beim »Bärtigen«, und zwar an dessen Leib und Kopf, außerdem »beim ›Jugendlichen‹, dessen Kopf und linke Hand besonders schlecht abozziert sind, nur ein paar Spitzeisenschläge an der Bauchmuskulatur, beim ›Atlant‹ und beim ›Erwachenden‹ vielleicht noch gar nichts«. Gerade diese beiden Sklaven (links hinten und vorne rechts) zeigen dagegen für Harald Keller eine »so großartige Behandlung des Marmors«, dass er »die Steinarbeit nur dem Meister selbst zutrauen« möchte

»David«, Michelangelo, Accademia. Die Popularität dieser Figur mag darin begründet sein, dass der Betrachter hier einmal nicht mit der typisch ›michelangelesken‹ Problematik der Gebundenheit des menschlichen Daseins konfrontiert wird. Gleich nach ihrer Vollendung wuchs sie zum Symbol und Wunschbild der neu konstituierten, von den Großmächten bedrohten Florentiner Republik heran. Der den Goliath besiegende David ist selbst ein Gigant, ausgezeichnet durch jugendliche Schönheit und furchterregende Willenskraft. Ein Bild gewordenes Symbol der Autonomie und Stärke bedarf nicht mehr der Attribute, die den jugendlichen Helden als den alttestamentarischen Tyrannenmörder kennzeichnen: Es fehlt das Haupt des Goliath. Die Schleuder hinter dem Rücken ist kaum sichtbar

gesehen war (und den bereits ein Steinmetz in Carrara verhauen hatte). Dass Michelangelo daraus eine fast klassisch anmutende Statue zu meißeln vermochte, hat stets Bewunderung hervorgerufen.

Museo del Opificio delle Pietre Dure

Via Alfani 78
Tel. 055 265 11, 055 29 03 83
www.opificiodellepietredure.it
Mo–Mi, Sa 8.15–14 Uhr, Fei geschl.

Opificio delle Pietre Dure (17)

Die 1588 gegründeten staatlichen Werkstätten des **Opificio delle Pietre Dure** direkt hinter der Accademia pflegen seit Jahrhunderten die Tradition der Einlegearbeiten in Stein, die Technik der *pietra dura* (auch Florentiner Mosaik genannt). Die Hauptarbeit galt von Anfang an der Ausschmückung der Fürstengruft von San Lorenzo. Heute ist dem Opificio eine Restaurationswerkstätte für Skulpturen, glasierte Terracotta, Holzintarsien etc. Das angeschlossene **Museum** (Eingang Via delgi Alfani 78) präsentiert vor allem *pietra-dura*-Erzeugnisse.

Um die Piazza Santissima Annunziata

Santissima Annunziata

Santissima Annunziata ★

Die der Maria der Verkündigung, der Annunziata, geweihte **Kirche (18)** ist ein viel besuchtes, reich ausgestattetes Wallfahrtsheiligtum. Zugleich ist sie die Mutterkirche des Servitenordens, der ›Diener Mariens‹ *(servi Mariae),* die bereits 1250 an dieser Stelle ein erstes Oratorium gegründet hatten. Wenige Jahre zuvor, 1233, war der Orden von sieben jungen Florentiner Adligen gegründet worden. Nachdem ein Bild der Verkündigung – so die Legende – auf wunderbare Weise durch einen Engel vollendet worden war, strömten Gläubige herbei, sodass das Oratorium bald vergrößert werden musste. Nach Erweiterungsarbeiten im 14. Jh. veranlasste Cosimo de' Medici 1444 einen Neubau und beauftragte seinen bevorzugten Architekten Michelozzo mit der Planung von Kirche und Vorhof. Erst 1559–61 ließen die Pucci den Portikus zur Piazza hinzufügen (unter Einbeziehung des bereits 1447 durch Manetti errichteten mittleren Bogens) und auch gleich ihr Wappen an den rahmenden Pilastern anbringen. Für die ursprünglich offene, 1833 verglaste, kreuzgangförmige **Vorhalle** hat Michelozzo besonders schöne, korinthisierende Kapitelle entworfen. Wir wissen, dass im 17. Jh. in den Loggien mehr als 600 lebensgroße Exvotofiguren aus Wachs und Pappmaché hingen, darunter Feldherren zu Ross und eine von Verrocchio modellierte Figur, die Lorenzo il Magnifico gestiftet hatte. Man nennt den Hof daher auch **Chiostrino dei Voti.** (Ursprünglich hingen diese Votivgaben an den Balken des Kirchenschiffs, wo sie sich jedoch zuweilen lösten und auf Messebesucher fielen.)

Santissima Annunziata
Piazza Santissima Annunziata
Tel. 055 26 61 81
tgl. 7.30–12.30, 16–18.30 Uhr

Bedeutend ist der **Freskenzyklus der Vorhalle.** Er beginnt rechts vom Eingang mit der **»Himmelfahrt Mariä« (a),** dem ersten gesicherten Werk von **Rosso Fiorentino** (um 1513–14) dessen zweizonigen Aufbau Tizian bei seiner »Assunta« in der Frarikirche in Venedig übernehmen wird. Die **»Heimsuchung«** (**b,** 1514–16) ist eine frühe Arbeit **Pontormos,** der hier noch an den monumentalen Stil seines Lehrers Andrea del Sarto und an Raffael anknupft. Die Freitreppe war in Raffaels »Schule von Athen« vorgebildet. Zu den Neuerungen Pontormos zählen die schlanken Figuren und kleine Köpfe, aber auch die betonten Blickkontakte der Gestalten mit dem Betrachter. »Die Malerei wird weich, luftig *(ariosa)* und empfindlich für das Zarte des Inkarnats, die Rottöne der nackten Haut wie für die differenzierte Lichtführung *(varietà delle luci)*« (Vasari). Die Szene auf dem Gebälk zeigt die auf das Opfer Christi vorausweisende »Opferung Isaaks«.

Es folgt das traditioneller gestaltete **»Verlöbnis Mariens« (c)** von **Franciabigio,** 1513. Eine Vielzahl von Figuren kleineren Maßstabs agiert hier vor der Hintergrundarchitektur. Der Maler selbst soll den Kopf Mariens zerstört haben, weil die Mönche das unfertige Bild vorzeitig betrachtet hatten. Links davon sieht man ein Madonnenrelief von Michelozzo.

Die Piazza Santissima Annunziata,

... an drei Seiten von Loggien begrenzt, ist »der erste Platz in Florenz, der als Einheit entworfen wurde ... nicht mehr als Ergebnis von Platzerweiterungen und späteren Lösungen« (G. Fanelli). Der Platz ist durch die Via dei Servi auf die Domkuppel bezogen. Das Reiterdenkmal des Großherzogs Ferdinando I. ist das letzte Werk von Giambologna, das 1608 sein Schüler Pietro Tacca beendete. Taccas Brunnen war ursprünglich für Livorno vorgesehen, hier wurde er 1643 aufgestellt.

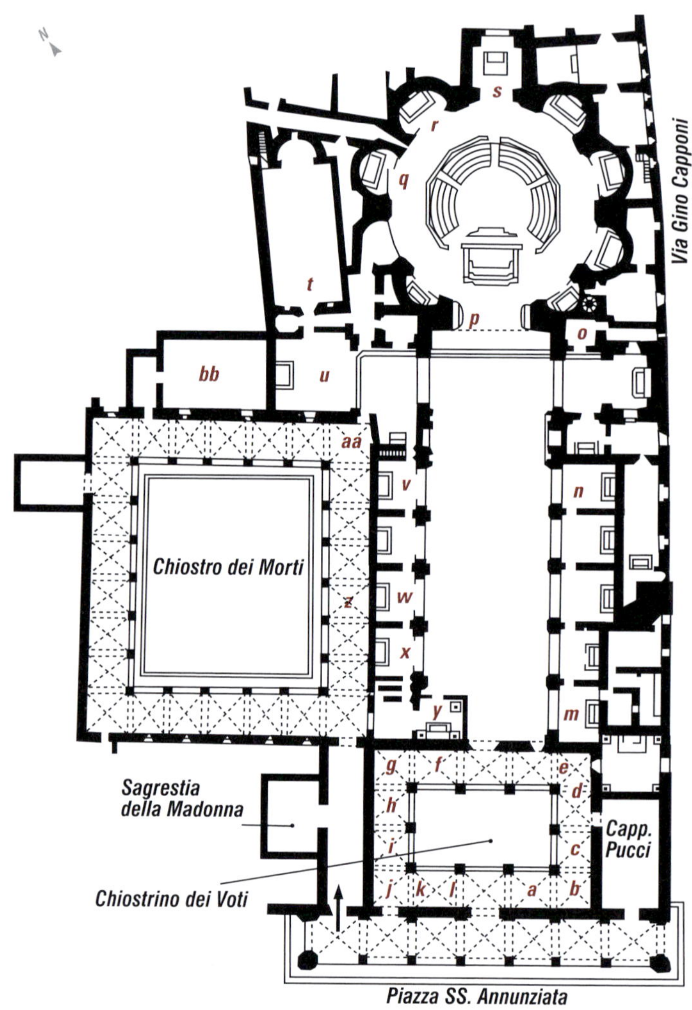

Die »**Geburt Mariä« (d)** von **Andrea del Sarto,** 1515, ist wohl das harmonischste Freskenbild der Florentiner Hochrenaissance. Das Bild ist nicht streng geometrisch komponiert, es wird vielmehr von einem rhythmischen Bewegungsablauf bestimmt, der links bei den Frauen beginnt, über die festlich Daherschreitenden zur Wöchnerin führt und dann am rechten Bildrand durch die Dienerinnen abgeschlossen wird. Dieser fast kinematografisch anmutende Ablauf entwickelte sich aus Sartos Bestrebungen, seine im Kontrapost aufgebauten, rundplastisch empfundenen Figuren in mehreren Ansichten vorzuführen. Die schrei-

Santissima Annunziata

Fresken des Vorhofs

- a Himmelfahrt Mariä, Rosso Fiorentino, 1517
- b Heimsuchung, Pontormo, 1514–16
- c Verlöbnis Mariä, Franciabigio, 1513
- d Geburt Mariä, Andrea del Sarto, 1515
- e Zug der Heiligen Drei Könige, Andrea del Sarto, 1511
- f Geburt Christi, Alesso Baldovinetti, 1460–62
- g Berufung und Einkleidung des Heiligen, Cosimo Rosselli, 1476
- h Der Heilige bekleidet mit seinem Mantel einen Aussätzigen, Andrea del Sarto, 1509/10
- i Wegelagerer, die den Heiligen verspotten, werden vom Blitz erschlagen, Andrea del Sarto, 1509/10
- j Heilung einer Besessenen, Andrea del Sarto, 1509/10
- k Exequien und Auferweckung eines Kinds, Andrea del Sarto, 1509/10
- l Beim Berühren der Kleider des Heiligen wird ein Knabe zum Leben erweckt, Andrea del Sarto, 1509/10

Inneres der Kirche

- m Madonna in der Glorie, Jacopo da Empoli, um 1635–40
- n Grabmonument für Orlando de' Medici, Bernardo Rossellino, 1456
- o Pietà, Baccio Bandinelli, 1559
- p Grabmal des Bischofs Angelo Marzi de' Medici, Francesco da Sangallo, 1546
- q hl. Rochus, Veit Stoß, 1505
- r Auferstehung, Angelo Bronzino, 1548–52
- s Kapelle von Giambologna
- t Sakristei nach Plänen von Michelozzo, 1444–50
- u Johannes der Täufer, Michelozzo, 1444–54
- v Himmelfahrt Mariens, Perugino, 1506
- w hl. Hieronymus und seine Schülerinnen Paula und Eustochium in Verehrung der Dreifaltigkeit, Andrea del Castagno, 1454
- x Christus erscheint dem hl. Julian, Andrea del Castagno, 1454
- y Tabernakel, Michelozzo-Entwurf, 1448–52

Chiostro dei Morti

- z Grabmal des Ritters Guillaume de Durfort
- aa Madonna del Sacco, Andrea del Sarto, 1525
- bb Malerkapelle

tenden Frauen verkörpern das neue Ideal einer gelösten Vornehmheit, die nicht der Anmut entbehrt.

Auf den **»Zug der heiligen drei Könige« (e)** von **Andrea del Sarto** (1511) folgt die **»Geburt Christi« (f)** von **Alesso Baldovinetti** (1460–62). Die Arnolandschaft lässt an Piero della Francesa denken, der bei Domenico Veneziano Mitschüler Baldovinettis war. Die folgenden Fresken **(g–l)** an der linken Seitenwand zeigen Begebenheiten aus dem Leben des Servitenheiligen Filippo Benizzi (gestorben 1285), gemalt von **Andrea del Sarto** (1509/10).

Der **Innenraum** der Annunziata hinterlässt einen zwiespältigen Eindruck. Die reiche Barockverkleidung der Kirche macht es schwierig nachzuvollziehen, dass es sich hier um einen kunstgeschichtlich bedeutenden Raum handelt: ein einschiffiger Saalbau, der – zum ersten Mal – an beiden Seiten von Kapellen umgeben ist. Dieses Raumschema sollte später – nach einigen Zwischenstufen wie Santa Maria Maddalena dei Pazzi (s. S. 229) – unzähligen Barockkirchen zugrundegelegt werden.

Ebenso originell wie das Langhaus gestaltet sich der Chor in Form einer **Rotunde,** die sich in acht Kapellen öffnet. Wie zuvor in Brunelleschis Rundbau Santa Maria degli Angeli (s. S. 226) ist in diesem mo-

Vorbild der Rotunde

Im Gegensatz zum Zentralbau Brunelleschis in Santa Marie degli Angeli liegt der Rotunde der Annunziata ein konkretes Vorbild zugrunde: der sogenannte Tempel der Minerva Medica in Rom (in Wirklichkeit handelt es sich um ein Nymphäum). Die Übereinstimmungen mit dem antiken Bau gehen so weit, dass man von einer freien Kopie sprechen könnte.

numentalen Werk das Ideal der Kreisform verwirklicht. Eine derart ungewöhnliche Chorlösung rief bei den Florentinern heftigste Kritik hervor. Es ist kaum zu bezweifeln, dass Leon Battista Alberti die Ideen lieferte, denn ein solch kühner Rundbau *all' antica* lässt sich kaum mit dem traditionsbewussten Werk Michelozzos verbinden. Finanziert wurde der Chor durch den Markgrafen von Mantua, Lodovico Gonzaga, der zu dieser Zeit als General im Dienst der Florentiner stand. Es war derselbe Gonzaga, der Alberti auch die Aufträge in Mantua erteilte.

In einer seit Jahrhunderten beliebten Wallfahrtskirche konnte sich eine reiche **Ausstattung** mit Kunstwerken aus verschiedenen Epochen, vor allem aus der Barockzeit, ansammeln. Die prunkvolle **barocke Decke** entwarf **Volterrano,** der auch das zentrale Gemälde der **»Himmelfahrt Mariens«** (um 1664) und die **»Krönung Mariens«** in der Rotunde schuf. Während der häufigen Gottesdienste empfiehlt es sich, den Rundgang in den miteinander verbundenen Seitenkapellen zu beginnen.

Mittelpunkt der Ausstattung ist natürlich das wundertätige Gnadenbild, für das Piero de' Medici bei Michelozzo ein **Tabernakel (y)** in Auftrag gab. Laut Inschrift kostete allein der Marmor dafür 4000 Florinen: »Costò fior. 4 mila el marmo solo«. Bevor die üppige barocke Bekrönung hinzukam, strahlte der Tempietto mit seinen vier Marmorsäulen eine ähnliche Wirkung aus wie Michelozzos Tabernakel in San Miniato al Monte oder in Impruneta. Das Gnadenbild der Verkündigung ist gewöhnlich nur an Marienfesten sichtbar. Es stammt aus der Mitte des 14. Jh., könnte dabei aber eine Übermalung des Bilds von 1252 sein. In der Kapelle hinter dem Tempietto sieht man in einem Silbertabernakel (1617) ein kleinformatiges Bildnis Christi von Andrea del Sarto aus dem Jahr 1515.

Das **Grabmonument** für **Orlando de' Medici** in der fünften Kapelle **(n)** rechts schuf Bernardo Rossellino 1456. Imposant ist das **Grabmonument (o),** das der Bildhauer **Baccio Bandinelli** für sich und seine Frau schuf. Die nicht sonderlich inspirierte, stark an Michelangelo anklingende Marmorgruppe zeigt Joseph von Arimathia (mit den Zügen Bandinellis), der den Leichnam Christi hält. Das **Grabmonument** am linken Chorbogenpfeiler **(p)** ist ein Werk von **Fancesco da Sangallo** (1546). Bischof Angelo Marzi de' Medici erinnert in seiner Haltung an etruskische Verstorbene auf Aschenurnen oder Sarkophagen.

Ein Kunstwerk, das man in Florenz kaum erwarten würde, ist die von Vasari als ein *miracolo di legno* gelobte **Holzskulptur** des **»hl. Rochus« (q)** des Nürnbergers **Veit Stoß,** das um 1505 entstanden sein dürfte und wahrscheinlich ursprünglich eine Kapelle schmückte, die deutschen Kaufleuten zur Verfügung stand. Die **Scheitelkapelle (s)** der Chorrotunde stattete der Bildhauer **Giambologna** als Begräbnisstätte für sich und flämische Künstler in Florenz aus. Der Künstler und seine Werkstatt schufen das Kruzifix und die Reliefs der Passionsszenen (um 1575–79).

»Drei Heilige in Verehrung der Dreifaltigkeit«, Andrea del Castagno, Santissima Annunziata. Als man 1967 das Fresko abnahm, kam eine vorbereitende Studie in Kohle und roter Erde (sinopia) zum Vorschein, die jetzt im Museum von Sant' Apollonia aufbewahrt wird. Diese Vorzeichnung weicht in stärkerem Maß als üblich vom ausgeführten Fresko ab, vor allem in der Gestalt des Hieronymus, der – fast wie ein Heiliger der Barockzeit – in hingebungsvoller Haltung vor dem Betrachter seine Brust entblösst und den Blick zum Himmel gerichtet hat. Punktierte Linien im Fresko weisen darauf hin, dass Castagno zusätzlich eine Vorzeichnung auf Karton anlegte, deren Umrisslinie er mit Hilfe der Spolvero-Methode übertrug

Von architektonischem Interesse ist die 1444–54 nach Plänen **Michelozzos** erbaute **Sakristei (t),** die in der Barockzeit mit illusionistischer Malerei ausgestattet wurde. Michelozzo schuf auch die Tonfigur **»Johannes des Täufers** (**u,** 1444–50), der sich in einem Raum gegenüber der Sakristei befindet. Das Altarbild der **»Himmelfahrt Mariens« (v)** in der fünften linken Langhauskapelle malte **Perugino** im Jahr 1506.

Die größte Aufmerksamkeit dürften die erst im 20. Jh. wieder entdeckten Fresken von **Andrea del Castagno** beanspruchen. Das berühmte Fresko in der dritten Kapelle des linken Langhauses links zeigt **»drei Heilige in Verehrung der Dreifaltigkeit« (w).** Es sind der sich kasteiende Hieronymus (erkennbar am Löwen und seinem Kardinalshut) und seine Schülerinnen, die hl. Paula und ihre Tochter, die hl. Eustochium. In den geschlossenen Umrisslinien der im Profil wiedergegebenen Frauen und dem schweren Faltenwurf ihrer Gewänder ließ sich Castagno von Donatellos »hl. Ludwig von Toulouse« und zugleich von Masaccios Trinitätsfresko in Santa Maria Novella anregen. War bei Masaccio noch die Kapellenarchitektur mit Hilfe der neu entdeckten Gesetze der Zentralperspektive als scheinbare Realität wiedergegeben worden, so ist es jetzt – wie schon Vasari bemerkte – die göttliche Dreifaltigkeit, die einer extremen perspektivischen Verkürzung unterliegt und so dem im Konzil von Florenz umstrittenen katholischen Glaubenssatz von der Trinität betont Realitätscharakter verleiht. Die perspektivische Verkürzung des Gottessohns brachte Castagno offensichtlich in künstlerische Bedrängnis, denn er bedeckte nachträglich die untere Körperhälfte Christi, indem er dem bereits angetrockneten Fresko *a secco* die Seraphim hinzufügte. (Die übrigen Fresken der Kapelle schuf Alessandro Allori, 1560.)

Ein weiteres, bereits von Vasari erwähntes Fresko von Andrea del Castagno entdeckte man in der 1693 durch Giovanni Battista Foggini barock ausgestatteten **Cappella Feroni (x)**, und zwar hinter dem jetzt entfernten Altarbild. Dargestellt ist, wie dem hl. Julianus, der unwissentlich seine Eltern erschlagen hatte, Christus erscheint, der mit ähnlichen Gesichtszügen ausgestattet ist, und ihm die Tat verzeiht. Im Hintergrund sieht man das von ihm zur Sühne betriebene Hospital und eine kleine Kapelle, in der er Christus um Erlösung bittet.

Um in den **Großen Kreuzgang**, den **Chiostro dei Morti**, zu gelangen, sollte man in der Sakristei um Erlaubnis bitten. Eines der Grabmäler des Kreuzganges wurde für **Guillaume de Durfort (z)** errichtet. Der Ritter war 1289 als Ratgeber des florentinischen Heerführers in der Schlacht von Campaldino gefallen. Eines der **Lünettenfresken (aa)** schuf **Andrea del Sarto:** die **»Ruhe auf der Flucht«** von 1525. Da Joseph sich an einen Sack anlehnt, gab man dem Fresko auch den Namen **»Madonna del Sacco«.** Die sogenannte **Malerkapelle (bb)** fungierte ursprünglich als Kapitelsaal, wurde aber 1562 der Florentiner Künstlerschaft für ihre neu eingerichtete Accademia del Disegno als Begräbnisstätte und Versammlungsraum zur Verfügung gestellt. Cellini, Pontormo und Franciabigio liegen hier begraben. Treibende Kraft für die Gründung der Akademie und Ausgestaltung der Kapelle war ein Mitglied des Servitenordens, der Bildhauer Giovanangelo Montorsoli, der zur Ausstattung selbst zwei Stuckfiguren beitrug (die des »Moses« und des »Paulus«) und die Ausstattung finanzierte. An dieser wirkten zwischen 1560 und 1570 Künstler wie Allori, Vincenzo Danti und Santi di Tito mit, die alle dem großen Vorbild Michelangelo huldigten, sodass der Betrachter mehrmals an dessen »Moses«, an die Herzöge in der Neuen Sakristei von San Lorenzo oder an die Decke der Sixtinischen Kapelle erinnert wird. Das abgelöste Fresko der **»Madonna mit Heiligen«** an der linken Wand ist ein Frühwerk von Pontormo (um 1514). Es stammt aus der zerstörten Kirche San Ruffillo. Im Vorraum zur Kapelle hängt ein Holzkruzifix von Antonio da Sangallo, um 1500.

Die Loggia des Findelhauses ist ein typisches Beispiel für Brunelleschis geometrische Raumkonstruktionen. Das traditionelle Kreuzgrat- oder Rippengewölbe ist durch die einfachere Form der Hängekuppeln ersetzt. Der darunter liegende Raumabschnitt hat annähernd die Form eines Kubus. Maßeinheit ist die Florentiner Elle (58,4 cm), so beträgt das Verhältnis von Säulenhöhen zum Säulenabstand neun zu zehn Ellen ▷

Ospedale degli Innocenti und Palazzo Grifoni

Ospedale degli Innocenti ★

Das von der reichen Seidenhändlerzunft gestiftete **›Hospital der Unschuldigen‹ (19),** Brunelleschis berühmtes Findelhaus, gehört zu den innovativen Werken der Frührenaissancearchitektur. Zwar begann man mit dem Bau bereits 1419, doch erst 1445 konnte das erste Findelkind aufgenommen werden. Zum ersten Mal seit der Antike begegnet hier die Säule »als architektonisches Gleichnis des Menschen« (Heinrich Klotz). Als Würdeform wird sie in den kommenden Jahrhunderten von den Edlen und Mächtigen in Anspruch genommen. Hier dient sie den *gettati*, den ›Weggeworfenen‹, als Stütze. Die hier aufgenommenen Kinder waren ebenso unschuldig wie die Opfer des König Herodes, unter dessen Patrozinium man das Heim stellte. Unerkannt konnte man bis 1875 unerwünschte Kinder durch die kleine Drehtür an der linken Schmalwand der Loggia abgeben.

Ospedale degli Innocenti
Piazza SS. Annunziata 12
Tel. 055 203 73 08-323

Galleria dell' Opedale degli Innocenti
tgl. 10–19 Uhr;
1. Jan. und 25. Dez. geschl.

Von diesem Heim für Verstoßene ging eine neue, über ganz Europa sich verbreitende Säulenarchitektur aus. Wer – wie bei einem römischen Tempel – die Stufen der Vorhalle emporgeschritten ist, steht jetzt nicht mehr neben mittelalterlichen Stützen, sondern neben Säulen, und zwar, wie es Heinrich Klotz ausdrückte – »auf gleicher Ebene«, die »Füße... neben der Plinthe und der Basis«. Neben den Säulen führte Brunelleschi mit dieser Loggia als weitere Neuerung auch die übergreifenden Pilaster der großen Ordnung in die europä-

Ospedale degli Innocenti, Brunelleschi. Die von Brunelleschi entworfenen Tondi füllte man erst 1487 mit den glasierten Terracottareliefs der Wickelkinder von Andrea della Robbia. Die Reliefs der später hinzugefügten Seitenteile sind Imitationen von 1846

ische Baukunst ein: Ähnlich wie beim römischen Theatermotiv gliedern und rahmen sie die Bogenarchitektur, ohne eine statische Funktion auszuüben.

Als soziale Einrichtung und als Bauanlage gab es für das Findelhaus mehrere Vorbilder im 14. Jh., u.a. das Ospedale San Matteo (die heutige Accademia). Zur Idee der Loggia mag Brunelleschi durch die Vorhalle von Alt St. Peter in Rom angeregt worden sein. Weder aus der Antike noch aus dem Trecento ist indes die Schlankheit der Säulen, die Regelmäßigkeit, Klarheit und Feinheit der Ausführung ableitbar. Wie bei den anderen frühen Bauten Brunelleschis lagen hierzu die Voraussetzungen in der Florentiner Protorenaissance. Von dort und zugleich von römisch-augusteischen Vorbildern kamen auch die Anregungen für das klar durchgestaltete Kompositkapitell mit acht deutlich hervortretenden Voluten, ein Typus, dem Brunelleschi später stets den Vorzug geben sollte.

Brunelleschis Tätigkeit für das Findelhaus ist nur bis 1427 belegt. Nicht ganz in seinem Sinn – so berichtet Antonio Manetti – wurde die Fassade im Obergeschoss ohne Pilastergliederung und abschließendes Gesims durch Francesco della Luna fortgeführt. Außerdem kritisierte Manetti, dass der Architrav in die vertikale Richtung umknicke (ein Motiv, das bei den Türrahmen von San Miniato al Monte vorgebildet war). 1430 wurde der Bau rechts von der Treppe erweitert, erst 1559 auch das Gegenstück mit dem Durchgang zur Via Colonna hinzugefügt. Die Fresken in der mittleren Hängekuppel von Bernardino Poccetti (1610–11) zeigen Ereignisse aus dem Leben Cosimos I.: »Bau der Befestigungsanlagen von Portoferraio«, »Krönung zum Großherzog«, »Stiftung des St.-Stephan-Ordens«, »Gründung der Accademia del Disegno«. Poccetti malte auch die Lünettenfresken der Stirnwände.

Der ursprüngliche, nach Brunelleschis Plänen ausgeführte, U-förmige Trakt um den ersten Kreuzgang zeichnete sich durch eine besondere Regelmäßigkeit aus. Darin war er Vorbild für spätere Spitalbauten (hier wurde jedoch mehrfach umgebaut). Rechts von der Loggia ist der Zugang zum **Chiostro delle Donne** mit ionischen Kapitellen aus der Zeit Brunelleschis.

Zur **Galleria dell'Ospedale degli Innocenti** gelangt man durch den Mitteleingang. Es handelt sich um eine nicht allzu umfangreiche Sammlung von Gemälden und Fresken. Zu den Hauptwerken zählen ein Triptychon vom Meister der Griggs-Kreuzigung, um 1400, und die große **Altartafel** mit der **»Anbetung der Könige«** (im quadratischen Raum). **Domenico Ghirlandaio** schuf sie 1488 für dieses Hospital, daher im Hintergrund der »Bethlehemitische Kindermord« und zwei der Unschuldigen als Fürbittende vor Maria. Die Strenge der Komposition und der religiöse Ernst zeugen von der Wirkung, die Leonardos »Anbetung der Könige« in den Uffizien hinterließ. Die Freskenfragmente mit Propheten und Szenen aus der Schöpfungsgeschichte, 1575 datiert und Alessandro Allori zugeschrieben, stammen wahrscheinlich aus dem Ospedale Santa Maria Nuova.

Brunelleschi errichtete das Findelhaus auf einem kaum bebauten Gelände, das im Norden von der alten Kirche Santissima Annunziata begrenzt wurde. Er dachte bereits an eine neue, symmetrische Platzanlage, wenngleich die gegenüberliegende **Loggia** für die Bruderschaft der Servitendrittorden als Pendant und Kopie zum Findelhaus erst 1516–25 von Antonio da Sangallo und Baccio d'Agnolo errichtet wurde und 1559–61 der Portikus der Annunziatakirche folgte. Brunelleschi nutzte das abfallende Gelände, um das Ospedale gleichsam auf einen Sockel zu setzen, zu dem nach dem Vorbild römisch-etruskischer Tempel Stufen hinaufführen.

Im Viertel zwischen Dom und der Kirche Santissima Annunziata haben im 16. und 17. Jh. vornehmste Florentiner Familien ihre Paläste gebaut, die Ricasoli, die Gerini, die Da Firenzuola. Der **Palazzo Grifoni (20)** an der Ecke zur Via dei Servi ist ein Werk Ammannatis, 1557–75. In Florenz unüblich ist die gleichzeitige Verwendung von Ziegelstein und Haustein.

Museo Nazionale Archeologico

Museo Nazionale Archeologico ★

Der Palast, der mit dem **Museo Nazionale Archeologico (21)** eines der bedeutendsten seiner Art in Italien beherbergt, wurde 1620 für die Gemahlin Cosimos II., Maria Magdalena, Erzherzogin von Österreich, erbaut. Man besucht das Museum vor allem wegen der etruskischen Sammlung, die als reichste nach der Villa Giulia in Rom gilt. Daneben gibt es bedeutende prähistorische, ägyptische, griechische und römische Abteilungen. Die Hinweise beschränken sich auf Hauptwerke aus der griechisch-römischen und der etruskischen Epoche. Ausführliche Führungsblätter stehen dem Benutzer in den Sälen zur Verfügung.

Museo Nazionale Archeologico
Piazza Santissima Annunziata 9/b
Tel. 055 235 75
Di–So 8.30–19 (Sa bis 14) Uhr

Im **Obergeschoss** beginnt links die Saalfolge der ägyptischen, rechts der etruskischen Abteilung. Im Zentrum des **Saals der etruskischen Aschenurnen (IX)** steht der bemalte **Amazonensarkophag** aus inselgriechischem Marmor, den man in Tarquinia fand. Dort bemalte ihn wahrscheinlich im späten 5. Jh. v. Chr. ein griechischer oder in Süditalien ausgebildeter Künstler. Der Verstorbene wird inschriftlich als Ramtha Hucznai bezeichnet. Auf der besser erhaltenen Langseite ist die Schlacht zwischen Griechen und Amazonen in mehrere Einzelkämpfe aufgelöst. In einem der Griechen, der eine Amazone beim Haarzopf fasst, möchte man Achilles sehen, der sich in Penthesilea verliebte. Auf der Gegenseite greifen Amazonen mit ihren Quadrigen von beiden Seiten die Griechen an. An den Schmalseiten des Deckels sieht man Reliefs mit Aktäon, der von seinen eigenen Hunden angegriffen wird, denn er hatte gewagt, auf die badende Diana zu schauen.

In **Saal X** begegnet der Besucher einer Urne, die in der Form eines Hauses gearbeitet wurde. Auffallend die Pilastergliederung, der Einsatz der Rustika und vor allem der Rundbogen, der ein charakteristi-

»Chimäre«, Saal XIV, Museo Nazionale Archeologico. Gefunden hat man die »Chimäre« 1554 in Arezzo, wo sie wahrscheinlich auch im frühen 4. Jh. v. Chr. gegossen wurde. Cosimo I. ließ sie nach Florenz holen und im Palazzo Vecchio als Hinweis auf die vorrömische Vergangenheit der Toscana aufstellen. Bei einer Restaurierung wurde 1785 der Schwanz ergänzt

sches Element römischer Architektur werden wird. Aus Chiusi stammt der **alabasterne Sargdeckel,** auf dem der ›Fettleibige‹ lagert.

Im Folgenden lang gestreckten **Saal der Bronzearbeiten (XIV)** findet sich das berühmteste Werk des Museums: der etruskische Bronzeguss der **»Chimäre«**, laut der Inschrift »TINSCVIL« (heiliges Objekt) eine Votivgabe. In äußerster Anspannung ist das von – wie von Homer berichtet wird – Bellerophon verwundete Mischwesen gezeigt, das Tochter des von Zeus erschlagenen Typhon war. Es besaß einen Löwen- und Ziegenkopf sowie einen Schwanz, der in einem Schlangenkopf endete. Rechter Hand steht die berühmte Bronzestatue des **»Arringatore«** (Redners). Laut der etruskischen Inschrift stellt sie Aulus Metellus dar und wurde dem Gott Teke Sans gestiftet. Der Etrusker trägt römische Tunika und Toga. Es dürfte sich um einen hohen römischen Beamten oder Senator handeln, der mit seiner erhobenen Rechten Schweigen gebietet. Stilistisch steht die Statue unter dem Einfluss römisch-republikanischer Kunst des 2. Jh. v. Chr., sie wird jedoch erst nach der Verleihung des römischen Bürgerrechts an die Bundesgenossen, 89 v. Chr., entstanden sein. Die Statue wurde 1566 am Trasimenischen See, d.h. auf Territorium des Kirchenstaats, gefunden. Auf abenteuerliche Weise gelangte sie an den großherzoglichen Hof von Cosimo I. de' Medici. Die 1541 in Arezzo gefundene Bronzestatue der **»Minerva«** im selben Saal ist wahrscheinlich die römische Kopie eines griechischen Originals des 4. Jh. Der rechte Arm wurde rekonstruiert.

Hauptwerk im **Raum XIII** ist die 1530 in Pesaro gefundene Bronzestatue des sogenannten **Idolino** (kleines Idol). Jahrhundertelang zählte sie zu den meistbewunderten Bildwerken der Antike, heute sieht man die Figur kritischer. Es handelt sich nicht – wie man früher glaubte – um ein griechisches Original, vielmehr um die römische Nachahmung einer griechischen Skulptur eines Atlethen mit Opferschale aus der Spätklassik.

Der **bronzene Pferdekopf** in diesem Saal befand sich einst im Besitz der Medici und soll Donatello und Verrocchio für ihre Reiterdenkmäler in Padua und Venedig Vorbild gewesen sein. Es handelt sich um ein römisches Werk, dessen Datierung vom 2. Jh. v. Chr. bis ins 1. Jh. n. Chr. schwankt. Der im Meer vor Livorno gefundene **männliche Bronzetorso,** ein griechisches Werk um 480–70 v. Chr., ist der älteste bekannt gewordene Bronzeguss, der im Wachsschmelzverfahren hergestellt wurde.

»Idolino«, Raum XIII, Museo Nazionale Archeologico. Der nicht zu den schlanken Beinen passende strengere Kopf hatte zudem sein Vorbild in einer Skulptur Polyklets und damit einer anderen Epoche. Dieses Vermischen von Stilen ist charakteristisch für die frühe Kaiserzeit. Wahrscheinlich diente die Figur als Lampenhalter

Im **zweiten Obergeschoss** wird die reichhaltige **Sammlung griechischer und etruskischer Vasen** präsentiert. Bei den griechischen Vasen handelt es sich um attische, korinthische oder inselgriechische Exportstücke, die nach Etrurien gelangten und in etruskischen Gräbern gefunden wurden. Gleich im ersten Saal steht das bedeutendste Zeugnis attischer Töpferkunst und Vasenmalerei des 6. Jh.: die sogenannte **François-Vase.** Sie wurde 1845 in einem etruskischen Grab bei Chiusi von dem Maler und Stecher François entdeckt. Auf diesem attischen Krater (ein Mischgefäß), signiert vom Maler Kleitias und dem Töpfer Ergotimos, (um 570–60 v. Chr.), breiten sich wie in einem Bilderbuch griechische Mythen mitsamt den Bildunterschriften aus, so die Jagd auf den Kalydonischen Eber im obersten Steifen und – auf der Gegenseite – die Rückkehr und der Reigentanz der aus dem Labyrinth des Minotauros befreiten Athener Jünglinge und Mädchen. Griechische Mythen wurden nie lebendiger, vitaler und auch detailgenauer dargestellt als auf diesem riesigen Gefäß aus archaischer Zeit. Im Jahr 1900 zerschlug ein geistesgestörter Museumswärter den Krater, den er jahrelang beaufsichtigt hatte, in 638 Stücke. Die Scherben konnten in mühsamer Arbeit wieder zusammengesetzt werden.

Nach dem Rundgang durch die Vasenabteilung gelangt man in den Korridor, wo **zwei griechische Kouroi** aus Inselmarmor stehen. Kouroi (Jünglinge) waren idealisierte Bildnisse für verehrte Verstorbene. Der größere der beiden (nach seinem Erwerber **Milani I** genannt) wird sehr unterschiedlich zwischen 570 und 510 v. Chr. datiert, denn der Kopf mit archaischem Lächeln und stark hervortretenden Mandelaugen scheint einer früheren Stilstufe anzugehören als der entwickeltere Körper. Auch der kleinere Kouros **Milani II,** ein Torso, entstand im 6. Jh. v. Chr.

Die **topografische Abteilung** präsentiert etruskische Funde aus der Toscana gemäß ihres Fundorts. Aus einem einzigen Tumulusgrab in Populonia (dem **Grab der Flabelli**) stammen die Grabbeigaben, die in drei großen Vitrinen präsentiert werden. In Chianciano wurde die sogenannte **»Mater Matua«** gefunden, eine Aschenurne des 5. Jh. v. Chr. in Gestalt einer Frau, die auf einem Sphinxthron sitzt. In Chiusi fand man zahlreiche vasenförmige Urnen in Kopfform oder in menschlicher Gestalt (sogenannte Kanopen), die ebenfalls zur Aufnahme von

Asche dienten. Ebenfalls aus Chiusi stammt auch der bemalte **Terracottasarkophag** der Larthia Seianti, die mit ihrem reichen Schmuck auf dem Deckel ruhend dargestellt ist. Eine im Inneren gefundene Münze gibt den Hinweis, dass der Sarkophag vor 147 v. Chr. entstanden sein muss.

Ein Teil der **mediceischen Kameensammlung** ist im **Korridor** ausgestellt, der den Palast der Gemahlin Cosimos II. mit der Kirche SS. Annunziata verband. Das Museum besitzt noch zahlreiche bedeutende Werke, die erst nach Eröffnung neuer Säle ausgestellt werden können, so den italischen Bronzekopf eines Knaben, die Terracottaköpfe aus Arezzo, die in ihrem pathetischen Ausdruck mit tief liegenden Augen und geöffnetem Mund vom Einfluss der Kunst Pergamons zeugen oder die einzigartige Amphora aus Silber (Amfora Baratti) des 4. Jh. n. Chr.

Zwischen Piazza Santissima Annunziata und Dom

Zu den wenig bekannten Bauten Brunelleschis zählt das etwas versteckt liegende Oratorium **Santa Maria degli Angeli (22),** eine um 1434–37 errichtete Rotunde, die nie zur Vollendung kam. Es handelt sich um den ersten frei stehenden, reinen Zentralbau der Renaissance. Heute wird das Oratorium von einer Sprachenschule genutzt, kann aber dennoch besichtigt werden.

Beispiel einer sehr harmonischen Fassade aus der Zeit des Manierismus ist der von Ammannati errichtete **Palazzo Da Firenzuola-Giugni (23)** in der von der Via dei Servi rechts abzweigenden Via degli Alfani (Nr. 48).

Unter den Palästen der **Via dei Servi** ragt der 1550 von Dominico di Baccio d'Agnolo erbaute **Palazzo Niccolini (24)** hervor. Als Vorbild diente ihm Cronacas Palazzo Guadagni an der Piazza Santo

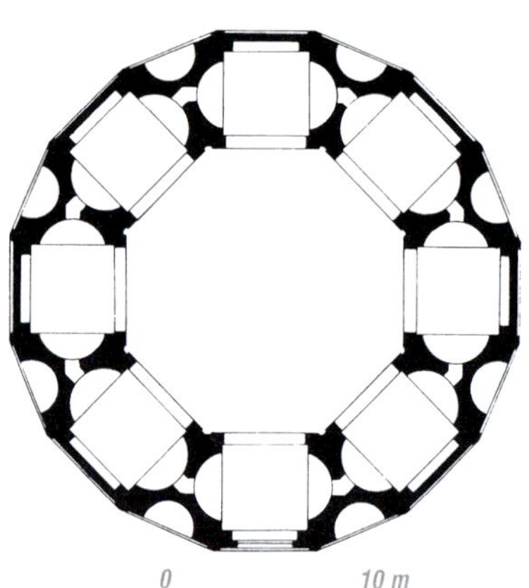

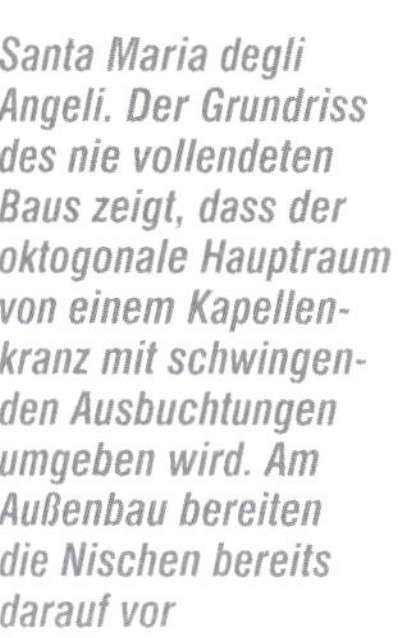
Santa Maria degli Angeli. Der Grundriss des nie vollendeten Baus zeigt, dass der oktogonale Hauptraum von einem Kapellenkranz mit schwingenden Ausbuchtungen umgeben wird. Am Außenbau bereiten die Nischen bereits darauf vor

Von der Piazza Santissima Annunziata blickt man durch die Via dei Servi direkt zum Dom. Brunelleschi hat bei der Planung der Piazza und der Via dei Servi die ungehinderte Blickachse auf ›seine‹ Domkuppel von Anfang an einkalkuliert. Im Vordergrund sieht man Giambolognas Reiterdenkmal, das Großherzog Ferdinando I. zum Andenken an seine eigene Person in Auftrag gegeben hatte

Spirito (s. S. 282). Die Graffiti und Wandmalereien ließ man 1854 erneuern. Der **Palazzo Pucci (25,** Via dei Pucci 2–6) ist ein ausgedehnter Komplex mit über 100 Fenstern. Er ging aus drei Palästen verschiedenen Ursprungs hervor. Die mittlere Fassade wird Ammannati zugeschrieben, der die zentrale Achse durch das Portal, eine nach dem Serlio-Motiv angeordnete Fenstergruppe und den Balkon betonte. Die beiden seitlichen Fassaden wurden in der zweiten Hälfte des 16. und im 17. Jh. hinzugefügt.

Seit dem 13. Jh. leben Teile der Familie Pucci in Florenz. Als Anhänger der Medici erlangten sie im 15. Jh. ein beträchtliches Vermögen. Noch heute wird ein Teil des Palasts von den Pucci bewohnt, u. a. von der Familie des Modeschöpfers Emilio Pucci. Die Pucci waren es auch, die das bedeutendste Kunstwerk in der Kirche **San Michele Visdomini (26)** stifteten, die **»hl. Familie mit Heiligen«** von **Pontormo.** Dieses Altarbild, eine Art *sacra conversazione,* ist ein wichtiges Frühwerk des Florentiner Manierismus. Die Kirche selbst war eine Stiftung der Familie Visdomini, deren Namen leitet sich von einem kirchlichen Verwaltungsamt ableitet, dem des *visdomino* (wörtl. Vizeherr), das die Familie im Mittelalter über Generationen hinweg bekleidete.

Palazzo Pucci

Via dè Pucci 6
Tel. 055 28 30 61

San Michele Visdomini

Piazza Di S. Michele Visdomini 1
Tel. 055 29 24 48

Stadtviertel Santa Croce

Im Osten der Stadt

Cityplan Santa Croce S. 231

Besonders sehenswert: Casa Buonarroti, Santa Croce

Das häufig von Arno-Überschwemmungen heimgesuchte Gebiet im Osten der Stadt wurde erst erschlossen, als 1226 die Franziskaner hier ihr erstes Klostergebäude, Santa Croce, errichteten. Im Mittelalter war das Viertel ein Zentrum der Textilindustrie. Wie häufig in Italien stehen auch in diesem populären Viertel die Adelspaläste neben bescheidenen Häusern, so im Borgo Santa Croce oder am Straßenzug Via Torta (der ›geschwungenen Straße‹) – Via Bentacordi, wo die Perruzzi auf den Fundamenten und im Gemäuer des römischen Amphietheaters ihre Paläste erbauten. Neben Santa Croce und der Pazzi-Kapelle empfiehlt sich vor allem der Besuch der Casa Buonarroti mit dem Michelangelo-Museum.

Santa Maria Nuova und Santa Maddalena de' Pazzi

Santa Maria Maddalena de' Pazzi

Borgo Pinti 58
Tel. 055 247 84 20
www.maddalena depazzi.jimdo.com
tgl. 9–12 und 16–18 Uhr

Das Ospedale **Santa Maria Nuova (1)** ist das älteste der Florentiner Hospitäler. Gegründet wurde es 1287 von Folco Portinari, dem Vater von Dantes Beatrice. Die Gestaltung der Fassade mit dem Portikus und der Anbau der Flügelbauten erfolgten 1611–18 durch Giulio Parigi, dem wahrscheinlich Pläne Buontalentis vorlagen. Das Zentrum des Haupttrakts nimmt die Kirche Sant'Egidio ein. Das Eingangsportal schmückt die Kopie einer Terracottagruppe der »Krönung Mariens«, einem Werk des Weichen Stils (Original im Innern). Bei der Erneuerung der Kirche im 16. Jh. wurden leider die Chorfresken von Domenico Veneziano und seinem Mitarbeiter Piero della Francesca bis auf einige Reste der Sockelzone (jetzt im Museo Andrea del Castagno in Sant'Apollonia, S. 202) zerstört. Das Marmortabernakel links vom Hauptaltar schuf Bernardo Rossellino (1449/50) mit einer kleinen Bronzetür von Ghiberti. Die Hauptwerke der Ausstattung, u.a. der Portinari-Altari von Hugo van der Goes und Lorenzo Monacos »Marienkrönung«, gelangten in die Uffizien.

Das Kloster **Santa Maria Maddalena de' Pazzi** (**2,** Borgo Pinti 58) besucht man, um eines der schönsten Fresken von Florenz zu sehen. Das für Büßerinnen 1257 gegründete Konvent wurde 1442 Zisterziensern überlassen und gehört heute französischen Augustinern. Das Patrozinium geht auf die 1669 heiliggesprochene Nonne Maria Maddalena aus der Familie Pazzi zurück. In einem Umbau ließ Giuliano da Sangallo 1480–92 Seitenkapellen öffnen und entwickelte damit einen zukunftsweisenden, in SS. Annunziata und der Badia Fiesolana vorbereiteten Bautypus. Die Kapellenöffnungen sind jetzt mit marmornen Rundbögen verstärkt, ohne sie jedoch in die Wandgliederung einzubeziehen (wie später in San Salvatore al Monte).

Zur Ausstattung gehören das Altarbild »Madonna mit Heiligen« von Domenico Puglio in der vierten Kapelle rechts und eine »Mari-

◁ Traditionelles Ballspiel ›Calcio in costume‹ vor Santa Croce (s. S. 324)

enkrönung« von Cosimo Roselli (1505) in der Kapelle gegenüber. Die Chorkapelle ist ein barocker Neubau von 1671–85. Die Szenen aus dem Leben der Maddalena de' Pazzi (an den Seitenwänden) malte um 1685 der Neapolitaner Luca Giordano. An der rechten Seite des Schiffs beginnt der unterirdische Weg zum **Perugino-Fresko** im **Kapitelsaal**. Dieses um 1493–96 entstandene Hauptwerk umbrischer Malerei zeigt Christus am Kreuz, umgeben von Maria Magdalena (in der Mitte), dem hl. Bernard von Clairvaux und Maria (links), dem Jünger Johannes und dem hl. Benedikt (rechts). Bei Perugino verbindet sich das Atmosphärische der Landschaft mit klar umrissenen, kubischen Formen der menschlichen Gestalt. Die Ausgewogenheit der Arbeit war im Florenz des späten Quattrocento ungewöhnlich.

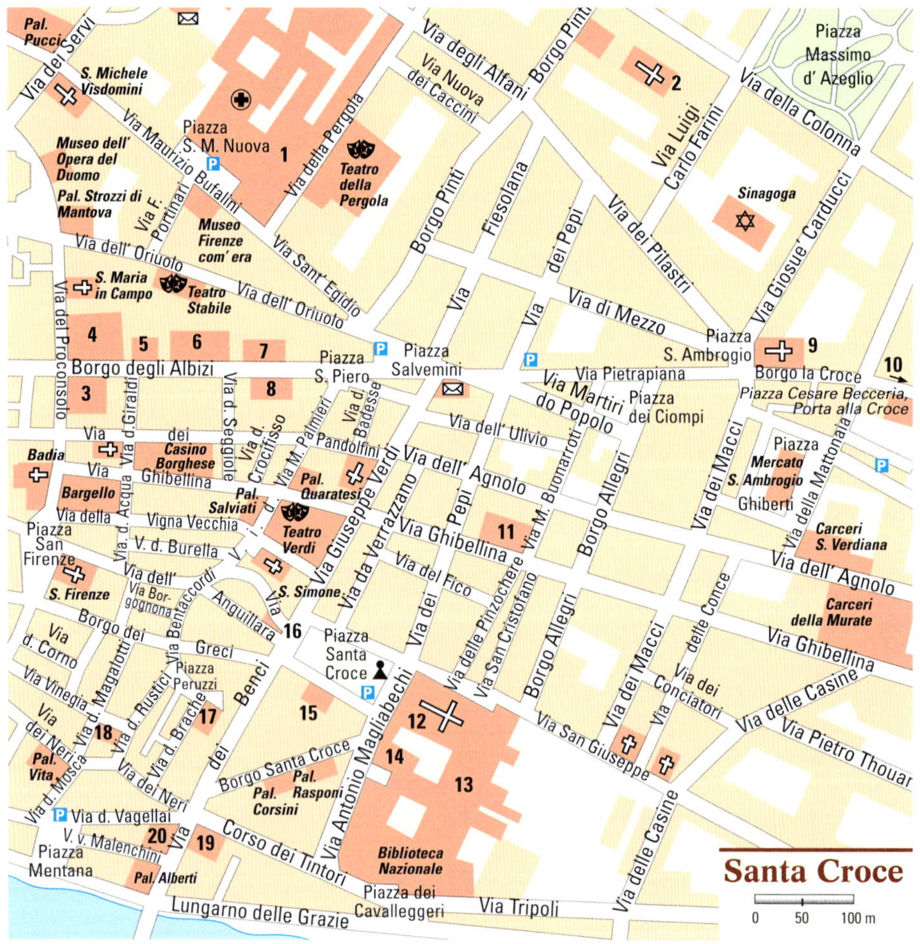

Der an ein Atrium erinnernde Kreuzgang von Giuliano da Sangallo ist mit seinen tonnengewölbten Kolonnaden und den eigenwilligen ionischen Kapitellen eines der schönsten Beispiele antikisierender Architektur des späten Quattrocento (1480–92).

Ansicht der ehemaligen Kirche San Piero Maggiore (Stich, Giuseppe Zocchi), nach der man früher ein ganzes Stadtviertel benannte. Heute sieht man nur noch die Bogenarchitektur an der gleichnamigen Piazza, die Teil eines Portikus' von Matteo Nigetti (1638) ist. Die zentrale Arkade öffnet sich zu einer kleinen Straße. Schräg gegenüber blieb ein charakteristischer Florentiner Geschlechterturm erhalten

Paläste im Borgo degli Albizi

Zunächst verdienen zwei einander gegenüberstehende Paläste an der Ecke Via Proconsolo und Borgo degli Albizi Beachtung. Zum einen der für Jacopo de' Pazzi um 1475–77 errichtete **Palazzo Pazzi-Quaratesi** (**3**, Via Proconsolo 11), dessen Obergeschoss 1462–72 Giulano da Sangallo vollendete. In der Logik der Raumdisposition und in der subtilen Ausführung gibt er – mehr als der Palazzo Medici – eine Vorstellung vom »idealen Wohnsitz des wohlhabenden Florentiner Patriziats des 15. Jh.« (Bucci). Nach der Hinrichtung von Jacopo de' Pazzi als Folge seiner Verschwörung gegen die Medici (1478) wurde der Palast vom Staat konfisziert. Den gegenüberliegenden **Palazzo Nonfinito (4)** ließ Alessandro Strozzi 1593–1612 errichten. Mehrere Architekten waren an diesem Palast beteiligt, u.a. Buontalenti, auf den vor allem das Erdgeschoss mit den fantasievollen Fensterrahmungen zurückgeht. Der Palast beherbergt das **Museo di Antropologia ed Etnologia** (Anthropologisches und Ethnologisches Museum).

Den **Palazzo Ramirez di Montalvo** (**5**, Borgo degli Albizi 26) erbaute Ammannati 1568 für den Kastilier Antonio di Montalvo, den ersten Kommandant des St.-Stephan-Ordens in Pisa. Drei verschiedene Fensterformen kamen hier zum Einsatz. Die Graffiti werden Bernardino Poccetti zugeschrieben. Ein Kuriosum stellt der **Palazzo Altoviti** (**6**, Nr. 18) aus dem beginnenden 16. Jh. dar. An seiner Fassade sind die Hermenporträts berühmter Florentiner angebracht, u.a. von Dante, Petrarca, Boccaccio, Marsilio Ficino und Amerigo Vespucci. Sie gaben ihm den Namen »Palazzo dei Visacci« (Palast der hässlichen Fratzen). Der **Familienpalast der Albizi** (**7**, Nr. 12) ist aus dem frühen 16. Jh. Der Große **Trecentopalast der Alessandri** (**8**, Nr. 15) entstand nach dem Aufstand der *ciompi* (1378) für die Brüder Alessandro und Bartolomeo degli Albizi, die sich seither Alessandrini nennen durften.

Museo di Antropologia ed Etnologia

Via Proconsolo 12
Tel. 055 234 67 60
www.msn.unifi.it
Sommer: Mo, Di, Fr, So 10–13, Sa 10–18, Do 10–13, 20.30–23.30 Uhr, Mi, 15.8. geschl.; Winter: Mo, Di, Do, Fr 9–13, Sa/So 10–17 Uhr; Mi, 1. Jan. und 25. Dez. geschl.

Stadtviertel Santa Croce

1 Ospedale Santa Maria Nuova
2 Santa Maria Maddalena de' Pazzi
3 Palazzo Pazzi-Quaratesi
4 Palazzo Nonfinito
5 Palazzo Ramirez di Montalvo
6 Palazzo Altoviti
7 Palazzo degli Albizi
8 Palazzo dei Alessandri
9 Sant'Ambrogio
10 Chiostro San Salvi
11 Casa Buonarroti
12 Santa Croce
13 Pazzi-Kapelle
14 Museum Santa Croce
15 Palazzo dell'Antella
16 Palazzo Cocchi-Serristori
17 Palazzo Peruzzi
18 San Remigio
19 Palazzo Horne
20 Palazzo Bardi

Sant'Ambrogio
Via Pietrapiana 2-r
Tel. 055 24 10 75

Sant'Ambrogio

Schlendert man nun den Borgo, der dann in die Via Pietrapiana übergeht, weiter stadtauswärts, gelangt man zur Kirche **Sant'Ambrogio (9).** Die wahrscheinlich schon im 5. oder 6. Jh. an der römischen Ausfallstraße nach Arezzo gegründete Kirche zählt zu den ältesten der Stadt. Im Jahr 990 erstmals erwähnt, gehörte sie im Mittelalter zu einem Benediktinerinnenkloster vor der Porta di San Pietro. Der jetzige Bau geht auf eine Erneuerung des späten 13. Jh. zurück. Die Barockisierung (1716) wurde im 19. Jh. größtenteils wieder rückgängig gemacht.

Mehrere Künstler erhielten in dieser Kirche ihre letzte Ruhestätte, u.a. Mino da Fiesole, Verrocchio und Cronaca. Das Fresko der »Kreuzabnahme« mit zugehöriger Sinopie (rechts vom Eingang) stammt von einem Nachfolger des Niccolò di Pietro Gerini, um 1400. Das zweite Altarbild mit der »Madonna, Johannes dem Täufer und dem hl. Bartolomäus« schuf um 1370 ein Nachfolger des Nardo di Cione. Für die linke Chorkapelle entwarf Mino da Fiesole 1481–83 das Tabernakel, dessen Sockelrelief ein Wunder zeigt, das sich in dieser Kirche 1230 ereignet haben soll: Zum Erstaunen eines Priesters hatte sich ein Tropfen Wein in einen Blutstropfen verwandelt. Wie das Blut Christi vor der Kirche Sant'Ambrogio der Prozession gezeigt wird, ist Thema des Freskos von Cosimo Rosselli (1486) an der Seitenwand. Unter den Dargestellten erkennt man u.a. den Maler (in der vorderen Gruppe links) und Pico della Mirandola (den grün Gekleideten in der Dreiergruppe). Die zugehörige Sinopie hängt an der linken Seitenwand des Laienraums. In einem Holztabernakel zwischen dem zweiten und dritten Altar links steht eine von Leonardo del Tasso geschnitzte Holzskulptur des hl. Sebastian (spätes 15. Jh.). Der zugehörige kleine Verkündigungstondo ist von Filippino Lippi oder seiner Werkstatt.

»Abendmahl«, Andrea del Sarto, Kloster San Salvi. Bei den vielen Bildelementen, die die Konzentration des Betrachters vom Hauptgeschehen ablenken, wird man letztlich weniger an Leonardo als an den späteren Veronese erinnert – und bemerkt zugleich ein Manko des Florentiners: »senza errore« (ohne Fehler, Giorgio Vasari). Es gelingt ihm nicht, aus einem bunten Strauß von brillant gesetzten und gewählten Farbnuancen einen verbindenden Ton oder eine farbliche Gesamtkomposition zu schaffen. Dem entspricht, dass es Andrea del Sarto nicht gelang, aus der Vielzahl der Haltungen und Gesten und aus den differenzierten Charakteren zu einer die ganze Gruppe erfassenden, verbindenden seelischen Regung zu gelangen

Kloster San Salvi

Im Osten der Stadt, im **Kloster San Salvi (10),** ist ein beeindruckendes, ausnehmend gut erhaltenes **Abendmahlfresko** von **Andrea del Sarto** zu sehen. Von der Porta alla Croce führt der Weg über die Via Gioberti und Piazza Alberti in die Via Lungo l' Affrico: Nach der Eisenbahnüberquerung biegt man in die dritte Straße rechts ein (Via Tito Speri). (Oder vom Zentrum: Autobuslinien 6 und 20. Eingang zum Klosterrefektorium Via San Salvi 16.) Das einst bedeutende Vallombrosanerkloster lag im Mittelalter vor den Toren der Stadt und wurde daher 1529 bei der Belagerung von Florenz von den Florentinern zerstört, damit es nicht in die Hände der kaiserlichen Truppen fallen konnte. Heute beherbergt es eine Psychiatrische Klinik.

Andrea del Sarto begann das Abendmahlfresko nach 1519. Die Gruppierung der Apostel und die übersichtliche Räumlichkeit sind inspiriert von Leonardos »Abendmahl« in Mailand (1495–97), doch in mehrfacher Hinsicht ›bereichert‹: durch die Weite des Raums, durch die einen Teil der Aufmerksamkeit erregenden Diener auf dem Balkon, durch den matten Glanz der farbenfrohen Gewänder.

Kloster San Salvi
Via San Salvi 16
Tel. 055 238 86 03
www.polomuseale.firenze.it/musei/andreasarto
tgl. außer Mo
8.10–13.50 Uhr

Synagoge und Jüdisches Museum
Via Luigi Carlo Farini 6,
Tel. 055 24 52 52,
www.firenzebraica.it
Mo–Do, So 10–17 (Fr bis 14) Uhr, Sa und an jüdischen Feiertagen geschl.

Synagoge
Über die Via dei Pilastri und die Via Farini erreicht man von Sant'Ambrogio aus die Synagoge, deren Kuppel sich markant aus der Florentiner Stadtlandschaft heraushebt. Die 1875–82 nach Plänen von L. C. Farini erbaute Synagoge kann ebenso wie das angeschlossene kleine Museum besichtigt werden.

Casa Buonarroti

Das **Haus des Michelangelo** (**11,** Via Ghibellina 70) ist zugleich Michelangelo-Museum, Gedenkstätte und Forschungszentrum. Michelangelo hatte das Grundstück zwischen 1508 und 1514 erworben und regte um 1550 seinen Neffen und Erben Leonardo Buonarroti zum Bau des Hauses an. Zur Ausführung kam es jedoch erst im späten 16. Jh. Michelangelo, der die letzten Jahrzehnte seines Lebens in Rom verbrachte, hat dieses Haus also selbst nie bewohnt. Dass es dennoch zu seiner Kultstätte avancierte, geht auf Leonardos Sohn, den Literaten und Dichter Michelangelo den Jüngeren (1568–1648) zurück, der die Ruhmesgalerie des Obergeschosses anlegen ließ. 1850 vermachte der letzte Nachkomme, Cosimo Buonarroti, das ›Künstlerhaus‹ und die Sammlung der Stadt Florenz.

Im **Erdgeschoss** wird die **Kunstsammlung der Buonarroti** präsentiert: römische Statuen, etruskische Urnen, Stelen und Bronzestatuetten aus dem Besitz Michelangelos d. J., Bildnisse Michelangelos, darunter die bekannte Bronzebüste von Daniele da Volterra. Der angeblich für das Julius-Monument in Rom bestimmte, »fünfte Sklave« dürfte jedoch das Werk eines Nachfolgers sein.

Casa Buonarroti ★

Im **Obergeschoss** trifft man zunächst auf das **Relief** der **»Madonna della Scala«** (Treppenmadonna). Dieses früheste der erhaltenen Werke Michelangelos (um 1491) zeichnet sich durch eine unübliche Madonnenauffassung aus. Es ist nicht der lieblich-zarte Typus eines Filippo Lippi oder Desiderio da Settignano, den wir sehen, der etwa 16-Jährige greift vielmehr auf das heroische Muttergottesbild Donatellos zurück. In Vorausahnung des Schicksals ihres Kinds richtet die

Casa Buonarroti
Via Ghibellina 70
Tel. 055 24 17 52
Mi–Mo 10–17 Uhr

»Kentaurenschlacht«, Michelangelo, Casa Buonarroti. Die nicht ganz vollendete Ausführung verdeutlicht, wie die Körper sich, um Gestalt zu werden, aus der ungeformten Materie des Reliefgrunds zu lösen suchen. Dieser Kampf mit der Schwere des Daseins war Michelangelos ureigendstes Thema. So sehr dieses Relief auch antikrömisch wirkt, dem Altertum war dieser Dualismus zwischen Gestalthaft-Geistigem und der Materie fremd. Im übrigen kannte es weder nackte Kämpfende noch jene »rhythmische Verschlingung ... von Gliedern zu Figuren« (H. Keller)

mächtige, unbeweglich dasitzende Gestalt die Augen in die Ferne. Die nährende Muttergottes erweist sich als eine Seherin wie später die Sibyllen der Sixtinischen Decke. Vom monumental gegebenen Körper, den schweren Händen und Armen hebt sich das bewegte Linienspiel des Gewands ab. Der Christusknabe, in völlig ungewöhnlicher und gewagter Rückenansicht, dreht in einer für Michelangelos Gestalten typisch werdenden Haltung den rechten Arm hinter seinen Rücken. Der Künstler bediente sich hier der Relieftechnik des *relievo schiacciato*, die Donatello im frühen 15. Jh. eingeführt hatte.

Knüpft die »Madonna della Scala« an die Quattrocentotradition an, so steht das zweite Frühwerk, die **»Kentaurenschlacht«** (um 1492), stilistisch und auch in der Relieftechnik Giovanni Pisano und zugleich der klassischen Antike nahe, speziell römischen Sarkophagreliefs. In den ineinander verschlungenen Körpern formuliert Michelangelo bereits sein Hauptthema, den muskulösen, herkulischen Körper in extremen Stellungen und Bewegungen. Bei Michelangelo kam es indes selten zur freien Entfaltung der Kräfte. Seine Körper sind gebunden an die Schwere des Irdischen. Aus dem Reliefgrund versuchen sich die Kämpfenden zu befreien und versinken dabei wieder in die Tiefe. Ein Körperideal wird formuliert, das, vergleichbar der klassischen Säulenordnung, bis in die Barockzeit seine Gültigkeit behielt. In den Vitrinen entdeckt man **Bozzetti** (Terracottamodelle) Michelangelos, u.a. für eine ineinander verschlungene Gruppe, die wahrscheinlich den Kampf zwischen Herkules und Antäus darstellt, die 1528, während des letzten republikanischen Zwischenspiels, als Pendant zum David geplant war. Nach der Rückkehr der Medici, 1530, wurde sie jedoch nicht mehr ausgeführt (stattdessen erhielt Baccio Bandinelli den Auftrag zu »Herkules tötet Cacus«).

Im links anschließenden Raum steht ein Holzmodell nach Entwürfen Michelangelos für die nicht ausgeführte Fassade von San Lorenzo. Das große **Tonmodell** im folgenden Raum schuf Michel- angelo für einen der nicht ausgeführten Flussgötter der Neuen Sak- ristei von San Lorenzo.

Das Bildprogramm der ›**Galleria**‹, einer Folge von vier Räumen, hat Michelangelo d.J. um 1613 ausgearbeitet. Es verherrlicht den Ruhm des *divino,* die Familie Buonarroti, die Stadt Florenz sowie ihre Künstler und Wissenschaftler. Die berühmtesten Florentiner Künstler ließen es sich nicht nehmen, an der Ausführung mitzuwirken. Im Mittelpunkt steht der ›Mythos Michelangelo‹ – Michelangelo als Florentiner Gesandter, als Verteidiger der Republik, als der von Fürsten, vom türkischen Sultan, von Kaiser und Päpsten Umworbene, Michelangelo als Dichter, seine menschlichen und künstlerischen Tugenden, seine Unsterblichkeit.

Santa Croce ★★

Santa Croce

Durch das linke Seitenportal gelangt man zur Kirche, zu den Kreuzgängen, zur Cappella de' Pazzi und zu den Museen von **Santa Croce (12).** Schon kurz nach dem Tod des hl. Franziskus (1226) errichteten die Franziskaner im Osten der Stadt einen Vorgängerbau mit bescheidenen Ausmaßen. Der Neubau wurde 1294/95 begonnen, laut Vasari nach Plänen von Arnolfo di Cambio. Um 1300 war bereits das Querhaus, um 1385 das Langhaus vollendet. Erst 1842 wurde der Campanile errichtet. 1857–63 kam die Marmorfassade hinzu. Der Architekt konnte sich dabei auf einen Entwurf des 17. Jh. stützen.

Santa Croce
Piazza S. Croce
Tel. 055 246 61 05
werktags (auch Ostermontag, 25. April, 1. Mai, 2. Juni) 9.30–17.30 Uhr, an So sowie den Feiertagen 6. Jan., 15. Aug., 1. Nov., 8. Dez. 13.30–17 Uhr; 1. Jan., 13. Juni, 4. Okt., 25./26. Dez. geschl.
Kirche, Klosterhöfe, Cappella de' Pazzi und Museo dell' Opera di Santa Croce sind für den Einzelbesucher durch den Nebeneingang an der Piazza Bargellin, für Gruppen durch das linke Seitenportal der Fassade zugänglich: tgl. 9.30–17.30 Uhr

Museo dell'Opera di Santa Croce
Piazza Santa Croce
Tel. 055 246 61 05
tgl. 9.30–17.30, So/Fei 13–17.30 Uhr

Innenraum

Keinem Besucher dürfte das Einzigartige des Innenraums von Santa Croce entgehen, der in seiner Weiträumigkeit und zugleich durch einfachste Formgebung zu überwältigen vermag. Schon beim Eintreten lässt sich der Raum in seiner ganzen Breite und Tiefe (116 m) erfassen. Nur in der alten römischen Peterskirche stand damals ein Bau von annähernd gleicher Größe. Mit diesen gewaltigen Ausmaßen konnten die Franziskaner Santa Maria Novella, die Kirche des konkurrierenden Dominikanerordens, übertreffen und ihr zugleich eine andersartige Ästhetik entgegensetzten. Indem sie sich für einen offenen Dachstuhl entschieden, erfüllten sie nicht nur die ›Armutsvorschriften‹ ihres Ordens, sie konnten dem Mittelschiff auch eine Breite

(19,5 m) verleihen, wie sie bei einem Gewölbebau nicht möglich war. Zum Vergleich: Das Mittelschiff der Kathedrale von Reims misst trotz des Einsatzes von Spitzbögen und Strebesystem nur 12 m. Aber nicht allein die Maße sind es, die Santa Croce auszeichnen, ebenso ist es das in keinem anderen Kirchenbau auf vergleichbare Weise realisierte Raumbild, dessen Einfachheit und Schönheit für das Auge leicht zu erfassen, doch nur schwer rational zu begründen sind.

In Santa Croce sind die Seitenwände, der Fußboden und selbst die Folge der horizontalen Dachstuhlbalken als Fläche so ausgeprägt, dass sie dadurch die Stereometrie des Raums betonen: Insbesondere die Chorwand, die »Innenfassade im Raum«, bildet ein »klares, festes Rechteck«, und verleiht so dem Raum Haltung (Werner Gross). Aber auch die anderen rechteckigen Wandfelder und selbst die Achtkantpfeiler tragen mit ihren schmalen Rechteckflächen zur stereometrischen Raumform bei. Eine wichtige Funktion erfüllen ebenfalls Laufgang, Lisenen und Pfeiler, die die Rahmen für die Wandfelder bilden. Indem sie auch die Arkaden in ein Rahmenfeld spannen, nehmen sie diesen ihre anschauliche Bewegungsenergie, wie sie Santa Maria Novella auszeichnet.

Die drei großen Trecento-Schriftsteller

… Dante Alighieri, Giovanni Boccaccio und Francesco Petrarca werden gerne als die ›Tre Corone‹, die drei Kronen, in Italien bezeichnet. Gerade sie trugen nachhaltig dazu bei, dass sich das ›volgare‹ (die zukünftige, italienische Literatursprache) gegenüber dem Lateinischen durchsetzen und so auch breitere Volksschichten erreichen konnte. Die »Divina Commedia« Dantes, der »Canzoniere« Petrarcas und der »Decameron« Boccaccios »sind drei das ausgehende Mittelalter und gleichzeitig den Geist der beginnenden Renaissance in sich tragende Kunstwerke der Literatur, die in sprachlicher, stilistischer, thematischer, formaler und geistiger Hinsicht so viel Neues und unverwechselbar Eigenes bieten, dass sie als Maßstäbe für eine neue und eigene Epoche zu gelten haben.« (H. W. Wittschier)

Santa Croce ist die an Kunstwerken reichste Florentiner Kirche. Sie ist berühmt für die Fresken Giottos und seiner Schule und darüber hinaus eine Art Pantheon der Florentiner. Michelangelo, Galilei, Lorenzo Ghiberti und Giacomo Rossini liegen hier begraben. So wurde die Kirche des hl. Franziskus, der Armut und Demut predigte, zum Tempel des Ruhms. Schon die reichen Familien der Alberti, Bardi und Peruzzi stifteten große Summen zum Bau der Kirche und erwarben damit das Recht, ihre Toten in den Chorkapellen zu bestatten. Bald wollte man auch verdienstvollen Heerführern und Dichtern im Kirchenraum Erinnerungsmonumente errichten. Von den 1396 beschlossenen Monumenten für die ›Tre Corone‹ Dante, Petrarca und Boccaccio wurde allerdings keines verwirklicht. Erst 1829 errichteten die Florentiner als verspätete Wiedergutmachung ein Denkmal für Dante in Form eines leeren Grabmonuments.

Nur schwer nachvollziehbar ist heute, dass ausgerechnet der immens kunstverständige Giorgio Vasari im Auftrag von Großherzog Cosimo I. den Kirchenraum radikal modernisiert und systematisiert hat. Er ließ 1560–84 den Chor der Patres abreißen und in den Seitenschiffen eine Folge von gleichförmigen Marmoraltären anbringen, ohne dabei Rücksicht auf die Fresken zu nehmen, die fast die gesamten Seitenwände bedeckten. Verschont blieben – außer einigen freigelegten Fragmenten im Langhaus (darunter Orcagnas »Triumph des Todes«, jetzt im Museo Santa Croce) nur die Malereien der Chorwand und einiger Kapellen. Diese alleine zeugen schon davon, welche Bedeutung die Franziskaner dem neuen Medium des ›erzählenden Bildes‹ beigemessen haben. Ihre Seelsorge beschränkte sich nicht alleine auf das Spenden der Sakramente und das Gebet. Ihr Anliegen war es, den niedrigen Volksschichten den Sinn des Evangeliums zu verdeutlichen. Dazu predigten sie in der Volkssprache und ließen in Wandfresken das Leben Jesu und der Heiligen anschaulich darstellen. Ein grundlegender Wandel dieser Kunst vollzog sich, und an diesem Wandel hatte der Florentiner Giotto größten Anteil. Er war einer der ersten, der die Heiligengestalten körperhaft gegenwärtig darstellte. Seine Kunst prägte ein ganzes Jahrhundert. Es ist ein besonderer Glücksfall, dass in Santa Croce zwei Freskenzyklen von Giotto, mehrere auch von seinen besten Schülern und späteren Nachfolgern erhalten geblieben sind und sich zum Vergleich anbieten. Es sei empfohlen die Besichtigung mit den Giotto-Fresken in der Peruzzi- und Bardi-Kapelle zu beginnen.

Für die von Vasari entworfenen zwölf Altartabernakel aus *pietra serena* (Dreiecks- und Segmentbogengiebel alternieren) malten ver-

Innenraum, Santa Croce. Santa Croce ist das wohl ausgeprägteste Beispiel für das toscanisch-florentinische Ideal der Schönheit einfacher Formen. So kann man den Innenraum als Pendant zur Blockform des Palazzo Vecchio sehen. Dass er grundverschieden ist von gotischen Kirchenräumen des Nordens, bedarf wohl kaum des Hinweises. Die Gotik der Rippengewölbe und hohen Glasfenster bleibt in Santa Croce allein den Chorkapellen vorbehalten

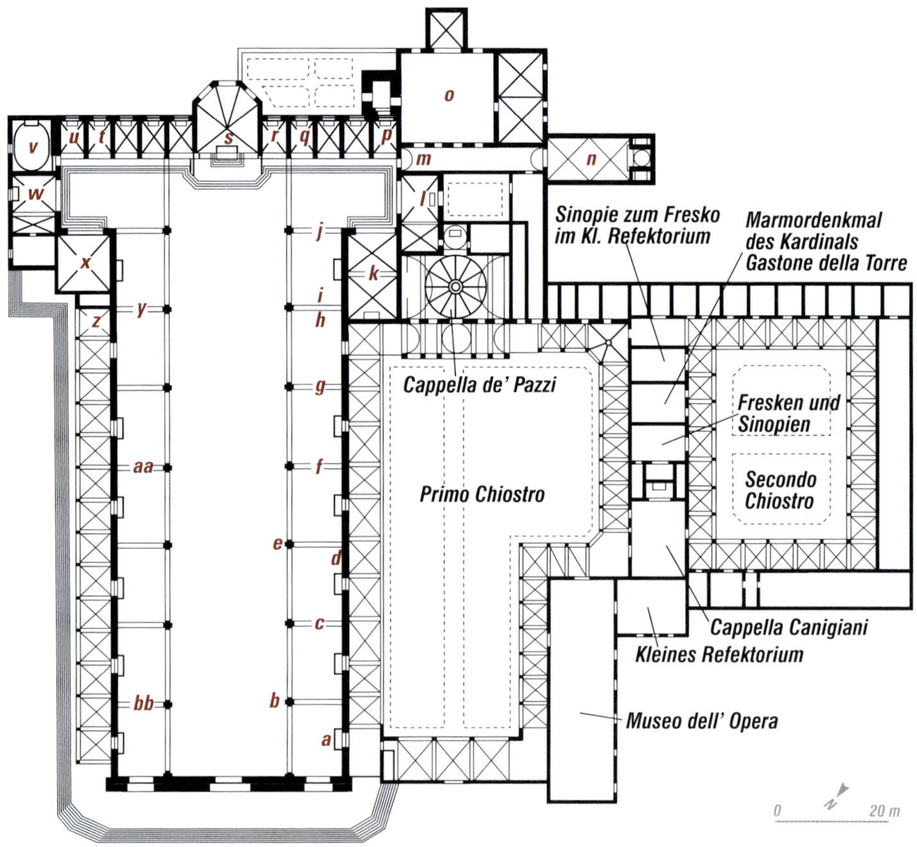

Santa Croce, Grundriss

- a Grabmal Michelangelos
- b Madonna mit Kind, Antonio Rossellino
- c Kenotaph Dantes, Stefano Ricci, 1829
- d Grabmonument Vittorio Alfieris
- e Kanzel, Benedetto da Maiano, 1475–80
- f Grabmal des Niccolò Macchiavelli, Innocenzo Spinazzi, 1787
- g Tabernakel mit Verkündigung, Donatello, 1433–35
- h Grabmal des Leonardo Bruni, Bernardo Rossellino, 1445–50
- i Grabmonument des Komponisten Gioacchino Rossini (1792–1868), Giuseppe Cassioli
- j Grab des Dichters Ugo Foscolo
- k Cappella Castellani
- l Cappella Baroncelli
- m Portal von Michelozzo
- n Cappella dei Noviziati, Michelozzo, 1445
- o Sakristei, Stiftung der Peruzzi, 1340
- p Cappella Velluti
- q Cappella Peruzzi, Wandmalereien von Giotto, 1326–30
- r Cappella Bardi, Fresken von Giotto, 1316–20
- s Hauptchorkapelle
- t Cappella Pulci
- u Cappella Bardi di Vernio
- v Cappella Niccolini
- w Cappella Bardi
- x Cappella Salviati
- y Grabmal des Humanisten Carlo Marsuppini
- z nördliche Vorhalle
- aa Pietà, Bronzino
- bb Grabmonument des Galileo Galilei

schiedene Florentiner Maler wie Santi di Tito, Cigoli und auch Vasari selbst Szenen aus der Passion Christi, beginnend am letzten Altar rechts mit dem »Einzug in Jerusalem«, um dann im Uhrzeigersinn bis zum (nicht mehr erhaltenen) »Pfingstwunder« zu führen. Nur summarisch hingewiesen werden kann auf die 24 Glasfenster nach Entwürfen u.a. von Giotto (in den Kapellen Bardi und Tosinghi- Spinelli, rechts und links von der Hauptchorkapelle), Taddeo Gaddi (Baroncelli-Kapelle), Maso di Banco (Cappella Bardi di Vernio) und Agnolo Gaddi (Hauptchorkapelle).

Rechtes Seitenschiff

Das erste **Grabmal (a),** gleich nach dem Eingang auf der rechten Seite, ist auch das bedeutendste. Florentiner Künstler errichteten es Michelangelo, ihrem ›vergötterten« Vorbild zu Ehren, dessen Leichnam Großherzog Cosimo I. wie eine Heiligenreliquie 1564 von Rom zurückholen ließ. Vasari lieferte den Entwurf. Die drei weiblichen Gestalten personifizieren die drei von Michelangelo ausgeübten Künste: die »Architektur« rechts, ausgeführt von Giovanni dell'Opera, die »Skulptur« (Mitte, von Valerio Cioli) und die »Malerei« (links, von Battista Lorenzi). Die Malerei trägt als Attribut keinen Pinsel, sondern ein plastisches Figurenmodell, das ihr als Vorlage dient. Dadurch soll die Vorrangstellung der Bildhauerei zum Ausdruck gebracht werden, deren Personifikation schließlich auch – nach langem Disput unter den Künstlern – in der Mitte der Gruppe platziert wurde.

Das **Madonnenrelief (b)** schuf Antonio Rossellino für das darunter befindliche Grabmal des Francesco Nori, der bei der Pazzi-Verschwörung 1478 getötet wurde. Das 1829 errichtete **Monument für Dante (c)** ist leer, da der Dichter in Ravenna starb und auch dort begraben liegt. Antonio Canovas **Grabmonument (d)** für den patriotischen Dichter Vittorio Alfieri mit der trauernden Italia (1810) zählt zu den Hauptwerken des Klassizismus. Auftraggeberin war Alfieris Lebensgefährtin, Luisa Stolberg, Gräfin von Albany, die ebenfalls in Santa Croce, in der Cappella Baroncelli, begraben liegt.

Die **Kanzel** (**e,** um 1475–80) ist ein Werk von Benedetto da Maiano, der die sieben Jahrzehnte zuvor von Donatello entwickelte Relieftechnik virtuos beherrschte und sich zugleich an die Landschaftshintergründe von Ghibertis Paradiestüren erinnerte. Für Vasari war die dekorreiche Kanzel »etwas ganz außerordentlich Schönes, herrlicher als alles andere dieser Art«. Die Reliefs zeigen Szenen aus dem Leben des hl. Franziskus: »Bestätigung der Ordensregel«, »Feuerprobe vor dem Sultan«, »Stigmatisation auf dem Felsen von La Verna«, »Tod und Martyrium der ersten Franziskaner in Ceruta«. Darunter fünf Personifikationen der Tugenden. Das **Grabmal (f)** für den Politiker Niccolò Machiavelli errichtete Innocenzo Spinazzi.

Das **Verkündigungstabernakel** (**g,** um 1433–35) zählt zu den Hauptwerken von Donatello. Dieses Relief aus Sandstein (Macigno) mit fast vollplastisch ausgearbeiteten Figuren zeigt die Jungfrau und

Grabmal Michelangelo, rechtes Seitenschiff, Santa Croce. Für das von Vasari entworfene Grabmal führte Battista Lorenzi Michelangelos Marmorbüste nach der Bronzebüste von Daniele da Volterra aus. Darunter die Personifikation der Skulptur, mit der der Bildhauer Valerio Cioli seinem großen Vorbild Michelangelo huldigte

Grabmal Leonardo Bruni, rechtes Seitenschiff, Santa Croce. Einzig der Madonnentondo bildet ein religiöses Motiv. Die Inschrift hingegen – auf einer von antiken Genien gehaltenen Tafel – nimmt keinen Bezug auf christliches Gedankengut: »Seit Leonardo aus dem Leben schied, trauert die Geschichte, die Beredsamkeit ist verstummt, und es heißt, dass die Musen, griechische wie lateinische, ihre Tränen nicht zurückzuhalten vermochten.« Die sprachliche Makellosigkeit der von Carlo Marsuppini verfassten lateinischen Verse entspricht dem antikisierenden Formenvokabular und dem ausgewogenen Aufbau des Grabmonuments

den Verkündigungsengel in antiker Körperlichkeit und Schönheit. In keinem anderen Werk kam Donatello dem klassischen, speziell griechischen Menschenbild näher als hier. Maria erscheint voller Würde, Gelöstheit und Anmut. Dennoch hat man nicht den Eindruck, dass es sich um eine Antikenimitation handelt. Vor dem Achsengerüst der Hintergrundfelder bilden die einander zugewandten Gestalten eine imaginäre Diagonale, die vom Engel zum Haupt Mariens aufsteigt. Die Verbindung der Personen wird allein durch die Komposition hervorgerufen. Eine solche Gestaltungsmöglichkeit war der Antike ebensowenig bekannt wie die demutsvollen Gesten und der beseelte Gesichtsausdruck. In dieser Spiritualität wie auch in der virtuosen Beherrschung der Faltenlegung als Gestaltungs- und Ausdruckselement erwies sich Donatello als Erbe der Gotik. Vasari bewunderte beides, sowohl die Gewandbehandlung als auch die antikische Körperauffassung (»l' ignudo delle figure«). So gelang Donatello die Synthese von antiker Körperhaftigkeit und dem Geistig-Beseelten der mittelalterlichen Kultur. Ähnliches strebten der Maler Masaccio und der Architekt Brunelleschi an.

Das kunstgeschichtlich bedeutendste **Grabmal (h)** der Kirche schuf **Bernardo Rossellino** für den Florentiner Staatskanzler **Leonardo Bruni** (um 1445–50). Im architektonischen Aufbau und der klaren Gliederung ist es die klassische Lösung des Frührenaissancegrabmals und wurde Vorbild für zahlreiche spätere, darunter das Marsuppini-Grabmal schräg gegenüber. Kannelierte Pilaster und Rundbögen fassen die Elemente, die in älteren Grabmälern (zum Beispiel vom Gegenpapst Johannes XXIII. im Baptisterium) noch isoliert waren, zusammen: Sockel, Sarkophag, die von den Adlern des Zeus getragene Bahre mit dem Verstorbenen und das Madonnenrelief formen ein Ganzes. Das Grabmal führt exemplarisch vor, wie sich im Florenz der Frührenaissance humanistisches Denken und christlicher Glaube begegneten. Leonardo Bruni zählte zu den Florentiner Humanisten; er übersetzte Werke des Aristoteles ins Lateinische, verfasste eine Geschichte von Florenz und bekleidete das Amt des Staatssekretärs. Über die Begräbnisfeier dieses Gelehrten sind wir durch Vespasiano da Bisticci unterrichtet: Man kleidete den Verstorbenen in ein seidenes Gewand, legte ihm einen Lorbeerkranz ums Haupt und gab ihm seine »Storia fiorentina« in die Hände. Genau so ist der Tote hier dargestellt.

Die **Cappella Castellani (k)** wurde nach 1383 angebaut und von der Werkstatt des Agnolo Gaddi, eines späten Giotto-Nachfolgers freskiert. An der rechten Wand Szenen aus dem Leben des hl. Nikolaus und Johannes' des Täufers, an der linken Wand Szenen Johannes' des Evangelisten und des hl. Antonius Abbas. Das Sakramentstabernakel schuf Mino da Fiesole. Die 1328 angebaute **Cappella Baroncelli (l)** schmückte Taddeo Gaddi mit Szenen aus dem Leben Mariens und Jesu. Taddeo Gaddi – so berichtet um 1390 Cennino Cennini – war 24 Jahre lang Schüler von Giotto. Noch zu Lebzeiten seines Lehrers, um 1332–37, arbeitete er an diesen Fresken. Umso erstaunlicher, wie

Leonardo Bruni

... schrieb ein für den italienischen Humanismus bedeutendes Werk, die »Historiarium florentini populi libri XII«, eine Florentiner Geschichte, die sich darum bemühte – durch rege Archivforschung unterstützt –, die Entwicklung politischer Zusammenhänge in Florenz von den Anfängen bis 1402 darzustellen.

frei er mit Giottos Errungenschaften umging und surreal anmutende Szenarien erfand. Im »Tempelgang Mariens« setzt er schlanke und bewegte Figuren in einen weiten Bildraum mit schwerelos wirkenden, in gewagter perspektivischer Verkürzung gezeigten Tempelbauten. Die Fresken der Fensterwand sind ausgewogener. Im Nachtstück der »Verkündigung an die Hirten« entspricht ein Gegenlicht dem wirklichen Lichteinfall durch das Fenster – ein Effekt, den im 15. und 16. Jh. Piero della Francesco und Raffael aufgriffen. Das Altarbild der »Krönung Mariens« (um 1335–37) hat Giotto als eines seiner wenigen Werke signiert (»opus magistri Jocti«), obschon es wahrscheinlich größtenteils von Mitarbeitern ausgeführt wurde. Den Renaissancerahmen fügte man 1500 hinzu. An der rechten Seitenwand sieht man ein Fresko, das Sebastiano Mainardi um 1480–90 nach einem Entwurf Ghirlandaios ausführte: die »Himmelfahrt Mariens«. Wie so häufig in Florenz und Prato überreicht Maria dem ungläubigen Thomas ihren Gürtel als Beweis ihrer leibhaftigen Himmelfahrt. Beachtung verdient auch das 1327 datierte Grabmal an der Wand zwischen Seitenschiff und Kapelle, das zum ersten Mal den Sarkophag mit einem Tabernakel verbindet. Die beiden Verkündigungsgruppen an den Pilastern des Kapelleneingangs und seitlich des Giebels stammen von dem Pisaner Giovanni di Balducci, der auch das Grab ausgeführt haben dürfte.

Ein von Michelozzo geschaffenes **Portal (m)** führt in den Gang zu einer Kapelle **(n)**, die Cosimo de' Medici um 1445 für die Noviziaten des Klosters stiftete und ebenfalls durch Michelozzo erbauen ließ. Das Terracottaaltarretabel (um 1490) zählt zu den schönsten Arbeiten von Andrea della Robbia. Größer als manch eine Kirche ist die 1340 von den Peruzzi gestiftete **Sakristei (o)**, die eine eigene gewölbte Chorkapelle besitzt und ihre gesamte Ausstattung des 14. Jh. bewahren konnte. Unter den Fresken an der rechten Wand ist als erstes die »Kreuzigung« entstanden, und zwar um 1340–50 durch einen Nachfolger Taddeo Gaddis. Um 1400 folgten die »Kreuztragung« von einem Nachfolger des Spinello Aretino, die »Auferstehung Christi« von Niccolò di Pietro Gerini und die »Himmelfahrt« von einem Nachfolger Gerinis. Die **Chorkapelle der Sakristei** stand der Familie Rinuccini als Grablege zur Verfügung. Die Fresken wurden um 1365 von dem lombardischen Maler Giovanni di Milano ausgeführt. Themen der **linken Wand:** »Geschichte der Maria Magdalena«. Die oberitalienische Herkunft des Malers ist unverkennbar. Sein weicher, undramatischer Stil ist der Florentiner Strenge entgegengesetzt, der Neigung zum Ornamentalen entspricht die Kostbarkeit der Farben. In der unteren Zone wurden die Fresken von einem unbekannten Maler in der Nachfolge Orcagnas fortgesetzt. Auf dem Altar steht ein Polyptychon von Giovanni del Biondo (1379). Achten sollte man auch auf das original schmiedeiserne Gitter (1371) und auf die Sakristeischränke sowie den Tisch zum Auslegen der Messgewänder, die Giovanni di Michele und andere um 1440 ausführten.

Fresken der Chorkapellen

Zu den ältesten Fresken von Santa Croce zählen die um 1310 ausgeführten, noch in der Nachfolge Cimabues stehenden Malereien der äußeren rechten Querschiffskapelle, der **Cappella Velluti (p).** Rechts erscheint Michael als Drachentöter. Auf dem linken Fresko bezeichnet ein Stier die Stelle der zu errichtenden Michaelskapelle auf dem Monte Gargano.

Die Wandmalereien der **Cappella Peruzzi (q)** sind späte Werke Giottos, ausgeführt um 1326–30. Dargestellt sind an der linken Wand Szenen aus dem Leben Johannes' des Täufers: »Verkündigung der Geburt an Zacharias«, »Geburt und Namensgebung«, »Gastmahl des Herodes«. Die Wand gegenüber zeigt Geschichten von Johannes dem Evangelisten: »Johannes auf Patmos«, »Erweckung der Drusiana«, »Himmelfahrt des Evangelisten«. Das Gewölbe schmücken die vier Evangelistensymbole, den Kapellenbogen acht Prophetenbüsten. Die Malereien dieser Kapelle gehören zur letzten Schaffensphase Giottos und entstanden rund zwei Jahrzehnte nach den Fresken in Padua. Wie etwa das Fresko der »Himmelfahrt des Evangelisten Johannes« zeigt, sind die Gestalten jetzt voluminöser und weicher modelliert; sie wirken belebter und bewegen sich freier im Raum. Auf ganz andere Weise erscheinen sie vom Licht berührt. Die Falten verlaufen nicht mehr streng vertikal, sie schwingen aus und verdeutlichen Haltungen und Gebärden. Das reicher gestaltete Szenarium drückt sich in einer geweiteten Bühne aus, deren Architekturkulissen nicht mehr parallel zur Bildfläche stehen. Eine neue Spannung ergibt sich durch den stärkeren perspektivischen Sog. Symmetrie und Statik der Paduaner Fresken sind jetzt einer rhythmischen Komposition gewichen. In allen Szenen wird das Auge zwischen zwei Gruppen hin- und hergeleitet. Die Malereien wurden 1740 übertüncht, 1852 wieder freigelegt und

»Erweckung der Drusiana«, Giotto, Cappella Peruzzi, Santa Croce. Da es sich um keine reinen Fresken handelt, sondern vorwiegend um Tempera-Malerei, sind die Gemälde sehr schlecht erhalten. Das erschwert den Zugang zu dem großartigsten Zeugnis von Giottos Spätstil. Speziell diese Malereien nahmen einen unüberschätzbaren Einfluss auf spätere Künstler, vor allem auf Masaccio. Die Gestalt des Johannes in der Drusiana-Szene war unmittelbares Vorbild für Masaccios Petrus in Santa Maria del Carmine (s. S. 287ff.)

ergänzt, wobei die Restauratoren die Ergänzungen dann 1958–61 wieder entfernten. Zu den Künstlern, die nach den Malereien der Peruzzi-Kapelle zeichneten, zählt auch der junge Michelangelo.

In der **Cappella Bardi (r)** erzählen die Fresken Giottos Episoden aus dem Leben des hl. Franziskus. Im linken Lünettenfeld sieht man die Szene, wie sich Franziskus von seinem Vater lossagt, wobei ihn der Bischof von Assisi mit seinem Mantel umhüllt. Das Feld darunter zeigt, wie Antonius von Padua in einem Kapitelsaal in Arles predigt. Währenddessen hat einer der Brüder die Vision vom leibhaften Erscheinen des Franziskus. Bei der Szene vom Tod und der Einsegnung des Heiligen überprüft ein Bürger namens Hieronymus die Wundmale. Die Bildfelder der rechten Wand – »Bestätigung der Ordensregel durch Papst Honorius III.« und »Feuerprobe vor dem Sultan« – erzählen, wie Franziskus auf seiner Ägyptenreise den Sultan zum christlichen Glauben bekehren wollte und sich als Beweis der göttlichen Macht zu einer Feuerprobe bereiterklärte. Das letzte Bildfeld vereinigt zwei gleichzeitig stattfindende, doch räumlich getrennte Visionen: »Vision des Bruders Augustin von dem in den Himmel aufgehenden Franziskus« und »Vision des Bischofs von Assisi vom sterbenden Franziskus«. Die Gewölbefelder zeigen die drei franziskanischen Tugenden »Armut«, »Gehorsam« und »Keuschheit«. (Die Figur des hl. Franziskus ist modern). An der Fensterwand sind Heilige dargestellt.

Die stilistischen Unterschiede zu den Malereien der Peruzzi-Kapelle sind beträchtlich. Komposition und Figurenaufbau wurden vereinfacht. Die Bildbühne zeigt weniger Tiefe, wobei die Figuren durch ihr reduziertes körperliches Volumen flacher wirken. Den einzelnen Szenen liegt – auch dies anders als in der Peruzzi-Kapelle – ein geometrisches Ordnungsschema zugrunde (besonders ausgeprägt in der etwas monoton wirkenden »Erscheinung des Franziskus in Arles«). Dem Zyklus haftet zuweilen etwas Schematisches an. So ist kaum nachvollziehbar, dass diese Fresken nach denen der Peruzzi-Kapelle entstanden sein sollen (wie man gewöhnlich annimmt). Möglicherweise wurden die Fresken nicht von Giotto selbst ausgeführt, sondern nach seinen Entwürfen von einem Mitarbeiter. Erwähnt sei, dass ein bedeutender Giotto-Forscher – Robert Oertel – auch die Entwürfe einem Schüler zuschrieb. Dagegen spricht aber die sichere Linienführung und die Charakterisierungskunst, etwa beim schlafenden Wächter in der Visionsszene und bei einzelnen Brüdern im »Tod des Franziskus«.

Die Hauptszene aus der Vita des Franziskus, die Stigmatisation, fehlt im Freskenzyklus. Der Heilige hatte auf dem Felsen La Verna die Vision vom Gekreuzigten, dessen Hände und Füße ans Kreuz geheftet waren und dessen Wundmale sich auf seinem Körper abzeichneten. Nach diesem Kreuz Christi ist die Kirche benannt; diese bedeutende Szene erscheint daher nicht an den Kapellenwänden, sondern – für alle sichtbar – an prominenter Stelle an der Außenwand des Chors, über der Bardi-Kapelle.

»Der hl. Sylvester erweckt zwei Magier«, Maso di Banco, Cappella Bardi di Vernio, Santa Croce. Hier evoziert eine traumhaft anmutende Ruinenlandschaft den Ort des Wunders, das Forum Romanum. In mehreren Schichten hintereinander sind zerfallende, fensterlose Gebäude vor dem dunklen Himmel aufgereiht. Die fast schattenlose Beleuchtung trägt zum Fantastischen des Geschehens bei

Auf dem Altar steht eine Tafel mit dem Bild des hl. Franziskus und Szenen aus seinem Leben. Stil und Themenauffassung sind von dem Luccheser Meister Berlinghieri beeinflusst (vgl. dessen 1235 datierte Tafel in Pescia).

Die Fresken der **Hauptchorkapelle (s)** finanzierte die Familie Alberti, die auch das Patrozinium erworben hatte. Die Arbeiten führten Agnolo Gaddi und seine Werkstatt vermutlich um 1380 aus. Dargestellt ist die Kreuzlegende, ein Thema, das vielen Besuchern durch die Fresken von Piero della Francesca in Arezzo vertraut ist. (Leider ist es kaum möglich, in der Kapelle einen Standort zu finden, von dem aus sich Einzelheiten erkennen lassen.) Das gemalte Kruzifix (um 1330–50) wird dem Meister der Fogg-Pietà zugeschrieben.

Fresken von Giottos Schüler Bernardo Daddi (um 1330) finden sich in der **Cappella Pulci (t)**: »Martyrium des hl. Laurentius« (rechts) und »Verurteilung und Martyrium des hl. Stephan« (links), Terracottaretabel aus der Werkstatt von Giovanni della Robbia, 1520–30.

In der **Cappella Bardi di Vernio (u)** wird dem Besucher auf ergötzliche Weise veranschaulicht, dass die Kapellen den Stifterfamilien als Grablege dienten. In der Nische der linken Wand zeigt ein Fresko von Maso di Banco (um 1340), wie der beim Jüngsten Gericht auferstandene, noch mit der Totenhaube bekleidete Andrea Bardi zu Christus betet, wobei der Sarkophag nicht im Bild dargestellt wird, sondern tatsächlich unter dem Fresko steht. Die »Grablegung« in der benachbarten Nische ist von Taddeo Gaddi. Darüber befindet sich ein Fresko von Maso di Banco, um 1340–50: »Die Heiligen Petrus und Paulus verkünden Kaiser Konstantin im Traum, dass er vom Aussatz befreit werde, wenn er sich taufen lasse«. Maso di Banco, ein Mitarbeiter

Giottos in Neapel, führte auch die (zum Teil ergänzten) Fresken der rechten Wand aus. Dargestellt sind Begebenheiten des hl. Papstes Sylvester: »Der thronende Konstantin hört die Worte des hl. Sylvester und lässt sich von ihm taufen« (oben); »Der hl. Sylvester erweckt vor der Kaiserin Helena einen Stier zum Leben«; »Der Heilige erweckt zwei Magier, die von einem Drachen vergiftet worden waren und verschließt diesem das Maul«.

Die **Cappella Niccolini (v)** wurde 1579–85 von Giovanni Antonio Dosio ausgestattet. Die Nischenstatuen (u.a. Moses und Aaron) schuf Francavilla. Das Altargemälde »Himmelfahrt und Krönung Mariens« stammt von Alessandro Allori. Das barocke Kuppelfresko mit der »Krönung Mariens« (1652–64) von Volterrano gehörte im 18. Jh. zu den Hauptsehenswürdigkeiten der Kirche.

In einer weiteren **Kapelle der Familie Bardi (w)** hängt ein Holzkruzifix mit zusammenklappbaren Armen, um es auch bei Prozessionen tragen zu können. Dieses Werk von Donatello entstand um 1412–20. Nach einer von Vasari kolportierten Anekdote soll Brunelleschi den Christus mit einem Bauern verglichen und diesen Aspekt durch sein eigenes Kruzifix in Santa Maria Novella korrigiert haben (s. S. 172).

In der von Gherardo Silvani 1661 erneuerten **Cappella Salviati (x)** steht links das Grabmal der polnischen Gräfin Sophia Zamoyska Czartoryski (gestorben 1837) von Lorenzo Bartolini – ein berühmtes Werk naturalistischer Porträtkunst. An der Ecke zum Querhaus wurde dem 1842 in Paris verstorbenen Florentiner Komponisten Luigi Cherubini ein Monument errichtet.

Linkes Seitenschiff

Eines der prachtvollsten **Grabmonumente (y)** der Frührenaissance schuf **Desiderio da Settignano** um 1453–55 für den Humanisten **Carlo Marsuppini,** den Nachfolger Leonardo Brunis im Amt des Staatskanzlers. Zwar diente Brunis Grabmal (h) als Vorbild, doch ist der Aufbau weniger streng und der Sarkophag jetzt reich mit Rankenornamenten und Löwenfüßen geschmückt. Die Putten weichen in ihrer natürlichen Haltung weit vom statuarischen Aufbau der Figuren Donatellos ab. Desiderio wusste dem Marmor eine außergewöhnliche Lebensnähe abzugewinnen. Er entwickelte ein seltenes Gespür für das Stoffliche, das Belebte und Zarte eines jungen Körpers und ist hierin nur mit wenigen Künstlern (so Bernini) vergleichbar.

Durch das Seitenportal gelangt man in die **nördliche Vorhalle (z),** wo man ein Grabmal des Francesco de' Pazzi aus dem 14. Jh. kennenlernen kann, das ein Nachfolger des Timo di Camaino, um 1330 entwarf. Vier Tugendpersonifikationen tragen den Sarkophag.

Ungleich aufwendiger ist das **Grabmonument für Galileo Galilei (bb).** Gleich nach seinem Tod 1642 geplant, konnte es erst 1737 nach einem Entwurf Giulio Fogginis verwirklicht werden. Die Wand schmücken Freskenfragmente aus der Zeit um 1400, die Mariotto di Nardo oder auch Niccolò di Pietro Gerini zugeschrieben werden.

Cappella de' Pazzi (13)

Die Klosterhöfe und das Museum sind durch das Portal an der linken Seitenflanke und durch den Kirchenraum zugänglich.

In ihren zierlich-leichten Formen und der heiteren Gesamtwirkung ist die Pazzi-Kapelle eine der glücklichsten Schöpfungen der Frührenaissance. Bei der **Vorhalle** sind Bogen und Gebälk nach Art des sogenannten Syrischen Bogens kombiniert. Brunelleschi dürfte jedoch noch keines der seltenen römischen Beispiele aus der Zeit Kaiser Hadrians gekannt haben. Der Bogen steht in Bezug zu den Bögen des Trecentokreuzgangs. Hinter der Attika verbirgt sich eine kassettierte Tonne, die im Zentrum von einer mit Terracottarosetten geschmückten Kuppel durchbrochen wird. Diese Kuppel ist die erste in einer Folge von drei Kuppeln, die sich in einer Achse in die Tiefe erstrecken.

Der **Innenraum** lässt sich als ein überkuppelter Kubus mit kurzen, tonnengewölbten Seitenarmen verstehen. Der gedachte zentrale Kubus ist in seiner Struktur der Alten Sakristei von San Lorenzo ähnlich (s. S. 188ff.). Wie dort ist die Choröffnung von einem Bogen umfangen, wobei sich in der Pazzi-Kapelle das Bogenmotiv an den übrigen drei Wänden in Form von Blendbögen wiederholt. Es war ein besonderer Einfall, die Steinbänke, auf denen sich die Patres niederließen, den Pilastern als Sockel zu geben. Da Bänke und Boden der Chorkapelle auf demselben Niveau wie im Hauptraum liegen, konnte Brunelleschi die Pilaster beider Räume gleich hoch ansetzen. Durch ihre Rahmung tragen die Fensteröffnungen zusammen mit den Blendfenstern zur Wand- und Raumkomposition bei.

Die Terracottatonden mit den zwölf Aposteln von Luca della Robbia fügen sich der subtilen Architektur zurückhaltend ein. Sie variieren und verstarken den farblichen Zweiklang von *pietra serena* und Verputz in einem kräftigeren Blau-Weiß-Klang. Möglicherweise hat Brunelleschi die Medaillons in den Pendentifs selbst modelliert und in der Della-Robbia-Werkstatt brennen lassen.

Im Fries entdeckt der Betrachter Darstellungen des Christuslamms auf dem Altar mit sieben Siegeln und Seraphim. Das ikonografische Programm ist als das Himmlische Jerusalem der Apokalypse zu deuten. Mehrfach, in den Fensterrahmen und in den Aposteltonden, in den runden Kuppelfenstern und den Rippen, wiederholt sich die Zahl Zwölf. In der Offenbarung des Johannes heißt es: »Und die Mauern der Stadt hatten zwölf Grundsteine und darauf zwölf Namen der zwölf Apostel des Lammes« (Apokalypse 21, 14). Man beachte die hierarchische Abstufung: Unter dem Lamm Gottes im Fries folgen die zwölf Aposteltonden und darunter saßen die Patres.

Die Pazzi-Kapelle ist ein durchstrukturiertes Gebilde mit den für Brunelleschi typischen regelmäßigen Formen und einfachen Proportionsverhältnissen. Die Maßverhältnisse nach dem Goldenen Schnitt erscheinen an exponierter Stelle: in der zum Chor sich öffnenden leeren Fläche zwischen den mittleren Pilastern. Diese Rechtecksfläche wird im Hauptraum mehrfach wiederholt und in der Chorkapelle –

Außenansicht Cappella Pazzi, Santa Croce. Begonnen wurde sie um 1430, wahrscheinlich nach Plänen Brunelleschis, und diente ursprünglich als Kapitelsaal des Klosters. Andrea de' Pazzi stiftete diese Kapelle für seine Familie, doch setzte man keines der Mitglieder hier bei, denn die Pazzi wurden nach ihrem Anschlag auf die Medici 1478 hingerichtet oder aus dem Florentiner Staatsgebiet verbannt

am Ende der szenografischen Raumflucht – dem Betrachter noch einmal in perspektivischer Verkleinerung präsentiert. In keinem anderen Raum dürfte deutlicher werden, wie nahe sich im Florenz der Renaissance Kunst und Wissenschaft kamen. Brunelleschi scheint die neoplatonische Ideenlehre vorwegzunehmen, nach der Kreis, Quadrat und Rechteck, Kugel, Kubus, Quader und Zylinder in ihrer Vollkommenheit die göttliche Harmonie des Universums wiederspiegeln.

Die Pazzi-Kapelle ist eine Summe aus einer Technologie des Bauens, aus Geometrie und Perspektivenlehre, aus archäologischen Studien, Theologie und platonischer Philosophie. Selbst die Astronomie ist miteinbezogen. Die kleine Kuppel über der Chorkapelle trägt die Darstellung einer astrologischen Konstellation (die bisher noch nicht gedeutet werden konnte).

Museo dell'Opera di Santa Croce

Piazza Santa Croce
Tel. 055 246 61 05
tgl. 9.30–17.30, So/Fei 13–17.30 Uhr

Museo dell'Opera di Santa Croce (14)

Im ehemaligen Refektorium sind die wichtigsten Werke des Museo dell'Opera di Santa Croce ausgestellt. Das große **gemalte Kruzifix** von **Cimabue** (3,90 × 4,30 m) war das »bedeutendste Opfer« der Flutkatastrophe vom 4.November1966, bei der das Wasser im Klosterbereich 4 m hoch stand. Nahezu zehn Jahre beanspruchten die Restaurierungsarbeiten, dabei musste die Farbschicht vom Holzträger gelöst werden. Ursprünglich stand das Kruzifix an der prominentesten Stelle der Kirche, die ja dem Kreuz Christi (Santa Croce) geweiht ist: auf der

Innenraum Cappella Pazzi, Santa Croce. Für Brunelleschi sind geöffnete und geschlossene Wandflächen in der anschaulichen Wirkung des Raums gleichwertig. Die Wand ist für ihn eine immaterielle Membran, während die Funktion des Tragens und Lastens allein die architektonischen Glieder, insbesondere die Pilaster übernehmen

Schranke des Chors. Es entstand um 1285–90, noch vor Beginn des Neubaus der Kirche. Vom Typus handelt es sich um einen *Christus patiens*, einen leidenden Christus. Doch der Gottessohn wird nicht allein in seiner körperlichen Qual gezeigt; er ist hoheitsvoll zugleich. Indem Cimabue dem Gekreuzigten eine weit ausladende S-förmige Schwingung verlieh, setzte er ein abstrakt-formales, mittelalterliches Ausdrucksmittel ein. Zugleich stand er am Beginn einer neuen Zeit, indem er Christus mit menschlichen Zügen und einer ausgeprägten Körperlichkeit darstellte.

Das links anschließende **Freskenfragment** des 14. Jh. zeigt den ersten Besuch der Franziskaner in Florenz. Man erkennt die alte Domfassade und das bereits in perspektivischer Verkürzung wiedergegebene Baptisterium. Die anschließenden Freskenfragmente fand man unter Vasaris Altären im Langhaus der Kirche. Sie gehören zu einer großformatigen Darstellung vom **»Triumph des Todes«**, die **Andrea Orcagna** nach neuerer Forschung (M. Boskovits) noch vor der Pest 1348 malte. In der knappen Linienführung und der Ausdruckskraft gehörten sie zu den stärksten Zeugnissen der Florentiner Malerei der Jahrhundertmitte.

Die ganze Breite der Stirnwand wird von dem **Abendmahlfresko** von **Taddeo Gaddi** eingenommen, das, um 1340 geschaffen, am Beginn der Serie der Florentiner *cenacoli* steht. Darüber sieht man eine

Detail aus dem »Triumph des Todes«, Andrea Orcagna, Museo dell'Opera di Santa Croce. Eindrucksvoll die Gruppe der Bettler, die den Tod herbeisehnen mit den Worten »Komm, o Tod, du Medizin gegen alle Schmerzen und reiche uns unser letztes Brot«

Darstellung des Kreuzes Christi als **»Baum des Lebens«** nach einer Vision des hl. Bonaventura, der zu Füßen des Kreuzbaums sitzt. Vom Kreuzstamm gehen, wie die Äste eines Baums, Schriftbänder ab, die in Voluten enden. Der hl. Franziskus umfasst den Baumstamm. Rechts stehen die Franziskanerheiligen Antonius von Padua und Ludwig von Toulouse zu Seiten des hl. Dominikus. Die seitlichen Bildfelder zeigen die Stigmatisation des hl. Franziskus, die Armenspeisung durch den hl. Ludwig von Toulouse, die Speisung des hl. Benedikt in der Einöde und das Gastmahl im Haus des Pharisäers. Gemeinsames Thema der Refektoriumswand ist die irdische Speisung durch das Brot und die Teilnahme am Leib Christi durch das Abendmahl und in Form der Stigmatisation. Wie souverän die Florentiner Restauratoren in den Jahren nach der Flut die Technik des Freskenabnehmens beherrschten, demonstrieren die großformatigen Fresken des »Abendmahls« und des »Baums des Lebens«. Beide wurden in einem Stück von der Wand gelöst, auf einen neuen Bildträger geleimt und an die ursprüngliche Stelle zurückversetzt.

An der linken Längswand fand **Donatellos** vergoldete Bronzestatue des **»hl. Ludwig von Toulouse«** von 1423 Aufstellung. Sie stand ursprünglich in der Nische der Parte Guelfa in Or San Michele, wo sie durch einen Gipsabguss ersetzt wurde. Der Franziskanerheilige aus dem Hause Anjou, mit weichen und vergeistigten Gesichtszügen, ist ein Gegentypus zu Donatellos volkstümlichem Propheten des Campanile. Hinter der mächtigen Gewandung, die der Heilige mit seinem Amt zu tragen hat, tritt der Körper kaum noch in Erscheinung. Donatello hat die Figur aus mehreren Teilgüssen zusammengesetzt, was bereits Kritik von seiten Vasaris hervorrief.

Ein seltenes Zeugnis der Kunst **Domenico Venezianos** ist das Fresko mit »Johannes d.T. und dem hl. Franziskus«, die in einem Torbogen vor einer toscanischen Hügellandschaft stehen. Veneziano scheint in diesem späten Werk (um 1450–60) von seinem eigenen Schüler Castagno beeinflusst worden zu sein. Ein schmuckvolles **Portal** von **Benedetto da Maiano** (um 1452) führt in den doppel geschossigen Secondo Chiostro (Zweiten Kreuzgang). Der nicht namhaft gewordene Architekt hat sich der Formensprache Brunelleschis bedient.

Von der Piazza Santa Croce zum Arnoufer

Die Santa Croce vorgelagerte **Piazza Santa Croce** ist nach der Piazza Signoria die größte der Stadt. Den Franziskanern diente sie als Forum für Predigten. Eine runde Gedenkplatte von 1565 bezeichnet die Mittellinien für Fußballspiele in historischen Kostümen *(calcio in costume)*, die bis heute auf dieser Piazza ausgetragen werden (Abb. S. 37 u. 228). Der **Palazzo dell'Antella** (**15,** an der südlichen Piazzaseite Nr. 21 und 22) geht aus zwei Häusern des 15. Jh. hervor, die nach Plänen Giulio Parigis 1619 für Niccolò dell'Antella umgebaut

wurden. Von den ursprünglichen Palästen blieb die Reihe schlichter Rundbogenfenster erhalten. Konsolen tragen den vorstehenden Teil der Obergeschosse. Die Wandmalereien sollen unter der Leitung von

Giovanni da San Giovanni in 20 Tagen ausgeführt worden sein. Der **Palazzo Cocchi-Serristori** (**16,** der Kirchenfassade gegenüber) wurde 1469–74 errichtet, vielleicht nach Plänen von Giuliano da Sangallo.

Westlich der Piazza Santa Croce besaßen einst die Peruzzi zahlreiche Häuser, von denen mehrere in den **Ruinen des römischen Amphitheaters** eingebaut waren. Den Verlauf dieses Theaters gibt noch heute der ovalförmige Straßenzug Via Bentacordi und Via Torta (gekrümmte Straße) wieder. Der **Hauptpalast (17)** der Familie an der Piazza Peruzzi wurde durch Umbauten und Restaurierungen in seinem mittelalterlichen Aussehen stark verändert. Er bestand aus fünf Häusern und einem Turm (ungefähr in der Mitte des Baukomplexes). Ein eigenes Stadttor der Peruzzi hat Dante erwähnt, die Porta »quei della Pera«.

Die Fassade der Kirche **San Remigio (18)** hat die Form einer Altartafel des 12. und 13. Jh. und ähnelt der von Santo Stefano al Ponte. Das Innere ist ein gutes Beispiel der Florentiner Gotik um 1300 (wenngleich etwas gröber in der Ausführung als etwa Santa Maria Novella – vor allem in den Gewölben). Das rechteckige Chorfenster ersetzt ein Spitzbogenfenster. Da die Kirche dem hl. Remigius von Frankreich (Saint Remy) geweiht wurde, ist eine karolingische Gründung anzunehmen. Die Madonnentafel im linken Seitenschiff stammt von einem Maler aus dem Umkreis Cimabues, dem im späten 13. Jh. wirkenden Meister von San Remigio. Das Altargemälde in der linken Chorkapelle der ›unbefleckten Empfängnis Mariä« von Jacopo da Empoli (1591) wurde in seiner ungewöhnlichen Themenfassung wahrscheinlich von Dantes *paradiso* angeregt.

Der **Palazzo Horne** (**19,** Via dei Benci 6) mit nur vier Fensterachsen wurde bald nach 1489 vermutlich nach Plänen Cronacas erbaut. Zeittypisch ist die Intonaco-Fassade mit rustizierten Kanten, Portal- und Fensterrahmen. Im Jahr 1911 erwarb der englische Literat, Architekt und Kunstgelehrte Henry Percy Horne (1864–1916) den Palast und vermachte ihn schließlich mitsamt seiner reichen Sammlung dem italienischen Staat. Zur Sammlung des **Museo Fondazione Horne** zählen Gemälde von Pietro Lorenzetti, Bernardo Daddi, Taddeo Gaddi, aus dem Umkreis Simone Martinis, von Masaccio, Filippo Lippi, Domenico Beccafumi und Dosso Dossi. Paradestück ist Giottos Tafel des »hl. Stephanus«, die stilistisch den Bardi-Fresken nahesteht und um 1315–28 zu datieren ist. Unter den Möbeln sticht eine vom jungen Filippino Lippi nach einem Entwurf Botticellis bemalte Truhe hervor.

Der dem Palazzo Horne gegenüberliegende **Palazzo Bardi (20)** gilt als ein frühes Werk Brunelleschis (erbaut um 1420). Der kubische Baukörper ist wohlproportioniert. Fast drei Jahrzehnte vor Michelozzos Palazzo Medici ist der Innenhof schon nach regelmäßigem Plan mit schlanken Säulen und einfachen antikisierenden Volutenkapitellen angelegt. In diesem Palast fanden die ersten Opernaufführungen der berühmten Camerata Fiorentina di Casa Bardi statt.

◁ Drei fast gleich hohe Schiffe bilden den um 1300 errichteten Kirchenraum von San Remigio, ohne dass das nur leicht erhöhte Mittelschiff durch eine eigene Fensterreihe ausgezeichnet wäre. Man spricht daher von einer Staffelkirche. Die Achteckpfeiler sind denen von Santa Croce ähnlich. Die weiten Bögen des Gewölbes mit ihrer Marmor vortäuschenden Streifung und die Profilierung der Rippen erinnern an Santa Maria Novella

San Remigio

Via San Remigio 4
Tel. 055 8 47 89
parrocchiasanremigio@timenet.it

Museo Fondazione Horne

Via dei Benci 6
Tel. 055 24 46 61
www.museohorne.it
Mo–Sa 9–13 Uhr, So und Fei geschl.

Oltrarno

Jenseits des Arno

Citypläne Östliches Oltrarno S. 257, Westliches Otrarno S. 266

Seit der Zeit der ersten Christen wird das Viertel des Oltrano bewohnt. Im Mittelalter wurde es eines der Zentren der Wollverarbeitung. Wer heute durch die Straßen um Santo Spirito und San Frediano geht, kann vielfach noch durch offene Türen in kleine Handwerksbetriebe sehen und wird die entspannte Stimmung eines Stadtviertels erleben, das noch am ehesten vom Massentourismus sowie internationalen Luxus- und Fastfoodläden verschont blieb. Die baumbestandene, geschlossene Piazza Santo Spirito bietet zudem einen angenehmen Ort für eine Erholungspause. Geadelt wurde das Viertel, als sich die Großherzöge der Medici entschlossen, den Palazzo Pitti als ihre Residenz auszubauen. Ganz im Osten, unterhalb von San Miniato, schiebt sich schließlich ein Ausläufer der toscanischen Landschaft ein Stück weit in die Stadt. Die schönste Aussicht auf das Häusermeer bieten die überdimensionierte Aussichtsterrasse der Piazzale Michelangelo und die Belvedere-Festung. Zu den Hauptattraktionen des Oltrarno zählen die Kirchen San Miniato, Santo Spirito, die Brancacci-Kapelle von Santa Maria del Carmine, der Palazzo Pitti mit seinen Museen und dem Boboli-Garten.

Besonders sehenswert: Ponte Vecchio, San Miniato al Monte, Palazzo Pitti, Giardino di Boboli, Santo Spirito, Santa Maria del Carmine

Ponte Vecchio und andere Arnobrücken

Der **Ponte Vecchio** überquert den Arno an seiner schmalsten Stelle. Nachdem die Flut von 1333 eine Vorgängerbrücke weggerissen hatte, errichtete man den jetzigen Steinbau 1342. Die Geschichte des Ponte Vecchio lässt sich bis in römische Zeit zurückverfolgen. Seit dem 13. Jh. sind die für Brücken üblichen Läden und Werkstätten der Handwerker bezeugt. Doch 1593 duldete Großherzog Ferdinando I. nicht länger die Metzger und ›schmutzigen‹ Handwerker unterhalb des Verbindungsgangs zwischen den beiden herzoglichen Palästen und sämtliche Läden wurden bei verdoppelter Miete den Goldschmieden und Juwelieren überlassen. Beim Bau des Verbindungsgangs weigerte sich der Besitzer eines mittelalterlichen Geschlechterturms am südlichen Brückenkopf, Manelli, seinen Turm abzutreten. Wie man sieht, war der Großherzog gezwungen, den Korridor um diesen Turm herumzuführen. Beim Einmarsch der Alliierten am 4. August 1944 ließen die Besatzer alle Arnobrücken mit Ausnahme des Ponte Vecchio sprengen. Um den Ponte Vecchio dennoch unbenutzbar zu machen, sprengte man die umliegenden Häuserblocks auf beiden Arnoseiten und glaubte so, die Alliierten aufhalten zu können.

Korridor Vasaris

Nachdem Großherzog Cosimo I. 1565 die Herrschaft seinem Sohn Francesco überlassen und sich in den Palazzo Pitti zurückgezogen hatte, wurde Vasari mit dem Bau eines Verbindungsgangs von hier zum Palazzo Vecchio beauftragt. Durch diesen bedeckten Gang konnten sich die Angehörigen seines Hofes unerkannt zwischen den beiden Palästen bewegen. Der Eingang zum Korridor ist in den Uffizien. Er verlauft am Arno-Ufer entlang, führt über den Ponte Vecchio und durch die Kirche Santa Felicita zum Palazzo Pitti. Der Besuch des Korridors ist nur eingeschränkt möglich (Tel. 055 238 86 51, 055 29 48 83).

Unter dem Podestà Rubaconte wurde 1237 als eine der wenigen Baumaßnahmen dieser Zeit der **Ponte alle Grazie** errichtet, den man nach der Sprengung im Krieg nach neuen Plänen wieder aufbaute. Der **Ponte Santa Trinità,** den man erstmals 1257 errichtete, wurde mehrfach vom Hochwasser weggerissen. Im Mittelalter stand ein Pil-

Ponte Vecchio ★★

◁ Blick vom Boboli-Garten auf den Innenhof des Palazzo Pitti

Der Ponte Santa Trinita zählt zu den schönsten Brücken überhaupt. Die hoch ästhetische Formgebung leitet sich ganz aus der Konstruktion her. Die Eckstatuen der »Vier Jahreszeiten« entstanden 1608 anlässlich der Vermählung Cosimos II. mit Maria Magdalena von Österreich. Nach der Sprengung durch die deutsche Besatzung im letzten Weltkrieg wurde die Brücke 1954–57 nach Originalplänen minutiös rekonstruiert. Man benutzte dabei die zersprengten Stücke und ergänzte diese mit pietra forte aus den ursprünglichen Steinbrüchen des Boboli-Gartens. Nur der Kopf der »Primavera« fehlte. Man setzte eine Belohnung auf ihn aus und fand ihn schließlich 1961 im Arnobett

gerhospiz auf der Brücke. Die jetzige Gestalt mit ihren eleganten Korbbögen gab Ammannati der Brücke 1567–70. Der **Ponte Vespucci** ist ein Neubau von 1957.

Stadtviertel von San Niccolò

Museo Stefano Brandini (1)

Ein Denkmal antiquarischen Sammlertums ist das Museo Stefano Bardini (Via dei Renai 37). Es gleicht einem riesigen Antiquitätenladen, bestückt mit Werken von guter und auch sehr hoher Qualität. Der Kunsthändler Stefano Bardini hinterließ 1923 der Stadt Florenz seinen Palast des späten 19. Jh. (dessen Fenster Altartabernakel einer Pistoieser Kirche rahmen) und die außergewöhnlich umfangreiche Sammlung, die nahezu alle Gattungen und Epochen vom frühen Mittelalter bis in die Barockzeit umfasst: Skulptur, Tafelmalerei, Fresken, Zeichnungen (Tiepolo, Piazzetta), Keramik, Metallarbeiten, Möbel (Florentiner Truhen, Chorgestühl, Sakristeischränke), Teppiche, Waffen, Musikinstrumente. Dies alles wurde dem Geschmack der Jahrhundertwende entsprechend dekorativ zusammengestellt – im Obergeschoss in einem quasi-wohnlichen Ambiente mit eingebauten alten Türen und Holzdecken. Als Einzelwerke seien hervorgehoben: eine »Caritas«, ein Marmorbildwerk von Tino di Camaino; eine Büste Johannes des Täufers von Andrea Sansovino; eine umbrische Madonnenskulptur des 14. Jh.; ein Ambrogio Lorenzetti nahe stehendes Madonnenbild; ein gemaltes Kruzifix von einem Nachfolger Bernardo Daddis, Donatellos »Madonna dei Cordai« sowie das Gemälde »Erzengel Michael« von Antonio del Pollaiuolo.

Museo Stefano Bardini

Via de' Renai 37
Tel. 055 234 24 27
Mo 11–17, Fr/Sa und So/Fei 10–17 Uhr

Palazzi Mozzi

Via San Niccolò
wg. Restaurierung geschl.

Palazzi Mozzi (2)

Den Hintergrund der Piazza dei Mozzi bildet ein Komplex von drei mittelalterlichen Palästen, die Palazzi Mozzi (Via San Niccolò 123–25). Die Mozzi hatten im hohen Mittelalter das erbliche Amt der *visdomini* inne, der Stellvertreter des Bischofs, und waren über mehrere Generationen hinweg Schatzmeister der Päpste. Ihr ausgedehnter Palast im Schutz des steil aufsteigenden Hügels beherbergte römische Prälaten auf dem Weg nach Avignon. Errichtet wurden die Paläste wahrscheinlich zwischen 1260 und 1273, als Gregor X. hier zu Gast war, um zwischen Guelfen und Ghibellinen Frieden zu stiften. Bisher wurden lange zurückliegende Pläne, die Paläste als ein Museum für Kunstgewerbe zu nutzen, nicht realisiert.

Östliches Oltrarno

1 Museo Stefano Bardini
2 Palazzi Mozzi
3 San Niccolò Soprarno
4 San Salvatore al Monte
5 San Miniato al Monte/Palazzo dei Vescovi

Östliches Oltrarno

San Salvatore al Monte (Konvent)
Via San Salvatore al Monte 9
Tel. 055 200 12 29
www.vienievedi.net

San Niccolò Soprarno (3)

Die erstmals 1123 erwähnte Kirche wurde bald nach 1400 erneuert. Der einfache Saalraum mit drei Chorkapellen entstand nach dem Typ der Bettelordenskirchen des Trecento und wurde im 16. Jh. erhöht und neu ausgestaltet. Am ersten Altar links sieht man ein Francesco d'Antonio zugeschriebenes Fresko des »hl. Ansanus« im Stil der internationalen Gotik. Die dazugehörige Sinopie ist rechts daneben ausgestellt. Die wichtigsten Kunstwerke beherbergt die Sakristei, u.a. ein Triptychon (um 1390) »Madonna mit sechs Heiligen« von einem Nachfolger Orcagnas und ein reich verziertes Altartabernakel im Stil Michelozzos mit der Himmelfahrt Mariens und der Gürtelspende an den hl. Thomas aus der Nachfolge Castagnos, möglicherweise von Piero Pollaiuolo (um 1465–75). In einem Zimmer des Glockenturms soll sich der republikanisch gesinnte Michelangelo 1530 nach der Einnahme von Florenz durch die kaiserlichen Truppen versteckt haben.

San Salvatore al Monte (4)

Auf dem Weg nach San Miniato sollte man kurz San Salvatore aufsuchen. Die Kirche ist ein Neubau für die Franziskaner der Observanz und wird auch San Francesco al Monte alle Croci genannt. An der Planung beteiligte sich seit 1474 Lorenzo il Magnifico. Der Bau stand unter der Obhut der Calimala-Zunft, die 1487 Cronaca die Bauleitung übertrug. Das abschüssige Gelände führte 1500 zum Einsturz des Chors. 1504 war der Bau so weit vollendet, dass er geweiht werden konnte.

Michelangelo nannte diese Kirche, in der er sich häufig als Tertiar aufhielt, seine »*bella villanella*«, sein schönes Landmädchen. Vom Typus her handelt es sich um eine einschiffige Saalkirche mit offenem Dachstuhl und flacher Chorkapelle. Im Gegensatz zum traditionellen Kirchentypus der Bettelorden öffnen sich die Seitenwände in Kapellen (wie bereits zuvor in Santissima Annunziata und Santa Maria Maddalena dei Pazzi). Wie am Außenbau finden sich auch im Innern soge-

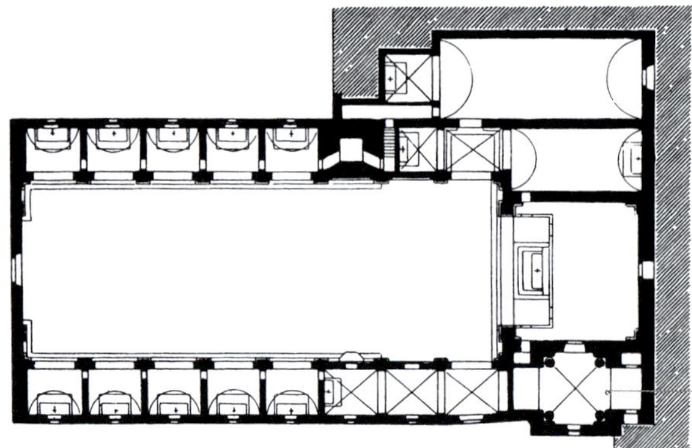

San Salvatore al Monte, Grundriss

San Salvatore al Monte, Längsschnitt: Neu und für die Entwicklung der Hochrenaissance bedeutsam ist die Art der doppelgeschossigen Wandgliederung. Diese bildet nicht mehr bloß eine einfache Rahmung für Kapellen oder Fenster, sondern ein selbstständiges architektonisches System. Im Untergeschoss klingt das antike Theatermotiv an, eine Pilasterordnung mit Bögen und einem abschließenden Architrav

nannte Ädikulafenster (Tabernakelfenster), bei denen Dreiecksgiebel und Segmentbogengiebel abwechseln. Ädikulafenster fand Cronaca bereits am Außenbau des Baptisteriums vorgebildet, für die charakteristische Segmentbogenform und auch die toscanische Säulenordnung bedurfte es jedoch direkter Kenntnis antik-römischer Vorbilder. Tabernakelfenster werden im Rom der Hochrenaissance noch eine bedeutende Rolle spielen, vor allem auch beim Palastbau. Die Nerli-Kapelle rechts vom Chor ist ein kleiner, selbstständiger Zentralbau, der ebenfalls Cronacas Auseinandersetzung mit antiker Architektur bezeugt. Die Terracottagruppe der »Beweinung Christi« wurde Sante Buglioni zugeschrieben.

San Miniato al Monte

San Miniato al Monte ★★

San Miniato al Monte
Via Monte alle Croci
Tel. 055 234 27 31
tgl. 8–12.30, 15–17.30 Uhr

Hoch über der Stadt, auf einem Hügel über dem südlichen Arnoufer, liegt **San Miniato al Monte (5)**, die zu den ältesten Kirchen von Florenz zählt. Man errichtete sie über der Grabstätte des hl. Minias (ital. *Miniato*), der das Martyrium um 250 unter Kaiser Decius erlitt. Nach der Legende hat der Heilige nach der Enthauptung seinen Kopf genommen und auf den Hügel getragen, wo er den Tod fand und wo über dem Grab eine Kirche errichtet wurde. Nachdem Bischof Hildebrand um 1013 eine Benediktinerabtei cluniazensischer Reform gegründet hatte, wurde etwa 1150 der heutige Bau begonnen, der um 1207 vollendet war. Kirche und Konvent wurden 1924 Olivetanern überlassen, einer Benediktinerkongretation, die ihr Mutterkloster in Monte Oliveto Maggiore (südöstlich von Siena) hat und die Kirche schon einmal von 1373–1552 besaß.

Die **Fassade** ist ein besonders schönes Beispiel der Florentiner Protorenaissance. Wie das Baptisterium wurde sie mit dünnen Platten aus weißem Carrara-Marmor und dunkelgrünem Serpentin *(Verde di Prato)* belegt. Das stark restaurierte Mosaik aus dem 13. Jh. zeigt den thronenden Christus in seinem Richteramt mit Maria und Minias als Fürsprechern. Der Adler auf der Giebelspitze, das Wappentier der Zunft der Großkaufleute, der *Arte di Calimala*, die seit 1288 die Kirche förderte und verwaltete, hält in den Krallen ein Wollbündel.

Fassade, San Miniato al Monte. Die exakt halbkreisförmigen Blendbögen und Halbsäulen der unteren Zone regten Brunelleschi zu den Arkadenformen des Ospedale degli Innocenti an. Die fein profilierten Türrahmen, die sich nach unten umbiegen und zur Schwelle werden, kehren ebenfalls an der Loggia des Findelhauses, aber auch an Albertis Palazzo Rucellai wieder. Das später ausgeführte obere Geschoss und das Giebelfeld sind weniger streng gegliedert, dafür bereichert durch figürliche Plastik und teppichartige Muster orientalischen Ursprungs, wie man sie von den Kirchen in Lucca kennt

Wie viele romanische Kirchen ist San Miniato eine basilikale Anlage mit drei flach gedeckten Schiffen (Dachstuhl 1329 erneuert) und ohne Querhaus. Die erhöhte Lage des Chors über einer Krypta ist für Abteikirchen charakteristisch. Außergewöhnlich ist die Unterteilung durch Schwibbögen (›schwebende Bögen‹) und der damit einhergehende Stützenwechsel von je zwei Säulen und einem Pfeiler. Dies führte zu einer in der Toscana ungewöhnlichen Strukturierung und Rhythmisierung des Raums. Vollkommen regelmäßig und präzis ausgeführt sind die Mittelschiffsarkaden. Sieben der korinthischen Kapitelle sind antik, eines ist byzantinisch, die restlichen roh behauenen stammen aus der Erbauungszeit des Langhauses. Besonders kostbar sind die orientalisch anmutenden **Einlegearbeiten des Fußbodens** (**a,** u.a. mit Zeichen des Tierkreises), datiert auf 1207. Die Säulen und Pfeilervorlagen wurden 1858 mit einem Marmor imitierenden Stuckmantel überzogen. Gleichzeitig erhielten die Mittelschiffswände ihre Marmorplatten vortäuschende Bemalung, und der Dachstuhl von 1322 seine kräftige Farbgebung.

Die stark restaurierte **Krypta** besitzt ein Kreuzgratgewölbe auf dünnen Säulen (mit einigen antiken Säulenschäften und Kapitellen). Im Altar ruhen die Gebeine des hl. Minias, die man vor der Errichtung des Tabernakels von Michelozzo gleich beim Betreten der Kirche erblickte. Die Gewölbefresken mit Propheten- und Heiligenbüsten malte Taddeo Gaddi um 1341.

Das erste Fresko im **Innenraum** rechts mit der **»Thronenden Madonna und Heiligen« (b)** signierte 1436 **Paolo Schiavo**. Es zeigt, dass die neuen Gestaltungsmittel der Frührenaissance nicht immer für höchste Qualität bürgen. Etwas unbeholfen bemühte sich Schiavo um perspektivische Effekte und gab dem Bild eine Rahmenarchitektur in der Art Brunelleschis. Es folgt ein Votivfresko mit dem hl. Christopherus (wie üblich überlebensgroß) und Fresken mit Heiligendarstellungen des 14. Jh.

Ein bedeutendes Beispiel Florentiner Marmorinkrustation sind die **Chorschranken** und die zugehörige **Kanzel (d)** aus der zweiten Hälfte des 12. Jh. Das Lesepult wird von drei Evangelistensymbolen getragen. Die **Heiligendarstellungen (e)** im Hochchor, rechts von der Sakristeitür, gelten als die ältesten erhaltenen Florentiner Fresken, ausgeführt wohl im frühen 13. Jh. Die 1387 angebaute **Sakristei (f)** wurde durch Spinello Aretino mit Fresken ausgemalt, die das Leben des hl. Benedikt, des Gründers des Klosters Montecassino schildern. An der **Stirnwand oben links:** Benedikt verlässt mit seiner Amme die Eltern und begibt sich zum Studium nach Rom – Er fügt ein zerbrochenes Gefäß zusammen – In Subiaco kleidet ihn Mönch Romanus ein; in seiner Grotte wird ihm Brot herabgelassen – Ein Mönch bringt ihm am Osterfest ein Essen – Gegen Versuchungen ankämpfend wälzt er sich in Dornen – Er wird in Vicovaro zum Abt gewählt; mit dem Kreuzzeichen zerbricht er einen Giftbecher, der ihm gereicht wird – Er verlässt die Klosterbrüder – Er nimmt Maurus und Placidus auf. **Untere Reihe,** beginnend **rechte Wand hinten:** Er gründet Montecassino und erweckt einen verunglückten Bruder – Er befreit einen Novizen von Dämonen – Er lässt einen Quell erspringen und eine ins Wasser gefallene Axt zurückkehren – Er lässt Placidus durch Maurus aus dem See retten – Er vertreibt den Teufel, der einen Baustein beschwert hatte – Er erkennt einen Schildträger, der vorgibt, Totila zu sein – Er empfängt Totila – Tod des Heiligen. Die Fresken wurden 1840 bei einer

Das Fassadenmosaik von San Miniato al Monte zeigt den thronenden Christus, umgeben von Maria und dem hl. Minias, der einer der ersten Christen in Florenz war

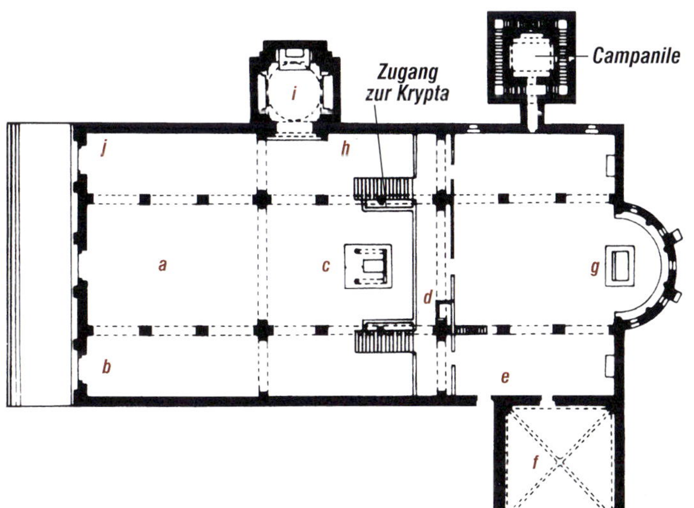

San Miniato al Monte

- a Marmorfußboden, 1207
- b Thronende Madonna und Heilige, Paolo Schiavo, 1436
- c Marmorziborium, Michelozzo, 1448
- d Chorschranken und Kanzel, zweite Hälfte 12. Jh.
- e Heiligendarstellungen, frühes 13. Jh.
- f Sakristei
- g Altartafel, Jacopo del Casentino, um 1320
- h hl. Hieronymus, Nachfolger Castagnos, 1450–60
- i Kapelle des Kardinals von Portugal
- j Kreuzigung Christi und Krönung Mariä, Mariotto di Nardo, um 1400

Restaurierung ergänzt. Auf der Ablage steht als letzte Figur eine Reliquienbüste des hl. Minias aus der ersten Hälfte des 15. Jh., die ein Bildhauer schuf, der stilistisch Jacopo della Quercia nahestand.

Die **Altartafel im Hochchor (g)** mit Szenen aus dem Leben des hl. Minias malte um 1320 Jacopo del Casentino. Die **Kapelle des Kardinals von Portugal (i)** entstand 1461–66 im Auftrag König Alfons V. von Portugal für seinen in Florenz verstorbenen Neffen, Kardinal Jacob von Lusitanien. Die Pläne für dieses ›Gesamtkunstwerk‹ lieferte der Brunelleschi-Schüler Antonio Manetti. Die bildhauerischen Arbeiten übernahm Antonio Rossellino, unterstützt von seinem Bruder Bernardo. Die Grabkapelle vereinigt christliches und antikes Gedankengut: Am Sockel des Grabmals entdeckt man

San Miniato al Monte, Innenraum. Außergewöhnlich kostbar ist das Marmorziborium (c) von Michelozzo aus dem Jahre 1448, das für das heute in Santa Trinità aufbewahrte Tafelkreuz errichtet wurde. Es soll Giovanni Gualberto darin bestärkt haben, auf die Rache eines Brudermords zu verzichten. Die Majolika-Kassetten und die farbig glasierten Dachziegel fertigte Luca della Robbia. Die Altartafeln Agnolo Gaddis (um 1396) bekleideten ursprünglich den Schrein des gemalten Kruzifixes. Auftraggeber des Ziboriums war Piero de' Medici, der in der von der von der Arte di Calimala finanzierten Kirche seine Wappenkugeln nur versteckt an den Voluten anbringen durfte. Dafür erscheint im Fries seine private ›impresa‹ (drei Straußenfedern mit Diamantring), und seine Devise »Semper« (immer)

außer Engeln und Putten auch die Darstellung einer römischen Biga (auf der Gegenseite auch eines Mithras-Opfers). Der leere Thron gegenüber ist als Hinweis auf den noch leeren Richterstuhl des Jüngsten Gerichts zu verstehen. Die freskierten Engel, die den Vorhang ziehen, und das Altargemälde (Kopie; Original in den Uffizien) schufen Antonio und Piero Pollaiuolo, die Terracottatondi im Gewölbe mit Darstellungen des hl. Geistes und der vier Kardinalstugenden fertigte Luca della Robbia.

Rechts von der Kirche San Miniato steht der zinnenbewehrte, 1295 erbaute **Palazzo dei Vescovi,** die ehemalige Sommerresidenz der Florentiner Bischöfe. Sie ist jetzt Teil des Klosters.

Forte di Belvedere

(Karte s. S. 266) Die **Belvedere-Festung (1)** ist vom Ponte Vecchio über die Costa di San Giorgio zu erreichen (nicht mehr durch den Boboli-Garten), oder mit Bus Nr. 13 über den Viale Galileo und weiter zu Fuß durch die Via di San Leonardo. Von San Miniato und der Piazzale Michelangelo führt ein schöner Fußweg über die Via del Monte alle Croci und dann entlang der alten Stadtmauer (Via di Belvedere) zur Porta di San Giorgio, dem ältesten erhaltenen Florentiner Stadttor, und zur Festung. Zum Schutz der Stadt und des Palazzo Pitti ließ FerdinandoI. 1590–95 diese Festungsanlage errichten. Ihr Architekt Buontalenti überarbeitete wahrscheinlich Pläne des Don Giovanni de' Medici. Der Wohnpalast ist von traditionell-einfacher, geschlossener Gestalt, der man die Entstehung zurzeit des späten Manierismus zunächst kaum ansieht. Zeittypisch sind lediglich die unkonventionelle Anordnung der Fensterachsen nahe bei den Kanten und die Abnahme der Fenstergröße von Geschoss zu Geschoss.

Der Besuch des Forte di Belvedere lohnt allein wegen des großartigen Ausblicks auf die Stadt und die südlichen Hügel. Von keinem anderen Aussichtspunkt aus zeigt sich Florenz so nah und gleichzeitig so übersichtlich. Dabei lässt sich leicht nachvollziehen, dass die Stadt sich von hier aus nicht nur gegen Feinde von außen verteidigen, sondern auch jederzeit Bürgeraufstände im Keim ersticken konnte.

Santa Felìcita

In der jetzigen Gestalt zwar erst in der Barockzeit erneuert, ist **Santa Felìcita (2)** dennoch die wahrscheinlich älteste Kirche der Stadt. Die in spätantiker Zeit gegründete Kirche lag damals noch außerhalb der ummauerten Stadt, in einem Vorort am heutigen Beginn der Costa di San Giorgio, wo sich zwei etruskische und eine römische Ausfahrtsstraße kreuzten (Via Volterrana, Via Pisana und Cassia Nova). Die Händler, die sich an dieser Kreuzung niederließen, dürften das Christentum nach Florenz gebracht haben. Hinweise dafür geben die unter

Belvedere-Festung

Via di San Leonardo
Tel. 055 233 20

Santa Felìcita

Piazza di Santa Felìcita
Tel. 055 233 20
Mo–Sa 9.30–12, 15.30–17.30 Uhr, So geschl.

der Kirche gefundenen, bis ins Jahr 418 zurückreichenden Grabsteine, darunter einige in griechischer Sprache von Syrern und anderen gräzisierten Orientalen.

Die kleine frühchristliche Basilika wurde im Lauf der Jahrhunderte mehrfach erneuert. Wir wissen von Bauten des 11. Jh. (Weihe 1059) und des 14. Jh. Als im 16. Jh. die Medici-Großherzöge ihre Residenz in den Palazzo Pitti verlegten, bestimmten sie Santa Felìcita zu ihrer Hofkirche. Die großherzogliche Familie konnte durch Vasaris Korridor in die Kirche gelangen, um so von den Emporen aus unbemerkt dem Gottesdienst beizuwohnen. 1736–39 schuf Ferdinando Ruggeri den Neubau. Dessen Fassade wird jedoch weitgehend durch die Vorhalle verdeckt, die Vasari als Stützung des Korridors erbaute. In der Vorhalle rechts befindet sich das **Grabmal** des 1518 verstorbenen **Kardinals Luigi de' Rossi** (**a,** den Raffael in dem Uffizien-Bildnis mit LeoX. malte). Die Liegefigur schuf Raffaello de Montelupo.

Das **Innere** ist ein Bau aus der Zeit des Hochbarocks – worauf angesichts dieses strengen, fast klassizistisch anmutenden Raums eigens hingewiesen werden muss. Die gliedernden und tragenden Elemente (Pilaster, Bögen, Architrave, Fensterumrahmungen) sind noch immer aus der bläulich-grauen *pietra serena,* wie sie Brunelleschi im 15. Jh. einführte. In Florenz blieb der Barock nicht nur maßvoll, sondern auch traditionsbewusst. So lässt sich auch das Motiv der Doppelpilaster über Brunellschi bis zum Baptisterium zurückverfolgen. Der Typus des einschiffigen Langhauses mit rundbogig sich öffnenden Seitenkapellen hat in Florenz mehrere Vorbilder (San Salvatore al Monte, San Giovannino degli Scolopi, S. 197), die letztlich auf Michelozzos Santissima Annunziata zurückgehen. Dem Charakter einer Hofkirche entspricht der Triumphbogen vor dem letzten, eingezogenen Langhausjoch (mit vorschwingenden Balkonen für die großherzogliche Familie).

Santa Felìcita

a Grabmal Kardinal Luigi de Rossi, Raffaele da Montelupo
b Grabmal Arcangela Paladinis, Agostino Ubaldini/ Antonio Novelli
c Cappella Barbadori oder Capponi
d Cappella Canigiani
e Die hl. Felicitas ermutigt ihre Söhne zum Martyrium, Giorgio Berti, 1822–24
f Papst Gregor lässt Märtyrerblut aus dem Boden strömen, Ferdinando Villani, 1747–50
g Märtyrertod der Makkabäer, Antonio Ciseri, 1860–63
h Johannes auf Patmos, Lorenzo Cambi, 1786
i Sakristei
j Hauptchor, Gewölbefresken, Michelangelo Ciuganelli, 1617–20
k Himmelfahrt Mariä, Volterrano, 1677
l Gastmahl des hl. Ludwig, Simone Pignoni, 1682
m Tobias heilt den Vater, Ignazio Hughford, 1776
n hl. Sebastian, Fabrizio Boschi, 17. Jh.

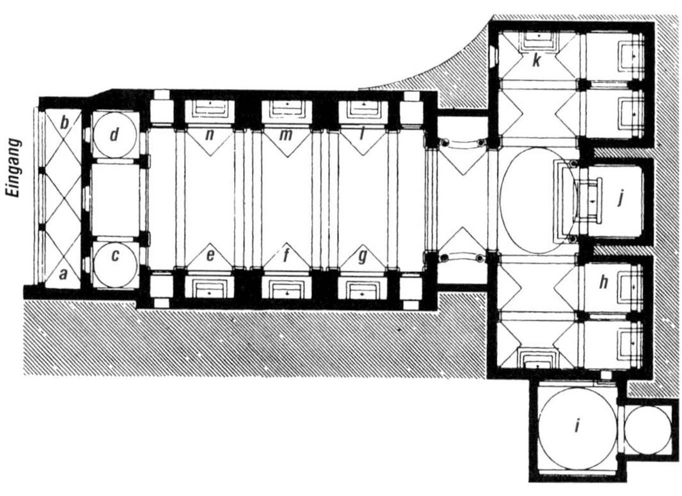

Das Altarbild der »Kreuzabnahme« in der Cappella Barbadori von Santa Felìcita komponierte Pontormo nur aus Körpern und Gewändern, »ohne die geometrischen Hilfen des Kreuzes und der Leitern« (Volker Plagemann). Der Leib Christi ist ein freies Zitat nach Michelangelos »Pietà« in Rom. »Auf Neues bedacht«, führte Pontormo die Tafel »ohne Schattenpartien und in einem hellen, so gleichmäßigen Kolorit durch, dass man kaum das Licht von den Halbtönen und diese von den Tiefen unterscheiden kann« (Giorgio Vasari). Die grellen, wie ausgewaschen erscheinenden, changierenden Farben sind typisch für den frühen Florentiner Manierismus

In den Neubau wurden die **Hauptchorkapelle (j)** von Gigoli (1610–20) sowie die beiden quadratischen Kapellen links und rechts vom Eingang übernommen. Die **rechte Kapelle** ließ die **Familie Barbadori (c)** errichten: ein kleiner, ›perfekter‹ Zentralraum, der das System der Alten Sakristei von San Lorenzo variiert. Die Pläne dürfte Brunelleschi gezeichnet haben. Er interpretiert die Halbsäulen als zur Wand gehörig und lässt sie gleichzeitig die Rippenbögen der Pendentifs auffangen. Konsequenterweise mussten die Halbsäulen in den Ecken verdoppelt werden. Bei der Übernahme der Kapelle in den barocken Neubau wurde die Kuppel (an der Brunelleschi die Konstruktion der Domkuppel demonstriert haben soll) zu einer flachen Schale reduziert, um Platz für Vasaris Korridor zu schaffen.

Den Auftrag zur malerischen Ausgestaltung vergaben die neuen Besitzer der Kapelle, die Capponi, an Pontormo. Er führte außer dem Altarbild der »**Kreuzabnahme**« (Abb. S. 265) das Verkündigungsfresko und drei der Evangelistentondi im Gewölbe aus, sein Schüler Bronzino malte den Markus-Tondo. Pontormos **Verkündigungsfresko** (um 1527–28) gehört zu den glücklichsten Schöpfungen des Florentiner Manierismus. Die Beleuchtung von der Mitte her entspricht dem natürlichen Lichteinfall. Herrlich das Bewegt-Zugewandte des Engels und die bereits von Vasaris hervorgehobene Wendung der Jung-

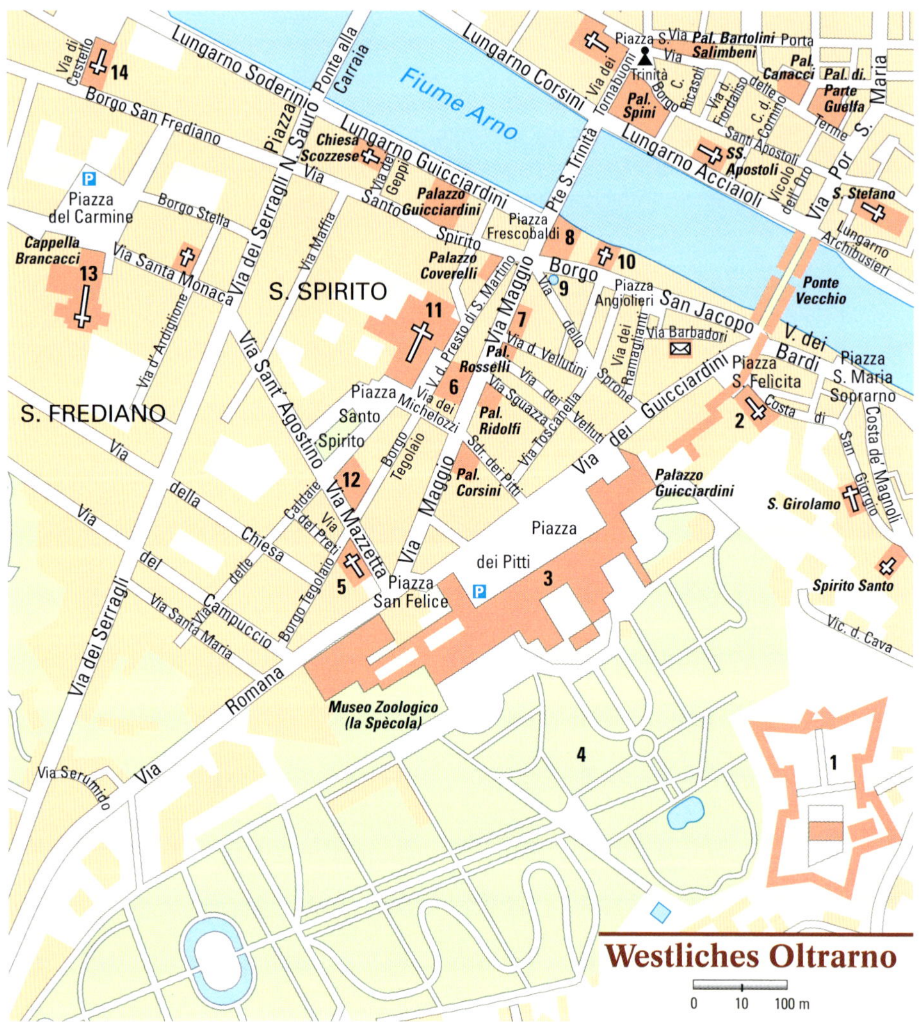

frau, ein Motiv, das letztlich auf Donatellos »Verkündigung« in Santa Croce zurückgeht. Wie dort ist auch das rechte Bein als Spielbein ausgebildet und wird wirkungsvoll nach vorn gestellt.

Das Glasfenster fertigte Guillaume de Marcillat, der renommierteste Glasmaler seiner Zeit, der 1518–24 auch im Dom von Arezzo wirkte. In der 1589 als Pendant errichteten **Cappella Canigiani (d)** gegenüber malte Poccetti außer dem Altarbild auch das Fresko vom »Schneewunder von Santa Maria Maggiore in Rom«.

Die **Sakristei** (**i**, Zugang im rechten Querhaus) wurde ebenfalls in der Formensprache Brunelleschis, doch erst 1470 (zweieinhalb Jahrzehnte nach dessen Tod) errichtet. Sie birgt wichtige Altäre und Freskenbilder, u.a. die »Himmelfahrt Mariens« und eine Tafel »Anbetung der Hirten« aus dem späten 14. Jh.

Palazzo Pitti

Der größte der Florentiner Paläste **(3)** beherbergt heute mehrere Museen, darunter die berühmte Galleria Palatina. Die Anfänge des ausgedehnten Baukomplexes liegen in einem frei stehenden Familienpalast, den 1457 der Kaufmann Luca Pitti errichten ließ. Eleonora von Toledo, die Gemahlin CosimosI., erwarb 1549 diesen Kernbau, der nur die mittleren sieben Achsen umfasste. Er wurde in der Folgezeit mehrfach erweitert und war drei Jahrhunderte lang bis 1859 Residenz der toscanischen Großherzöge, während des napoleonischen Zwischenspiels auch der Königin von Etrurien. Noch ein weiteres Jahrhundert, bis 1946, bewohnten ihn Mitglieder der königlichen Familie des Hauses Savoyen.

Wir wissen nicht, wer die Pläne für den Kernbau erstellte. Vasari nannte Luca Fanelli. Vieles an diesem höchst originellen Palast spricht indes für Brunelleschi. Möglicherweise hat Luca Fanelli Brunelleschis nicht ausgeführte Pläne für den Palazzo Medici verwendet.

Ammannati erhielt 1559 den Auftrag, den Palast zur Parkseite hin zu einer Dreiflügelanlage zu erweitern. Dabei wurden den Erdgeschossportalen Fenster (mit Löwenköpfen und großherzoglicher Krone) hinzugefügt. Erst 1620–40 wurde die Fassade auf ihre heutige Ausdehnung verlängert (durch Giulio und Alfonso Parigi). 1764 und 1783 fügte man an der Straßenseite die beiden Seitenflügel, die sogenannten Rondos hinzu. Es bildete sich ein *cour d'honneur* nach französischem Vorbild.

Palazzo Pitti ★★

Palazzo Pitti
Piazza Pitti
Tel. 055 238 86 16
www.uffizi.firenze.it/palazzopitti
tgl. außer Mo 8.15–16.30 Uhr

Galleria Palatina und Appartamenti Reali
Piazza de' Pitti 1
Tel. 055 238 86 14
www.firenzemusei.it/palatina/index.html
tgl. außer Mo 8.15–18.40 Uhr; Jan., 1. Mai und 25. Dez. geschl.

Westliches Otrarno

1 Forte di Belvedere
2 Santa Felicita
3 Palazzo Pitti
4 Boboli-Garten
5 San Felice in Piazza
6 Palazzo di Bianca Cappello
7 Palazzo Ricasoli
8 Palazzo di Padri delle Missioni
9 Fontana dello Sprone
10 San Jacopo Soprarno
11 Santo Spirito
12 Palazzo Guadagni
13 Santa Maria del Carmine
14 San Frediano in Cestello

Der Kernbau des Palazzo Pitti unterscheidet sich von den übrigen Frührenaissancepalästen durch die regelmäßige, an einen römischen Aquädukt erinnernde Bogenfolge der Obergeschosse wie auch durch die Überdimensionierung. Hier ist »jedes Element des Palazzo Medici ins Kolossale gesteigert. Die Bossen haben ungeheure Ausmaße, ebenso die drei gleich hohen Geschosse. Die Fenster sind so groß wie die Portale« (Heydenreich). Der Bauherr Luca Pitti war zunächst Parteigänger, später Gegner der Medici. 1546 musste seine Familie den Palast an Eleonora von Toledo verkaufen. Als Cosimo I. die Herrschaft seinem Sohn Francesco überließ, zog er sich in den Pitti zurück. Francesco hingegen residierte im Palazzo Ducale, den man fortan Palazzo Vecchio nannte

Der **Hof** ist ein hoch interessantes Beispiel manieristischer Architektur. Bartolomeo Ammannati hat ein römisches Vorbild, den Palazzo Farnese (1558–70), spielerisch variiert. Er behielt die Zahl der Fensterachsen und auch die klassische Säulenfolge toscanisch-ionisch-korinthisch bei, überzog jedoch Wand und Säulen variierend von Geschoss zu Geschoss mit Rustika. Unten legt sich die Rustika über die toscanischen Säulen in dicht übereinander liegenden Ringen, darüber wird sie zu kantigen Klammern (wie bereits bei Palladios Palazzo Thiene in Vicenza), im dritten Geschoss schließlich – als eine Synthese der beiden Untergeschosse – zu ringförmigen Klammern. In typisch manieristischer Mehrdeutigkeit entsteht der Anschein, als ob mit den Rustikaquadern auch die Wand vor die Säule trete (Abb. S. 252).

Die erst im 17. Jh. ausgeführte **Hofgrotte** geht auf Ideen Ammannatis für die Uffizien zurück. Die kolossale Moses-Statue schufen Raffaello Curradi und Cosimo Salvestrini unter Verwendung eines antiken Torso. In Moses sieht man eine Anspielung auf Großherzog Ferdinando I. in seiner Eigenschaft als Volksführer und Wasserspender, indem er Aquädukte erbaute. Die allegorischen Figuren verkörpern die Herrschertugenden der »Gesetzgebung«, des »Eifers«, des »Großmuts« und der »Macht«. Auf eine Kuriosität sei noch hingewiesen: Am Ende der linken Loggia hat Ammannati einem Maulesel, der bei den Bauarbeiten eingesetzt war, ein Denkmal gesetzt.

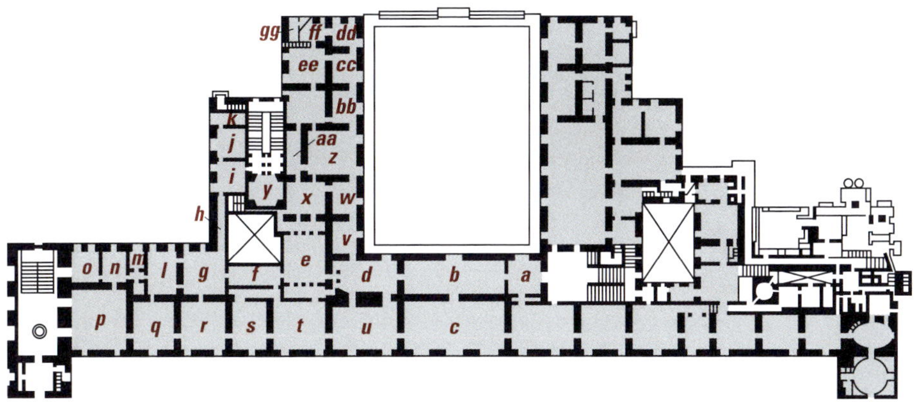

Palazzo Pitti, Galleria Palatina

- a Vorzimmer (Porträt, Anticamera degli Stafferi)
- b Galerie der Statuen
- c Nischensaal
- d Castagnoli-Saal
- e Musikzimmer
- f Poccetti-Galerie
- g Saal des Prometheus
- h Säulenkorridor
- i Saal der Gerechtigkeit
- j Saal der Flora
- k Saal der Putten
- l Saal des Odysseus
- m Badezimmer
- n Saal der Erziehung des Jupiter
- o Saal des Ofens
- p Saal der Ilias
- q Saal des Saturn
- r Saal des Jupiter
- s Saal des Mars
- t Saal des Apollo
- u Saal der Venus
- v Saal der Allegorien
- w Saal der Schönen Künste
- x Saal des Bogens
- y Reliquienkapelle
- z Saal des Herkules
- aa Saal der Miniaturen
- bb Saal der Aurora
- cc Saal der Berenike
- dd Saal der Psyche
- ee Saal der Fama
- ff Vestibül der Maria Luisa
- gg Badezimmer der Maria Luisa

Galleria Palatina

Im Palazzo Pitti und seinen Gartengebäuden sind neben der berühmten Galleria Palatina noch sieben weitere sehr sehenswerte Museen und Sammlungen untergebracht. Als private Kunstsammlung der toscanischen Großherzöge wurde die Palatina später als die Uffizien, erst im Jahr 1818, der Öffentlichkeit zugänglich gemacht. Wie viele fürstliche Galerien konzentriert sie sich auf die große Epoche der europäischen Malerei von der Hochrenaissance bis zum Barock. Höhepunkt bilden elf Gemälde Raffaels und zehn Tizians. An einigen großartigen Beispielen lässt sich die europäische Landschafts- und Porträtmalerei studieren. Doch nimmt die Hängung keinerlei Rücksicht auf Stil, Epochen, Schulzusammenhänge. Ausschlaggebend waren die dekorative Wirkung oder auch thematische Entsprechungen. So behielt diese Galerie noch weitgehend den Charakter einer fürstlichen Privatsammlung bei.

Wie einst die Besucher der Großherzöge gelangt man über Ammannatis große Treppe ins Obergeschoss. Im **Vorzimmer (a)** gibt ein Porträt des letzten Medici-Großherzogs, Gian Gastone, einen Eindruck von der Dekadenz der Familie. Man passiert die **Galerie der Statuen (b)**. In den klassizistischen **Nischensaal (c)** des späten 18. Jh. kommt man erst nach dem Rundgang durch die anderen Galerieräume.

Berühmt ist der Musentisch im **Castagnoli-Saal (d),** an dem von 1800 bis 1855 gearbeitet wurde. Figürlicher und pflanzlicher Schmuck aus Halbedelsteinen ist in eine Platte aus Lapislazuli eingelegt. Auf der Staffelei sieht man eine 1525 von Sodoma gemalte Bruderschaftsfahne des hl. Sebastian, die vom Einfluss Leonardos zeugt. Die rechts abgehenden **Säle 23 bis 30 (v–gg)** werden auch ›Quartiere del Volterrano‹ genannt (nach dem Barockmaler Volterrano, der diesen Palastflügel für Vittoria della Rovere freskierte). Bis 1915 gehörten sie zu den Privatgemächern der Königlichen Familien.

Durch das **Musikzimmer (e)** gelangt man in die **Poccetti-Galerie (f)**, benannt nach dem Maler, dem die Gewölbefresken früher zugeschrieben waren. Thema ist die Verherrlichung FerdinandosI. und des Hauses Medici. Rubens schuf die beiden Porträts des Herzogs und der Herzogin von Buckingham, von Domenci Feti stammen die »Weinlese«, »Der verlorene Groschen« und »Margarete von Cortona besiegt den Dämon«. Die vier Landschaften malte Gaspard Dughet, ein Schwager von Nicolas Poussin. Unter den 13 Tondi im **Saal des Prometheus (g)** befindet sich auch Filippo Lippis »Madonna mit Kind« von 1452. Die Szene der Geburt Mariä (im Hintergrund links) steht in Bezug zum ursprünglichen Sinn des Tondos. Man brachte den Wöchnerinnen auf runden Tabletts, sogenannten *tondi di parto,* Geschenke dar. Die künstlerische Herkunft Botticellis von Filippo Lippi zeigt dieses Bild besonders deutlich (zarter Frauentypus mit runder, hoher Stirn, durchscheinende, bauschige Gewänder, Betonung der Linie). Von Botticelli stammen das Profilbildnis einer Unbekannten (den Fenstern gegenüber, rechts) sowie die »Madonna mit Kind und Johannesknaben« (zwischen den Fenstern). Hervorzuheben ist Pontormos »Marter der Zehntausend«.

Der **Saal der Flora (j)** im rechten Seitenflügel bringt die »Geschichten Josephs« von Andrea del Sarto (1520–23), der **Saal der Putten (k)** die »Drei Grazien« von Peter Paul Rubens. Im **Saal des Odysseus (l)** hängt über dem Kamin Raffaels »Madonna dell'Impannata«, benannt nach der *impannata,* dem Stoff, mit dem das Fenster behangen ist. In diesem Bild aus der römischen Periode (um 1514) verbindet sich ein komplizierter Figurenaufbau mit tonigem Kolorismus. Eine starke Beteiligung der Werkstatt ist anzunehmen. Das **Badezimmer (m)** im Empire-Stil entstand 1813 für Elisa Baciocchi, Schwester Napoleons und Königin von Etrurien. Im **Saal der Erziehung des Jupiter (n)** hängt Caravaggios »Schlafender Amor« (1608). Ein Streiflicht fällt auf den nackt daliegenden Allerweltsknaben, den die Pfeile und die kaum sichtbaren Flügel als Amor ausweisen. »Judith mit dem Haupt des Holofernes« ist trotz des venezianischen Kolorismus ein Werk des Florentiners Cristofano Allori aus dem frühen 17. Jh. Der **Saal des Ofens (o)** wurde im 17. Jh. freskiert. Die Wandmalereien von Pietro Cortona zählen zu den berühmtesten der Barockzeit in Florenz. Sie thematisieren die »Die vier Zeitalter« – goldenes, silbernes, kupfernes und eisernes Zeitalter –, zugleich die Jahreszeiten und Lebensalter des Menschen.

Die Fresken im **Saal der Ilias (p)** malte Luigi Sabatelli 1819–28. Die Caritas-Skulptur schuf der Florentiner Bildhauer Lorenzo Bartolini (1824). Das »Bildnis einer Schwangeren« (Eingangswand) ist ein Werk aus Raffaels Florentiner Zeit (1504–08). Andrea del Sarto, ein Maler der Florentiner Hochrenaissance, ist in der Pitti-Galerie mit 18 Gemälden vertreten (hier mit seinem offiziellen Namen Andrea d'Agnolo bezeichnet). Zwei verschiedene Fassungen der »Himmelfahrt Mariens« von Andrea del Sarto laden zum Kompositionsvergleich ein. Das Gemälde an der Eingangswand ist das spätere Werk, das um 1527 entstanden ist. Das »Porträt Königin Elisabeths I. von England« (zwischen den Fenstern) hängt hier nicht aufgrund seiner künstlerischen Qualität. Es zählt vielmehr zur Gruppe der Fürstenbilder, auf die die Medici Wert legten, nachdem sie von Kaufleuten zu Großherzögen aufgestiegen waren. Das Bildnis des »Spanischen Königs Philipp IV. zu Pferd« (rechts vom Ausgang) stammt aus der Werkstatt des Velázquez und kam als Vorlage für ein Reiterstandbild nach Florenz, mit dem der König Pietro Tacca beauftragt hatte. Das Barockporträt des Prinzen Waldemar Christian von Dänemark schuf der Hofmaler der Medici, Justus Sustermans.

Die Dekorationen im **Saal des Saturn (q)** und der folgenden vier Säle sind frühe Beispiele barocker Raumausstattung. Die Fresken stammen von Pietro da Cortona (1641–47), der das Gesamtthema Apollo und die Planeten Venus, Mars, Jupiter, Saturn sowie deren

Ehepaar Agnolo und Maddalena Doni, Raffael, Saal des Saturn (s. S. 272), Galleria Palatina, Palazzo Pitti

Einfluss auf den Herrscher zur Darstellung brachte. Das Deckenfresko des Saturn-Saals führte Ciro Ferri 1662–65 nach Entwürfen Pietro da Cortonas aus. Die **Bildnisse des Ehepaars Agnolo und Maddalena Doni** (Hauptwand links, Abb. S. 271) entstanden nach der Ankunft **Raffaels** in Florenz (1504). Sie zeigen noch deutlich die Herkunft von Perugino (vgl. dessen »Beweinung Christi« an derselben Wand), was sich insbesondere am Landschaftshintergrund zeigt. Dass jedoch Kopf und Oberkörper in leichter Schrägstellung gezeigt werden, dass die übereinander gelegten Hände ins Bild einbezogen werden, erinnert an das berühmte Bildnis der »Mona Lisa«, das Leonardo wahrscheinlich kurz zuvor in Florenz begonnen hatte. Raffaels **»Madonna del Granduca«** um 1504 (Eingangswand) erwarb 1799 Großherzog Ferdinando III., der sich auch auf Reisen nicht von diesem Bild trennen wollte. Es scheint zuvor Carlo Dolci, dem Hofmaler der Medici, gehört zu haben. (Einige der süßlichen Bilder Dolcis sieht man an der Wand gegenüber.) An Perugino erinnert der Gesichtstyp der Muttergottes

»Madonna della Seggiola«, Raffael, Saal des Saturn, Galleria Palatina, Palazzo Pitti. In bewundernswerter Harmonie fügen sich die Figuren in die Tondoform ein. Die kompositionelle Harmonie – ein Dreieck im Kreis – entspricht der Mutter- und Kind-Intimität. Ein Vergleich mit der »Madonna del Granduca« zeigt, dass die Verbindung von Buntfarben und Tonmalerei über die Florentiner Möglichkeiten hinausführt. Sie ist wohl kaum ohne Leonardos Einfluss denkbar

(vgl. dessen »Maria Magdalena« an der Hauptwand). »Ganz schlicht in der Vertikallinie der stehenden Hauptfigur und in dem noch etwas befangen sitzenden Kinde lebt sie (Raffaels Madonna) wesentlich von der einen Neigung im Kopfe« (Heinrich Wölfflin). Der übermalte Hintergrund zeigte ursprünglich einen Landschaftsausschnitt, der dem der Doni-Porträts ähnelt.

Die **»Madonna del Baldacchino«,** um 1507–08 (Hauptwand links), zeigt Raffaels Auseinandersetzung mit Fra Bartolomeo auf dem Weg zur römischen Monumentalmalerei. Der 25-Jährige hinterließ das für Santo Spirito bestimmte Altarbild unvollendet. Der obere Abschluss mit kassettierter Decke ist barocke Zutat. Auch bei der Ausführung der Heiligengestalten wirkten andere Hände mit. Trotz seiner strengen Architektur ist das Bild von gelöster Wirkung.

An der Eingangswand hängt die **»Madonna della Seggiola«** (benannt nach dem Stuhl), aus Raffaels römischer Zeit um 1514/15. Römisch sind Kopfschmuck und Umhang der Madonna.

Raffaels **»Bildnis des Kardinals Fedra Inghirami«** (Ausgangswand links) zeigt den päpstlichen Sekretär und Leiter der Vatikanischen Bibliothek (um 1514–15). Anders als im Idealporträt der »Donna Velata« arbeitete Raffael hier die individuellen Züge heraus. Trotz genauer Beobachtung, die über den Augenfehler nicht hinwegsieht, schuf Raffael ein Gelehrtenporträt von geistiger Spannung und Konzentration.

Der **»Auferstandene Christus«** (Hauptwand) zeigt exemplarisch **Fra Bartolomeos** monumentalen Figurenstil, den er parallel zu Raffael, unter wechselseitigem Einfluss entwickelte. Statuenhaft, mit ausladender Gebärde steht der Auferstandene vor einer strengen Nischenarchitektur auf hohem Podest. Es ist dies das »neue feierliche Kultbild« (R. Hamann), das gleichsam als Plastik zur Verehrung und Anbetung in den Raum gestellt wurde. 1516 entstanden, zeugt es auch von Fra Bartolomeos Auseinandersetzung mit Michelangelos herkulischem Körperideal.

Der **Saal des Jupiter (r)** war früher Audienz- und Thronsaal des Großherzogs. Das Deckengemälde »Jupiter empfängt den von Herkules und Viktoria begleiteten Fürsten« ist jetzt kreisförmig angeordnet. Über dem Rahmen öffnet sich der Götterhimmel, ein Kompositionsprinzip, dem man in unzähligen Barockräumen wieder begegnen wird.

Raffaels »Donna Velata« von 1513–14 (links vom Ausgang) zählt zu den berühmtesten Bildnissen der Hochrenaissance. Dieses Idealporträt einer Römerin ähnelt der »La Fornarina«, für die eine Bäckerstochter aus Trastevere Raffael Modell gesessen haben soll. Die Ähnlichkeit mit der »Sixtinischen Madonna« in Dresden ist offensichtlich. Hier wie dort die ebenmäßige Kopfform, die großen, kultbildhaften Augen. Einen Kontrast zu den einfach regelmäßigen Formen des Gesichts, dem zusammenfassenden Kopftuch, der gelösten Haltung und dem ruhigen Ausdruck bildet die bewegte Faltenfülle von Bluse und Ärmel.

»Donna Velata«, Raffael, Saal des Jupiter, Galleria Palatina, Palazzo Pitti. Es scheint, als ob die unruhigen Linien in den Ovalformen des Dekolletés und der Halskette, des Kopfs und der Augen zur Ruhe kämen. Der Vergleich mit Raffaels Florentiner Porträts im Saal des Jupiter (s. S. 271) ist aufschlussreich. Raffael tat in Rom einen nicht zu erwartenden, kaum begreifbaren Entwicklungsschritt. Um zu dem großzügigen Duktus und zu diesem tonigen Kolorit zu gelangen, musste er seine umbrisch-florentinische Befangenheit und Strenge hinter sich lassen

Die **»Beweinung Christi«** (Eingangswand) ist ein Spätwerk **Fra Bartolomeos,** das er bei seinem Tod 1517 unvollendet hinterließ. Er konzentrierte sich so sehr auf die Figuren, dass das Bild lange Zeit mit übermaltem Landschaftshintergrund präsentiert werden konnte. Die Trauernden, die auf verschiedene Weise ihre Anteilnahme äußern, werden durch eine Dreiecksform zusammengefasst. In Fra Bartolomeos strengem, kraftvollem Figurenstil kann man eine Art Gegenreaktion zur Erzählfreude des späten Quattrocento sehen. Sein **»hl. Markus«,** um 1514–16 (Hauptwand), stammt aus dem Kloster San Marco, in das der Maler unter dem Einfluss der Bußpredigten Savonarolas eintrat. Der Körperaufbau zeugt von der Auseinandersetzung mit Michelangelos Propheten in der Sixtinischen Kapelle.

Der **»Jugendliche Johannes der Täufer«** von **Andrea del Sarto** (Ausgangswand) zählte im späten 19. und frühen 20. Jh. zu den am häufigsten abgebildeten Florentiner Kunstwerken. Die Großherzöge gaben ihm in der Tribuna der Uffizien einen Ehrenplatz. Seine Beliebtheit hat dieser kämpferische, herausfordernde, an den heldenhaften David erinnernde Johannesknabe erst in der Zeit nach dem Zweiten Weltkrieg eingebüßt. Das Bildnis **»Die drei Lebensalter«** (Ausgangswand) gilt als ein Werk **Giorgiones** oder seines Umkreises (um 1510). Wie häufig bei Giorgione ist der Bildsinn kaum zu entschlüsseln. Man beobachte, wie das Revers des jungen Mannes in der Mitte auf die Häupter der beiden anderen weist und sie so verbindet. Hingewiesen sei auch auf das Bild des **»hl. Hieronymus«** (Hauptwand rechts), das in der Betonung des Anatomischen Antonio Pollaiuolo nahesteht (um 1450–70).

Ein **Männerbildnis** (Hauptwand links) von **Justus Sustermans,** dem flämischen Porträtmaler am großherzoglichen Hof, stellt den Kommandanten einer florentinischen Galeere dar. Das bekannte Bildnis des Galilei darüber gilt als ein Werk aus Sustermans Werkstatt. Von **Bronzino,** dem Hofmaler unter Großherzog CosimoI., ist das **»Bildnis des Giudobaldo della Rovere«,** um 1532 (Eingangswand rechts). Im Gegensatz zu den Bronzino-Porträts der Tribuna zeigt der Kolorismus hier eine Nähe zu den Venezianern.

Die Deckenfresken im **Saal des Mars (s)** von Pietro da Cortona haben den Krieg zum Thema. Mars entzündet mit einem Blitz das Kriegsfeuer, Herkules erscheint mit den Wappenschildern, die ihm die Dioskuren überreicht haben. Dazu rechts eine Allegorie vom Sieg des Friedens und des Überflusses. Bezogen auf das Thema der Decke ist das große **Rubens-Gemälde »Die Folgen des Krieges«** (1637) das »ewige und unvergessliche Titelbild zum Dreißigjährigen Krieg« (Jacob Burckhardt).

Die sogenannten **»Vier Philosophen«** von **Peter Paul Rubens** (Eingangswand) entstanden um 1611. Dargestellt sind (von links) der Maler selbst, dessen 1611 verstorbener Bruder Philip, ihr Lehrer Justus Lipsius und Johann van der Wouwer. Die Büste in der Nische stellt den von Lipsius und seinen Schülern verehrten Seneca dar. An der Wand gegenüber entdeckt der Besucher **Van Dycks »Bildnis des Kardinals Guido Bentivoglio«** (um 1623), der als päpstlicher Botschafter in Flandern und Frankreich tätig war. Einzigartig, wie der sensible Van Dyck das Erregt-Geistige des Kopfes und der Hände mit den zarten Spitzen und dem bewegten Pinselduktus des Kardinalsgewandes in Einklang zu bringen verstand. Rechts daneben befindet sich eines der stärksten Tintoretto-Porträts, das des »Luigi Cornaro«. An der Hauptwand **Tizians »Bildnis des Kardinals Ippolito de' Medici«,** des illegitimen Sohns von Giuliano, Herzog von Nemours. Ippolito war 1533 an der Verteidigung Wiens gegen die Türken beteiligt, daher die ungarische Tracht.

Das Deckenfresko im **Saal des Apollo (t),** ebenfalls von Pietro da Cortona, zeigt den jungen Fürsten in Gegenwart von Apollo, dem Gott der Künste und Wissenschaften. Die Musen erscheinen in den Gewölbezwickeln. Ein weiteres Porträt **Tizians,** das des sogenannten **»Engländers«** (um 1530–40) hängt an der Eingangswand. Die Kette betont die Vertikale und somit die Körperachsen und bildet gleichzeitig eine Parallele zur Schulter- und Armdiagonale. Wie bei anderen Tizian-Bildnissen beobachtet man, dass der Dargestellte vom Hintergrund nicht isoliert, sondern ihm vielmehr durch die Tonigkeit des Kolorits verbunden ist. Tizian verzichtet nicht auf ein Studium individueller Züge, registriert jedoch nicht alle Details, wie etwa Dürer oder Holbein. Stets wahrt er eine gewisse Distanz und entrückt die Dargestellten ins Zeitlose. Das Doppelbildnis König Karls I. von England und seiner Gemahlin Marie Henriette von Frankreich (Wand gegenüber) ist von Van Dyck. Nach der Betrachtung der Tizian-Porträts fällt auf, wie im 17. Jh. das Offizielle, das Repräsen-

◁ »Die Folgen des Krieges«, Peter Paul Rubens, Saal des Mars, Galleria Palatina, Palazzo Pitti. Rubens hat das Gemälde selbst erläutert: Mars hat den Tempel des Janus geöffnet, Venus versucht, ihn zurückzuhalten, die Furie Alekto zieht ihn vorwärts. »Auf dem Boden liegt ein Weib mit zerbrochener Laute, welche die mit dem Kriege unvereinbare Harmonie bezeichnet, ebenso auch eine Mutter mit ihrem Kind im Arm, welche zeigt, dass Fruchtbarkeit und elterliche Liebe durch den alles zerstörenden Krieg verkehrt werden.« Rubens erwähnt den am Boden liegenden Baumeister mit seinen Instrumenten, das Buch, die Zeichnung, die Mars mit Füßen tritt, das geöffnete Bündel von Pfeilen, deren Band der Eintracht aufgelöst ist, ebenso auch den Schlangenstab und den Olivenzweig als Friedenssymbole. Die »schmerz-dunkle Frau aber, schwarzgekleidet und mit zerrissenem Schleier und all ihrer Edelsteine und ihres Schmuckes beraubt, ist das unglückliche Europa, welches schon so viele Jahre lang Raub, Schmach und Elend erduldete.«

tativ-Effektvolle in den Vordergrund tritt. Ungeachtet dessen besaß Van Dyck eine besondere Sensibilität für die charakteristischen Züge einer Person.

Die **»hl. Maria Magdalena«** (rechts vom Eingang) malte **Tizian** um 1531 für den Herzog von Urbino. Als ein Gegentypus zu Donatellos gealterter, verhärmter Magdalena erscheint die reuige Sünderin hier in voller Körper- und Sinnlichkeit. Maler der Barockzeit haben das Bild der hingebungsvollen Büßerin aufgegriffen. Nach dieser wahrscheinlich originalen Fassung entstanden mehrere Werkstattwiederholungen. Die **»Thronende Madonna mit Heiligen«** von **Rosso Fiorentino** (Hauptwand), um 1522, stammt aus der nahen Kirche Santo Spirito. Aus dekorativen Gründen wurde die Tafel im 17. Jh. vergrößert. Im Vergleich zu Raffaels »Baldachin-Madonna« (Saal des Saturn) stehen die Figuren gedrängt. Typisch für Rosso Fiorentino und eine Phase des Florentiner Manierismus sind die aufgehellten, wie ausgewaschen erscheinenden Farben.

Der **Saal der Venus (u)** ist der letzte der Galleria Palatina. Das Deckenfresko zeigt einen jungen Fürsten, den Athene den Armen der Venus entreißt, um ihn Herkules anzuvertrauen (1641–42). In diesem Saal fand auch Canovas »Italische Venus« ihren Platz. **»Das Konzert«** (an der Ausgangswand) ist wahrscheinlich eine Gemeinschaftsarbeit **Giorgiones** (an den das sensible Gesicht des jungen Manns links denken lässt) und **Tizians,** das um 1510 entstand. Das links anschließende »Bildnis von Papst Julius II.« kopierte Tizian vermutlich von einem Gemälde Raffaels, und zwar nach der Replik in den Uffizien (um 1512).

An der Wand gegenüber hängen zwei der berühmtesten Porträts Tizians. **»La Bella«** entstand 1536 für den Herzog von Urbino. Die Gesichtszüge ähneln der »Venus von Urbino« in den Uffizien. Der Kopf, genau in der Körperachse, scheint über dem Körper zu schweben. Wiederum betont die Halskette die Vertikale und bereitet zugleich auf die Schrägen des Gewandsaums und der Arme vor. Nicht das Gesicht bildet die hellste Stelle im Bild, sondern das Dekolleté und die Spitzenumrahmung. Die Dargestellte wendet sich dem Betrachter zu, doch mit einer gewissen Distanziertheit.

Das **»Bildnis des Pietro Aretino«** an derselben Wand entstand später, wohl 1549. Vermutlich handelt es sich um das Bildnis, das der Dargestellte Großherzog CosimoI. schenkte und in einem Brief als ein »ungeheuerliches Wunder« *(terribile meraviglia)* bezeichnete. Die Malweise ist großzügiger. Kräftige Diagonalen und der zielgerichtete Blick kennzeichnen den berühmten Literaten als eine starke, weltzugewandte Persönlichkeit. Man bewundert die Glanz suggerierenden Lichter auf dem Revers. Solch freie Art, Pinselstriche zu setzen, war den Florentinern unbekannt. Ein Maler des späten 19. Jh., Lenbach, hat dieses Porträt genau studiert, um dann mit ähnlichen Mitteln den Großen seiner Zeit Würde und Bedeutsamkeit verleihen zu können. Von **Peter Paul Rubens** stammen die beiden großen Landschaftsbilder auf Holz an der Hauptwand, die **»Heimkehr von der Ernte«** und

»Das Konzert«, Giorgione/Tizian, Saal der Venus, Galleria Palatina, Palazzo Pitti. Das konzentrierte Hören scheint in den weit geöffneten Augen der mittleren Person zum Ausdruck zu kommen. Drei Blickrichtungen durchkreuzen sich, ein Kunstmittel, das Raffael bei seinem Gruppenporträt mit Leo X. (in den Uffizien) aufgriff

»Odysseus auf der Insel der Phäaken« (Spätwerke, um 1636–40). Die beiden Seestücke malte Salvatore Rosa zwischen 1640 und 1649. Die Lichteffekte sind mit denen bei Claude Lorrain vergleichbar. Es scheint, dass beide Maler sich gegenseitig beeinflusst haben.

Die im Rundgang sich anschließenden **Königlichen Gemächer** *(Appartamenti Reali)* waren zunächst Wohnräume der toscanischen Großherzöge, später der italienischen Königsfamilie. In den Jahren, als Florenz Hauptstadt Italiens war (1865–71), residierte hier offiziell König Vittorio Emanuele II. Florentinische Barockmöbel, französische Gobelins (Jagdserie Ludwigs XV. nach Entwürfen von Audry) und Barockporträts des Hofmalers Justus Sustermans findet man in den meisten zur Piazza gelegenen Räumen, deren Dekoration und Ausstattung nach 1815 erfolgte.

Galleria d'Arte Moderna

Tel. 055 238 86 01-616
tgl. außer Mo 8.15–18.50 Uhr

Museo degli Argenti

Tel. 055 238 87 09-761
Jan., Febr., Nov., Dez. 8.15–16.30, März und Okt. 8.15–17.30, April–Mai 8.15–18.30, Juni–Aug. 8.15–18.50 Uhr; 1. und letzter Mo im Monat geschl.

Galleria d'Arte Moderna und Museo degli Argenti

Die bei der Einigung Italiens 1860 gegründete **Galleria d'Arte Moderna** (im obersten Geschoss des Palazzo Pitti) konzentriert sich – anders als ihr Name erwarten ließe – auf die Malerei des 19. und frühen 20. Jh. Das größte Interesse dürften die *Macchiaioli* (wörtlich ›Fleckenmaler‹) beanspruchen, eine Gruppe von Malern um Giovanni Fattori (Giuseppe de' Nittis, Telemaco Signorini, Giovanni Boldini, Raffaello Sernesi), die sich zum Malen in die Küstenlandschaft der toscanischen Maremma zurückzogen.

Das **Museo degli Argenti** (im linken Seitentrakt) präsentiert Gold- und Silberschmiedearbeiten, Elfenbeinschnitzereien, *pietra-dura*-Arbeiten, Gemmen und Kameen, Uhren, Waffen, Stoffe, Porzellan und Möbel aus dem Besitz der frühen Medici-Großherzöge. Berühmt sind die antiken Gefäße (Raum links vom ersten großen Saal) aus Halbedelsteinen, zum Teil mit vergoldeten Silbereinfassungen, die früher Lorenzo il Magnifico gehörten. Sie tragen das Monogramm »LAUR.MED«. Sehenswert ist auch die barocke Freskenausstattung. Die Wandgemälde von Giovanni da San Giovanni und seiner Werkstatt im ersten großen Saal zeigen die Hochzeit FerdinandosII. mit Vittoria della Rovere (1634). Thema der Wandbilder ist die Verherrlichung Lorenzo il Magnificos.

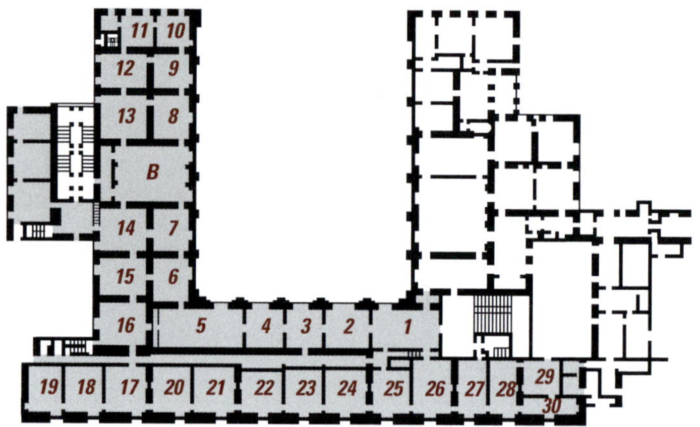

Palazzo Pitti, Galleria d'Arte Moderna

1 Aspekte des Neoklassizismus in der Toscana
2 Vorherrschaft der französischen Kunst zwischen Revolution und Kaiserreich in der Toscana
3 Toscanische Fürstenhäuser vor der Einigung Italiens
4 Die Demidoff in Florenz und die Kunst der Restauration
5 Romantische Historienmalerei
6 Erforschung der Wirklichkeit zwischen Florenz und Neapel
7 Antonio Ciseri und das Repräsentationsbildnis
B Ballsaal
8 Porträts aus der Epoche ›Florenz als Hauptstadt‹
9 Landschaftsmalerei in der Mitte des 19. Jh.
10 Sammlung Christiano Banti
11 Sammlung Diego Martelli
12 Genremalerei in der Zeit zwischen Großherzogtum und der Einigung Italiens
13 Demokratisch getönter Patriotismus
14 Historienmalerei in den Ausstellungen
15 Stefano Usi und das Klima der Weltausstellungen
16 Triumphierender Risorgimento und die Wiedergeburt der Kunsthandwerke
17 Porträts der Zeit König Umbertos I.
18 Macchiaioli und andere Schulen aus städtischem Besitz
19 Macchiaioli und andere Schulen der Sammlung Ambron
20 Ländliche Themen
21 Naturalistische Malerei
22 Italienische Malschulen außerhalb der Toscana
23 Das Vorbild der mitteleuropäischen Kultur
24 Divisionismus, Symbolismus und soziale Thematik
25/26 Macchiaoli und andere Richtungen aus Privatsammlungen
27 Bildende Kunst im Umkreis der Zeitschriften ›Marzocco‹ und ›Leonardo‹
28 Europäische Einflüsse 1910–20
29 Vermächtnis Mai Sewell Costetti
30 Erwerbungen anlässlich der Ausstellung ›Primaverile Fiorentina‹

Giardino di Boboli

Giardino di Boboli ★

Mit seinen Laubengängen und Bosketten, seinen Terrassen und Zypressenalleen, mit den Treppen, Brunnen und dem Amphitheater ist der **Boboli-Garten (4)** einer der schönsten Gärten *all'italiana*. Man genießt herrliche Ausblicke auf die Stadt, vom **Kavaliersgarten** aus auch auf die nahen Hügel. Gleich nach Ankauf des Pitti-Palasts 1549 erwarb die großherzogliche Familie das angrenzende Gelände, und zwar unter anderem von der Familie Boboli. Erste Pläne für die Gestaltung des großen Gartens entwarf der Bildhauer Tribolo, der jedoch bereits im Herbst 1550 verstarb. Wir wissen nicht, ob sein Nachfolger Ammannati die Pläne aufgriff oder eigene Vorstellungen durchsetzte. Der Garten des 16. Jh. war weniger ausgedehnt; es fehlte der südliche Teil, der sich bis zur Porta Romana erstreckt.

Giardino di Boboli
Jan., Febr., Nov., Dez. 8.15–16.30, März und Okt. 8.15–17.30, April–Mai 8.15–18.30, Juni–Aug. 8.15–18.50 Uhr; am 1. und letzten Mo im Monat geschl. (Zugang nur mit Eintrittskarte durch den Hof des Palazzo Pitti, kein Durchgang zum Forte di Belvedere!)

Den sogenannten **Bacchusbrunnen (a)** schuf nach 1560 Valerio Ciol. Der auf einer Schildkröte Reitende war Hofzwerg Cosimos I. Man gab ihm scherzhafterweise den Namen Morgante – nach einem Riesen aus der Dichtung Luigi Pulcis.

Die **Grotta del Buontalenti (b)** wird nach dem Architekten benannt, der sie 1583–85 für Großherzog Francesco de' Medici erbaute. Nur der untere Teil der Fassade geht auf einen Entwurf Vasaris von 1556 zurück. Die Fassadenfiguren »Apollo« und »Ceres« von Baccio Bandinelli waren ursprünglich für einen Altar gedacht. Das Zeichen des Steinbocks war die von Kaiser Augustus übernommene *impresa* Cosimos I. Im Inneren des Baus entpuppen sich die Stalaktiten, die man sich von Wasser umspielt vorstellen muss, bei genauerem Hinsehen als Figuren von Hirten und Schafen. Dieselbe manieristische Doppeldeutigkeit suchte auch Archimboldo in seinen Früchtebildnissen. Die in die Ecken gesetzten Sklaven Michelangelos, in ihrem unvollendeten Zustand noch nicht ganz Form gewordene Materie, verbinden sich mit dem ›natürlichen‹ Gestein der Fel-

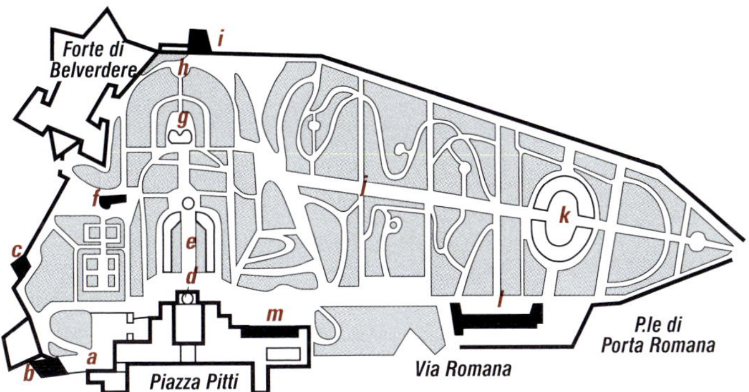

Giardino di Boboli
- a Bacchusbrunnen
- b Grotta del Buontalenti
- c Grotticina di Madama (Ziegengrotte)
- d Artischockenbrunnen
- e Amphitheater
- f Kaffeehaus
- g Neptunbrunnen
- h Kolossalstatue des »Überflusses«
- i Garten des Kavaliers/Museo delle Porcellane
- j Viottolone
- k Isolotto/Fontana dell'Oceano
- l Limonaia
- m Meridiana

Neptunbrunnen, Boboli-Garten

senhöhle und scheinen diese zu tragen. (Seit 1909 sind sie durch Gipsabgüsse ersetzt, Originale in der Accademia, s. S. 212.) Ein Eindruck des Irrealen stellt sich ein, der ursprünglich noch stärker gewesen sein muss, als im Gewölbe eine vom Tageslicht erhellte Kristallschale eingelassen war, in der über den Köpfen der erstaunten Besucher Fische schwammen. Die Fresken mit bukolischen Themen schuf Poccetti (1586–87).

In der zweiten Höhle, dem **Nymphäum,** erkennt man die Marmorgruppe »Paris und Helena« von Vincenzo de' Rossi (1560). In der dritten Grotte versteckt sich – kaum sichtbar – Giambolognas »Venus, dem Bad entsteigend«, die 1575 entstand.

Die **Ziegengrotte (c)** im sogenannten Madama-Garten ist ebenfalls eine Schöpfung Buontalentis. Baccio Bandinelli und Giovanni Fancelli schufen die Figuren der Ziegen. Den **Artischockenbrunnen (d)** fertigten Francesco Susini und Francesco del Tadda (1639–41). Das an einen römischen Zirkus erinnernde **Amphitheater (e)** war in großherzoglicher Zeit Schauplatz rauschender Feste. Errichtet wurde es ab 1618 von Giulio und Alfonso Parigi, um 1700 umgebaut. Das riesige Granitbecken stammt aus den Caracalla-Thermen in Rom. Den Obelisken (1500 v. Chr.) hatten die Römer aus Luxor geholt. Das **Kaffeehaus (f)** wird auch im Italienischen sogenannt, da es für den habsburgisch-lothringischen Großherzog Peter Leopold, den späteren Kaiser Leopold II., 1776 erbaut wurde. Die originelle Architektur entwarf Zanobi del Rosso. Die Bronzestatue des Neptun am **Neptunbrunnen (g)** schuf Stoldo Lorenzi (1565–68). Die **Kolossalstatue des »Überflusses« (h)** wurde von Giambologna als ein Porträt der Großherzogin Johanna von Österreich für die Piazza San Marco begonnen. Als die Statue später zerbrach, vollendete sie Pietro Tacca 1636–37.

Der **Garten des Kavaliers (i)** wurde auf einer Terrasse über den von Michelangelo angelegten Befestigungsanlagen von 1529 angelegt. Hier züchteten die Großherzöge Seidenraupen und ließen zum ersten Mal in Italien Kartoffeln anpflanzen. Das Casino del Cavaliere ließ Cosimo III. zu Anfang des 18. Jh. für seinen Sohn Gian Gastone als Studio, als *casino segreto,* errichten. Seit 1973 beherbergt er das **Porzellanmuseum.**

Museo delle Porcellane

Tel. 055 238 87 09, 055 238 87 61 argenti@polo museale.firenze.it Nov.–Febr. 8.15–16.15, März und Okt. 8.15–17.15, April, Mai, Sept., Okt. 8.15–18.15, Juli/Aug. 8.15–18.30 Uhr; 1. und letzter Mo im Monat, 1. Mai sowie 25. und 31. Dez. geschl.

Eine Zypressenallee, **Viottolone (j)** genannt, führt steil hinab zu einer ovalförmigen Anlage, dem sogenannten **Isolotto (k),** das man seit 1618 nach Plänen von Alfonso Parigi ausführte. Auf der Insel des Sees steht der »Ozeanbrunnen« von Giambologna (1576). Zu Füßen des Oceanus (Kopie, Original im Bargello) sind die Allegorien der Flüsse Nil, Ganges und Euphrat (als Symbole von Jugend, Reife und Alter deutbar), im Wasser die Figuren »Perseus und Andromeda« von Ammannati zu sehen. Der klassizistische Bau der **Meridiana (m),** den Gasparre Maria Paoletti und Pascale Poccianti 1776–1832 errichteten, hat seinen Namen von einem Meridian im Fußboden des Atriums. Seit 1983 ist hier das Museum der Kostüme untergebracht.

Entlang der Via Romana und Via Maggio

San Felice in Piazza (5)

Die erstmals 1066 erwähnte Kirche ist dem hl. Felix geweiht, dem ersten Florentiner Bischof. Sie diente verschiedenen Ordensgemeinschaften als Klosterkirche, zuletzt den Dominikanerinnen. Als einzige der Florentiner Kirchen erhielt sie ihre Fassade zurzeit der Frührenaissance (1457). Stilistisch ist sie Brunelleschi und Donatello (Verkündigungstabernakel in Santa Croce) verpflichtet, ohne jedoch Brunelleschis Leichtigkeit und Sicherheit in der Proportionierung zu erreichen. Bei einer Restaurierung 1897 wurde der ungewöhnlich tiefe Innenraum vom Barock-dekor befreit. Der heutige Zustand entspricht im wesentlichen dem des 14. Jh. Die Nonnenempore zog man nach 1557 für die Dominikanerinnen ein.

Wichtigster Kunstbesitz ist das gemalte Kruzifix aus der Nachfolge Giottos in der Hauptchorkapelle. Am ersten Altar rechts sieht man ein Freskenfragment aus der Zeit um 1400, das Niccolò di Pietro Gerini zugeschrieben wird. Am fünften Altar rechts eine »Madonna mit Heiligen« von Ridolfo Ghirlandaio, um 1520. Am folgenden Altar ein Fresko mit der Gürtelspende Mariens an den hl. Thomas (um 1400). In die linke Chorkapelle wurde der Hochaltar versetzt. Das Altargehäuse des 19. Jh. vereinigt Gemälde aus verschiedenen Epochen, u.a. die »Madonna dell'Umilità«, ein Werk des Weichen Stils (um 1420). Giovanni da San Giovanni malte das Fresko am siebten Altar links. Es zeigt, wie der hl. Felix den hl. Maximus von Nola erquickt. Volterrano fügte den Engel hinzu, der die Tauben bringt. Das Triptychon am ersten Altar stammt aus der Werkstatt Filippino Lippis, um 1480.

Die **Via Maggio** (die frühere Via Maggiore) ist die prachtvollste Straße des Oltrarno. Das schönste Beispiel eines aufwendig dekorierten Palasts des späten 16. Jh. ist der **Palazzo di Bianca Cappello** (**6,** Nr. 26), den Buontalenti 1570–74 für die Geliebte und spätere Gemahlin des Großherzogs Francesco I. de' Medici erbaute. Das Familienwappen der Cappello findet sich auf dem Schlussstein des Portalbogens. Die Grotesken in Graffititechnik nach Entwürfen von Poccetti, 1579–80, sind wie üblich stark restauriert. Der um 1520–32 im Stil Baccio d'Agnolos erbaute **Palazzo Ricasoli** (**7,** Haus-Nr. 7) wird seit mehr als zwei Jahrhunderten von verschiedenen Zweigen der Familien Firidolfi und Ricasoli bewohnt. An der Piazza Frescobaldi, direkt am Arnoufer steht der aufwendig und mit extravaganten Formen gestaltete **Palazzo di Padri delle Missioni (8),** der um 1630–40 für die religiöse Gesellschaft der Scopetini auf einem Grundstück der Frescobaldi erbaut wurde. Rechts schließt sich der Familienpalast der Frescobaldi aus dem 13. Jh. (1921 restauriert) an. An der spitzen Hauskante Borgo San Jacopo/Via dello Sprone steht ein kleiner Brunnen von Buontalenti, die **Fontana dello Sprone (9)** aus der zweiten Hälfte des 16. Jh.

La Specola

Das Museum der Naturwissenschaften im Palazzo Torrigiani wurde im Sinne der Aufklärung 1775 als erstes Museum seiner Art für das Publikum geöffnet. Der Name ›Specola‹ bezieht sich auf das astronomischen Observatorium auf dem Dach des Palastes. 2009 sind die zoologische Sammlung und die spektakulär-berühmte, auf manchen schauderhaft wirkende Sammlung anatomischer Wachsmodelle, die großenteils im 18., vereinzelt bis ins späte 19. Jh. entstanden, wieder der Öffentlichkeit zugänglich gemacht worden.

Museo Zoologico ›La Specola‹

Via Romana 17
tgl. außer Mo
10.30–17.30 Uhr;
15. Aug. geschl.

San Felice in Piazza

Piazza di San Felice
Tel. 055 22 17 06

An der Piazza Santo Spirito/Ecke Via Mazzetta ließ der Seidenhändler Rinieri Dei - nach 1503 den stattlichen Palazzo Dei-Guadagni (12) errichten, der zum Prototyp der Florentiner Paläste der ersten Hälfte des 16. Jh. werden sollte. Zu den vielfach und oft wörtlich wiederholten Merkmalen zählen die Verbindung von Haustein und Verputz, die originellen Fenster- und Portalrahmen (diese verbinden Formen des Trecento und Quattro- cento), die offene Loggia im Obergeschoss, Graffiti-Dekorationen (nicht erhalten) und der Verzicht auf ein antikisierendes Kranzgesims. Architekt war wahrscheinlich Cronaca

Die auf das 12. Jh. zurückreichende romanische Kirche **San Jacopo Soprarno (10)** wurde mehrfach umgebaut, zuletzt im 18. Jh., und dient heute als Veranstaltungsraum. Bei einer Restaurierung nach der Flut von 1966 konnten romanische Konstruktionselemente freigelegt werden. Nicht mehr erhalten ist die Ridolfi-Kapelle, deren Kuppel Brunelleschi in Erprobung der Domkuppel ohne Gerüst errichtet hatte. Die Vorhalle ist das einzige erhaltene Florentiner Beispiel der Protorenaissance (um 1100). Ursprünglich gehörte sie zur Kirche San Donato a Scopeto. Nachdem dieser Vorgängerbau 1529 aus strategischen Gründen abgerissen werden musste, bauten die Augustiner von San Donato die Vorhalle 1580 hier wieder auf. Einige der Säulen sind antik. Den Glockenturm errichtete Gherardo Silvani im 17. Jh.

Santo Spirito

Santo Spirito ★

Santo Spirito
Piazza Santo Spirito
Tel. 055 21 00 30
Do–Di 10–12.30, 16–17.30 Uhr, So/ Fei nur nachmittags

Santo Spirito (11) zählt zu den Klosterneugründungen des 13. Jh. Nachdem sich die Franziskaner im Westen und die Dominikaner im Osten niedergelassen hatten, folgten um 1250 im Norden die Serviten (Santissima Annunziata) und im Süden (dem Oltrarno) die Augustinereremiten mit Santo Spirito. Diese planten seit 1397 einen repräsentativen Neubau ihrer Kirche, der den alten Bau des 13. Jh. ersetzen sollte. Zur Finanzierung trugen wohlhabende Familien des Pfarrbezirks bei, aber auch die Patres selbst, indem sie jahrzehntelang täglich auf eine Mahlzeit verzichteten. Die Kommune übertrug die Einkünfte aus der Salzsteuer (die zuvor Santa Croce zugute gekommen war) auf Santo Spirito. Für die Planung wurde der prominenteste Architekt der Zeit, Filippo Brunelleschi, verpflichtet. Dieser entwarf einen außergewöhnlich aufwendigen Bau mit 47 monolithen Säulen, 63 Halbsäulen und 40 Kapellen. Um 1445 begann man mit dem Hochziehen der Außenwände, doch erst wenige Tage vor Brunelleschis Tod, am 15. April 1446, wurden die ersten Säulen angeliefert. Brunelleschis Mitarbeiter Antonio Manetti und Giovanni da Gaiole führten den Bau dann weiter. Die Fassade blieb unvollendet. Baccio d'Agnolo lieferte die Pläne für den Campanile (1503–17), der jedoch erst 1571 fertiggestellt wurde. Die Voluten und der Giebel sind barocke Zutat (1758).

Innenraum

Auf den ersten Blick wirkt der Innenraum wie eine Wiederholung von San Lorenzo. Hier wie dort eine dreischiffige Säulenbasilika mit Querarmen. Doch beim Betrachten des Grundrisses, beim Durchschreiten des Raums werden die Unterschiede deutlich. Sie betreffen weniger architektonische Einzelheiten als eine neue, in die Zukunft weisende Raumkonzeption. Anders als in San Lorenzo war Brunelleschi hier nicht an bereits bestehende Bautrakte gebunden. So konnte er einen

Santo Spirito

großen Baugedanken verwirklichen: die Verbindung der beiden traditionsreichen Kirchentypen, der Basilika und des Zentralraums.

Mitte der Kirche und Ausgangspunkt des Grundrissplans ist die von einer Kuppel überwölbte **Vierung.** Hier treffen sich drei gleiche Kreuzarme und das Langhaus (als ein verlängerter Kreuzarm). Das Vierungsquadrat (eine Seite misst 22 Florentiner Ellen) ist Maßeinheit für den gesamten Bau. Ähnlich wie beim ›gebundenen System‹ der Romanik wiederholt sich dieses Maß im Chor und in den Querarmen. Das Mittelschiff setzt sich aus viereinhalb solcher Quadrate zusammen, und auch die Seitenschiffsjoche lassen sich von diesem Quadrat ableiten: Eine Seite misst elf Ellen, also die Hälfte des Grundmaßes. Diese elf Ellen sind gleichzeitig das Maß des Arkadendurchmessers und der Kapellentiefe. Das Mittelschiff ist mit 44 Florentiner Ellen doppelt so hoch wie breit, wobei die Arkadenzone und der Obergaden von gleicher Höhe sind: Mit 22 Ellen entsprechen sie wiederum der Länge des Vierungsquadrats. In San Lorenzo sind solche Entsprechungen nur in Ansätzen verwirklicht. Der Obergaden ist dort niedriger als die Arkadenzone. Die Seitenschiffsjoche waren im Verhältnis zum Mittelschiff breiter. Das heißt aber auch: hier, in Santo Spirito, stehen die Säulen dichter, da die Joche quadratisch sind. Sie haben zudem eine gesetztere Proportion und wirken kraftvoller.

Im Unterschied zu San Lorenzo (auch zu den Vorhallen des Findelhauses und der Pazzi-Kapelle) werden die Gewölbe der Seitenschiffe (die Hängekuppeln) nicht mehr auf der einen Seite von Säulen und auf der anderen von Pilastern aufgefangen, sondern ausschließlich von gleich hohen Säulen und Halbsäulen. Sie ›hinken‹ nicht mehr, da die Halbsäulen jetzt nicht auf, sondern zwischen den Kapellenstufen stehen. Diese Veränderungen sind in zweifacher Hin-

Michelangelos Kruzifix

Im Dezember 2000 kam ein Holzkruzifx zurück nach Santo Spirito, das 20 Jahre lang in der Casa Buonarotti aufbewahrt wurde und jetzt in der Cappella Barbadori gezeigt wird. Es wurde 1963 als jenes Kruzifix identifiziert, das – laut Vasari – der neunzehnjährige Michelangelo für Santo Spirito schuf. Die Identifizierung blieb nicht unangefochten, doch kommt bei diesem qualitätvollen Werk, das eine zarte Modellierung mit plastischer Belebung verbindet, wohl kaum ein anderer Künstler in Frage.

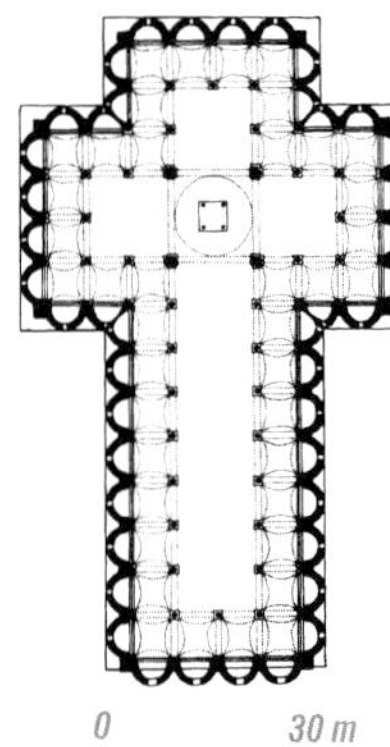

Santo Spirito, Grundriss. Wie dieser von Sangallo überlieferte Plan veranschaulicht, wollte Brunelleschi ursprünglich die Seitenschiffe und die Kapellennischen um alle vier Kreuzarme führen, und zwar auch an der Fassadenseite. Für diese unkonventionelle Lösung setzte sich Giuliano da Sangallo bei Lorenzo de' Medici ein. Sie wurde deshalb nicht realisiert, weil sie zwei oder vier Fassadenportale statt der üblichen drei zur Folge gehabt hätte. Eine nach diesem Plan ausgeführte Kirche wäre nach den Worten Vasaris der »bisher vollendetste Tempel der Christenheit« geworden

sicht bedeutsam. Erstens sieht man jetzt im Seitenschiff eine sich verjüngende Folge von Säulen und Bögen – eine perspektivische Wirkung stellt sich ein, wie wir sie von der gleichzeitigen Malerei der Frührenaissance kennen (an deren Entwicklung Brunelleschi entscheidenden Anteil hatte). Zweitens stehen die Halbsäulen in ihrer zylindrischen Form im Bezug zu den zylinderförmigen Hohlräumen der Kapellen. Da sie und die Seitenschiffe jetzt auch gleich hoch abschließen, wirken die Kapellen weniger als selbstständige Raumteile, sondern eher als Ausdehnung der Wand. Die Wand tritt somit anschaulich hervor und zurück. Sie lässt sich nicht mehr als eine statische Fläche verstehen, sondern wirkt bewegt und körperhaft zugleich. Im Gegensatz dazu sind das flach gedeckte Hauptschiff und die drei Kreuzarme oberhalb der Säulen stereometrisch-kastenförmig konzipiert. Die Bögen und Zwischenkapitelle sind in Santo Spirito nicht mehr so reich verziert, wie man es noch aus San Lorenzo kennt. Ornamentik und dekorierte Skulptur entsprechen der leichteren Gestalt von San Lorenzo, nicht aber dem Körperhaft-Athletischen von Santo Spirito.

Das Besondere von Santo Spirito lässt sich darin zusammenfassen, dass es sich hier um eine einheitliche, nicht mehr additive **Raumvorstellung** handelt. Die einzelnen Elemente und Raumabschnitte sind aufeinander bezogen, sind Teile eines Ganzen. Brunelleschi gestaltete den Raum aus idealen geometrischen Körpern, er entdeckte die Säule als ein Gleichnis des menschlichen Körpers und die Perspektive als ein Mittel, den Raum zu ordnen. Darüber hinaus blieb er nicht beim Einzelmonument stehen. Stets hatte er das gesamte Umfeld vor Augen und ließ dabei selbst natürliche Gegebenheiten wie die umgebenden Hügel und den Arnofluss nicht außer acht. Sprechendes Beispiel für dieses Denken in großen Bezügen ist Santo Spirito: Nach Brunelleschis Vorstellungen sollte die Kirche zum Arno hin ausgerichtet, der Vorplatz zum Fluss hin geöffnet werden. Doch dieser Plan konnte nicht realisiert werden – er scheiterte am Einspruch von Grundstückseigentümern.

Ausstattung

Die Ausstattung war für den Raumeindruck nicht nur von Gewinn. Störend wirkt das Tabernakel in der Vierung. Einige der später hinzugefügten Altäre reichen in die Fensterzone und beeinträchtigen die Lichtführung. Die gemalte Kassettendecke stammt aus dem 18. Jh. Die meisten Altäre von Santo Spirito sind von guter, wenn auch nicht überragender Qualität. Eine Auswahl im Folgenden:

Dem **Rundfenster (a)** der Innenfassade mit dem Pfingstwunder liegt ein Entwurf Peruginos zugrunde (um 1500). Das Altarbild der **»Vertreibung der Händler aus dem Tempel« (c)** malte 1572 der Niederländer Giovanni Stradano (Jan van der Straet). Der kostbare **Baldachinaltar (d)** unter der Vierung ist ein Werk von Giovanni Caccini unter Mitarbeit von Gherardo Silvani (1599–1609). Reichlich wurden

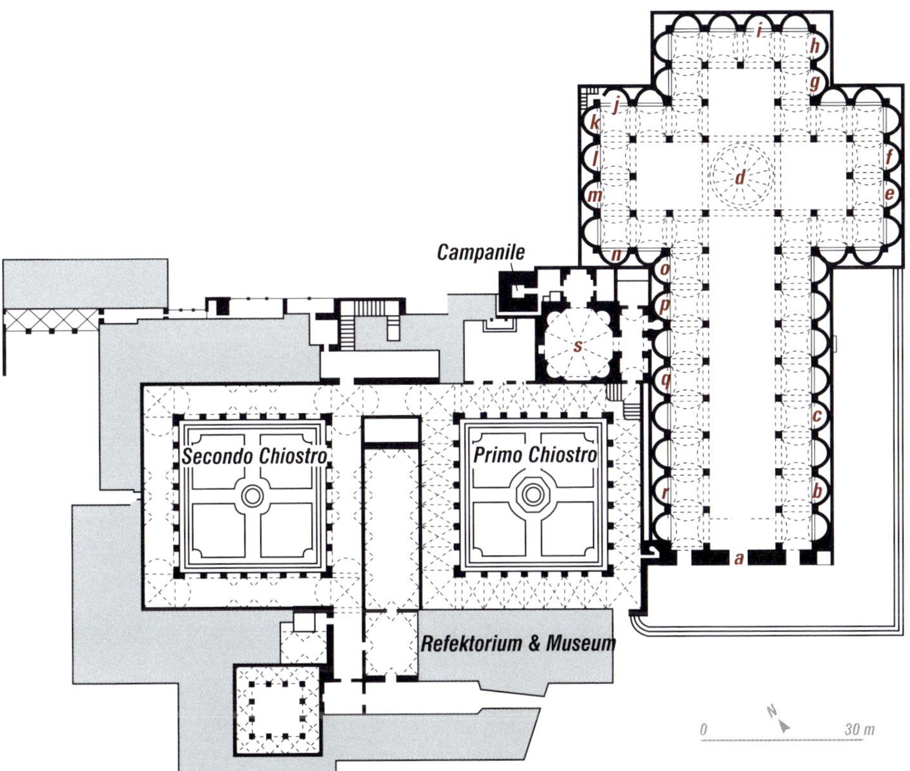

Santo Spirito

a Rundfenster Ausgießung des hl. Geistes, um 1500
b Pietà, Nanno di Baccio Bigi
c Vertreibung der Händler aus dem Tempel, Jan van der Straet, 1572
d Baldachinaltar, Giovanni Caccini, 1599–1609
e Cappella della Fraternità dei Bianchi
f Sacra Conversazione, Filippino Lippi, um 1488
g Madonna mit Johannes dem Evangelisten und dem hl. Hieronymus, Lorenzo di Credi/Piero di Cosimo, 1510–20
h Polyptychon, Maso di Banco, um 1340
i Martyrium der Zehntausend, Alessandro Allori, 1574
j hl. Monika, Francesco Botticini, 1483
k Altarbild, Cosimo Roselli, 1482; Antependium, Neri di Bicci, 1460
l Cappella Corbinelli
m hl. Dreifaltigkeit
n Sacra Conversazione, Raffaelino del Garbo
o Cappella Cavalcanti
p Cappella Dei
q hl. Anna Selbdritt, Michele und Ridolfo Ghirlandaio
r Christus, Taddeo Landini nach Michelangelo
s Sakristei

die neu entwickelten *pietra-dura*-Arbeiten eingesetzt. Auf dem **Altarbild** von **Filippino Lippi** (**f,** um 1488) erblickt man im Hintergrund den Familienpalast der Stifterfamilie Nerli und die Porta San Frediano. Der Altar gehört ebenso wie die Altäre des linken Querschiffs noch zur Erstausstattung der Kirche.

Das **»Martyrium der Zehntausend« (i)** von **Alessandro Allori** (1574) sieht man in einer der Chorkapellen. Die Predella des 15. Jh. zeigt den Palzzo Pitti in seiner ursprünglichen Ausdehnung mit nur sieben Fensterachsen. Ein weiteres Gemälde von Alessandro Allori, »Die Ehebrecherin«, 1577, in der folgenden Kapelle. Das Verrocchio nahestehende, **Francesco Botticini** zugeschriebene **Altarbild (j)** zeigt, wie die hl. Monika den Augustinerinnen die Ordensregeln überreicht (1483). Der Marmoraltar der **Corbinelli-Kapelle (l)** ist ein bemerkenswertes Frühwerk des Andrea Sansovino von 1490, ein erstes Beispiel des später weit verbreiteten und variierten Altaraufbaus in Form eines römischen Triumphbogens (hier des Konstantinbogens) mit dem Tabernakel in der Mittelnische. Der gebrochene Giebel, die Seitenteile und eine Balustrade sind barocke Ergänzungen von 1642. Die **»hl. Dreifaltigkeit, verehrt von den Heiligen Maria Magdalena und Katharina von Alexandrien« (m)** ist das Werk eines unbekannten Malers in der Nachfolge Ghirlandaios und Filippino Lippis (um 1500).

Die **Sakristei (s)** gehörte zu den interessantesten architektonischen Werken im Florenz des ausgehenden 15. Jh. Errichtet wurde sie zwischen 1488 und 1496 nach Plänen von Giuliano da Sangallo, für den sich nachdrücklich Lorenzo il Magnifico eingesetzt hatte. Zunächst gelangt man in die etwas später (1497–99) ausgeführte Vorhalle, an deren Planung wohl hauptsächlich Cronaca beteiligt war. Im Rückgriff auf die römische Architektur der Kaiserzeit tragen mächtige, vor die Wand gestellte Säulen ein schweres kassettiertes Tonnengewölbe.

Innenraum, Santo Spirito. Der konsequente Einsatz von vor- und zurücktretenden Elementen (Säulen, Hängekuppeln, Rundnischen) bewirkt eine Dynamisierung des Raumkörpers. Daran hat allein die Flachdecke keinen Anteil. So ist die Frage berechtigt, ob Brunelleschi stattdessen ein nicht belichtetes Tonnengewölbe vorgesehen hatte. Eine Tonne hätte zweifellos zur einheitlichen Gestalt dieses ungewöhnlichen Raums beigetragen

Ein neuer, in der florentinischen Architektur ungewohnter ›Ton‹ wird angeschlagen, der die römische Hochrenaissance (Tordurchfahrt des Palazzo Farnese) ankündigt. Wirkt die Vorhalle auf den Besucher eher monumental und wuchtig, so versetzt der oktogonale Sakristeiraum ihn in die Anfänge der Florentiner Frührenaissance. Die Verbindung von *pietra serena* und weißem Putz, das Motiv der Doppelpilaster, die zwischen Pilastern eingespannten Bögen im Untergeschoss und die klassisch geschnittenen Ädikulafenster, das alles ist ein Bekenntnis zu Brunelleschi (speziell zu dessen Alter Sakristei) und zugleich zur Protorenaissance des Baptisteriums, wo bereits ein oktogonaler Zentralraum, eine doppelschalige Kuppel, über Eck gestellte Doppelpilaster und Ädikulafenster ausgebildet waren. Man ist versucht, von einer historisierenden Architektur zu sprechen. Und dennoch handelt es sich um einen zukunftsweisenden Bau. Nie zuvor waren in Florenz drei deutlich durch ein kräftiges Gebälk getrennte, geschossartige Wandzonen durch die nach unten führenden Kraftlinien der Pilaster und die unflorentinsche Stelzung der Schildbögen so eng miteinander verbunden. Kein Geringerer als Michelangelo übernahm sowohl diesen dreizonigen Aufbau als auch die Verbindung der Geschosse untereinander für ›seine‹ Sakristei in San Lorenzo. Beachtenswert sind die fantasievollen Kapitelle.

Fondazione Romano und Cenacolo di Santo Spirito
Piazza Santo Spirito 29
Tel. 055 28 70 43
Mo, Sa, So 10–16 Uhr; 1. Mai, 15. Aug. und 25. Dez. geschl.

Einzig erhaltener Raum des Konventsgebäudes von Santo Spirito ist das gotische Refektorium des 14. Jh., in dem die Stadt Florenz ein Museum eingerichtet hat, das den Namen seines Stifters, des Kunsthändlers Salvatore Romano trägt: **Fondazione Romano** (Zugang Piazza Santo Spirito 29). An der rechten Schmalwand blieb das qualitätvolle Fresko einer Kreuzigungsszene von Andrea Orcagna und Nardo di Cione erhalten, darunter die Reste einer Abendmahldarstellung (um 1360). Zur Sammlung Romano gehören zwei Skulpturen von Seemonstern aus Neapel (13. Jh.), ein Engel und Karyatiden von Tino di Camaino und ein Jacopo della Quercia zugeschriebenes Madonnenrelief.

Santa Maria del Carmine mit Brancacci-Kapelle ★★

Santa Maria del Carmine

Ein Brand zerstörte 1771 die 1268 begonnene Kirche der Karmeliter **Santa Maria del Carmine (13).** Nur die Sakristei, die Cappella Corsini und die berühmte Brancacci-Kapelle blieben von den Flammen verschont. Die jetzige Barockkirche aus dem Übergang zum Klassizismus errichteten Giuseppe Ruggieri und Giulio Mannaioni bis 1775. Neben den Fresken Masaccios ist die 1675–83 von Silvani erbaute **Corsini-Kapelle (e)** im linken Querschiff sehenswert. Sie ist ein Hauptwerk des römisch orientierten Barocks in Florenz. Man weihte sie dem Fiesolaner Bischofsheiligen Andrea Corsini (1302–73). Das Kuppelfresko mit der Apotheose des Heiligen malte Luca Giordano 1672. Die Marmorreliefs mit Szenen aus dem Leben Andrea Corsinis schuf Giovanni Battista Foggini (1677–83).

Santa Maria del Carmine
Piazza del Carmine
Mo–Sa 8–17.30, So/Fei 8–12, 17.30–18 Uhr

Brancacci-Kapelle
Santa Maria del Carmine
Tel. 055 276 82 24, 055 276 85 58
Mo, Mi–Sa 10–17, So/Fei 13–17 Uhr

Brancacci-Kapelle (c)

Die Brancacci-Kapelle hat einen gesonderten Eingang rechts von der Kirche. Man kommt zunächst in den zweigeschossigen Kreuzgang von 1597 und gelangt durch den Kapitelsaal (Souvenirladen) in die aus konservatorischen Gründen von der Kirche abgesonderte Brancacci-Kapelle. Stifter des Freskenzyklus war der Seidenhändler Felice Brancacci, der nach seiner glücklichen Rückkehr von einer diplomatischen Mission nach Ägypten um 1424 den Auftrag zunächst an Masolino vergab. Genauere Untersuchungen der Fresken anlässlich der 1990 beendeten Restaurierung ergaben, dass Masolino wahrscheinlich von Beginn an den 18 Jahre jüngeren Masaccio als Mitarbeiter herangezogen hat. Masaccio scheint bald die Arbeiten allein weitergeführt zu haben, denn Masolino hielt sich 1425–27 in Ungarn auf und reiste 1428 nach Rom, wohin ihm Masaccio noch im selben Jahr folgte (und wo er auf geheimnisvolle Weise starb). Die Fresken blieben dann lange unvollendet was u.a. daran lag, dass Felice Bran-

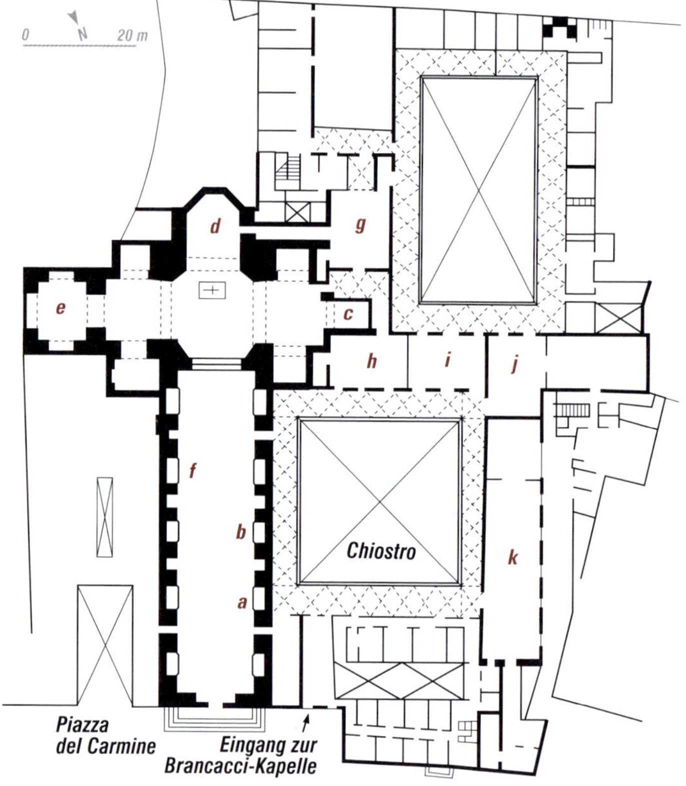

Santa Maria del Carmine, Grundriss

a Begräbnis des hl. Albertus, Bernardo Monaldi, 1612
b Kreuzigung, Giorgio Vasari, 1595
c Cappella Brancacci
d Chorkapelle, Soderini-Grabmal, Benedetto da Rovezzano, um 1510
e Cappella Corsini
f Verkündigung, Bernardino Pocetti, 1601
g Sakristei, Leben der hl. Cäcilie, Fresken von Bicci di Lorenzo, nach 1394
h Kapitelsaal, Verkaufsstand
i Refektorium, Abendmahlfresko, Alessandro Allori, 1581–82
j Sala della Colonna
k Großes Refektorium, Gastmahl im Haus des Pharisäers, G. B. Vanni, 1645

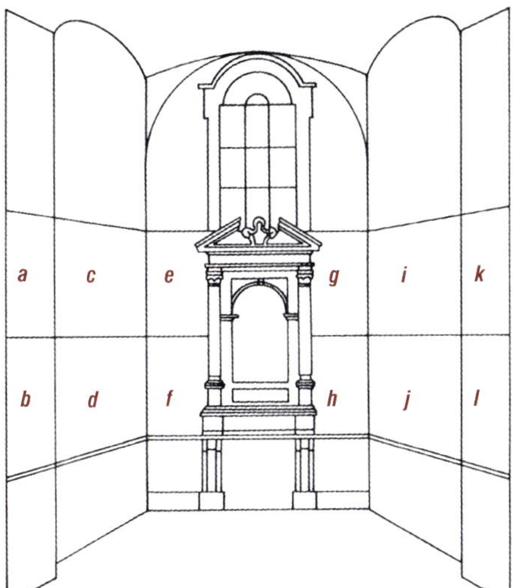

Cappella Brancacci, Bildprogramm

a *Vertreibung aus dem Paradies, Masaccio*
b *Paulus besucht Petrus im Gefängnis, Filippino Lippi*
c *Tempelsteuer, Masaccio*
d *Petrus erweckt den 14 Jahre zuvor verstorbenen Sohn des Gouverneurs von Antiochien/ Als Lohn dafür wird Petrus eine Kirche mit Kathedra erbaut, Masaccio/Filippino Lippi*
e *Predigt des Petrus in Jerusalem, Masolino*
f *Schattenheilung, Masaccio*
g *Taufe der Neubekehrten, Masaccio*
h *Verteilung der Güter in der Gemeinschaft, Masaccio*
i *Lahmenheilung/ Petrus erweckt in Joppe die Jüngerin Tabitha zum Leben, Masaccio/ Masolino*
j *Petrus und Paulus im Disput mit dem Magier Simon vor Kaiser Nero/ Kreuzigung Petri, Filippino Lippi*
k *Sündenfall, Masolino*
l *Ein Engel befreit Petrus aus dem Gefängnis, Filippino Lippi*

cacci 1436 durch Cosimo de' Medici verbannt wurde. Erst 1480–85 konnte Filippino Lippi den Zyklus beenden. Somit waren drei Maler an der Ausmalung der Kapelle beteiligt. Es ist instruktiv (in einigen Partien auch schwierig) zu versuchen, den Anteil der drei Maler auseinanderzuhalten. Hier seien daher die Fresken nicht in der Chronologie des biblischen Geschehens oder der räumlichen Anordnung vorgestellt, sondern in einer Reihenfolge, die es erleichtert, die verschiedenen Stile der drei Malerpersönlichkeiten zu unterscheiden (im Folgenden beziehen sich die Buchstaben auf das Schema für die Fresken!)

Der Zyklus, der das Leben des hl. Petrus darstellt, beginnt am rechten Eingangspfeiler mit dem **»Sündenfall (k)**, von dem zu erlösen stellvertretend für die Kirche das Wirken des Apostelfürsten Petrus beitrug. Masolinos »Sündenfall« ist durch den Stil der internationalen Gotik geprägt. Davon zeugen die weiche, graziöse Linienführung, die wenig standfeste Haltung und die relativ flache Modellierung. Ganz anders dagegen Masaccios **»Vertreibung aus dem Paradies« (a)** gegenüber. Man muss bis zum Bildhauer Giovanni Pisano zurückgehen, um vergleichbaren Verzweiflungsgesten und einem ähnlichen Schmerzausdruck zu begegnen. Die Haltung Evas ist einer antiken Venusskulptur (vom Typ Medici) nachgebildet. Doch bereits dieses Fresko zeigt, dass Masaccio nicht nur in plastischen Dimensionen dachte. Die Adam- und Eva-Figuren sind, wie nie zuvor in der italienischen Malerei, von einer lokalisierbaren Lichtquelle erfasst, die dem durch das Kapellenfenster einfallenden natürlichen Licht entspricht. Das Licht dient hier indes nicht allein der Modellierung, es durchdringt gleichsam die Figuren, lässt sie transparent erscheinen und bindet sie an den Raum.

»Tempelsteuer«, Masaccio, Brancacci-Kapelle, Santa Maria del Carmine. Anders als bei Giotto fungiert der Raum nicht mehr als schmale Bildbühne für die Figuren. Der Blick wird erst weit in der Ferne durch eine kahle Berglandschaft begrenzt. Es ist der unendliche, nach Gesetzen der Zentralperspektive konstruierte Raum, der jetzt gegenüber den Figuren ein ganz anderes Gewicht erhält. Diese müssen sich in ihm nun »behaupten« (Th. Hetzer). Die perspektivischen Konstruktionslinien sind übrigens deutlich zu erkennen. Der Fluchtpunkt liegt in Augenhöhe der Figuren. Die Aufteilung der Mittelgruppe in Teilgruppen lässt bereits an Leonardos »Abendmahl« denken

Masaccio schuf auch die an der Kapellenwand anschließende **»Tempelsteuer« (c).** Das selten dargestellte Thema (nicht zu verwechseln mit dem »Zinsgroschen«) geht auf Matthäus 17, 24–27 zurück. In der Mitte verlangt der Steuereinnehmer die Doppeldrachme. Christus gebietet Petrus, einen Fisch zu fangen, in dessen Maul er eine Münze finden werde (am linken Bildrand: Petrus mit dem Fisch). Rechts erscheint Petrus zum dritten Mal und übergibt dem Steuereinnehmer das verlangte Geldstück. Lässt die »Vertreibung aus dem Paradies« an Giovanni Pisano denken, so erinnern die Figuren dieser Szene an Giotto. In ihrer Monumentalität und Würde, in der ausdrucksvollen knappen Gestik erweist sich Masaccio hier als dessen eigentlicher Nachfolger. Gewandfülle und Faltenwurf verweisen zusätzlich auf Donatello. Mit Donatellos Propheten haben Masaccios Apostel auch die Volkstümlichkeit und Lebensnähe gemeinsam (ohne dass Masaccio durch überbetonten Realismus provozieren will).

Das Bildfeld gegenüber **(i)** vereinigt zwei Begebenheiten. Das Thema links ist die **»Lahmenheilung«** (Apostelgeschichte 3,1): Vor dem schönen Tor des Heiligtums bittet ein Lahmer Petrus und Johannes um ein Almosen. Mit den Worten: »Silber und Gold habe ich nicht, aber was ich habe, gebe ich dir …« richtet Petrus den Lahmen auf. Kompositionell fast abgesondert, nur durch die beiden Jünglinge in der Mitte verbunden, ist die Szene der rechten Bildhälfte: **»Petrus erweckt in Joppe die Jüngerin Tabitha zum Leben«** (Apostelgeschichte 9,36). Das Fresko ist im wesentlichen eine Arbeit von **Masolino. Masaccio** dürfte jedoch die erstaunlich realistisch wiedergegebenen Paläste im Hintergrund mitsamt den kleineren Figuren davor ausgeführt haben. Die Abfolge der Tagewerke ergab, dass die Ausführung der Fresken bei diesen Partien begann.

Masolinos Szene **»Predigt des Petrus in Jerusalem«** (**e,** Apostelgeschichte 2,14) ermöglicht einen Vergleich mit **Masaccios »Taufe der Neubekehrten«** (**g,** Apostelgeschichte 2,41). Vasari hat die Gestalt des nackten, vor Kälte zitternden Jünglings bewundert. **Masaccios »Verteilung der Güter in der Gemeinschaft«** (**h,** Apostelgeschichte 4, 32-5, 6) zeigt, wie Aninas tot zu Füßen Petri zu Boden fällt, da er der Gemeinschaft einen Teil des Erlöses aus einem Grundstücksverkauf vorenthielt. Zu den eindrucksvollsten Szenen zählt die **»Schattenheilung« (f):** »Man brachte sogar die Kranken auf die Straße und legte sie auf Betten und Tragbahren, damit wenigstens der Schatten des Petrus beim Vorbeigehen auf den einen oder anderen falle« (Apostelgeschichte 5,15-16).

»Schattenheilung«, Masaccio, Brancacci-Kapelle, Santa Maria del Carmine. Indem der Künstler den Betrachter unmittelbar in die Handlung einbezieht, geht er in der Veranschaulichung weiter als selbst der große Erzähler Giotto. Das Geschehen ist in das zeitgenössische Florenz verlagert. Wie von übernatürlichen Kräften geleitet, schreitet Petrus direkt auf den Betrachter zu. Nicht sein Schatten heilt, sondern das Licht. Dasselbe Licht, das auf ihn, den Apostel fällt, trifft auch ›erleuchtend‹ auf die Kranken. Auch Bettlern und Ausgestoßenen, dies sagt das Bild, wird die Gnade Gottes zuteil. Ähnliches drückt später Rembrandt ebenfalls mit dem Mittel des Lichts aus

»Ein Engel befreit Petrus aus dem Gefängnis«, Filippino Lippi, Brancacci-Kapelle, Santa Maria del Carmine

Auch auf dem unteren großen Bildfeld der rechten Wand **(j)** werden zwei Szenen vereinigt. Rechts disputieren Petrus und Paulus mit dem Magier Simon vor Kaiser Nero (wie es die Legenda Aurea schildert), links wird Petrus gekreuzigt. Beide Szenen malte **Filippino Lippi** (um 1483–85). Obschon Lippi sich dem Stil Masaccios angleicht, ist die Zeichnung schärfer, sind die Gesichtszüge porträthafter, sodass man glaubt, auch ein Selbstbildnis des Künstlers (ganz rechts) und ein Porträt Baldonvinettis (mit rotem Hut hinter Nero) erkennen zu können. Charakteristisch für das späte 15. Jh. ist der Ausblick auf die Parklandschaft. Die unteren Szenen am linken und rechten Eingangspfeiler **»Paulus besucht Petrus im Gefängnis« (b)** und **»Ein Engel befreit Petrus aus dem Gefängnis« (l)** zählen zu den schönsten Werken des jungen Filippino.

Das untere Bildfeld der linken Wand **(d)** zeigt links, wie Petrus den 14 Jahre zuvor verstorbenen Sohn des Gouverneurs von Antiochien wieder zum Leben erweckt, und rechts, wie ihm als Lohn dafür eine Kirche mit Kathedra erbaut wird, »damit er von allen gesehen und gehört werde«. **Masaccio** hinterließ dieses Fresko unvollendet. Von Filippino Lippi ergänzt wurden die vier Stehenden ganz links, der zum Leben erweckte Knabe und die Männer, die rechts von dem Grünbekleideten stehen, sowie die mittlere Abschlusswand mit dem Ausblick auf den Park. Die gesamte Szene rechts mit dem thronenden Petrus malte Masaccio. Die Anwesenheit der Karmelitermönche wird dadurch gerechtfertigt, dass nach der Legende Karmeliter schon auf dem Berg Karmel waren, als Petrus nach Antiochien kam.

San Frediano in Cestello

Piazza di Cestello
Mo–Sa 9–11.30, 16.30–17.30, So/Fei 10–11.30, 17–18 Uhr

San Frediano in Cestello

Die spätbarocke Kuppelkirche **San Frediano in Cestello (14)**, erbaut 1680–89, gehört nicht zu den wichtigsten Sehenswürdigkeiten, bildet jedoch im Florentiner Stadtbild einen markanten Akzent. Der römische Architekt Cerruti griff eine Idee Brunelleschis für San Spirito auf, indem er den Vorplatz zum Arno hin öffnete. Die Kirche war eine Gründung der Karmeliterinnen (um 1450), die jedoch 1628 durch Zisterzienser abelöst wurden. So erklärt sich der verballhornende Beiname ›in Cestello‹.

Umgebung von Florenz

Fiesole – Rivalin auf dem Hügel

Cityplan Fiesole S. 296 und Karte Umgebung von Florenz S. 300

Hoch auf dem Sattel eines Bergrückens zwischen dem Arno- und Mugnonetal liegt der kleine Ausflugsort Fiesole. Für den verkehrsgeplagten Florenzbesucher ist der Ausflug nach Fiesole ein besonderer Genuss. Fiesoles Hügellage zählt zu den schönsten der Toscana. Weite Blicke über die Hänge genießt man auf dem Weg nach San Francesco, dem höchsten Punkt der Stadt. Das stadtnahe Ausflugsziel ist von Florenz bequem mit der Buslinie 7 erreichbar (Abfahrt Piazza Stazione, Piazza San Marco). Auf halber Höhe des Hügels liegen San Domenico und, ca. 300 m entfernt, die architektonisch interessante Badia Fiesolana. Es empfiehlt sich, auf der Hin- oder Rückfahrt hier Zwischenstation zu machen (Bushaltestelle). Weiter den Hügel hoch, an der Via Vecchia Fiesolana, liegt die von Cosimo d. Ä. durch Michelozzo erbaute Villa Medici, heute in Privatbesitz. Eine Besichtigung ist nicht möglich und auch nicht lohnend, da der Bau im 18. Jh. fast vollständig verändert wurde.

Besonders sehenswert: Fiesole, Medici-Villen La Petraia, Ferdinanda, und Poggio a Caiano

Geschichte

Fiesole ★

Fiesole ist älter als Florenz, es wurde gegründet bereits im 8. oder 7. Jh. v. Chr. von den Etruskern, die für ihre Stadtgründungen die Hügellage bevorzugten: hier waren sie sicherer vor feindlichen Angriffen, vor Überschwemmungen und dem Sumpffieber. Fiesole zählte zu den bedeutendsten Städten des etruskischen Stammlandes, seine Priesterschaft genoss hohes Ansehen. Die in Resten erhaltene Stadtmauer aus mächtigen, sorgfältig behauenen Quadern hat einen Umfang von 3 km. Während Fiesole noch im 3. Jh. v. Chr. mit Rom gegen einfallende Gallier verbündet war, schloss es sich 90 v. Chr. dem Italikeraufstand an und wurde dafür von Rom mit Schwert und Feuer *(ferro ignique)* bestraft. Ein Jahrzehnt später degradierte Sulla die Stadt wegen ihrer Teilnahme am Krieg auf Seiten des Marius zur *colonia*.

Dante über Fiesole

Dass die Etruskerstadt Fiesole älter ist als das von den Römern gegründete Florenz, ahnten bereits die Florentiner des Mittelalters. In Dantes »Paradiso« liest man von der Frau vergangener Zeiten, die am Spinnrocken »ihrer Familie von den Trojanern, von Fiesole und von Rom fabulierte«.

Von der wieder aufblühenden Römerstadt zeugen das 3000 Zuschauer fassende Theater, die Thermenanlagen und die Funde im Museo Civico. In der Völkerwanderungszeit erlitt die Stadt die üblichen Verwüstungen. Seit 492 war Fiesole Diözese. Kirche und Palast des Bischofs lagen bis 1028 auf halber Höhe des Bergs, an der Stelle der Badia Fiesolana. Kaiser Lothar stärkte um 823 die Macht der Fiesolaner Bischöfe, indem er ihnen die weltliche Herrschaft über die zum Kastell geschrumpfte Stadt übergab.

Im Gegensatz zu den meisten anderen toscanischen Städten konnte sich in Fiesole das Bürgertum nicht entfalten. Das durch die Lage im entsumpften Tal begünstigte Florenz hingegen entwickelte im 11. Jh. seine Wirtschaft und seine militärische Macht. 1125 zerstören aus nichtigem Anlass Florentiner Truppen die Rivalin auf dem Berg. Le-

◁ In den fruchtbaren Hügeln um Florenz liegen viele Weingüter

Fiesole

1 Dom San Romolo
2 Palazzo Pretorio
3 Oratorium Santa Maria Primerana
4 Priesterseminar
5 Palazzo Vescovile
6 Museo Bandini
7 Archäologischer Park und Museo Civico
8 Sant'Alessandro
9 San Francesco
10 San Domenico
11 Badia Fiesolana

diglich Dom und Bischofspalast blieben verschont. Fiesole verlor für immer den Charakter einer Stadt und seine wirtschaftliche und politische Bedeutung.

An der Piazza Mino da Fiesole

Dom San Romolo
Piazza Mino da Fiesole
Tel. 055 594 00
www.diocesifiesole.it
tgl. 7.30–12 und 15–18 (im Winter bis 17) Uhr

Oratorium Santa Maria Primerana
Piazza Mino da Fiesole
Tel. 055 5 94 00
info.turismo@comune.fiesole.fi.it
tgl. 9.30–12 und 15–20 Uhr

Der 1028 begonnene **Dom San Romolo (1)** erhielt seine heutige Gestalt nach Erweiterungsbauten im 13. und 14. Jh. sowie durch eine wenig befriedigende, eingreifende Restaurierung von 1878 bis 1883. Der Campanile trägt das Datum 1213, wurde jedoch im 18. und 19. Jh. überarbeitet. Bei der dreischiffigen Basilika sind die Mittelschiffsarkaden aus geometrisch-exakten Halbkreisen konstruiert, wie sie für die Florentiner Protorenaissance charakteristisch sind. Zwei der Kapitelle sind römischen Ursprungs. Unter dem erhöhten Chor öffnet sich eine dreischiffige, kreuzgratgewölbte Krypta mit Fresken des 15. Jh. Das kunstvoll gearbeitete Eisengitter entstand 1349. In der Krypta entdeckte man 1990 Reste des kapitolinischen Tempels der Römerstadt.

Die Salutati-Kapelle (im rechten Teil des erhöhten Chors) birgt das Grabmal des Bischofs Leonardo Salutati (mit dessen Porträtbüste), das Mino da Fiesole 1464 schuf. Von ihm stammt auch der marmorne Altaraufsatz. Am Hauptaltar steht ein Polyptychon von Biccio di Lorenzo (1450).

Die dem Dom vorgelagerte Piazza Mino da Fiesole liegt an der Stelle des römischen Forums. Das Zentrum der Römerstadt befand sich also nicht im heutigen Ausgrabungsbereich. An der östlichen Schmalseite der Piazza steht der **Palazzo Pretorio (2),** ein mehrfach veränderter Kommunalpalast des 14. Jh. mit vorgebautem Portikus und einer Loggia aus dem 15. Jh. Die Fassade ist mit Wappen der Podestà geschmückt. Das Denkmal vor dem Palast (von Oreste Caluzolari, 1906) zeigt die Begegnung zwischen König Vittorio Emanuele und Garibaldi an der Brücke von Teano.

Das **Oratorium Santa Maria Primerana (3)** geht auf das hohe Mittelalter zurück, wurde im 16. Jh. erneuert und mit einem Portikus versehen (1585). Das Innere ist mit Fresken und einem Holzkruzifix des 14. Jh. ausgestattet. Vom Ende des 17. Jh. stammt das mächtige Gebäude des **Priesterseminars (4).** Den gegenüberliegenden **Palazzo Vescovile (5)** errichtete man in seiner ursprünglichen Gestalt gleichzeitig mit dem Dom, erneuerte ihn jedoch mehrmals und fügte 1675 die Fassade hinzu.

Das 1913 erbaute **Museo Bandini (6)** geht auf die Sammlung des Kanonikers Angiolo Bandini zurück, der im 18. Jh. u.a. Bibliothekar der Laurenziana war. Das Museum zeigt Altartafeln von Bernardo Daddi und Lorenzo Monaco, allegorische Darstellungen vom Triumph Amors, der Keuschheit, der Zeit und der Göttlichkeit, die Jacopo del Selaio zugeschrieben wurden, eine Madonnenskulptur aus dem Umkreis von Nicola Pisano, Majolikaarbeiten sowie Möbel.

Museo Bandini

Via Dupré 1
Mi–Mo März und Okt. 10–18, Nov.–Febr. 10–14, April–Sept. 10–19

Archäologischer Park

Via Portigiani 1
Tel. 055 596 12 93
infomusei@comune.fiesole.fi.it
Mi–Mo März, Okt. 10–18, Nov.–Febr. 10–14, April–Sept. 10–19 Uhr

Archäologische Zone und Museo Civico

Landschaftlich schön eingebettet liegt der **Archäologische Park (7).** Ältestes Monument ist der im 3. Jh. v. Chr. errichtete Tempel im Nordwesten des Grabungsgebiets, einer der wenigen etruskischen Tempel, von denen mehr als die Fundamente erhalten blieben. Er bestand aus einer mittleren Cella, die von zwei Nebenräumen *(alae)* umgeben war. Die Außenmauern verlängerten sich zu Anten, zwischen denen zwei Säulen standen. Reste des rot bemalten Wandverputzes, der Terra-

Archäologischer Park von Fiesole. Vorne rechts die breite Zugangstreppe zum Tempel, den die Römer erneuerten, indem sie neue Mauern in nunmehr glatt geschnittenen, größeren Blöcken parallel zu den etruskischen Mauern aus Bruchstein und kleineren, grob behauenen Blöcken setzten. Links vom Tempel stand eine Halle mit zwei Zugängen und einem vorgebauten Portikus mit erhaltenen Säulenbasen. Vor den Podiumsstufen, auf der Cella, stehen noch der etruskische Opferaltar sowie – weiter entfernt – der etwas größere römische Altar

Amphitheater, Archäologischer Park. Das sich an den Hügel anlehnende römische Theater aus pietra serena wurde unter Kaiser Claudius (41–54 n. Chr.) errichtet und unter Septimus Severus (193–211 n. Chr.) erneuert. Die üblichen Gebäudeteile sind erkennbar: der 2500–3000 Personen fassende Zuschauerraum (cavea), der von einem halbkreisförmig bedeckten Korridor umgeben war, das Halbrund der orchestra, das von einer dekorierten Mauer gestützte Bühnenpodium (proscenium), die Bühnenwand (scenae frons) und auch ein kleiner hufeisenförmiger Raum für die Winde zum Heben des Vorhangs

cottadekoration und Opfergaben werden im Museo Civico gezeigt. Ein Brand zerstörte den Tempel im 1. Jh. (wahrscheinlich während des Bundesgenossenkriegs 90 v. Chr.), um danach in gleicher Form, doch in etwas größeren Maßen und auf höherem Bodenniveau erneuert zu werden.

Der Thermenkomplex stammt ebenfalls aus der frühen Kaiserzeit und wurde später, vor allem unter Hadrian (117–138 n. Chr.), auf eine Fläche von 4500 m^2 erweitert. Erhalten bzw. rekonstruiert wurden: ein großes rechteckiges Schwimmbecken, ein von drei Portiken umschlossener Hof mit zwei weiteren Becken, das Frigidarium mit einem durch Bögen abgesonderten Becken, das Tepidarium, ein kleiner Umkleideraum, ein kleines Becken, das Caldarium mit rekonstruiertem Hohlraum unter dem Boden (Hypokausten) und mit in der Wand eingelassenen Röhren für die Beheizung, mit einem rechteckigen und einem halbkreisförmigen Becken, die Heizöfen und die Latrinen. Das Grabungsgebiet wird im Norden von einem gut erhaltenen Abschnitt der etruskischen Stadtmauer des 3. Jh. v. Chr. begrenzt, die man von einem Vorsprung in der Nähe der Thermen aus entdecken kann. Man erkennt, dass hier große, regelmäßig behauene Blöcke aus *pietra serena* verwendet wurden. Innerhalb des archäologischen Parks liegt auch das 1912–14 im klassizistischen Stil errichtete **Archäologische Museum** (Museo Civico), das sich auf Funde aus Fiesole und Umgebung konzentriert und im Antiquarium auch Kleinkunst anderer Herkunft zeigt.

Sant'Alessandro
Via San Francesco nur zu Messen geöffnet

San Francesco
Via San Francesco Mo–Sa 9–12, 15–19 (Winter bis 18), So/Fei 9–11, 15–18 Uhr

San Domenico
Piazza San Domenico tgl. 7.30–12.30, 16.30–18.30 (Sommer), 8.30–12, 16–17 (Winter) Uhr

Badia Fiesolana
Via della Badia dei Roccettini 9 San Domenico Mo–Fr 9–17.30, Sa 9–12.30 Uhr, So/Fei geschl.

Fiesoles Kirchen

Besonders schöne Ausblicke genießt man auf dem Weg zu Sant'Alessandro und San Francesco. Bevor man sich auf den Weg macht, sollte man sich jedoch bei der Kommunalverwaltung im Palazzo Pretorio nach Besichtigungsmöglichkeiten von Sant'Alessandro erkundigen.

An der Stelle der heutigen Kirche **Sant'Alessandro (8)** stand bereits in etruskischer Zeit ein Heiligtum, von dem zwei Zisternen erhalten blieben. Ein römischer, dem Bacchus geweihter Tempel wurde zu Beginn des 6. Jh. unter Theoderich in diese christliche Kirche umgewandelt. Dabei behielt man die Arkaden mit den Säulen aus griechischem Marmor von der Insel Euböa (mit vermutlich original griechisch-ionischen Kapitellen) bei. Spätere Umgestaltungen wurden inzwischen weitgehend rückgängig gemacht. Die äußere Gestalt mit der klassizistischen Fassade erhielt die Kirche 1815–17.

Die höchste Stelle des Hügels (346 m) wurde in der Antike von der Akropolis eingenommen, heute von der Kirche und dem Konvent **San Francesco (9).** Die Franziskaner bezogen 1399 ein bereits bestehendes Klostergebäude, das dann mehrfach verändert wurde. Man besichtigt den stimmungsvollen kleinen Kreuzgang, eine ethnografische Sammlung, die aus franziskanischer Missionstätigkeit hervorging und die einschiffige Kirche, zu deren Ausstattung eine »Verkündigung« von Raffaellino del Garbo (um 1500) gehört.

Die Kirche **San Domenico (10)** unterhalb des Zentrums wurde 1406–35 errichtet (Campanile 1611, Vorhalle 1632), das einschiffige Innere im 17./frühen 18. Jh. barockisiert. Die erste Kapelle links enthält das ehemalige Hochaltarbild der Kirche, die »Thronende Madonna zwischen Dominikanerheiligen«, ein wohl um 1425–28 entstandenes Frühwerk von Fra Angelico, der als Novize im Konvent lebte, bevor er 1437 nach San Marco in Florenz ging. Die Bemühung um Plastizität der Figuren lässt noch den Einfluss von Masaccio erkennen. Der Hintergrund wurde von Lorenzo di Credi 1501 übermalt, wobei das ursprüngliche Polyptychon den jetzigen Rahmen erhielt. Die Predellentafeln sind Kopien nach den Originalen der National Gallery in London.

Den Neubau von Kloster und Kirche der **Badia Fiesolana (11)** stiftete 1459 Cosimo de' Medici, der auch auf die architektonische Gestaltung Einfluss nahm. Laut Vasari soll Brunelleschi das Modell für Kirche und Konventsgebäude geliefert haben. Doch Brunelleschi war 13 Jahre vor Baubeginn bereits verstorben, die Forschung spricht den Entwurf daher Alberti, Michelozzo (dem Hausarchitekten der Medici)

Badia Fiesolana, Grundriss

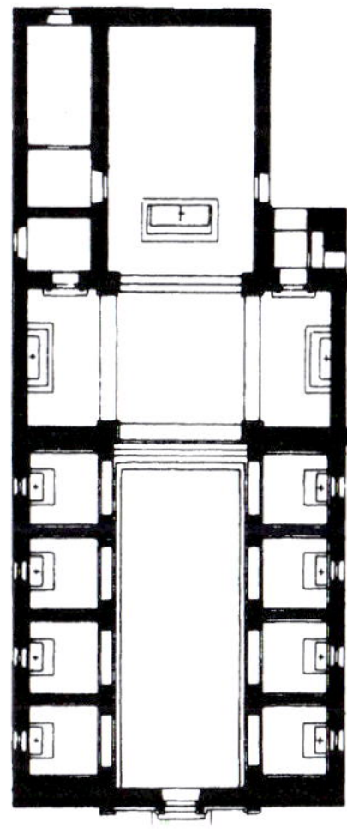

oder auch Bernardino Rossellino (der die Ausführung leitete) zu. Der (nicht ausgeführten) Fassadenwand wurde die kleine Marmorfassade im florentinischen Inkrustationsstil der Protorenaissance unverändert eingefügt. Sie gehörte zur Kirche einer Kamaldulenserabtei, die anstelle des bald nach 1028 abgetragenen alten Fiesolaner Doms errichtet wurde, dürfte jedoch mit ihren reicheren Zierformen später ausgeführt worden sein als das Florentiner Baptisterium. Den Kamaldulensern folgten im 13. Jh. Benediktiner, 1439 Augustiner-Chorherren. Seit 1973 ist die Badia Sitz der Europa-Universität.

Das Innere zählt in seinen klaren Maßverhältnissen, in der Sparsamkeit und Einfachheit der architektonischen Mittel zu den bedeutendsten Kirchenräumen der Frührenaissance. Die Badia besitzt ein (nicht ausladendes) Querschiff, gehört jedoch nicht dem Typus der Basilika an, denn es fehlen sowohl die Seitenschiffe als auch der Obergaden mit eigener Fensterreihe. Statt dessen wird das Mittelschiff von Seitenkapellen begleitet, das Langhaus, der tiefe Chor und das Querschiff tragen Tonnengewölbe. Die ungewöhnliche Anlage mit Seitenkapellen wird – über Sant'Andrea in Mantua und Il Gesù in Rom – zum bevorzugten Kirchenbautypus der Barockzeit. Wie in den Kirchen Brunelleschis werden auch hier Pilaster, Bögen und Gesimse durch *pietra serena* als strukturierende Elemente betont. Auf jegliche weitere Dekoration wird verzichtet.

Umgebung von Fiesole

Von Fiesole aus erreicht man leicht **Maiano,** dessen Steinbrüche bis ins 19. Jh. für Florenz den Macigno lieferten. Ohne nach Florenz zurückzukehren gelangt man auch über die Via Gabriele d'Annunzio – vorbei an der Kirche San Martino a Mènsola mit qualitätvollen Altarbildern von Taddeo Gaddi und Neri di Bicci – in einen der beliebtesten Villenorte am Rand der Hügel, nach **Settignano,** Heimat der Bildhauer Desiderio da Settignano, Rossellino und Ammannati. Zu besichtigen ist der gepflegte private Garten *all' italiana* der **Villa Gamberaia** (Via Rosselino 72).

Villa Gamberaia

Via Rossellino 72
Settignano
Tel. 055 69 72 05, 055 69 70 90
www.villagamberaia.com
Gärten tgl. 9–19 Uhr, Innenbesichtigung nur n. V.

Ausflüge zu den Medici-Villen

Unter den zahlreichen, schönen Villen in der Umgebung von Florenz ragen die öffentlich zugänglichen Medici-Villen La Petraia, Castello, Poggio a Caiano und Artimino heraus, die man in zwei Ausflügen, bei guter Zeiteinteilung auch an einem Tag kennen lernen kann.

Villa Poggio Imperiale

Noch im Stadtgebiet, auf einem Hügel über der Porta Romana, liegt die Villa Poggio Imperiale. Ihren Namen ›kaiserlicher Hügel‹ erhielt sie, als eine Habsburgerin, Maria Magdalena, Schwester von Kaiser Ferdinand II. und Witwe des Großherzogs Cosimo II., sie erworben hatte. Die Bauvorlage geht auf Giulio Parigi (1622–24) zurück, und das klassizistische Aussehen erhielt die Villa durch Umbauten im späten 18. Jh. Einige der Säle wurden 1623 von Florentiner Barockmalern wie Volterrano und Matteo Rosselli freskiert und sind auf Anfrage zu besichtigen.

Villa Poggio Imperiale

Piazzale del Poggio Imperiale
Besichtigungsanfragen unter Tel. 055 226 17 12, www.poggio-imperiale.it

Villa Medicea di Careggi

Die häufig von Cosimo d. Ä. bewohnte Villa Medicea di Careggi liegt nordwestlich vom Stadtzentrum, oberhalb des Klinikbezirks von Careggi (mit der Buslinie 14c vom Hauptbahnhof Santa Maria Novella aus zu erreichen). Autofahrer orientieren sich an den Hinweisschildern für die Klinik. Die Villa ist Sitz einer Gesundheitsbehörde. Nur das Äußere und der Park können besichtigt werden, das Innere ist von geringerem Interesse. Der im Jahre 1417 von Lorenzo de' Medici erworbene Landsitz ging 1457 in den Besitz seines Bruders, Cosimo d. Ä. über. Michelozzo erhielt den Auftrag, das Gebäude instand zu setzen, um eine Loggia, einen Hof sowie einen Turm zu erweitern und das Innere umzugestalten. Cosimo verbrachte

Villa Medicea di Careggi

Viale Gaetano Pieraccini 17
Tel. 055 427 97 55
Besichtigung n. V.

Villa Medicea La Petraia

Via della Petraia 40, Loc. Castello Tel. 055 45 26 91 www.uffizi.firenze.it /musei/petraia/ Jan./Febr., Nov./Dez. 8.15–16.30, März 8.15–17.30, April/ Mai, Sept./Okt. 8.15– 18.30, Juni–Aug. 8.15–19.30 Uhr; 2. u. 3. Mo im Monat, 1. Mai , 25. und 31. Dez. geschl.

Villa Corsini

Tel. 055 45 07 52 15. April–Sept. Fr 15–18, Sa 10–13, 15–19 Uhr

mehr Zeit in Careggi als in seinen vielen anderen Villen. Es ist bezeichnend, dass er hier die Accademia Platonica gründete und auch hier 1464 starb.

Villen La Petraia und Corsini

Im Florentiner Vorort Castello, nordwestlich des Zentrums Richtung Sesto Fiorentino und Prato liegen benachbart die Medici-Villen La Petraia und Castello sowie die Villa Corsini. Vom Hauptbahnhof Santa Maria Novella sind sie mit der Buslinie 28 erreichbar.

Die **Villa Medicea La Petraia** ging aus einem Kastell hervor, das im 14. Jh. den Brunelleschi, im 15. Jh. den Strozzi und Salutati gehörte. 1532 erwarben die Medici den Besitz, der 1575 durch Buontalenti im Auftrag von Ferdinando de' Medici umgebaut wurde. König Vittorio Emanuele II. ließ 1859 das Innere teilweise neu gestalten; der quadratische Innenhof erhielt ein Glasdach und wurde als Tanzsaal benutzt. Die Fresken des Innenhofs mit Begebenheiten aus dem Hause Medici und der Ritter des St. Stephan-Ordens gab Großherzog Ferdinando II. bei Baldassare Franceschini (›Volterrano‹) in Auftrag (ausgeführt 1636–48). Die Ausstattung der Räume stammt aus der Zeit Vittorio EmanuelesII. Auf dem Rundgang trifft man u.a. auf die bronzene Brunnenstatue der »Venus«, die Giambologna 1572 für die Villa Castello schuf, die im 18. Jh. jedoch in den Park von La Petraia gelangte. Den Garten entwarf Niccolò Tribolo

Die **Villa Corsini** (unterhalb der Villa Petraia) wurde 1687 von der Florentiner Familie Corsini erworben. Antonio Ferri vergrößerte sie und gestaltete sie barock um.

Villa La Petraia. Der alte Verteidigungsturm wurde als Belvedere bewahrt

»Sechs Kugeln, durchaus runde, pralle Bälle (obwohl in der Heraldik als tourteaux oder ›Pailletten‹ bezeichnet, da es sich eigentlich um byzantinische Münzen (›besante‹) handelte, schmücken das Wappen der Medici. Dieses höchst kuriose Motiv wurde zu früheren Zeiten mit einer Legende erklärt: Averard, ein Kampfgefährte Karls des Großen, hatte den langobardischen Riesen Mugello zum Zweikampf gefordert und besiegt. Dabei hatten die sechs eisernen Nieten der Keule, die der Riese schwang, ihren Abdruck auf dem goldenen Schild des Recken hinterlassen« (Dominique Fernandez)

Scarperia

Einst bekannt als Waffenschmiede, wurde Scarperia 1306 durch Florenz als Bollwerk gegen das Feudalgeschlecht der Ubaldini gegründet: ein befestigter Ort, eine *terra murata*, auf regelmäßigem Grundriss.

Aus der Gründungszeit stammt noch der **Palazzo dei Vicari**, der Sitz der Florentiner Vikare, die an der Fassade ihre Wappen hinterließen. Das Innere schmücken Fresken von Florentiner Malern, u.a. ein »Hl. Christopherus«.

Von besonderer Atmosphäre ist das kleine, kreuzrippengewölbte **Oratorium der Madonna di Piazza.** Es war seit 1326 Sitz einer Bruderschaft, der *Compagnia della Madonna di Piazza.* Unter einem Marmortabernakel des 15. Jh. befindet sich das verehrte Madonnenbild aus der ersten Hälfte des 14. Jh., vermutlich von Jacopo di Casentino, der auch als Maler der Fresken gilt.

In der Probsteikirche, **Chiesa della Prepositura,** die ehemals den Augustinern gehörte (dem Palazzo dei Vicari gegenüber), befindet sich ein Marmortondo einer Madonna mit Kind von Benedotto da Maiano (rechts vom Hauptaltar).

Die nur 3,5 km entfernte romanische **Pieve di Sant'Agata** ist sehr einfach konstruiert. Der Dachstuhl ruht unmittelbar auf den gemauerten Säulen, die den Raum in drei Schiffe gliedern. Das Taufbecken wurde aus Platten einer Kanzel von 1175 zusammengesetzt.

Deckenmosaiken im Baptisterium ▷

POTESTATES

Glossar kunstgeschichtlicher Begriffe

Ädikula (lat. *aedicula* – Häuschen, Tempelchen) Umrahmung in Form einer Tempelfront mit Säulen oder Pilastern und Giebel; auch kleinerer frei stehender Bau.

Ante Die vorgezogenen Seitenwände beim Tempel oder der Cella.

Ambo (griech. Erhöhung) Meist steinernes Podium mit Lesepult in der altchristlichen und frühmittelalterlichen Basilika (Vorläufer der Kanzel).

Amphitheater Antikes Theater mit ringsum geschlossenen Sitzreihen um eine ellipsenförmige Arena, in der vornehmlich sportliche Veranstaltungen, Tier- und Gladiatorenkämpfe ausgetragen wurden.

Anna selbdritt Darstellung der heiligen Anna mit ihrer Tochter Maria und dem Jesuskind.

Antependium (lat., das Davorzuhängende) Verkleidung des Altartischs, gewöhnlich an der Vorderseite. Ursprünglich ein von der Mensa herabhängendes Tuch, später Metall-, Email- oder Steinarbeiten oder bemalte Tafeln.

Antiphonar (griech.) Im Mittelalter liturgisches Buch der lat. Kirche.

Apsis Meist halbrunder, mit einer Halbkuppel überdeckter Raum, der sich zu einem Hauptraum hin öffnet; in der christlichen Baukunst überwiegend der östliche Abschluss einer Kirche.

Architrav Der den Oberbau tragende Hauptbalken über Säulen oder Pfeilern.

Archivolte Vom Mauerwerk abgesetzte Einfassung eines Bogens als Fortsetzung der Gewändegliederung; bei romanischen und gotischen Portalen Bezeichnung der Bogenläufe im Gewände.

Apsis: Hauptapsis und Nebenapsiden

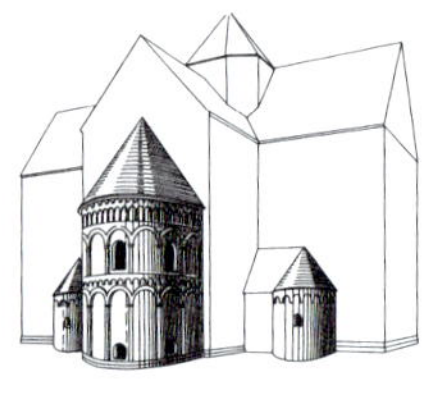

Basilika

Arco (ital.) Bogen, auch Stadttor.

Atrium Von Säulen getragener Innenhof des römischen Wohnhauses mit einer mittleren Öffnung im Dach; in der christlichen Baukunst von Säulenhallen umgebener westlicher Vorhof einer Kirche.

Attika Niedriges Geschoss oder brüstungsartige Aufmauerung über dem Hauptgesims eines Gebäudes.

Baldachin Beweglicher Tragehimmel; in der Baukunst die feste Überdachung über Kanzel, Statuen, Altar (= Ziborium).

Ballatoio (ital.) Erhöhter Laufgang im Kirchenraum oder in einem Festsaal.

Balustrade Ein aus kleinen, gedrungenen Stützen (Balustern) gebildetes Geländer an Treppen, Balkonen oder als Dachabschluss.

Basilika (griech., Königshalle) In der nachantiken Baukunst Kirchenraum, der nach antiken und frühchristlichen Vorbildern durch Säulen oder Pfeiler in drei oder mehr Schiffe gegliedert wird. Das mittlere Schiff ist erhöht und hat Fenster im Obergaden. Auch auszeichnender Titel, den der Heilige Stuhl Kirchen (jedweder Form) verleiht.

Basis Ausladender Fuß einer Säule oder eines Pfeilers.

Bifore Zweibogiges Fenster.

Blende Eine rein dekorative, der Mauerfläche vorgelegte ›blinde‹ Scheinarchitektur. Gewöhnlich als Relief ausgebildet, ersetzt sie in ihrer rein dekorativen Wirkung eine wirkliche Architektur. So stehen z. B. flache Blendarkaden für wirkliche betretbare Arkaden.

Bogenfries Fortlaufende Reihe kleiner Blendbogen.

Borgo Nicht befestigte Ortschaft (im Gegensatz zu *castello*), auch Vorstadt.

Bosse (ital., Entwurf, roh behauener Stein) Haustein mit roh bearbeiteter Vorderseite.

Bucchero (ital.) Diese etruskische Vasengattung bezeichnet schwarze Tongefäße mit Reliefs oder eingeritztem Dekor (8.–4. Jh. v. Chr.).

Cardo Nord-südlich verlaufende Hauptstraße römischer Städte und Lager.

Casa-torre (ital.) Turmhaus, charakteristische Form des mittelalterlichen städtischen Feudalpalasts.

Castello Befestigte Ortschaft; nicht zu verwechseln mit *fortezza* oder *rocca* (Festung, Zwingburg).

Castrum Standlager römischer Truppen; rechtwinklig angelegt und von einem Wall umgeben.

Chor Eigentlich der für den Chorgesang oder das Chorgebet der Geistlichen bestimmte Raumteil, zunächst vor dem eigentlichen Hochaltarraum gelegen, später jedoch oft identisch mit diesem.

Cippus (lat.) Ursprünglich pfahlartiges Grenzzeichen aus Holz oder Stein, später auch Bezeichnung für Grabstein.

Collegiata (ital.) s. Kollegiatkirche.

Cosmaten Gruppe römischer und neapolitanischer Bau- und Dekorationskünstler des 12.–14. Jh., die überwiegend den Vornamen Cosmas trugen. Sie schufen insbesondere Einlegearbeiten aus buntem Marmor.

Decumanus Ost-westliche Hauptstraße römischer Städte und Lager.

Dienst Stab, der die Gurte und Rippen des Gewölbes trägt.

Dioskuren Zwillingsgötter, wohl vordorischen, achäischen Ursprungs, mit ähnlichen nordischen Göttern verwandt. Die Dioskuren Kastor und Pollux sind Söhne des Zeus.

Disegno Begriff mit verschiedenen Bedeutungen: Zeichnung, Umrisslinie, aber auch Entwurf, Plan. Darüber hinaus (in der Kunstliteratur der Renaissance) Konzept, Vorstellung, Idee.

Dom (lat. *domus* = Haus) Bischofskirche, Kathedrale. Im Italienischen bezeichnet *duomo* auch die Hauptkirche eines Ortes ohne Bischofssitz.

Dromos Korridor zu einem Grab.

Ecclesia (griech. *ekklesia* = Versammlung) Bezeichnet wie das Wort Kirche die christliche Gemeinschaft.

Entasis (griech.) Schwellung des Säulenschafts.

Eroten (griech.) Kleine, geflügelte, meist männliche Liebesgötter; bei den Römern Amoretten genannt.

Exedra (griech., abgelegener Sitz) In der Antike halbrunde oder eckige Nische mit Sitzen. Später Bezeichnung für Apsis oder ähnliche Raumerweiterung.

Fayence Tonware, die nach dem Brennen mit einer Blei- oder Zinnglasur überzogen und noch im feuchten Zustand mit sog. Scharffeuerfarben bemalt wird. Bei einem zweiten Brand verschmilzt dann die Glasur mit den Farben zu einer glänzenden Schicht.

Fiale (griech. *phiale* = Gefäß) In der gotischen Architektur meist als Bekrönung von Strebepfeilern oder Wimpergen eingesetztes, sehr schlankes, pyramidenförmiges Ziermotiv.

Fresko Wandmalerei auf dem noch frischen Putz aus Kalkmörtel (*intonaco*). Die im Wasser angeriebenen Farbpigmente verbinden sich mit dem Putz und trocknen zusammen mit diesem. Malt man auf bereits getrocknetem Putz, spricht man von

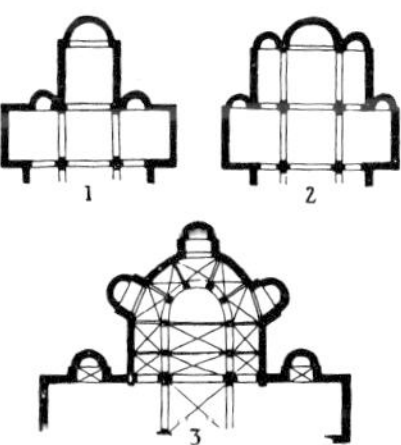

Chor
1 Langchor
2 Staffelchor
3 Chor mit Umgang und Kapellenkranz

Secco-Malerei *(a secco),* für die man Bindemittel benötigt. Nur so viel Putz wird aufgetragen, wie an einem Tag bemalt werden kann. Die Grenzen der Tagwerke sind erkennbar, selbst ihre Reihenfolge. Fresken können von der Wand abgelöst und auf einen neuen, isolierten Bildträger übertragen werden (Polyester, Hartfaserplatten).

Fries Waagerechte Mauerstreifen mit ornamentalen oder figürlichen Darstellungen als Schmuck, Gliederung oder Abschluss einer Wand.

Fries
1 Mäander
2 laufender Hund
3 Lotos-Palmettenfries
4 Sägezahn- und Zinnenfries

Galerie Langer, gedeckter, nach einer Seite offener Gang: 1. Laufgang mit offenen Bogenstellungen an einer Fassade.
2. Laufgang über den Seitenschiffen in Kirchen.

Gastald Hoher Verwaltungsbeamter in den Langobardenstätten, als ›Gastwalter‹ ursprünglich für die Unterbringung der Krieger und ihrer Familien zuständig.

Gesims Vorspringendes, meist horizontal verlaufendes, bauplastisches Element, das eine Außenwand in Abschnitte gliedert.

Gewölbeformen Tonnengewölbe: Gewölbe mit halbkreisförmigem Querschnitt (einfachste Form des Gewölbes); bei der Durchdringung zweier gleich hoher Tonnengewölbe entsteht ein Kreuzgewölbe; bilden sich an den Schnittpunkten der Gewölbeflächen eines Kreuzgewölbes Grate, handelt es sich um ein Kreuzgratgewölbe; verläuft entlang der Grate eine tragende Skelettkonstruktion, dann spricht man von einem Kreuzrippengewölbe.

Goldener Schnitt Die geometrische Teilung einer Linie in zwei ungleiche Teile, sodass der kleinere sich zum größeren verhält wie dieser zur ganzen Linie.

Graffito (ital. *graffiare* = kratzen) Putztechnik, bei der verschiedenfarbige Putzschichten übereinander aufgetragen werden. Dort, wo die hellere, noch feuchte Oberschicht abgekratzt wird, tritt die dunklere Unterschicht als Zeichnung hervor.

Grisaille (frz. *gris* = grau) Malerei in Grautönen mit feinen Abstufungen von hell und dunkel; Grisaille-Malerei ist in allen Techniken üblich.

Gurt Bogen, der Gewölbejoche trennt.

Habit (lat. *habitus*) Bekleidung, insbesondere die Tracht der Ordensleute und Priester.

Halle Im Kirchenbau versteht man unter Hallen einen Typus, dessen Schiffe (im Gegensatz zur Basilika) gleich hoch sind.

Hallenkirche

Hängekuppel Kuppelkonstruktion, die aus einer Halbkugel hervorgeht. Dabei werden die seitlichen, über das eingeschriebene Grundrissquadrat hinausgehenden Kappen abgeschnitten (nicht jedoch auch die obere Kappe wie bei Pendentifs).

Hodegetria (griech., Wegführerin) Altbyzantinischer Typus der Madonna in Halbfigur mit dem Kind auf dem linken Arm, benannt nach dem Urbild in der Hodegonkirche (Mitte 5. Jh.), Byzanz.

Hypokaustum (griech./lat.) Römische Zentralheizung; durch Kanäle im Stein- oder Ziegelfußboden, später auch durch Hohlziegel oder Tonrohre der Wände wurden Rauchgase geleitet.

Impasto (ital.) In der Malerei dichter Farbauftrag (pastose Malerei).

Inkrustation Einlegearbeit aus verschiedenen Steinsorten.

Insula Von Straßen umgebener Wohnblock in einer antiken Stadt.

Intarsien Einlegearbeiten mit verschiedenfarbigen Materialien; neben

Holz auch Elfenbein, Stein, Schildpatt, Perlmutt usw.

Interdikt (lat. *interdictio* = Versagen) Im katholischen Kirchenrecht Verbot, Gottesdienst und Sakramente abzuhalten. Wurde im Mittelalter oft von den Päpsten als politisches Druckmittel gegenüber den Städten eingesetzt.

Joch Gewölbeabschnitt. Französische Bezeichnung: *travée.*

Kalotte (frz., Käppchen) Gedrückter Kugelabschnitt.

Kämpfer Oberste Steinlage einer Stütze, die einen Bogen oder ein Gewölbe trägt. Auch Bezeichnung für das Zwischenkapitell (Kämpferaufsatz) zwischen dem Säulenkapitell und dem Bogenkapitell.

Kanneluren Senkrechte Auskehlungen eines Säulenschafts.

Kapitelsaal Versammlungsraum in Klöstern.

Kenotaph (griech., leeres Grab) Grabdenkmal für einen Toten, der an anderer Stelle beigesetzt wurde.

Kline Etruskische Liege.

Kollegiatkirche Kirche, der ein Kapitel (Stiftsherren, Kanoniker), nicht aber auch noch ein Bischof vorsteht.

Kompositkapitell Kapitell mit ionischen und korinthischen Elementen (Voluten, Arkanthusblattwerk).

Kontrapost Durch tragendes Stand- und entlastendes Spielbein ausgedrückte, harmonische Körperhaltung, vor allem in der klassischen griechischen Bildhauerei.

Krabbe In der Gotik blattförmiges Ornament an den Kanten von Fialen, Wimpergen und anderen Baugliedern.

Krag-Gewölbe Falsches Gewölbe.

Kreuzkuppelkirche Kirche in Form eines griechischen Kreuzes mit einer Kuppel über dem zentralen Raum. Auch die vier Querarme können von Kuppeln oder Tonnengewölben überfangen sein.

Kustode s. Kustos.

Kustos (lat., Wächter, Aufseher) Beamteter wissenschaftlicher Mitarbeiter an Museen.

Laterne Runder oder polygonaler Zierturm auf einer Kuppel.

Lettner (lat. *lectorium* = Lesepult) Trennwand zwischen Chor und Laienraum.

Lichtgaden s. Obergaden.

Liktoren Amtsdiener im antiken Rom.

Lisene Gemauerter vertikaler Zierstreifen zur Gliederung einer Wand. Im Unterschied zu Pilastern hat die Lisene keine Basis und kein Kapitell. Sie kann beliebig verlängert werden.

Lünette (frz., kleiner Mond) Halbkreisförmiges Feld, vornehmlich über Türen, Fenstern oder dem Gebälk.

Majolika s. Fayence.

Mandorla Mandelförmiger Strahlenkranz (Aureole, Gloriole).

Maniera Greca (auch maniera bizantina, ital.) Bezeichnung für die Summe byzantinischer Stilelemente in der italienischen Malerei, besonders des 13. Jh.

Maßwerk Ornament, das aus dem Maß, d.h. mit Hilfe eines Zirkels, konstruiert wurde, vornehmlich zur Unterteilung gotischer Fenster.

Mensa Altarplatte.

Mezzanin (ital. *mezzo* = halb) Nicht voll ausgebildetes Zwischengeschoss, das bei der Fassadengestaltung als Halbgeschoss in Erscheinung tritt.

Municipium (lat.) Ursprünglich autonome Gemeinde Latiums, später städtische Siedlung, deren Bürger das eingeschränkte römische Bürger-

Kämpfer über frühchristlichem Kapitell

Lisenen mit Rundbogenfries

recht besaßen (z.B. das Eherecht, nicht aber das Wahlrecht).

Nekropole (griech., Totenstadt) Größere Begräbnisstätte.

Obergaden (ahd. *gaden* = einräumiges Haus) Oberer Raumabschnitt des Mittelschiffs einer Basilika.

Palio (ital.) Besticktes oder bemaltes Tuch, das man bei volkstümlichen Festen dem Sieger reicht.

Pass (= Zirkel) Kreisbogen des Maßwerks. Nach der Anzahl der Kreise unterscheidet man Dreipass, Vierpass, Fünfpass usw.

Pendentif Architektonisches Konstruktionselement in Form eines sphärischen Dreiecks, das vom Quadrat des Unterbaus zum Rund der Kuppel vermittelt.

Kuppel über Pendentifs

Peristyl (griech.) Säulenhalle, die einen Hof (Vorhof, Tempelhof) umgibt.

Piano nobile (ital.) Hauptgeschoss der Stadtpaläste und Villen.

Pietà Plastische Darstellung Mariens mit dem toten Christus auf ihrem Schoß.

Pietra dura (ital. harter Stein) Eine im 16. Jh. in Florenz entwickelte Sonderform der Inkrustation. Verschiedene Steine und Halbedelsteine werden ausgeschnitten und fugenlos zusammengesetzt.

Pieve (lat. *plebs* = Volk, Gemeinde) Ursprünglich Bezeichnung für eine Gemeinde, später für die größere, dem Bischof unterstellte Pfarrkirche auf dem Land mit Taufstelle, Friedhof, oft auch Priesterschule.

Pilaster Flache Wandvorlage mit Basis und Kapitell.

Plinthe (griech., Ziegel) Die rechteckige oder quadratische Fußplatte einer Säule, eines Pfeilers, eines Postaments oder einer Statue.

Podestà (ital.) Seit dem Mittelalter Stadtoberhaupt, dessen Amt mit vielen Rechten ausgestattet war.

Polyptychon Mehrteiliger Altaraufsatz, auch Flügelaltar.

Porphyr (griech., purpurfarben) Sammelname für vulkanische und subvulkanische Gesteine mit Einsprenglingen von Alkalifeldspaten oder Quarzen.

Portikus (lat., Halle) Von Säulen getragener Vorbau, meist an der Haupteingangsseite (auch selbstständiges Bauwerk).

Predella Untere Zone eines Altaraufsatzes.

Presbyterium (griech. *presbyterion* = Rat der Ältesten) Der den Geistlichen vorbehaltene Raumteil mit dem Hochaltar (auch Sanktuarium genannt). Nicht immer identisch mit dem Chor, dem Sitz des Klerus oder der Domherren bei Gottesdienst oder Chorgebet.

Quattrocento (ital. vierhundert) Das 15. Jh., als Epochen- oder Stilbegriff nahezu identisch mit Frührenaissance.

Retabel (lat. *tabula* = Tafel) Ursprünglich eine Tafel über dem Altar (d.h. dem Tisch für das Messopfer), die sich dann später zum Diptychon, Triptychon oder Polyptychon entwickelte.

Risalit (ital. *risaltare* = hervorspringen) In der ganzen Höhe einer Front hervorspringendes Bauteil, das der Gliederung von Fassaden dient.

Rosette Stilisiertes, blütenförmiges Ornament; im gotischen Kirchenbau kreisrundes, mit Maßwerk gefülltes Fenster.

Rustika Roh behauene, bossierte Steine.

Saalkirche Einfacher Kirchenraum ohne Seitenschiffe.

Sacra Conversazione (ital. Heilige Unterhaltung) Bezeichnung für die Darstellung der Madonna mit Heiligen, die gewöhnlich in stummer Zwiesprache zueinander stehen.

Scheidbogen Bogen, der ein Mittelschiffsjoch vom Seitenschiffsjoch trennt.
Schmerzensmann Darstellung des leidenden Christus mit Dornenkrone, wird im Italienischen als Pietà bezeichnet.
Schwibbogen (Schwebebogen) Freigespannter Bogen zur Verstrebung zweier parallel stehender Mauern.
Serliana (auch Serlio-Motiv) Architekturmotiv, bei dem zwei schmale Öffnungen eine mittlere, breite Bogenöffnung flankieren. Der Bogen liegt dabei auf den beiden seitlichen Architravstücken (im Gegensatz zum ›Syrischen Bogen‹, bei dem Architrav und Bogen ein einziges Teil bilden).
Sinopie Originalgroßer Entwurf oder vorbereitende Zeichnung für ein Fresko auf den Grundputz *(arriccio)*. Man verwandte dazu Kohle und rote Erdpigmente (*sinopia*, nach der Herkunft aus der Stadt Sinope am Schwarzen Meer).
Spolie Wiederverwendetes Bauteil, das oft antiker Herkunft ist.
Stele Aufrechtstehender meist reliefierter und mit einer Inschrift versehener Gedenk- bzw. Grabstein.
Stiftskirche s. Kollegiatkirche.
Syrischer Bogen s. Serliana
Tambour (frz.) Unterbau einer Kuppel, meist zylinderförmig.
Terra Verde Aus Eisenoxyd und Kieselsäure gewonnenes, grünes Farbpigment.
Tondo (ital.) Gemälde oder Relief von runder Form.
Toscanische Ordnung Sonderform der römisch-dorischen Ordnung mit Basis und meist ohne Kanneluren.
Travée Französische Bezeichnung für Joch oder ein geschlossenes Fassadenfeld.
Trecento (ital., dreihundert) Das 14. Jh. in Italien.
Triforium (lat.) Dreibogige Öffnung (Fenster, Tür); in einem weiteren Sinn Laufgang unter den Obergadenfenstern des romanischen und besonders gotischen Kirchenbaus.
Trompe (frz.) Trichterförmiger Gewölbeabschnitt; Gewölbezwickel, der von Quadrat zum Rund des Kuppelansatzes vermittelt.
Tympanon In der Baukunst des Mittelalters und der Renaissance Bogenfeld über dem Portalsturz; beim griechischen Tempel das Giebelfeld, meist mit plastischem Schmuck.
Vesperbild Überwiegend plastische Darstellung der trauernden Maria mit dem toten Christus auf ihrem Schoß. Die deutsche Bezeichnung für Pietà ist auf die Gebetszeit der Vesper zurückzuführen, denn zu dieser Tageszeit erfolgte am Karfreitag die Kreuzabnahme.
Vestibül Vorhalle eines Hauses.
Volute Spiralförmig gewundene Zierform, ursprünglich am ionischen Kapitell.
Votivgabe (Votivbild, -tafel) Einer seit dem Mittelalter bestehenden Tradition folgend, Gabe, die aufgrund eines Gelübdes oder als Dank für eine Gebetserhöhung an Wallfahrtsorten gestiftet wird.
Wimperg Giebelförmige Zierform über Fenstern, Türen und Arkaden gotischer Kirchen, oft mit Krabben besetzt und von einer Kreuzblume bekrönt.
Ziborium Altarüberbau in Form eines Baldachins.
Zwerchgalerie (mhd. *twerch* = quer) Ein das Mauerwerk auflockernder Laufgang bei romanischen Kirchen, meist unter dem Dachgesims. Oft wird auch die Schreibweise ›Zwerggalerie‹ verwendet.

Triforium: links romanische Frühform, rechts gotische Weiterbildung

Ionisches Kapitell mit den sog. Voluten

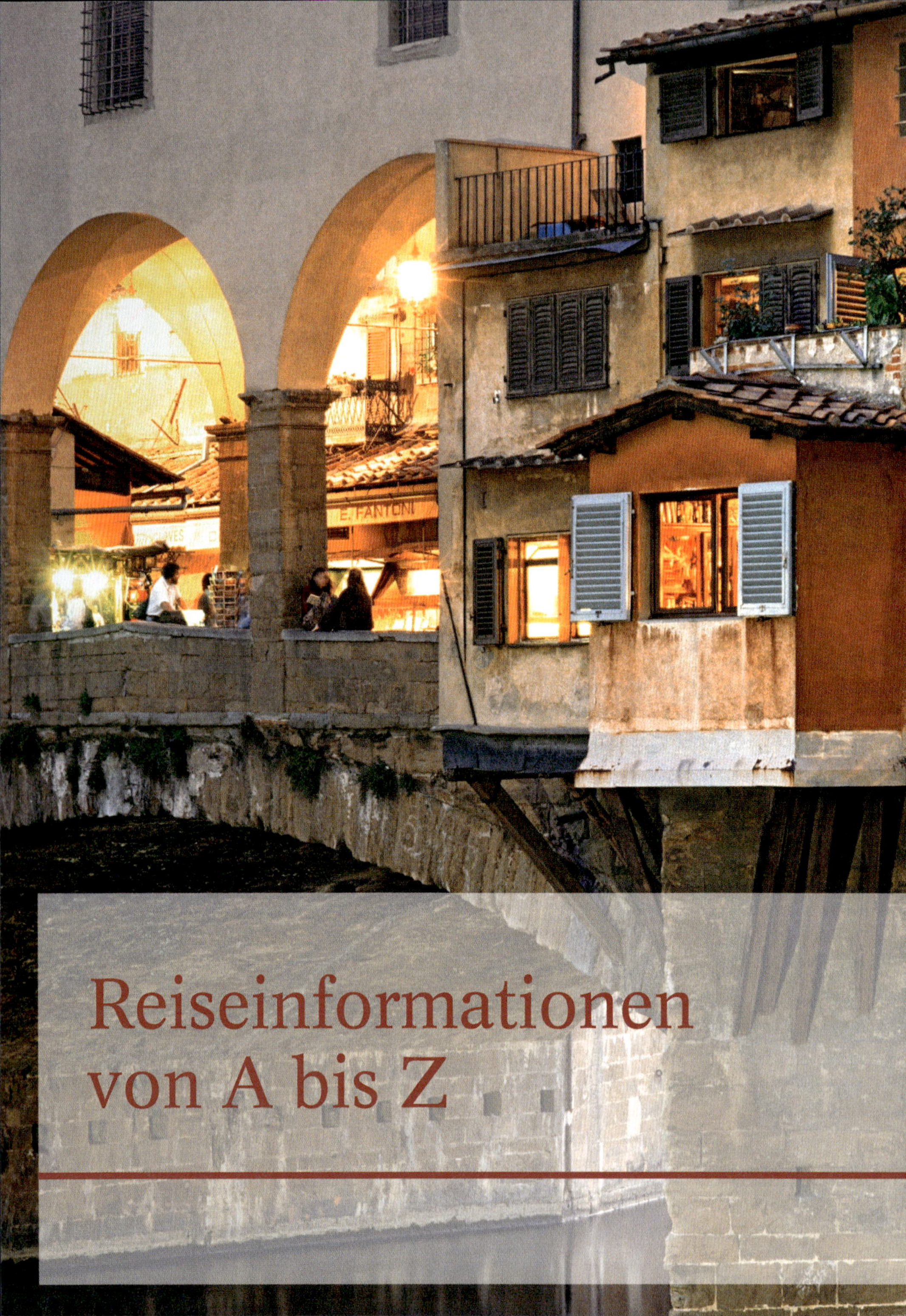

Reiseinformationen von A bis Z

Anreise

... mit dem Auto

In ganz Italien, also auch in der Toscana, reichen ein gültiger Führerschein und Kfz-Papiere aus. Doch es ist sehr empfehlenswert, die internationale Grüne Versicherungskarte dabeizuhaben.

Aus Deutschland und Österreich führen die Autorouten meist über Innsbruck und den Brenner nach Verona und Bologna; aus der Schweiz wählt man am besten die Fahrt durch den Sankt-Gotthard-Tunnel nach Mailand, Parma und Bologna. Von dort führt die tunnelreiche und staugefährdete A 1 weiter nach Florenz. Die italienischen Autobahnen sind gebührenpflichtig (Berechnung der Mautgebühren im Internet: http://www.autostrade.it/autostrade/percorso.do).

Geschwindigkeitsbeschränkungen: auf Autobahnen 130 km/h, auf Landstraßen 110 km/h, auf Ortsumgehungen 90 km/h, in geschlossenen Ortschaften 50 km/h.

Auf Autobahnen ist das Mitführen einer **Warnweste** Pflicht.

Außerhalb geschlossener Ortschaften ist generell mit **Abblendlicht** zu fahrenen.

... mit dem Flugzeug

Der nur 6 km vom Stadtzentrum entfernte Flughafen **Amerigo Vespucci** (Peretola, Infos: Tel. 055 31 58 74, www.airport.florence.it) wird international angeflogen, mehrmals tgl. Anbindung mit Lufthansa über München oder Frankfurt/Main, Alitalia und Meridiana sowie Augsburg Airways und Air Dolomiti von München.

Per Bus ist der Flughafen gut an die Stadt angebunden: Ca. stündlich verbindet ein Transferbus (SITA, www.sita-on-line.it) den Flughafen mit dem Hauptbahnhof Santa Maria Novella, Fahrtdauer ca. 30 Min. Alle 20 Min. fährt die Stadtbuslinie ATAF (www.ataf.net) zur Piazza Santa Maria Novella.

Auch die ca. 15-minütige Taxifahrt ist nicht übermäßig teuer (ca. 20 €, Tel. 055 42 42, 055 43 90, 055 44 99 und 055 47 98).

Etwas weiter entfernt, aber dennoch ein wichtiger Flughafen für Florenz ist auch Pisa **(Galileo Galilei,** Infos: Tel. 050 84 91 11, www.pisa-airport.com). Ryanair (ab Frankfurt, Hamburg, Friedrichshafen, Karlsruhe, Bremen), Lufthansa (ab München), Tuifly (ab Hannover, Köln-Bonn, Stuttgart), Air Dolomiti (ab München) und Easyjet (ab Berlin) fliegen Galileo Galilei u. a. an. Von dort gibt es gute Bus- (Terravision, ab 10 €) und Zugverbindungen nach Florenz (Air Terminal im Bahnhof Santa Maria Novella, Gleis 5, Fahrtzeit ca. 65 Min.; siehe dazu auch www.trenitalia.de).

... mit dem Zug

Reisende aus dem Norden erreichen Florenz über Österreich oder über die Schweiz. Ankunftsbahnhöfe sind meist der Hauptbahnhof Santa Maria Novella oder Stazione di Rifredi. In **Santa Maria Novella** (S.M.N.) kommen mehrmals täglich Züge an, die auf der EC-Strecke Brenner – Bologna – Florenz fahren.

Von Florenz aus bestehen gute Bahnverbindungen zu anderen touristisch interessanten Städten in der Region wie zum Beispiel Siena, Pisa oder Arezzo.

Bitte nicht vergessen: In Italien gekaufte Fahrkarten müssen vor Einstieg am Bahnsteig abgestempelt werden, andernfalls werden recht hohe Nachzahlgebühren erhoben.

Bahnverbindungen und Tickets im Internet: www.trenitalia.it. Infos: Tel. (in Italien kostenlos) 84 88-880 88.

Apotheken

Florenz ist mit einem ausreichenden Netz an Apotheken (ital. *farmacia*) überzogen. Die Auswahl an Medikamenten entspricht dem internationalen Standard.

Ärztliche Versorgung

Die Adressen der deutsch-sprechenden Ärzte kann man normalerweise im eigenen Hotel erfahren. Der medizinische Standard entspricht dem mitteleuropäischen.

Reisende aus EU-Ländern sollten die **Europäische Krankenversicherungskarte** mit sich führen.

Schweizer Staatsbürger werden wie Privatpatienten behandelt, die ihre Rechnung sofort beim Arzt bezahlen und sie dann zu Hause ihrer Versicherung vorlegen.

Sowohl für EU-Bürger wie auch für Schweizer empfiehlt sich der Abschluss einer Auslandsreisekrankenversicherung, bei der im Krankheitsfall die Kosten für einen Rücktransport übernommen werden.

Auskunft

Staatliche Italienische Fremdenverkehrsämter (ENIT)

... in Deutschland
Barckkausstraße 10
60325 Frankfurt/Main
Tel. 069 23 70 69
Fax 23 28 94
frankfurt@enit.it

Kostenfreie Servicenummer für den deutschsprachigen Raum: Tel. 008 00 00 48 25 42 (nur für Prospektbestellung).

... in Österreich
Kärtnerring 4
1010 Wien
Tel. 01 505 16 30 12
Fax 01 505 02 48
vienna@enit.it

... in der Schweiz
Uraniastraße 32
8001 Zürich
Tel. 043 466 40 40
Fax 043 466 40 41
zurich@enit.it

... im Internet

www.enit-italia.de
www.firenzeturismo.it (Internetseite der Azienda di Promozione Turistica)
www.comune.fi.it (Internetseite der Stadt Florenz)
www.aboutflorence.com
(Geschichte, Veranstaltungen, Hotelbuchungen)
www.firenze.net
(Veranstaltungen, Hotelbuchungen, Restaurants)

Agenzia per il Turismo di Firenze (APT)
Via A. Manzoni 16
50121 Firenze
Tel. 055 2 33 20
Fax 055 2 34 62 86
www.firenzeturismo.it

Informationsstellen der Stadt und Provinz Florenz

Ufficio Informazioni e di Accolienza Turistica
Piazza Stazione 4/a
(Ostseite des Hauptbahnhofs)
Tel. 055 21 22 45
Fax 055 238 12 26
www.comune.fi.it

Aeroporto A. Vespucci
Tel. 055 31 58 74
Fax 055 31 58 74
www.firenzeturismo.it

Borgo Santa Croce 29r
Tel. 055 234 04 44
Fax 055 226 45 24
www.comune.fi.it

Via Cavour 1r
Tel. 055 290 83 32
Fax 055 276 03 83
www.firenzeturismo.it

Diplomatische Vertretungen

Honorarkonsulat der Bundesrepublik Deutschland
Corso dei Tintori 3
Tel. 055 234 35 43
Fax 055 247 62 08

Konsulat der Republik Österreich
Lungarno Vespucci 58
Tel. 055 26 42 22
Fax 055 294 74

Konsulat der Schweiz
Hotel Park Palace
Piazzale Galileo 5
Tel. 055 22 24 31
Fax 055 22 05 17

Einkaufen

Die Geschäfte haben vormittags von ca. 9–13 Uhr geöffnet, nachmittags von 15.30–19.30 Uhr, während der Sommerzeit an Samstagen nur vormittags. Am Montagnachmittag bleiben die meisten Läden geschlossen.

Die Lebensmittelgeschäfte richten sich nach etwas anderen Zeiten: Sie öffnen vormittags bereits um 8 Uhr, nachmittags gegen 17 Uhr, sie bleiben am Mittwochnachmittag geschlossen.

Gemüse- und Lebensmittelmärkte bei San Lorenzo und Sant' Ambrogio (vormittags). Der Wochenmarkt mit preiswerten Einkaufsmöglichkeiten wird am Dienstagvormittag in den Cascine abgehalten. Ein Trödlermarkt (mit recht hohen Preisen) auf der Piazza dei Ciompi.

Suchen Sie ein Souvenir oder ein nicht alltägliches Mitbringsel? Dann schauen Sie doch einmal in den historischen Räumen der so genannten Apotheke von Santa Maria Novella vorbei. Die Officina Farmaceutica ist wohl mehr eine Luxusdrogerie als eine Apotheke im modernen Sinne. Hier finden Sie Präparate aus den Heilpflanzen der Florentiner Hügel, jede Art von Seifen, Cremes, Parfums, Essenzen, Pflegemittel – allesamt nach alter Rezeptur aus natürlichen Rohstoffen hergestellt. Die farmacia war einst Hoflieferantin der Medici-Großherzöge. Katharina de' Medici, die spätere Gemahlin Heinrichs II. von Frankreich, soll ein eigens für sie ersonnenes Duftwasser mit an den französischen Hof genommen und damit die französische Tradition der Parfumherstellung (einschließlich des Eau de Cologne) begründet haben:

L'Officina Farmaceutica di Santa Maria Novella
Via della Scala 16
Tel. 055 21 62 76
Mo–Sa 9.30–19.30 Uhr
www.deltagift.com.br/santamarianovella/

Weitere Einkaufstipps:
Wein, Vinsanto, Olivenöl von hoher Qualität, Pecorino (Schafskäse), Wurstspezialitäten, Panforte di Siena, Lederwaren jeglicher Art, Antiquitäten.

Einreisebedingungen und Zollbestimmungen

EU-Bürger benötigen für die Einreise einen Reisepass oder Personalausweis. Schweizer müssen sich mit Reisepass oder Identitätskarte ausweisen können.

Innerhalb des EU-Binnenmarktes können Bürger der Europäischen Union Waren für den persönlichen Gebrauch unbegrenzt und abgabenfrei aus Italien mitführen.

Richtlinien für die Grenze privater Nutzung sind: 800 Zigaretten, 400 Zigarillos, 200 Zigarren, 1 kg Rauchtabak, 10 l Spirituosen, 20 l alkoholische Getränke bis 22% Alkoholgehalt, 90 l Wein (davon max. 60 l Schaumwein) und 110 l Bier. Reisende über 17 Jahren aus der Schweiz dürfen 200 Zigaretten oder 50 Zigarren und 250 g Rauchtabak, 2 l Wein, 1 l Spirituosen und für den persönlichen Bedarf bestimmte Waren im Gesamtwert von 200 Franken aus Italien ausführen.

Feiertage

1. Januar (Neujahr)
6. Januar (Heilige Drei Könige)
Ostersonntag und Ostermontag
25. April (Tag der Befreiung 1945)
1. Mai (Tag der Arbeit)
15. August *(Ferragosto)*
1. November (Allerheiligen)
8. Dezember (Maria Empfängnis)
25. und 26. Dezember (Weihnachten)

Fremdenführervereinigungen

Associazioni Guide Turistiche
Via dei Querci 4/d
Tel./Fax 055 787 77 44
florenceandtuscany@
hotmail.com

AGT Firenze Associazione Guide Turistiche della Toscana
Via Ghibellina 117r
Tel./Fax 055 264 52 17
www.arca.net/agt/

Associazione Centro Guide Turismo-Firenze e Provincia
Via Ghibellina 110
Palazzo Borghese
Tel. 055 28 84 48
Fax 055 28 84 76

A. G. A. Associazione Guide Turistiche e Accompagnatori
Via delle Porte Nuove 15
Tel./Fax 055 448 69 71
www.aga.monrif.net

Fundbüro

Oggetti trovati
Via Circondaria 17b
Tel. 055 328 39 42 und
055 328 39 43

Geld

Reisende aus EU-Ländern können uneingeschränkt Geldbeträge ein- und ausführen. Bargeld kann man an Bankautomaten mit der Maestro-Karte abheben (auch mehrmals täglich). Die Höchstsumme ist von Bank zu Bank verschieden (ca. 250–700 €).

In Hotels und Restaurants werden Maestro-Karten und Kreditkarten in der Regel akzeptiert, außerdem in zahlreichen Geschäften.

Banken haben Mo–Fr ca. 8.30–13.30 Uhr geöffnet.
Sperr-Notruf: Sperrruf für viele Bank- und Kreditkarten: Tel. 0049 116 116.
Zentraler Sperrdienst für ec-Karten, Maestro-Karten, BankCards, SparkassenCards und andere Debitcards auch Tel. 0049 1805 021 021.
Weitere Information:
www.kartensicherheit.de

Hausnummern

Florenz hat zwei voneinander unabhängige Hausnummernsysteme, ein blaues für Privathäuser, ein rotes für Läden und Werkstätten. Daher findet man häufig den Zusatz ›r‹ (für rot).

Karten

Für die Besichtigung von Florenz ist der Falk Cityplan zu empfehlen. Für Ausflüge in die Umgebung sind gute Straßenkarten unentbehrlich. Übersichtlich ist die Toskana-Karte von **Marco Polo** (Maßstab 1:200 000).

Literatur

Weltliteratur im Handgepäck

Eine Sammlung von vorwiegend literarischen Texten zu Florenz vom 15. bis 20. Jahrhundert: **Andreas Beyer (Hg.):** Florenz, Lesarten einer Stadt, Frankfurt am Main 1983 (Insel Taschenbuch)

Einblick in das alltägliche Leben im Florenz des 20. Jahrhunderts geben die Romane von **Vasco Pratolini.** Erstmals 1949 auf Italienisch veröffentlicht und auch verfilmt wurde »Le ragazze di San Frediano«. Die Handlung spielt im Oltrarno (s. Kapitel »Jenseits des Arno«). Eine deutsche Übersetzung unter dem Titel »Die Mädchen von Sanfrediano« erschien in Freiburg i. Br. 1990 (Beck & Gürtler). Übersetzt wurden auch »Chronik armer Liebesleute«, »In den Straßen von Florenz« und »Das Quartier«.

Florenz ist der Schauplatz von vierzehn spannenden Kriminalromanen mit *Kommisar Guarnaccia,* der in einem Seitenflügel des Palazzo Pitti sein Revier hat). Zuletzt erschien von **Magdalen Nabb** Vita Nuova. Guarnaccias vierzehnter Fall (Diogenes, Zürich 2008). Weitere Titel dieser Kriminalserie u. a. »Eine Japanerin in Florenz«, »Tod eines Holländers«.

Ein historischer Roman über *Großherzog Gian Gastone de' Medici,* den letzten männlichen Abkömmling des Geschlechts der Medici: **Fernandez, Dominique:** Die Rache des Medici, deutschsprachige Ausgabe, Diederichs, München 1998.

Literaturhinweise

Ein Literaturverzeichnis, das auch Aufsätze, das Werk- und Künstlermonografien mit einschließt, würde bei diesem weit gespannten Thema unangemessen viel Platz beanspruchen. Die Hinweise beschränken sich auf einige Quellen- und Stan-

dardwerke sowie neuere Literatur von allgemeinerem Interesse:
Harold Acton: The last Medici, Florenz 1980.
Glenn Andres u. a.: The Art of Florence, 2 Bde., New York 1988.
Piero Bargellini und Ennio Guarnieri: Le strade di Firenze, 4 Bde., Florenz 1986.
Hans Baron: Bürgersinn und Humanismus im Florenz der Renaissance, Berlin 1992.
Michael Baxandall: Die Wirklichkeit der Bilder. Malerei und Erfahrung im Italien des 15. Jahrhunderts, Darmstadt 1999.
Hans Belting und Dieter Blume (Hg.): Malerei und Stadtkultur der Dantezeit. Die Argumentation der Bilder, München 1989.
Hans Belting: Florenz und Bagdad. Eine west-östliche Geschichte des Blicks, München 2008.
Barbara Beuys: Florenz. Stadtwelt – Weltstadt, Hamburg 1992.
Eve Borsook: The Mural Painters of Tuscany from Cimabue to Andrea del Sarto, Oxford 1980.
Wolfgang Braunfels: Der Dom von Florenz, Freiburg und Lausanne 1964.
ders.: Mittelalterliche Stadtbaukunst in der Toskana, Berlin 1988.
Mario Bucci und Raffaele Bencini: Palazzi di Firenze, 4 Bde., Florenz 1971–73.
Jacob Burckhardt: Die Kultur der Renaissance in Italien, 1860, Stuttgart 2009.
James Cleugh: Die Medici, aus dem amerikanischen von Ulrike von Puttkamer, München 2008.
Dino Compagni: Cronica – Istoria Fiorentina dal 1280 al 1312 (dt.: Chronik des Dino Compagni. Von den Dingen die zu seiner Zeit geschehen sind, übersetzt und eingeleitet von Ida Schwartz), Jena 1914.
Robert Davidsohn: Geschichte von Florenz, 4 Bde., Berlin 1896–1927.
Annelie De Palma: Florenz mit Fiesole und Settignano. Ein Bildhandbuch, München und Darmstadt 1983.
Alfred Doren: Studien aus der Florentiner Wirtschaftsgeschichte, 2 Bde., Stuttgart 1901–08.
Giovanni Fanelli: Firenze, architettura e città, 2 Bde., Florenz 1973 (ausführliches Literaturverzeichnis).
Florenz. Ein Reisebuch, unter Mitarbeit von Willi Adelmann u. a., Frankfurt am Main 1982.
Werner Goez: Grundzüge der Geschichte Italiens in Mittelalter und Renaissance, Darmstadt 1984.
Werner Gross: Die abendländische Architektur um 1300, Stuttgart 1948.
Andreas Grote: Florenz. Gestalt und Geschichte eines Gemeinwesens, Berlin 2007.
Hubertus Günther: Was ist Renaissance? Eine Charakteristik der Architektur zu Beginn der Neuzeit, Darmstadt 2000.
Guida d' Italia del Touring Club Italiano. Firenze e dintorni, Mailand 1974.
John R. Hale: Die Medici und Florenz, aus dem Englischen übertragen von Grete und Karl-Eberhardt Felten, Bergisch Gladbach 1981.
Carla Heussler: Florenz und seine Künstler, Darmstadt 2008
Ludwig H. Heydenreich: Italienische Renaissance. Anfänge und Entfaltung in der Zeit von 1400 bis 1460, München 1972.
Dieter Jansen: Florenz. Mit Ausflügen in die Umgebung, München 1996.
Harald Keller: Kunstlandschaften Italiens, München 1960, Neuausgabe Frankfurt am Main 1983.
Ross King: Das Wunder von Florenz. Architektur und Intrige: Wie die schönste Kuppel der Welt entstand. München 2002.
Heinrich Klotz: Filippo Brunelleschi. Seine Frühwerke und die mittelalterliche Tradition, Stuttgart 1990.
Luca Landucci: Diario fiorentino dal 1450 al 1516, continuato da un anonimo fino al 1542, Florenz 1883 (dt.: Ein florentinisches Tagebuch 1450–1516, übersetzt, eingeleitet und erklärt von Marie Herzfeld, München 1984).
Niccolò Machiavelli: Istorie fiorentine, Florenz, 1532. Dt.: Geschichte von Florenz, Zürich 1986.
Ricordano Malespini: Historia antica dall'edificazione di Fiorenza per insino all' anno 1281 [1286], Livorno 1830.
Robert Oertel: Die Frühzeit der italienischen Malerei, Stuttgart 1966.
Walter und Elisabeth Paatz: Die Kirchen von Florenz, 6 Bde., Frankfurt am Main 1940–54.
Antonio Panella: Firenze, Rom 1930.
Jürgen Paul: Die mittelalterlichen Kommunalpaläste in Italien. Freiburg 1963 (Diss.).

Ernst Piper: Der Aufstand der Ciompi, Berlin 1990.
ders.: Savonarola, Berlin 2009.
John Pope-Hennessy: Italian Gothic Sculpture, London 2000.
ders.: Italian Renaissance Sculpture, London 2000.
ders.: Italian High Renaissance and Baroque Sculpture, 3 Bde., London 2000.
Volker Reinhardt: Florenz zur Zeit der Renaissance, Freiburg und Würzburg 1990.
Julius von Schlosser: Die Kunstliteratur, Wien 1924.
Berthold Stahl: Adel und Volk im Florentiner Dugento, Köln und Graz 1965.
Giorgio Vasari: Le vite de' più eccelenti architetti, pittori e scultori italiani, 1. Ausgabe Florenz 1550, 2. Ausgabe Florenz 1568. Ausgabe von G. Milanesi, 9 Bde., Mailand 1878–85 (verschiedene deutsche Übersetzungen).
Vespasiano da Bisticci: Vite di uomini illustri, Mailand 1951 (dt.: Lebensbeschreibungen berühmter Männer des Quattrocento, ausgewählt und eingeleitet von Paul Schubring, Jena 1914).
Giovanni Villani: Cronica dalla torre di Babel fino al 1348, Florenz 1844/45.
Heinz Willi Wittschier: Die italienische Literatur, Tübingen 1985.
Manfred Wundram: Frührenaissance, Baden-Baden 1970.

Notruf

Polizei: Tel. 112
Unfallrettungsdienst (in ganz Italien): Tel. 113
Pannendienst des Italienischen Automobilclubs (ACI): Tel. 116
von ausländischen Handys Tel. 800 11 68 00
Notruf des ADAC in Padua (von Juni bis Sept.): Tel. 049 66 16 51
Auslandsnotruf des ADAC in München (mit Vorwahl von Italien): Tel. (00 49) 89 22 22 22

Polizei

Polizeipräsidium und Questura:
Via Zara 2 und Piazza del Duomo 5
Tel. 055 4 97 71

Populäre Feste

Scoppio del carro: Zwei weiße Ochsen ziehen am Ostersonntag einen geschmückten und mit Feuerwerkskörpern präparierten Wagen auf die Piazza zwischen Dom und Baptisterium. Währenddessen wird das Heilige Feuer von Santi Apostoli in den Dom gebracht. Eine mit diesem Feuer entzündete Rakete (die man im Volksmund *colombina* nennt, da sie entfernt an eine Taube erinnert) schießt vom Hochaltar des Doms, über ein Hanfseil geführt, auf den *carro* und entzündet die Feuerwerkskörper. Versagt allerdings die Zündung, sodass ein Feuerwehrmann nachhelfen muss, gilt das als ein böses Omen für die kommende Ernte und die Geschäfte.
Calcio in Costume: Traditionsreiches Fußballspiel in Kostümen, das mehrmals im Frühsommer stattfindet (regelmäßig am 24. Juni, dem Festtag des Stadtpatrons Johannes des Täufers), wie vor vielen hundert Jahren auf der Piazza Santa Croce. Jedes der historischen Stadtviertel (San Giovanni, Santa Maria Novella, Santa Croce, Oltrarno) stellt eine Mannschaft. Bei dem Spiel ist fast alles erlaubt (Abb. S. 37, 228).
Festa del Grillo: An Christi Himmelfahrt ziehen die Florentiner in den Cascine-Park, um nach Grillen zu suchen. Da diese heute jedoch äußerst selten sind, kauft man sie den Kindern in kleinen Käfigen. Ein Volksfest mit vielen Verkaufsständen und Belustigungen, mit Gesang und Tanz für Jung und Alt.

Post

Hauptpost mit internationalem Telefondienst
Via Pellicceria (Piazza della Repùbblica)
Durchgehender Telefonservice
auch Via Cavour 71a

Die Postämter öffnen in der Regel Mo–Fr 8.30–14, Sa bis 12 Uhr.

Reisen mit Handicap

Italienische Hoteliers und Ferienhausanbieter sind gesetzlich verpflichtet, je nach Größe des Betriebs mindestens ein behindertengerechtes

Zimmer bzw. eine Wohnung anzubieten. In den Städten werden mehr und mehr die Bordsteine abgesenkt, viele Museen ermöglichen Rollstuhlfahrern den Besuch über Rampen oder Aufzüge (Informationen unter www.italiapertutti.it).

Reisezeit

Wie überall am westlichen Mittelmeer eignen sich Frühling (April, Mai) und Herbst (September, Oktober) besonders gut für Kunstreisen. Im Frühling und Herbst herrscht in Florenz Hochsaison (rechtzeitige Reservierung empfohlen). Im Hochsommer gehört es wegen seiner Tallage zu den heißesten und schwülsten Städten Italiens.

Wer dem Massentourismus entgehen möchte, sollte für den Florenz-Aufenthalt auf die ruhigeren Monate November bis Februar ausweichen.

Restaurants und Trattorien

Trattorien und Restaurants, in denen man toscanische Gerichte zubereitet, finden sich über das ganze Stadtgebiet verteilt. Da sich die toscanische Küche weniger durch Vielfalt als durch die Qualität der Zutaten auszeichnet, isst man in Florenz dort am besten, wo an den Grundprodukten – Fleisch, Gemüse, Käse, vor allem aber am Öl – nicht gespart wird. Die Florentiner selbst sind da sehr wählerisch und nehmen lieber einen weiteren Weg und einen etwas höheren Preis in Kauf, als dass sie sich mit weniger Schmackhaftem begnügen.

Ein hochgelobtes Restaurant, das zu den raffiniertesten, aber auch teuersten Italiens zählt und dennoch spüren lässt, dass man in der Toscana ist:

Enoteca Pinchiorri
Via Ghibellina 87
Tel. 055 24 27 77
www.enotecapinchiorri.com
So und Mo sowie Di und Mi abends geschl.

Die toscanische Küche kennt mehr Gerichte als die allbekannten Spezialitäten. Wer eine Küche erleben möchte, die toscanische Tradition mit Kreativität und hohem Qualitätsanspruch verbindet, sollte sich um einen Tisch im legendären Cibreo (benannt nach einem Gericht aus Hühnerklein, Eigelb und Peperoni) bemühen. Es zählt zu den besten und originellsten Restaurants der Stadt, wenn auch teurer als der Florentiner Standard.

Cibréo Ristorante
Via del Verrocchio 8r
(beim Markt Sant'Ambrogio)
Tel. 055 234 11 00
www.cibreo.com

Ähnliche Gerichte, doch für weniger Geld, serviert man im angeschlossenen Bistro

Cibréo Trattoria (›Il Cebréino‹)
Via De Macci 122r
Tel. 055 234 11 00
So und Mo geschl.

Ein weiteres Restaurant, das sich durch Qualität der Küche, gepflegtes Ambiente, zuvorkommenden Service und entsprechend hohe Preise auszeichnet:

Alle Murate
Via del Proconsolo 16r
Tel. 055 24 06 18
nur abends geöffnet, Mo geschl.

Aber man kann in Florenz auch preiswert originelle Gerichte genießen. Unsere Empfehlung, wenn man sich mit einfacherem Service in etwas kargen Kellerräumen begnügt, ist das Pentola d'Oro. Noch immer wirkt in der Küche Signore Alessi mit, der Rezepte aus der Zeit des toscanischen Großherzogtums und der Bauern erforscht und publiziert hat.

La Pentola d'Oro
Via di Mezzo 24r (zwischen Borgo Pinti und Sant' Ambrogio)
Tel. 055 24 18 28
So geschl.

Eine Trattoria für hohe Ansprüche und zugleich Weinbar, in der man saisonbedingte toscanische Spezialitäten aus eigenem Anbau und auch die berühmten Gewächse von Antinori auch glasweise genießen kann:

Cantinetta Antinori
Piazza degli Antinori 3
Tel. 055 29 22 34
Sa und So geschl.

Trauben von Menschen begehren Abend für Abend Einlass, um auf hundertjährigen Holzbänken unter Schinken zu sitzen und sich durch reiche Portionen, Qualität der Produkte und eine überwältigende Freundlichkeit in die ländliche Toscana von einst versetzt zu fühlen. Die Brüder Latini bringen von ihrem Landgut im Chianti eigenen Wein und Olivenöl mit und stiften einen renommierten Literaturpreis:
Fiaschetteria Il Latini
Via dei Palchetti 6r
Tel. 055 21 09 16
Mo und im Aug. geschl.

Es ist nicht leicht, in einer Hochburg des Tourismus Lokale mit gutem Preis-Leistungs-Verhältnis zu finden, zumal im historischen Zentrum. In nächster Nähe zu den Uffizien versteckt sich eine auch von Florentinern gern besuchte Trattoria, in der wir oft gute Erfahrung machten:
Antico Fattore
Via Lambertesca 1/3r
Tel. 055 28 89 75
Mo geschl.

Eine populäre, typisch florentinische, seit Jahrzehnten beliebte Trattoria zwischen Dom und Palazzo Vecchio, in der man unter den Gewölben eines Renaissancepalastes sitzt:
Da Pennello
Via Dante Alighieri 49/r
Tel. 055 29 48 48
So abends und Mo geschl.

Nicht wenige der alteingesessenen Florentiner Trattorien sind vom Tourismus nicht verdorben. Hingewiesen sei auf:
Coco Lezzone
Via del Parioncino 26r (bei San Pancrazio)
Tel. 055 28 71 78
So und Weihnachten sowie 6. Januar geschl., Juli und Aug. nur mittags geöffnet

Sostanza (Il Troia)
Via della Porcellana 25r
Tel. 055 21 26 91
Sa und So geschl.

Wer besten, stets frischen Fisch essen will, ist am Ponte della Victoria, wo das Angebot riesig ist, genau richtig:
Vittorio
Via delle Fonderia 52
Tel. 055 22 56 57
Mi und im Aug. geschl.

Man muss zwar oft Schlange stehen, doch gut und preiswert isst man einfache toscanische Gerichte in der Markthalle von San Lorenzo:
Da Nerbone
Piazza Mercato Centrale 26r
Tel. 055 21 54 11
So geschl.

Unbedingt einen Ausflug wert ist die Trattoria Le Cave di Maiano unterhalb von Fiesole. Man genießt auf der Terrasse eine ländliche Küche von seltener Qualität und den Blick auf Florenz:
Le Cave di Maiano
Via delle Cave 16
Maiano
Tel. 055 50 91 33

Eines des schönsten Ausflugslokale der gehobenen Klasse liegt an den Ausläufern des Monte Albano, etwa 30 km von Florenz:
Da Delfina
Via della Chiesa
Carmignano Prato
Tel. 055 871 80 74
www.dadelfina.it

Typische Florentiner Gerichte

Suppen und Vorspeisen
aqua cotta
Gemüsesuppe mit gerösteten Brotscheiben
crostini di fegato
Geflügelleberpastete, gelegentlich auch mit Milz, Kapern und Anchovis auf Brotscheiben

fettunta
geröstete Brotscheiben mit Knoblauch und Olivenöl
finocchiona
dicke Salami mit Fenchelsamen gewürzt
panzanella
kalte, erfrischende Vorspeise aus Brot, Tomaten, Sellerie, Basilikum, Zwiebeln und Olivenöl
pappa col pomodoro
Brotsuppe mit Tomaten
ribollita
Brotsuppe mit Kohl und anderen Gemüsen
zuppa di fagioli
Gemüsesuppe mit weißen Bohnen

Hauptgerichte
arista
Schweinebraten mit Rosmarin und anderen Kräutern, wird warm und kalt gegessen
fagioli all' uccelletto
weiße Bohnen mit Salbei und Tomaten, ursprünglich im Weinfiasco gegart, im Winter wird das Gericht mit Schweinswürsten serviert
pollo alla diavola
gegrilltes Huhn mit Rosmarin, Salbei und Zitrone
trippa alla fiorentina
Sie ist nicht jedermanns Sache, aber die Florentiner (und nicht nur sie) reißen sie den Händlern aus den Fingern: ein schmackhaftes heißes Kuttelgericht, verpackt in einem Brötchen. Man bekommt die Florentiner Spezialität der Stadt an Verkaufsständen im historischen Zentrum und ursprünglich gebliebenen Stadtvierteln.

Käse und Gebäck
cantucci di Prato
süßer Zwieback mit Mandeln, passt gut zum Vinosanto
castagnaccio
Kuchen aus Kastanien mit Rosmarin, Pinien und Rosinen
pecorino
Schafskäse, den es in drei Reifegraden gibt: den jungen, milden marzolino (mit heller oder orangefarbener Schale), den mittleren, sehr aromatischen Käse und den alten, den man wie *parmigiano* auch gern zum Würzen verwendet.

Sehenswürdigkeiten

Öffnungszeiten und Reservierungen

Es ist zu beachten, dass die Öffnungszeiten der Museen häufig geändert werden, die der kleineren Kirchen sind oft nicht mehr als ein Anhaltspunkt. Besucher aus der Europäischen Union ab 65 und unter 18 Jahren haben in den staatlichen Museen freien Eintritt.

Für die größeren Museen besteht die Möglichkeit, Eintrittskarten mit fester Einlasszeit vorzubuchen (gegen Gebühr), und zwar an der Vorverkaufskasse der Uffizien, telefonisch unter Tel. 055 29 48 83 (Mo–Fr 8.30–18.30, Sa 8.30–12.30 Uhr) sowie über das Internet: www.firenze.net oder www.firenzemusei.it.

Die Reservierung ist vor allem für die Uffizien und die Accademia ratsam, in der Saison auch für andere frequentierte Museen (Bargello, Museo di San Marco, Cappelle Medicee, Museo Archeologico, Palazzo Pitti, Museo Davanzati, Opificio delle Pietre Dure). Eine telefonische Voranmeldung ist auch für die Cappella Brancacci mit den Fresken Masaccios (Santa Maria del Carmine) zu empfehlen, Tel. 055 276 82 24, Fax 055 27 66 85 58, info.museoragazzi@comune.fi.it ebenso auch für den Korridor Vasaris und aktuelle Ausstellungen, Tel. 055 265 43 21.

Staatliche Museen und Galerien

Die staatlichen Museen sind an folgenden Feiertagen geschlossen:
1. Januar, 1. Mai und 25. Dezember. Einige Museen haben Ostersonntag, andere Ostermontag oder Dienstag nach Ostern, am 25. April, am ersten Junisonntag und 15. August geschlossen.

Informationen zu den Museen in Florenz
Über die staatlichen Museen informieren: Soprintendenza Speciale per il Polo Museale Fiorentino, Via della Ninna 5, Tel. 055 238 85, www.polomuseale.firenze.it, und www.firenzemusei.it.
Auskünfte zu den städtischen Museen und Galerien auf www.comune.firenze.it/servizi_pubblici/arte/musei/index.html.

Telefonieren

Öffentliche Münztelefone existieren kaum noch. Meist benötigt man eine Telefonkarte *(carta telefonica)*, die in Tabakgeschäften *(tabacchi)*, Bars und an Zeitungskiosken erhältlich ist. Vom Hotel aus zu telefonieren ist nicht so teuer wie z.B. in Deutschland.

Vorwahl von Italien

nach Deutschland: 00 49
nach Österreich: 00 43
in die Schweiz: 00 41,
es folgt die Ortskennzahl ohne die erste Null und die Teilnehmernummer.

Vorwahl nach Italien:

00 39, danach wählt man die komplette Telefonnummer inklusive der ersten Null (die ehemalige Ortsvorwahl ist also Bestandteil jeder Telefonnummer, im Falle von Florenz 055).

Trinkgeld

Das Trinkgeld wird in Italien meist großzügig bemessen. Im Restaurant beträgt der Aufschlag etwa 5–10 % auf den Rechnungsbetrag (wenn man mit dem Essen und dem Service zufrieden war), und man lässt beim Verlassen des Lokals das Trinkgeld auf dem Tisch liegen. Etwa 0,50–1 € erhält der Träger von Gepäckstücken, ebenso viel das Zimmermädchen pro Tag; im Taxi wird der Fahrpreis aufgerundet.

Unterkunft

Namen und Anschriften von Ferienwohnungen und Ferienhäusern, von privaten Zimmervermietern, von Klöstern und Heimen, die Gäste aufnehmen, findet man in der Broschüre: **Firenze, Guida all'Ospitalità,** erhältlich beim APT Firenze oder den örtlichen Informationsstellen.

Zimmerreservierung

Consorzio Informazioni Turistiche Alberghiere I.T.A.
Stazione S.M.S.
Tel. 055 28 28 93
Direktreservierung nach Ankunft in Florenz für alle Florentiner Hotels. Telefonisch reservieren lässt sich allerdings nur von Italien aus.

www.firenzealbergo.it Webseite des Consorzio Firenze Albergo
www.traveleurope.it/florenz
www.promhotels.it

Hotels in Florenz …

In Florenz kann man die meisten Sehenswürdigkeiten bequem zu Fuß erreichen. Daher empfiehlt es sich, bei der Hotelauswahl auf eine zentrale Lage zu achten, es sei denn, man wählt eines der reizvollen Hotels auf den Hügeln. Die Hotelkategorien berücksichtigen zwar Service, Zimmergröße und Komfort, nicht jedoch die Lage oder stilvolles Ambiente und geben nur eine sehr grobe Orientierung in Bezug auf die Zimmerpreise.

Preiskategorien
****Hotels: Doppelzimmer ca. 170–350 € und mehr, Einzelzimmer ca. 110–250 €
***Hotels: Doppelzimmer 100–250 €, Einzelzimmer 80–200 €
**Hotels: Doppelzimmer 80–150 €, Einzelzimmer 60–12 €
*Hotels: Doppelzimmer ca. 70–120 €, Einzelzimmer ca. 50–100 €

Unübertrefflich wegen seiner idealen Lage für Besichtigungen, bietet das zwischen Dom und Palazzo Vecchio gelegene Hotel Brunelleschi höchsten Komfort, der keine Wünsche offen lässt:
Hotel Brunelleschi****
Piazza S. Elisabetta 3
Tel. 055 273 70
www.hotelbrunelleschi.it

Wenn Sie der Perfektion in jeder Hinsicht die noble Atmosphäre eines Adelspalastes des 16 Jh. vorziehen, gibt es ein Haus mit erlesenen Antiquitäten und Kunstwerken, das noch von der Besitzerfamilie selbst bewohnt wird (kein Restaurant):

Monna Lisa****
Borgo Pinti 27
Tel. 055 247 97 51
www.monnalisa.it

Domnähe und ruhige Lage auch im
Hotel Benivieni***
Via delle Oche 5
Tel. 055 238 21 33
www.hotelbenivieni.it

Ein größeres, sehr elegantes Haus beim Bargello mit exzellentem Service und Restaurant:
Grand Hotel Cavour***
Via del Proconsolo 3
Tel. 055 28 24 61
www.hotelcavour.com

Direkt hinter der Loggia des Serviten-Drittordens, stilvoll mit Antiquitäten eingerichtet:
Loggiato dei Serviti***
Piazza Santissima Annunziata 3
Tel. 055 28 95 92
www.loggiatodeiservitihotel.it

Ein einfaches Haus in sehr zentraler Lage, jedoch ruhig und für Florentiner Verhältnisse preiswert ist das
Hotel Firenze**
Piazza dei Donati 4 (Corso)
Tel. 055 21 42 03, 055 26 83 01
www.hotelfirenze-fi.it

Ruhig gelegen, einfach, preiswert:
Santa Croce**
Via Bentaccordi 3
50122 Firenze
Tel. 055 21 70 00
Fax 055 26 78 604
www.hotelsantacroce.it

Auf einem Hügel im Süden der Stadt mit faszinierendem Blick vom Turm über Park und Pool auf Florenz:
Torre di Bellosguardo****
Via Roti Michelozzi 2
Tel. 055 229 81 45
www.torrebellosguardo.com

... und in der Umgebung

Auf halbem Weg nach Fiesole finden Sie die einstige Villa des deutschen Malers Arnold Böcklins, heute eine vornehm eingerichtete Pension. Von der Terrasse genießt man einen herrlichen Blick auf die Stadt am Arno, besonders schön bei Sonnenaufgang:
Bencista***
Via Benedetto da Maiano 4
50014 Regresso (Firenze)
Tel. 055 591 63
www.bencista.com

Auf den Hügeln nördlich von Florenz liegt ein elegantes Komforthotel mit Park:
Demidoff****
Via S. Jacopo 51a
50036 Pratolino
Tel. 055 40 97 72
www.hotel-demidoff.com

In herausragend schöner Hügellage bei der Medici-Villa La Ferdinanda, mit Restaurant Artimino:
Paggeria Medicea****
Viale Papa Giovanni XXIII 1
59015 Artimino
Tel. 055 875 14 27/29
Fax 055 875 14 90
www.artimino.it

Stilvoll eingerichtete Villa in einem Park im Mugello, ca. 10 km nördlich von Florenz im Mugello:
Il Trebbiolo****
Via del Trebbiolo 8
50060 Molin del Piano
Tel. 055 830 05 83
Fax 055 830 00 98
www.iltrebbiolo.it

Jugendherbergen

Über Jugendherbergen informiert die
Associazione Italiana Alberghi per la Gioventù
Via Cavour 44, 00184 Roma
Tel. 064 87 11 52
Fax 064 88 04 92
www.ostellionline.org

Für Übernachtungen ist ein Jugendherbergsausweis erforderlich.

Die Renaissancevilla aus dem 15 Jh. liegt auf den Hügeln Richtung Fiesole inmitten eines Parks, der auch für Camping zur Verfügung steht:
Ostello della Gioventù - Villa Camerata
Viale Augusto Righi 2–4
Tel. 055 60 14 51
www.ostellofirenze.it
Buslinie 17 B/C Richtung Fiesole

Im Viertel San Frediano gibt es das
Ostello Santa Monaca
Via Santa Monaca 6
Tel. 055 26 83 38, 055 239 67 04
www.ostellosantamonaca.com

Das Studenheim
Gaetano Salvemini
Piazza dell'Independenza 15
nimmt während der italienischen Universitätsferien (Juli/August) Gäste auf.

Camping

Die Campingplätze von Florenz und Umgebung sind während der Hauptsaison häufig besetzt. Auskünfte über die italienischen Campingplätze erteilt die
Federazione Italiana del Campeggio e del Caravanning Federcampeggio
Autostrada del Sole (A 1)
Ausfahrt 19, Prato – Calenzano
Via Vittorio Emanuele 11
50041 Calenzano
Tel. 055 88 23 91
Fax 055 882 59 18
www.federcampeggio.it

Der Florentiner Campingplatz liegt unterhalb der Piazzale Michelangelo:
Camping Michelangelo
Viale Michelangelo 80
Tel. 055 681 19 77
Fax 055 68 93 48
www.camping.it/toscana/michelangelo/
Buslinien 12 und 13; geöffnet Ostern bis 5. 11.

Ein weiterer Campingplatz befindet sich im Park der Jugendherberge Villa Camerata (s. d.)

Außerhalb von Florenz:
Fiesole
Camping Panoramico
Via Peramonda 1
50014 Fiesole
Tel. 055 59 90 69
Fax 055 5 91 86
www.campingtoscana.it/panoramico/
Buslinie 7

Übernachtung im Kloster:
Abbazia di Vallombrosa
Tel. 0 55 86 20 29
und dem angeschlossenen
Albergo La Foresta
Via S. Giovanni Gualberto 2
50066 Vallombrosa
Tel. 055 86 20 34, 055 862 23 89
www.albergolaforesta.it

Verkehrsmittel

Auto und Mietwagen

Mietwagen sind in Florenz nicht immer vor Ort verfügbar. Zu empfehlen ist eine Vorbestellung durch ein Reisebüro.

Für Besichtigungen im Zentrum ist das Auto nicht nur entbehrlich, sondern geradezu hinderlich. Denn nördlich und südlich des Arno ist Florenz zur **ZTL** erklärt worden (Zona Traffico Limitato = verkehrsberuhigte Zone). Nahezu im gesamten Stadtbereich herrscht Parkverbot. Für Nicht-Anwohner bedeutet dies: Auf jeden Fall sollten Sie das Auto auf einem der bewachten Parkplätze abstellen und das Zentrum zu Fuß erkunden! Wer ein Hotel in der Innenstadt gebucht hat, darf zum Ein- und Ausladen des Gepäcks bis vor die Haustür fahren. Es gibt allerdings kaum Hotels mit einem eigenen Parkplatz.

Bewachte Parkplätze (8–20, Sa 8–14 Uhr) befinden sich u. a. an der Porta Romana, am Lungarno Torrigiani, auf den Plätzen Beccaria, Libertà, Ognissanti, Stazione und in der Via Alemanni. Tag und Nacht bewacht ist der Parkplatz der Fortezza da Basso. Informationen unter www.firenzeparcheggi.it.

Parkgaragen sind über das Stadtgebiet verteilt, u. a. unter der Piazza della Stazione. Die preiswerteste Parkgarage liegt nördlich der Piazza della Libertà (ca. 15 € je 24 Std.).

Achtung: Häufig wird nur der Preis für den Parkplatz in der Nacht mitgeteilt – wer auch tagsüber parken möchte, zahlt die doppelte Gebühr!

Unbewachtes Parken in erlaubten Zonen ist nachts kaum zu empfehlen. Nicht selten zeugen Glasscherben am Boden von eingeschlagenen Fensterscheiben.

Taxi

Tel. 055 43 90, 055 47 98, 055 42 42, 055 44 99

Städtische Buslinien

Vorverkauf der Tickets und Auskunft im Informationspavillon an der Ostseite des Hauptbahnhofs, Tickets außerdem in den Tabakläden *(tabacchi)*. Informationen vom italienischen Festnetz aus unter Tel. 800 42 45 00, im Internet: www.ataf.net (ital./engl.) und www.linea.it.

Die für Touristen wichtigsten Linien sind die Nr. 7 (Stazione – San Marco – San Domenico – Fiesole) und die Rundlinie 13 schwarz (rechts herum vom Hauptbahnhof über den Domplatz), die von der Piazza Stazione auf einem ziemlichen Umweg zur Piazzale Michelangelo und nach San Miniato al Monte führt, weiter dann über Porta Romana, Ponte della Vittoria und Porta al Prato zurück zur Piazza Stazione. Die Linie 12 fährt in umgekehrter Richtung. Mit Nr. 14 kommt man bis zur Piazza Dalmazia, dort umsteigen in Linie 28 Richtung Sesto Fiorentino bis Via Vittorio Emanuele/Ecke Viale Morgagni zu den Villen Castello und Petraia. Nr. 28 fährt zurück zum Hauptbahnhof.

Für das Gemeindegebiet von Florenz empfehlen sich die Touristentickets (1 Tag 4,50, 2 Tage 7,60, 3 Tage 9,60, 7 Tage 16 €); sie sind an den Bahnhöfen und anderen Verkaufsstellen der öffentlichen Verkehrsmittel erhältlich; die einfache Strecke kostet sonst 1, löst man im Bus 1,50 €.

Zurzeit gibt es in der Altstadt von Florenz vier mit umweltfreundlichen Fahrzeugen (Eco-Busse) betriebene **Kleinbuslinien.**

Linie A verläuft vom Hauptbahnhof über die Piazza Repùbblica zum Santa-Croce-Viertel und weiter zur Piazza Beccari. Linie B fährt parallel zum Arno von der Piazza Vittorio über die Uferstraßen (Lungarni) zur Piazza Piave, Linie C von der Piazza San Marco über Santa Croce zu Santa Maria Soprano. Linie D fährt vom Hauptbahnhof über die Vespucci-Brücke zum Oltrarno und weiter entlang des Arno zur Piazza Ferrucci.

Ausflüge mit öffentlichen Verkehrsmitteln

Die wichtigsten Kunststädte der Toscana kann man von Florenz aus mit den preiswerten Linienbussen oder mit dem Zug erreichen. Nach Arezzo, Pisa und Lucca gelangt man am schnellsten mit dem Zug. Für alle anderen Ortsbesuche sind jedoch die Linienbusse zu empfehlen. Zugverbindungen im Internet: www.trenitalia.it, Übersicht über **Überlandbuslinien** im ganzen Land:
www.orariautobus.it

Das Streckennetz der Linienbusse ist unter mehreren Gesellschaften aufgeteilt, die ihre Verkaufs- und Abfahrtstellen in der Nähe des Hauptbahnhofs haben. Man unterscheidet zwischen Bussen, die häufig halten und Direktverbindungen: *corse dirette, corse direttissime.*

LAZZI
Piazza Adua (beim Bahnhof Santa Maria Novella, Ostseite)
Tel. 055 36 30 41
www.lazzi.it
Informationen und Verkauf von Tickets – auch für andere Linienbusunternehmen (SENA, BALTOUR CIAROCCHI). Busse nach Prato (alle 10–20 Min.), etwa stündlich nach Pistoia, Pescia, Montecattini, Lucca, zum Flughafen von Pisa sowie zu den Seebädern der Tyrrhenischen Küste (Viareggio etc.)

SITA
Via Caterina da Siena 15r (beim Hauptbahnhof)
Tel. 800 37 37 60 (vom italienischen Festnetz)
Tel. 055 47 821
www.sitabus.it
Siena, Arezzo, Casentin, Città di Castello, Sanse-

polchro, ins Chianti (Greve, Radda, Castellina), Colle Val d'Elsa, Empoli, Mugello, Val d'Arno, Umsteigeverbindungen nach San Gimignano und Volterra

SENA
Tel. 800 93 09 60 (vom italienischen Festnetz)
www.senabus.it
Buchung und Information bei LAZZI oder SITA; Busverbindungen in andere Regionen Italiens – vom Friaul bis Sizilien

BALTOUR CIAROCCHI
Tel. 08 61 55 40 14
www.baltour.it
Information und Verkauf bei LAZZI (Piazza Adua); Überlandbusse in verschiedene Orte

CAP
Largo Fratelli Alinari 9
Tel. 055 21 46 37
www.capautolinee.it
Buslinien nach Prato, Pistoia, Poggio a Caiano, Carmignano, Impruneta, Borgo S. Lorenzo

Organisierte Besichtigungsfahrten bieten u. a. SITA und LAZZI an sowie die Cooperativa Sigma. Buchungsmöglichkeit in Reisebüros und in den Hotels.

Zeiteinteilung

Die Zeit reicht niemals aus in Florenz. Auch wenn man sich zum wiederholten Mal in dieser Stadt aufhält: Immer erneut zieht es einen hin zum Baptisterium und zum Dom, zu Santa Croce und Santa Maria Novella, zu den Uffizien, zum Bargello oder zu Or San Michele und San Lorenzo.

So bleibt zu wenig Zeit und Aufnahmefähigkeit für neue Eindrücke: für die Museen Bardini, Horne, Stibbert oder Firenze com' era, für die Kirchen Santa Maria Maggiore, San Remigio, Santa Felice oder Sant' Ambrogio, für die Cenacoli von Castagno (Sant' Apollonia), von Ghirlandaio (Ognissanti), Perugino (Sant' Onofrio di Foligno) und Andrea del Sarto (San Salvi) oder für Del Sartos Fresken im Chiostro dello Scalzo. Man hofft auf einen weiteren und längeren Aufenthalt und beginnt bei einem nächsten Besuch dann wieder beim Baptisterium oder der Piazza Signoria.

Auf die Frage, wo denn beginnen in dieser überreichen Kunststadt, wird jedes Reisebegleitbuch, wird jeder, der Freunde oder Fremde führt, eine eigene Antwort geben. Der große Italienkenner Eckart Peterich zum Beispiel führte Besucher zunächst zu den Fresken Masaccios in Santa Maria del Carmine. Ein geschichtlich orientierter Rundgang könnte dagegen mit dem weltlichen Zentrum, mit dem Palazzo Vecchio und den hier öffentlich zur Schau gestellten Statuen und Brunnen anfangen. Als kunsthistorischer Einstieg bietet sich vor allem das Baptisterium als Keimzelle Florentiner Kunst an. Man kann aber durchaus auch mit einer der großen Ordenskirchen, Santa Maria Novella oder Santa Croce, beginnen.

Wenn nicht praktische Erwägungen dagegen sprechen, sollte man sich mit dem Besuch des Doms, der Kirchen Brunelleschis (San Lorenzo, Santo Spirito) und der Bauten Michelangelos (Neue Sakristei, Biblioteca Laurenziana) anfangs zurückhalten, denn sie setzen bereits einige Erfahrung mit der Florentiner Kunst voraus.

Selbst wenn eine Woche zur Verfügung steht, gilt es eine Auswahl zu treffen. Da heißt es, auch einige der Hauptsehenswürdigkeiten für einen weiteren Besuch aufsparen: die Innenräume des Palazzo Vecchio etwa oder die Galleria Palatina des Palazzo Pitti, obschon diese Gemäldesammlung den gleichen Rang beansprucht wie die der Uffizien, nur dass hier mehr Gemälde über Florenz hinausführen (die römischen Gemälde Raffaels, Tizian, Rubens, Van Dyck) und wegen ihrer dekorativen Präsentation schwerer aufzunehmen sind.

An besucherstarken Tagen empfiehlt sich der Besuch der Uffizien in der Mittagszeit oder in den beiden letzten Stunden vor der Schließung und dann nicht gerade dienstags, wenn nach fast anderthalbtägiger Schließung das Museum wieder öffnet. San Miniato al Monte sollte man am späten Nachmittag aufsuchen, wenn von diesem Hügel der Blick auf Florenz am schönsten ist. Von Fiesole aus präsentiert sich Florenz dagegen nur sehr früh, in der ersten Morgenstunde, ohne

Dunstschleier. Für die Ausflüge zu den Villen ist man an die Öffnungszeiten gebunden.

Wenn montags die Hauptmuseen in Florenz geschlossen sind, könnte man einen Ausflug nach Prato machen, denn die dortigen Museen wie auch die von Fiesole schließen dienstags.

Programmvorschlag

1. Tag: Vormittags: Piazza Signoria (nur Außenbesichtigung) – Baptisterium – Dom. Nachmittags: Dommuseum – Aufstieg zur Kuppel oder zum Campanile

2. Tag: Vormittags: Santa Maria Novella (Kirche und Kreuzgänge) – Palazzo Davanzati (auch Innenbesichtigung: Museo della Casa Fiorentina Antica). Nachmittags: San Miniato al Monte – San Salvatore al Monte – Forte di Belvedere

3. Tag: Vormittags: Or San Michele – Bargello. Nachmittags: Santa Croce und Museo dell' Opera di Santa Croce

4. Tag: Vormittags: Uffizien. Nachmittags: Ausflug nach Fiesole mit dem Linienbus (Nr. 7)

5. Tag: Vormittags: Museo di San Marco – Galleria dell' Accademia. Nachmittags: Santissima Annunziata – Ospedale degli Innocenti

6. Tag: Vormittags: Palazzo Medici (auch die Hauskapelle) – San Lorenzo. Nachmittags: Michelangelos Biblioteca Laurenziana und Neue Sakristei von San Lorenzo

7. Tag: Vormittags: Santa Felìcita – Palazzo Pitti. Nachmittags: S. Maria del Carmine – Boboli-Garten

Zeitungen, Zeitschriften, Fernsehen

Alle großen deutschsprachigen Tageszeitungen und Illustrierten findet man während der Saison in den Zentren des Tourismus. Über Satelliten empfangen viele Hotels deutsche TV-Sender.

Verzeichnis der Karten und Grundrisse

Kartografie:
DuMont Reisekartografie,
Fürstenfeldbruck

Abbildungsnachweis

Bildagentur Huber, Garmisch-Partenkirchen: S. 80 (Borchi); 318 (Cozzi); 6/7, 48/49, 310/311 (Gräfenhain)

laif, Köln: Titelbild (hemis.fr/Gardel); S. 254 (Madej)

Look, München: S. 142 (Maeritz); 228 (Richter)

Mauritius Images, Mittenwald: S. 1 (imagebroker/Strigl)

Werner Preuß, Köln: S. 9

Scala, Instituto Fotografico Editoriale, Antella/Florenz: Umschlagklappe hinten, Umschlagrückseite (u.), S. 24, 26, 27 u., 28, 29 o., 38 (2 x), 39, 40, 42, 43, 44, 46, 64, 95, 96 (2 x), 97, 99, 100, 109, 111, 117 (2 x), 118, 119, 120, 122, 124 l., 124 (2 x), 126, 127, 129, 131, 132, 134, 135, 136, 139, 141, 147, 151, 152, 160, 163, 164, 169, 171, 173, 176, 187, 190, 193, 200/201, 208, 219, 224, 225, 232, 234, 243, 245, 249, 250, 252, 262, 265, 271 (2 x), 272, 273, 274, 277, 290, 291, 292

Fulvio Zanettini, Köln: Umschlagklappe vorne, S. 10/11, 30, 35, 50, 54, 69, 70, 83, 88, 92, 94, 102, 104 (2 x), 114, 145, 149, 158, 166, 180, 194, 195, 207, 211, 213, 214, 237, 240, 248, 254, 256, 268, 280, 282, 283, 286, 294, 297, 298

Camilla und Klaus Zimmermanns, München: Umschlagrückseite o., S. 27 o., 53, 56, 63, 72, 74, 77, 84, 85, 91, 98, 162, 175, 198, 221, 222, 227, 239, 260, 261, 304, 307, 309

Die verwendeten Stiche stammen aus: Giuseppe Zocchi, Vedute di Firenze e della Toscana, a cura di Rainer Michael Mason, Libreria Editrice Fiorentina, Firenze 1981

Register

 Der Haupteintrag ist **fett** hervorgehoben

Der Haupteintrag ist **fett** hervorgehoben

Der Haupteintrag ist **fett** hervorgehoben

Das Klima im Blick

Reisen bereichert und verbindet Menschen und Kulturen. Wer reist, erzeugt auch CO_2. Der Flugverkehr trägt mit einem Anteil von bis zu 10 % zur globalen Erwärmung bei. Wer das Klima schützen will, sollte sich für eine schonendere Reiseform (z. B. die Bahn) entscheiden – oder die Projekte von *atmosfair* unterstützen. *Atmosfair* ist eine gemeinnützige Klimaschutzorganisation. Die Idee: Flugpassagiere spenden einen kilometerabhängigen Beitrag für die von ihnen verursachten Emissionen und finanzieren damit Projekte in Entwicklungsländern, die dort den Ausstoß von Klimagasen verringern helfen. Dazu berechnet man mit dem Emissionsrechner auf *www.atmosfair.de,* wie viel CO_2 der Flug produziert und was es kostet, eine vergleichbare Menge Klimagase einzusparen (z. B. Berlin – London – Berlin 13 €). *Atmosfair* garantiert die sorgfältige Verwendung Ihres Beitrags. Klar – auch der DuMont Reiseverlag fliegt mit *atmosfair!*

Umschlagvorderseite: Detailansicht von Dom Santa Maria del Fiore, Baptisterium und Campanile
Vordere Umschlagklappe: Blick von den Uffizien auf Palazzo Vecchio und Dom
Vignette: Baptisterium, Paradiespforte von Lorenzo Ghiberti (Detail der Reliefplatte »Moses empfängt die Gesetzestafeln, Josua ist beim Volk«)
Hintere Umschlagklappe: »Hl. Augustinus« von Sandro Botticelli in der Kirche Ognissanti
Umschlagrückseite: Cityplan (Ausschnitt);
Ponte Vecchio;
Dom Santa Maria del Fiore (Grundriss);
»Heimsuchung« von Domenico Ghirlandaio in der Hauptchorkapelle von Santa Maria Novella (Ausschnitt, s. S. 171)

Über den Autor:
Dr. Klaus Zimmermanns studierte in Tübingen, Paris und München Germanistik und Romanistik, später Kunstgeschichte, Archäologie und Philosophie. Er war Mitarbeiter am Lexikon der Christlichen Ikonografie, promovierte über den Maler Friedrich August von Kaulbach und veröffentlichte dessen Œuvre-Katalog (München 1980). Er arbeitet in München als freiberuflicher Kunsthistoriker, leitet und organisiert Seminare, veranstaltet und leitet Studienreisen. Im DuMont Reiseverlag veröffentlichte er die Kunst-Reiseführer »Toscana«, »Umbrien« und »Venetien« sowie – zusammen mit Dr. Andrea C. Theil und Christoph Ulmer – »Friaul und Triest«.

Bitte schreiben Sie uns, wenn sich etwas geändert hat!
Alle in diesem Buch enthaltenen Angaben wurden vom Autor nach bestem Wissen erstellt und von ihm und dem Verlag mit größtmöglicher Sorgfalt überprüft. Gleichwohl sind – wie wir im Sinne des Produkthaftungsrechts betonen müssen – inhaltliche Fehler nicht vollständig auszuschließen. Daher erfolgen die Angaben ohne jegliche Verpflichtung oder Garantie des Verlages oder des Autors. Beide übernehmen keinerlei Verantwortung und Haftung für etwaige inhaltliche Unstimmigkeiten. Wir bitten dafür um Verständnis und werden Korrekturhinweise gerne aufgreifen:

DuMont Reiseverlag, Postfach 31 51, 73751 Ostfildern
E-Mail: info@dumontreise.de

6., aktualisierte Auflage 2012

Grafisches Konzept: Ralf Groschwitz, Hamburg
Printed in Poland